Der hinreißende Erzähler und Kenner des weiblichen Herzens, der weitblickende Denker, dessen funkelnder Geist alle Gegenstände, die er berührt, mit Leben, Natürlichkeit und Anmut erfüllt, wird hier in einer gültigen deutschen Auswahl dargeboten. Sie enthält seine meisterhaften Erzählungen, die berühmten *petits papiers* wie *Das Bedauern über meinen alten Schlafrock* oder *Über die Frauen*, und die großen und kleinen Gespräche, darunter *Rameaus Neffe*, das *Paradox über den Schauspieler* und *D'Alemberts Traum*.

insel taschenbuch 554

Diderot

Erzählungen und Gespräche

DENIS DIDEROT
ERZÄHLUNGEN UND GESPRÄCHE

Übersetzt von Katharina Scheinfuß

Insel Verlag

insel taschenbuch 554
Erste Auflage 1981
Lizenzausgabe der Dieterich'schen Verlagsbuchhandlung

Vertrieb durch den Suhrkamp Taschenbuch Verlag
Umschlag nach Entwürfen von Willy Fleckhaus
Satz: Otto Gutfreund, Darmstadt
Druck: Nomos Verlagsgesellschaft, Baden-Baden
Papier Rikoprint der Firma Schoeller & Hoesch
Printed in Germany

INHALTS-VERZEICHNIS

PETERSBURGER ANEKDOTE

HIER lebt eine Tanzmeisterin, eine gewisse Nodin. Sie ist eine gute Christin, gute Katholikin, aber da sie wenig Skrupel kennt, wird es ihr nicht schwer, die Messe zu entbehren. Gute Leute tadelten sie in bester Absicht und sagten ihr, diese lange Enthaltsamkeit errege Ärgernis, und für ihre Dienstboten, ihre Nachbarn, die Leute der Umgebung täte sie besser, manchmal zur Kirche zu gehen. Sie ließ sich gegen ihre jahrelange Gewohnheit überreden. Eines Tages geht sie zur Messe. Bei der Rückkehr nach Hause findet sie ihre Entlassung vom Theater vor. Das steigert nicht gerade ihre Begeisterung für die Messe: sie kehrt zu ihrer früheren Lebensweise zurück und die wohlmeinenden, guten Leute zu ihren Ermahnungen. Nach acht bis zehn Monaten geht sie ein zweites Mal zur Messe. Bei ihrer Rückkehr findet sie ihre Türen und Schränke erbrochen – ihre Kostbarkeiten gestohlen. Dieses Ereignis machte sie zornig auf die Messe. Ein und ein halbes Jahr vergingen, ohne daß man sie dazu bringen konnte, eine dritte Messe zu hören. Schließlich aber, an einem Heiligen Abend, bestanden die guten, wohlmeinenden Leute so hartnäckig darauf, daß sie sie zur Mitternachtsmesse begleitete. Bei ihrer Rückkehr fand sie nur noch den Platz, an dem ihr Haus gestanden hatte, und einen Haufen Asche. Da warf sie sich auf die Knie mitten auf der Straße, hob ihre Hände zum Himmel und rief zu Gott: »Mein Gott, vergib mir die drei Messen. Du weißt, ich wollte nicht hingehen – vergib mir. Ich schwöre dir, mein Leben lang keine wieder anzuhören. Und wenn ich meinen Schwur breche, so will ich in alle Ewigkeit verdammt sein.«

Haltet das nicht für ein Märchen, es ist eine Tatsache, die hundert glaubwürdige Leute mir bezeugt haben und euch noch bezeugen könnten. Was ebenso sicher ist: sie hat Wort gehalten, und die guten, wohlmeinenden Leute haben sie bis heute in Ruhe gelassen.

WIE DENKEN SIE DARÜBER?

EINES Tages sah sich ein Mann an das Ufer einer fremden Welt verschlagen. Sie war bewohnt von Männern und Frauen verschiedenster Gestalt und jeden Alters. Nachdem er zuerst alles betrachtet hatte, was seine Aufmerksamkeit unmittelbar auf sich zog, suchte er in der ihn umgebenden Menschenmenge jemanden, der ihn über die Gesetze und Gepflogenheiten aufklären könnte; denn der Ort gefiel ihm, und er hatte Lust, sich da niederzulassen. Er sah drei Greise mit langen Bärten sich leise unterhalten. Er trat an sie heran: »Könnten Sie mir bitte sagen, wo ich mich befinde und wem dieses Land gehört? Wenn die Sitten der Bewohner der Weisheit und Ordnungsliebe gleichen, mit der das Land bestellt ist, dann werden Sie vom besten und größten aller Fürsten regiert.«

»Nichts leichter, als Ihre Neugier zu befriedigen«, antwortete einer der Greise. »Sie befinden sich in den Ländern des wohltätigen Geistes, der das gegenüberliegende Ufer bewohnt. Sie sind an diesen Strand gespült worden gegen Ihren Willen und auf seinen Befehl. Er hat die Eigenart, Menschen glücklich zu machen, und in dieser Absicht läßt er die Fremden Schiffbruch erleiden. Die nicht ertrinken, nimmt er unter seinen Schutz und schließt sie eine bestimmte Zeit in diesem Lande ein, das Sie mit Recht bewundern. Diese Herren und ich sind seine Minister und von ihm beauftragt, seinen Untertanen seinen Willen kundzutun, seinen Gesetzen Achtung zu verschaffen und Strafe und Lohn zu versprechen.«

»Wenn das Land aber so schön ist, warum lebt er nicht unter seinen Schützlingen? Was tut er auf dem anderen Ufer?«

»Was wir für ihn aussagen«, antwortete der Greis, »befreit ihn von der Notwendigkeit, sich zu zeigen, da wir von ihm inspiriert sind... Aber wir müssen Sie mit den Bedingungen vertraut machen, die der Geist gesetzt hat, um glücklich in seinem Lande zu leben...«

»Bedingungen?« erwiderte der Fremde. »Haben Sie mir nicht gesagt, ich sei hier auf Wunsch des Geistes, und daß es nicht von mir abhängt, nicht hier zu sein?«

»Das ist wahr«, antwortete der Greis.

»Dann ist es doch unsinnig, mir Bedingungen aufzuerlegen«, antwortete der Fremde, »da ich nicht die Freiheit habe, sie anzunehmen oder zurückzuweisen...«

»Sie sind nicht frei«, fuhr der Greis fort, »welch entsetzliche Lästerung! Bemühen Sie sich, diesen Irrtum rasch zu überwinden...« – »Lassen Sie ihn reden«, raunte ihm sein Kollege zu, »und hüten Sie sich, an die Freiheit zu glauben, denn damit würden Sie an der großen Güte des Geistes Zweifel äußern...«

»Im übrigen«, fuhr der erste mit bescheidener und schmeichlerischer Miene fort, »bevor wir weiter gehen, sollen Sie wissen, daß man mich Hochwürden nennt. So hat es der gütige Geist befohlen, der mich eingesetzt hat, die Durchführung seiner Gesetze zu überwachen. Im ganzen Lande ist nur ein Mann über uns drei gesetzt, deshalb hat ihn der höchste

Geist den Diener der Diener genannt, denn der höchste Geist ist voller Gerechtigkeit und Weisheit und ist unfehlbar in seinem Urteil.«

Der Fremde wußte nicht, was er davon denken sollte, daß offensichtlich kluge Männer – zumindest nach ihrem Wesen, ihrem Alter und der ihnen von allen Seiten bezeugten Hochachtung zu urteilen – kaltblütig derartigen Unsinn äußerten.

Während sie sprachen, hörten sie einen großen Lärm, Schreie, teils voll Schmerz, teils voller Lust und Freude. Der Fremde, noch ebenso neugierig wie erstaunt, fragte nach dem Grunde. Der dritte Greis antwortete: »Der Geist gestattet von Zeit zu Zeit, um die Geduld seiner Untertanen und ihr Vertrauen zu ihm auf die Probe zu stellen, daß sie erschlagen werden, während sie seine Güte, Milde und Gerechtigkeit loben. Diese Ehre ist nur seinen liebsten Kindern vorbehalten. Das bedeutet nicht, daß nicht alle seine Untertanen verpflichtet wären, an seine Vollkommenheit zu glauben, denn das haben sie gelobt während ihres ersten Schlafes.«

»Wie? Man schwört im Schlaf in Eurem Lande?« rief der Fremde.

»Das ist die Regel«, antwortete der Greis, »und Sie selbst haben es getan, als Sie an dieses Ufer gespült wurden.«

»Ich hätte einen Schwur getan?« fuhr der Fremde fort, »ich will sterben, wenn ich etwas davon weiß.«

»Sie sind darum nicht weniger gebunden«, fuhr der Minister fort. »Sie sollen aber wissen, wie sich die heilige Handlung vollzogen hat, ohne die Sie nicht als Bürger dieser Insel angesehen werden können. Sobald wir erfahren, daß ein Fremder in unsere Gegend gekommen ist, eilen wir, ihn zu empfangen. Dann nimmt man zwei zufällig anwesende Bürger, von denen man erwartet, daß sie unsere Gesetze, Sitten und Gebräuche genau kennen. Sie stellen sich zu beiden

Seiten des Fremden auf. Während er am Boden liegt und schläft, fragt man ihn, belehrt ihn über die notwendigen Bedingungen, als Bürger auf der Insel aufgenommen zu werden. Und die beiden Respondanten sprechen für ihn das Gelöbnis, durch das er sich verpflichtet, sich sein ganzes Leben lang dem Glauben und den Gesetzen des Landes zu unterwerfen.«

»Sie machen sich lustig über mich«, antwortete der Fremde zornig. »Wozu, wenn ich bitten darf, hat man mich angeblich verpflichtet?«

»Ach«, sagte der Greis, »unter anderem zu glauben, daß der Geist drei Köpfe hat und daß ein einziger Geist diese drei Köpfe belebt, daß er voller Gerechtigkeit und Güte ist; denn er liebt seine Untertanen und macht sie nur unglücklich zu ihrem eigenen Wohl oder durch ihre Schuld oder durch die der anderen – daß sein Herz allen Leidenschaften verschlossen ist – daß der Zorn, den er zeigt, keiner ist – daß der Schmerz, den er leidet, keiner ist – die Freude, die er zeigt, keine ist, weil seine Seele einen solchen Grad der Vollkommenheit erreicht hat, daß sie nur scheinbar erschüttert werden kann, daß man diese Begriffe nur gewohnheitsmäßig auf ihn anwendet. Ihre übrigen Verpflichtungen sind im Auszug enthalten in diesen zwölf Foliobänden, die Sie, wenn Sie Lust und Laune dazu haben, auswendig lernen können. Aber sie müssen wissen, daß, wenn Sie ein einziges Wort falsch auslegen, Sie ohne Gnade verloren sind.«

Der Ernst, mit dem man ihm diese Sinnlosigkeit zum besten gab, ließ ihn einen Augenblick schwanken, ob der Verstand der Greise oder sein eigener krank sei. Er verließ sie, durcheilte die Stadt und erhielt die gleichen Auskünfte von den verschiedensten Personen.

Die Unmöglichkeit, die Insel zu verlassen, brachte ihn zu dem Entschluß, im großen ganzen so zu handeln wie die anderen, obgleich er sich im Grunde nicht entschließen konnte, ein Wort von all dem zu glauben, was man ihm als Glaubensregeln erzählt hatte. Eines Tages setzte er sich ermüdet von einem langen Weg auf ein Brett am Strande und versank in träumerisches Nachdenken. Er bemerkte nicht, daß es ihn unmerklich an das gegenüberliegende Ufer entführte, bis er dort angelangt war.

»Ach«, sagte er, »so werde ich denn endlich den merkwürdigen Geist zu Gesicht bekommen.« Und er machte sich auf den Weg, ihn zu suchen. Nachdem er alle Winkel der Insel durchsucht hatte, fand er ihn endlich oder besser, fand ihn nicht. Denn trotz all meiner genauen Kenntnis der Geschichte der Entdeckungsreisen muß ich sagen, daß ich nichts Genaues darüber berichten kann. Aber wenn er ihn gefunden hat, dann sagte er ihm sicherlich: »Großer Geist, wenn Sie wüßten, was man von Ihnen am anderen Ufer erzählt, würden Sie, glaube ich, von Herzen lachen. Im übrigen ist es nicht meine Schuld, wenn ich nicht ein Wort von all dem habe glauben wollen, was Sie für mich getan haben sollen, und sogar soweit gegangen bin, an Ihrer Existenz zu zweifeln. Man erzählte mir nämlich alles in einer so lächerlichen Weise, daß es wirklich unmöglich war, dem Glauben zu schenken.«

Der Geist hat wahrscheinlich gelächelt über die Offenherzigkeit des Fremden und ihm in spöttisch-überlegenem Tone gesagt: »Es ist mir ziemlich gleichgültig, mein Freund, ob du und deinesgleichen an meine Existenz glaubst oder sie leugnest. Beruhigt euch. Weder für euer Wohl noch Wehe habt ihr jene Gegenden bewohnt und durchwandert. Wenn man sich einmal auf dem Wege befindet, den ihr betreten hattet, kommt man mit Notwendigkeit in jenes Land, weil der Weg nirgends anders hinführt. Mit derselben Notwendigkeit hat dich die Strömung des Wassers hierher geführt. Ich könnte über all das«, mag er hinzugefügt haben, »viel schöne Dinge sagen, aber du kannst dir denken, mein Kind, daß ich anderes zu tun habe, als einen Dummkopf wie dich zu belehren. Mache es dir bequem in irgendeiner Ecke und laß mich in Ruhe, bis Zeit und Notwendigkeit über dich wieder bestimmen. Guten Abend.«

Der Fremde zog sich zurück und mag zu sich selbst gesagt haben: »Ich habe es doch gewußt: wenn an diesem Ufer ein Geist lebte, dann mußte er gut und nachsichtig sein, und wir würden nichts miteinander auszufechten haben. Auf jeden Fall gibt es nichts Besseres, sich vor Täuschung und Irrtum zu bewahren, als immer wahr zu sein gegen sich selbst.«

Wie denken Sie darüber?

UNTERHALTUNG EINES PHILOSOPHEN MIT DER MARSCHALLIN VON C.

ICH hatte irgend etwas mit dem Marschall von C. zu besprechen und ging eines Morgens in seine Villa. Er war nicht zu Hause. Ich ließ mich bei der Marschallin melden. Sie ist eine reizende Frau, schön und fromm wie ein Engel, Sanftmut steht ihr auf dem Gesicht geschrieben, und dazu eine Stimme und eine Natürlichkeit der Sprache, die ganz und gar mit dem Gesicht übereinstimmen. Sie war bei der Toilette und schob mir einen Sessel herbei. Ich setzte mich, und wir unterhielten uns. Bei irgendeiner Behauptung meinerseits, die sie erfreute oder überraschte (denn sie war der Meinung, wer die heilige Dreieinigkeit leugnet, ist ein Galgenstrick und wird am Ende gehenkt werden), sagte sie zu mir: »Sind Sie nicht Herr Crudeli?«

Crudeli: Ja.

Marschallin: Sie sind also der Mann, der an nichts glaubt?

Crudeli: Ja, der bin ich.

Marschallin: Aber Sie haben doch die gleiche Moral wie ein gläubiger Christ?

Crudeli: Warum nicht, wenn er ein Ehrenmann ist?

Marschallin: Und Sie leben nach dieser Moral?

Crudeli: So gut ich kann.

Marschallin: Wie, Sie stehlen nicht, töten nicht, rauben nicht?

Crudeli: Sehr selten.

Marschallin: Was haben Sie dann für einen Vorteil von Ihrem Unglauben?

Crudeli: Gar keinen. Glaubt man denn, um einen Vorteil zu haben?

Marschallin: Ich weiß nicht, aber der Gedanke an den Nutzen schadet nie bei den Geschäften in dieser oder jener Welt.

Crudeli: Das ist bedauerlich für unser armes Menschengeschlecht. Wir steigen dadurch nicht im Wert.

Marschallin: Wie, Sie stehlen nicht?

Crudeli: Nein, auf Ehre!

Marschallin: Wenn Sie kein Dieb und Mörder sind, dann geben Sie wenigstens zu, daß Sie nicht konsequent sind!

Crudeli: Wieso denn?

Marschallin: Mir scheint, wenn ich nichts zu hoffen oder zu fürchten habe im Jenseits, dann gäbe es allerhand Annehmlichkeiten, die ich nicht entbehren möchte, solange ich hier bin. Ich gebe zu, ich mache da einen kleinen Kuhhandel mit dem lieben Gott.

Crudeli: Das bilden Sie sich ein?

Marschallin: Das ist keine Einbildung, das ist eine Tatsache.

Crudeli: Und darf man fragen, was das für Sachen sind, die Sie sich erlauben würden, wenn Sie ungläubig wären?

Marschallin: Nein, bitte nicht. Das gehört in meine Beichte.

Crudeli: Ich setze alles auf eine Karte.

Marschallin: So machen's die Bettler.

Crudeli: Möchten Sie mich lieber als Wucherer sehen?

Marschallin: Natürlich. Mit Gott kann man wuchern, soviel man will, den ruiniert man ja nicht. Ich weiß, daß das nicht gerade sehr fein ist – aber was tut's? Schließlich kommt es darauf an, den Himmel zu gewinnen mit Schläue oder Gewalt. Da muß man eben alles in Rechnung setzen und keine Chance außer acht lassen. Wir können ja machen, was wir wollen. Unser Einsatz ist immer winzig im Vergleich zu dem, was wir erwarten. Und Sie erwarten für sich nichts?

Crudeli: Nichts.

Marschallin: Das ist traurig. Da müssen Sie doch zugeben, daß Sie entweder sehr böse oder vollkommen verrückt sind.

Crudeli: Das könnte ich beim besten Willen nicht, Frau Marschallin.

Marschallin: Welchen Grund kann ein Ungläubiger haben, gut zu sein, wenn er nicht verrückt ist? Das möchte ich wissen.

Crudeli: Ich will es Ihnen sagen.

Marschallin: Ich wäre Ihnen sehr verbunden.

Crudeli: Können Sie sich nicht vorstellen, daß man so glücklich geboren ist, eine wirklich große Freude darin zu finden, Gutes zu tun?

Marschallin: Das kann ich mir vorstellen.

Crudeli: Daß man eine ausgezeichnete Erziehung erhalten haben kann, die diese Neigung zum Wohltun noch verstärkt.

Marschallin: Sicher.

Crudeli: Und daß einen in späteren Jahren die Erfahrung gelehrt hat, daß es alles in allem für das eigene Glück auf dieser Welt günstiger ist, ein Ehrenmann zu sein als ein Schuft.

Marschallin: Ja. Aber wie kann man ein anständiger Mensch sein, wenn schlechte Grundsätze sich mit unseren Leidenschaften verbinden, um uns zum Bösen zu treiben.

Crudeli: Man ist eben inkonsequent. Und gibt es etwas Häufigeres als Inkonsequenz?

Marschallin: Leider nein: man glaubt und handelt alle Tage so, als glaube man nicht.

Crudeli: Und wenn man nicht glaubt, handelt man ungefähr so, als ob man glaubte.

Marschallin: Das ist gut. Aber was ist denn dabei, einen Grund mehr zum Gutestun zu haben, nämlich die Religion? Und einen Grund weniger, die Ungläubigkeit nämlich, um Böses zu tun?

Crudeli: Gar nichts. Wenn die Religion ein Grund wäre, Gutes zu tun, und die Ungläubigkeit einer, Schlechtes zu tun.

Marschallin: Gibt es darüber einen Zweifel? Ist es nicht der Sinn der Religion, der schlechten, sündigen Natur zu widerstehen, und der der Ungläubigkeit, sie ihrer Bosheit zu überlassen, indem sie ihr die Furcht nimmt?

Crudeli: Das würde uns zu einer langen Auseinandersetzung führen.

Marschallin: Was tut's? Der Marschall kommt nicht so bald zurück. Und es ist immer noch besser, sich vernünftig zu unterhalten, als über den Nächsten Schlechtes zu reden.

Crudeli: Da muß ich aber die Dinge etwas von oben ansehen.

Marschallin: Von so weit oben, wie Sie wollen. Hauptsache, ich verstehe Sie.

Crudeli: Wenn Sie mich nicht verstehen, dann liegt es an mir.

Marschallin: Sie sind höflich. Aber Sie müssen bedenken, ich habe nie etwas anderes als mein Gebetbuch gelesen und habe mich nie mit etwas anderem beschäftigt, als nach dem Evangelium zu leben und Kinder in die Welt zu setzen.

Crudeli: Das sind zwei Aufgaben, die Sie gut erfüllt haben.

Marschallin: Ja, was die Kinder anlangt. Sechs haben Sie

bereits bei mir gesehen, und in einigen Tagen werden Sie wiederum eins auf meinem Schoß finden. Aber schießen Sie los.

Crudeli: Frau Marschallin, gibt es in dieser Welt irgend etwas Gutes, das nicht zugleich einen Nachteil in sich hätte?

Marschallin: Nichts.

Crudeli: Und irgend etwas Böses, was ganz ohne Vorteil wäre?

Marschallin: Nein.

Crudeli: Was nennen Sie also böse oder gut?

Marschallin: Böse ist das, was mehr Nachteile als Vorteile hat. Gut dagegen, was mehr Vorteile als Nachteile hat.

Crudeli: Werden die Frau Marschallin die Güte haben, sich dieser Ihrer Definition von gut und böse zu erinnern.

Marschallin: Ich werde mich daran erinnern. Sie nennen das eine Definition?

Crudeli: Ja.

Marschallin: Das ist also Philosophie?

Crudeli: Eine ausgezeichnete.

Marschallin: Ich habe philosophiert!

Crudeli: Sie sind also überzeugt, daß die Religion mehr Vorteile als Nachteile hat, deshalb nennen Sie sie gut?

Marschallin: Ja.

Crudeli: Ich zweifle durchaus nicht daran, daß Ihr Verwalter Sie am Tage vor Ostern etwas weniger bestiehlt als am Tage nach dem Fest, und daß die Religion von Zeit zu Zeit eine ganze Menge kleiner Übel verhindert und eine ganze Menge kleiner Wohltaten erzeugt.

Marschallin: Und wenn man all das Kleine zusammenzählt, ist es eine Summe.

Crudeli: Aber glauben Sie, daß die furchtbaren Verwüstungen, die sie in der Vergangenheit verursacht hat und in der Zukunft noch verursachen wird, durch diese lappigen Vorteile genügend ausgeglichen sind? Bedenken Sie, daß die Religion die heftigste Abneigung zwischen den Völkern geschaffen und verewigt hat. Es gibt keinen Muselmann, der sich nicht einbildet, eine Gott und dem heiligen Propheten wohlgefällige Tat zu tun, wenn er sämtliche Christen erschlägt, die ihrerseits durchaus nicht toleranter sind. Denken Sie daran, daß sie in jedem Lande Trennungen geschaffen und verewigt hat, die sich selten ohne Blutvergießen ausgeglichen haben. Unsere Geschichte zeigt uns nur allzu naheliegende und verheerende Beispiele, denken Sie daran, daß sie in der Gesellschaft zwischen den Bürgern, ja selbst in den Familien und zwischen den Nächsten den grausamsten und hartnäckigsten Haß gesät und verewigt hat. Christus hat gesagt, er sei gekommen, um den Gatten von der Gattin, die Mutter von den Kindern, den Bruder von der Schwester, den Freund vom Freunde zu trennen. Seine Prophezeiung ist nur allzu treulich erfüllt worden.

Marschallin: Das sind die Mißbräuche, das ist nicht die Sache selbst.

Crudeli: Es ist die Sache selbst, wenn die Mißbräuche nicht davon zu trennen sind.

Marschallin: Wie wollen Sie mir beweisen, daß die Mißbräuche der Religion nicht zu trennen sind von der Religion?

Crudeli: Sehr leicht. Sagen Sie mir, was ein Menschenfeind, der sich vorgenommen hätte, die Welt unglücklich zu machen, Besseres hätte erfinden können als den Glauben an ein unfaßbares Wesen, über das sich die Menschen nie einig werden können und dem sie mehr Bedeutung beimessen als ihrem Leben? Ist es möglich, von dem Begriff einer Gottheit den der unbedingten Unfaßbarkeit und der höchsten Bedeutung zu trennen?

Marschallin: Nein.

Crudeli: Dann ziehen Sie selbst die Schlußfolgerung.

Marschallin: Ich ziehe den Schluß, daß diese Idee nicht ohne Folgen sein wird in den Köpfen von Wahnsinnigen.

Crudeli: Und setzen Sie dazu, daß die Wahnsinnigen immer in der Majorität gewesen sind und sein werden. Und die gefährlichsten unter ihnen sind die, welche die Religion dazu gemacht hat, und aus ihnen verstehen die Aufrührer der Gesellschaft bei Gelegenheit immer großen Nutzen zu ziehen.

Marschallin: Aber wir brauchen etwas, das die Menschen von den schlechten Taten abschreckt, die sich der Strenge der Gesetze entziehen. Und wenn Sie die Religion zerstören, was wollen Sie an ihre Stelle setzen?

Crudeli: Und wenn ich nichts an ihre Stelle zu setzen hätte, so wäre es immer ein furchtbares Vorurteil weniger, abgesehen davon, daß in keinem Jahrhundert und in keinem Volke die religiösen Meinungen zur Voraussetzung für die nationalen Bräuche und Sitten geworden sind. Die alten Griechen und Römer waren die anständigsten Leute von der Welt, und dabei verehrten sie Götter, die man nur als ein höchst verderbtes Pack bezeichnen kann: Jupiter müßte man lebendig verbrennen, Venus gehörte in die Besserungsanstalt und Merkur ins Arbeitshaus.

Marschallin: Und Sie glauben, daß es ganz gleich ist, ob wir Christen oder Heiden sind? Daß wir als Heiden nicht weniger wert wären und als Christen nicht besser sind?

Crudeli: In der Tat, ich bin überzeugt davon. Abgesehen davon, daß wir ein bißchen lustiger wären.

Marschallin: Das kann nicht sein.

Crudeli: Aber, Frau Marschallin, gibt es denn überhaupt Christen? Ich habe noch keine gesehen.

Marschallin: Und das sagen Sie mir, ausgerechnet mir?

Crudeli: Nein, gnädige Frau, Ihnen nicht. Ich habe es zu einer Bekannten gesagt. Sie ist ehrenhaft und fromm wie Sie und hielt sich im besten Glauben für eine Christin, wie Sie.

Marschallin: Und Sie haben ihr gezeigt, daß sie Unrecht hatte?

Crudeli: Im Handumdrehen.

Marschallin: Und wie haben Sie das gemacht?

Crudeli: Ich öffnete ein Neues Testament, in dem sie sehr viel gelesen hatte; denn es war sehr abgegriffen. Ich las ihr die Bergpredigt vor, und bei jedem Punkt fragte ich sie: Tun Sie das? Und das? Und das noch...? Ich ging noch weiter. Sie ist schön, und obgleich sie sehr tugendhaft und sehr fromm ist, weiß sie es. Sie hat sehr weiße Haut, und obgleich sie diesem vergänglichen Vorzug keine große Bedeutung beimißt, ist sie nicht böse, wenn man ihr Komplimente darüber macht. Ihr Busen ist so schön, wie ein Frauenbusen nur sein kann, und obgleich sie sehr bescheiden ist, findet sie es gut, daß man es sieht.

Marschallin: Hauptsache, daß nur sie und ihr Gatte es wissen.

Crudeli: Ich glaube, ihr Gatte weiß es besser als irgend jemand. Aber für eine Frau, die ihre Ehre dareinsetzt, eine gute Christin zu sein, genügt das noch nicht. Ich sagte ihr: Steht nicht geschrieben im Evangelium, daß derjenige, der die Frau seines Nächsten begehrt, in seinem Herzen die Ehe gebrochen habe?

Marschallin: Sie entwortete Ihnen mit Ja?

Crudeli: Ich sagte ihr, der Ehebruch im Herzen ist doch wohl ebenso große Sünde wie ein Ehebruch mit besseren Voraussetzungen.

Marschallin: Sie antwortete Ihnen mit Ja?

Crudeli: Ich sagte ihr, wenn der Mann verdammt wird für den Ehebruch, den er in seinem Herzen begangen hat, was soll der Frau geschehen, die alle, die sich ihr nähern, zu dieser Sünde verleitet? Diese letzte Frage setzte sie in Verlegenheit.

Marschallin: Ich verstehe. Sie verhüllte ihren Busen, der so schön war, wie man sich nur denken kann, nicht sehr sorgfältig.

Crudeli: Das stimmt. Sie antwortete mir, das sei so Mode (als ob es nicht die allerverbreitetste Mode wäre, sich Christ zu nennen und keiner zu sein), daß man sich nicht lächerlich anziehen könne (als ob man Vergleiche ziehen könnte zwischen einem lächerlichen kleinen Ridikül und ihrer und ihres Nächsten ewiger Verdammnis), daß sie sich von ihrer Schneiderin anziehen ließe (als ob es nicht besser wäre, die Schneiderin zu wechseln als seiner Religion untreu zu werden), ihr Mann wolle es so (als ob ein Mann wahnsinnig genug wäre, von seiner Frau die Hintansetzung der Anständigkeit und Pflichten zu fordern, und eine wirkliche Christin den Gehorsam gegen einen verstiegenen Mann bis zur Aufopferung des göttlichen Willens und der Verachtung der Drohungen ihres Erlösers treiben müsse).

Marschallin: Diese kindischen Argumente wußte ich im voraus. Ich hätte sie Ihnen vielleicht angeführt, genau wie Ihre Bekannte. Aber sie und ich, wir wären beide im Unrecht gewesen. Was tat sie nach Ihrer Rüge?

Crudeli: Am Tag nach dieser Unterhaltung (es war ein Feiertag) ging ich nach Hause, und meine fromme und schöne Nachbarin ging in die Messe.

Marschallin: Gekleidet wie immer?

Crudeli: Gekleidet wie immer. Ich lächelte, sie lächelte. Wir gingen aneinander vorbei, ohne zu sprechen. Frau Marschallin, eine anständige Frau, eine Christin, eine fromme Frau. Nach diesem Beispiel und hunderttausend dergleichen noch, ja, sagen Sie mir, welchen wirklichen Einfluß kann ich der Religion auf die Sitten einräumen? Fast gar keinen, glücklicherweise.

Marschallin: Wieso glücklicherweise?

Crudeli: Ja, gnädige Frau: wenn es plötzlich 20000 Parisern einfiele, genau nach der Bergpredigt zu leben...

Marschallin: Na ja, dann wären einige schöne Busen mehr bedeckt.

Crudeli: Und so viel Verrückte, daß der Polizeichef nicht wüßte, was er mit ihnen anfangen sollte. Unsere Irrenhäuser würden nicht reichen. In den heiligen Büchern ist zweierlei Moral: eine allgemeine und gleiche für alle Völker, alle Religionen, die ungefähr befolgt wird, und eine andere, die jeder Nation und jedem Kult besonders eigen ist, an die man glaubt, die man in der Kirche predigt, in den Häusern preist – und keinesfalls befolgt.

Marschallin: Und woher kommt dieser Widersinn?

Crudeli: Weil es unmöglich ist, ein ganzes Volk einem Gesetz zu unterwerfen, das nur einigen melancholischen Menschen entspricht und das sie auf ihren Charakter zugeschnitten haben. Es ist mit den Religionen wie mit den Klosterregeln: sie lockern sich mit der Zeit. Es ist ein Wahn, der nicht standhält gegen den dauernden Einfluß der Natur, die uns immer zu ihrem eigenen Gesetz zurückführt. Machen Sie, daß der Vorteil des einzelnen so eng mit dem Vorteil der Allgemeinheit verbunden ist, daß ein Bürger der Gesellschaft nicht schaden kann, ohne sich selbst zu schaden, sichern Sie der Tugend ihren Lohn zu, wie Sie der Bosheit ihre Strafe folgen lassen, so daß das Verdienst ohne Unterschied des Glaubens und der Herkunft die höchsten Stellen im Staat erhält, und rechnen Sie mit Schlechtigkeit nur bei einer kleinen Anzahl Menschen, deren perverse Natur durch nichts zu bessern ist und sie zum Laster zieht. Frau Marschallin, die Versuchung ist zu nahe, die Hölle zu weit. In einem System verrückter Meinungen, das nur Kindern imponiert, dürfen Sie nichts erwarten, das die ernsthafte Untersuchung eines weisen Gesetzgebers wert wäre!... Es reizt zum Verbrechen durch die Leichtigkeit der Sühne, es schickt den Schuldigen zu Gott, um Verzeihung zu bitten für das Unrecht, das er den Menschen getan hat, und erniedrigt die natürlichen und moralischen Pflichten, indem es sie eingebildeten Pflichten unterordnet.

Marschallin: Ich verstehe Sie nicht.

Crudeli: Ich will mich erklären: aber mir scheint, ich höre den Wagen des Marschalls. Er kommt zur rechten Zeit, um mich daran zu hindern, eine Dummheit zu sagen.

Marschallin: Sagen Sie ruhig Ihre Dummheit, ich werde sie nicht hören. Ich habe mich daran gewöhnt, nur das zu hören, was mir gefällt.

Crudeli: (Ich näherte mich ihrem Ohr und flüsterte leise:) Frau Marschallin, fragen Sie den Beichtvater, welche Sünde entsetzlicher ist: ein heiliges Gefäß zu verunreinigen oder den Ruf einer anständigen Frau zu verderben. Bei der ersten wird er vor Entsetzen erschauern und Kirchenschändung schreien. Und das bürgerliche Gesetz, das von der Verleumdung kaum Notiz nimmt, straft die Kirchenschändung mit Feuer und vollendet noch die Verwirrung der Begriffe und die Verderbnis der Menschen.

Marschallin: Ich kenne mehr als eine Frau, die sich nicht wagen würde, freitags Fleisch zu essen und dabei... Jetzt hätte ich beinahe auch eine Dummheit gesagt. Sprechen Sie weiter!

Crudeli: Aber gnädige Frau, ich muß unbedingt den Herrn Marschall sprechen.

Marschallin: Nur noch einen Moment, dann gehen wir zusammen zu ihm. Ich weiß nicht recht, was ich Ihnen antworten soll, und doch überzeugen Sie mich nicht.

Crudeli: Ich will Sie gar nicht überzeugen. Es ist mit der Religion wie mit der Ehe: die Ehe wird so vielen zum Verderben – für uns und den Herrn Marschall wurde sie zum

Glück. Sie haben gut getan, sich zu heiraten. Die Religion hat so viele Menschen böse gemacht, tut es noch und wird es immer tun – Sie aber sind an ihr besser geworden. Sie tun gut, ihr treu zu bleiben. Es ist Ihnen ein süßer Gedanke, sich ein Wesen neben sich, über Ihrem Haupte vorzustellen, das Sie auf der Erde wandeln sieht – er festigt Ihren Schritt. Erhalten Sie sich diesen hohen Beschützer Ihrer Gedanken, diesen Zuschauer, dieses erhabene Vorbild Ihrer Handlungen.

Marschallin: Sie haben, wie ich sehe, nicht den Ehrgeiz, Proselyten zu machen.

Crudeli: Keineswegs.

Marschallin: Ich schätze Sie dafür um so mehr.

Crudeli: Ich erlaube jedem, auf seine Weise zu denken, vorausgesetzt, daß man mir die meine läßt. Im übrigen haben es diejenigen, die befähigt sind, sich von den Vorurteilen zu befreien, nicht nötig, sich belehren zu lassen.

Marschallin: Glauben Sie, daß der Mensch ohne Aberglauben leben kann?

Crudeli: Nein, solange er unwissend und feige ist.

Marschallin: Na also. Ein Aberglaube ist wie der andere, was tut's, ob unserer oder ein anderer.

Crudeli: Das denke ich nicht.

Marschallin: Sagen Sie die Wahrheit, widerstrebt es Ihnen nicht, nach dem Tode gar nichts mehr zu sein?

Crudeli: Ich möchte lieber weiterleben, obwohl ich nicht einsehe, warum ein Wesen, das mich ohne Grund einmal unglücklich gemacht hat, das nicht auch ein zweites Mal tun sollte.

Marschallin: Wenn Ihnen trotz dieser Möglichkeit die Hoffnung auf ein Leben nach dem Tode tröstlich und süß erscheint, warum sie uns nehmen?

Crudeli: Ich habe diese Hoffnung nicht, weil der Wunsch nicht Vater des Gedankens ist, aber ich entreiße sie niemandem. Wenn man glauben kann, zu sehen, wenn man keine Augen mehr hat; zu hören, wenn man keine Ohren mehr hat; zu denken, wenn man keinen Kopf mehr hat; zu lieben, wenn man kein Herz mehr hat; zu fühlen, wenn man keine Sinne mehr hat; zu sein, wenn man nirgends mehr ist; etwas zu sein ohne Ausdehnung und ohne Raum, dann bin ich einverstanden.

Marschallin: Aber wer hat diese Welt erschaffen?

Crudeli: Das frage ich Sie.

Marschallin: Gott.

Crudeli: Was ist Gott?

Marschallin: Ein Geist.

Crudeli: Wenn ein Geist Materie schafft, warum macht er aus der Materie keinen Geist?

Marschallin: Und warum sollte er das tun?

Crudeli: Es ist nur, weil ich es ihn alle Tage tun sehe. Glauben Sie, daß die Tiere eine Seele haben?

Marschallin: Gewiß glaube ich das.

Crudeli: Und können Sie mir sagen, was zum Beispiel aus der Seele der peruanischen Schlange wird, während das Tier zwei Jahre lang im Rauchfang trocknet?

Marschallin: Mag aus ihr werden, was will, was kümmert's mich?

Crudeli: Weil die Frau Marschallin nicht weiß, daß diese geräucherte, vertrocknete Schlange aufersteht und wiedergeboren wird.

Marschallin: Das glaube ich nicht.

Crudeli: Es was aber ein sehr kluger Mann, der es erzählt hat, Bouguer nämlich versichert es.

Marschallin: Ihr kluger Mann hat gelogen.

Crudeli: Wenn er nun aber die Wahrheit gesagt hätte?

Marschallin: Dann brauchte ich ja nur anzunehmen, daß die Tiere Maschinen sind.

Crudeli: Und der Mensch – er ist doch nur ein etwas vollkommeneres Tier als die übrigen... Aber der Herr Marschall...

Marschallin: Noch eine Frage, die letzte. Sind Sie ganz ruhig in Ihrem Unglauben?

Crudeli: Ich könnte gar nicht ruhiger sein.

Marschallin: Wenn Sie sich aber nun doch irrten?

Crudeli: Und wenn ich mich irrte?

Marschallin: Dann wäre alles richtig, was Sie für falsch halten, und Sie wären verdammt. Herr Crudeli, es ist furchtbar, verdammt zu sein – eine ganze Ewigkeit brennen, das ist lang!

Crudeli: La Fontaine glaubte, wir würden uns fühlen wie der Fisch im Wasser.

Marschallin: Ja, ja – aber Ihr La Fontaine wurde sehr ernst in seinem letzten Stündchen –, und dort erwarte ich Sie.

Crudeli: Ich steh' für nichts, wenn mein Kopf nicht mehr klar ist; aber wenn ich an einer Krankheit sterbe, die dem Menschen bis zuletzt die Vernunft läßt, dann werde ich in dem Augenblick, in dem Sie mich erwarten wollen, nicht verwirrter sein als jetzt.

Marschallin: Diese Kühnheit bringt mich in Verwirrung.

Crudeli: Ich finde sie viel größer bei einem Sterbenden, der an einen strengen Richter glaubt, der unsere geheimsten Gedanken wägt und auf dessen Waage der tugendhafteste Mensch durch seinen Stolz verloren wäre, wenn er nicht zitterte, zu leicht befunden zu werden: wenn dieser Sterbende dann die Wahl hätte, entweder vernichtet zu werden oder sich diesem Gericht zu stellen, dann würde mich seine Kühnheit mehr in Verwirrung setzen, wenn er zögerte, den ersten Weg zu wählen, es sei denn, er wäre noch unsinniger als der Freund des heiligen Bruno oder berauschter von seinen Verdiensten als Buhola.

Marschallin: Die Geschichte von dem Freunde des heiligen Bruno habe ich gelesen, aber von Ihrem Buhola habe ich noch nie etwas gehört.

Crudeli: Er war Jesuit in einem Kollegium in Pinsk in Litauen. Er hinterließ bei seinem Tode eine Kassette voll Geld mit einem handgeschriebenen und unterzeichneten Brief.

Marschallin: Was war das für ein Brief?

Crudeli: Er lautete folgendermaßen: ›Ich bitte meinen lieben Bruder und Verwahrer dieser Kassette, sie zu öffnen, wenn ich Wunder getan haben werde. Das Geld soll die Kosten für meine Seligsprechung decken. Ich habe einige authentische Erinnerungen beigefügt zum Beweise meiner Tugenden – sie werden für denjenigen, der es unternimmt, mein Leben zu beschreiben, von Nutzen sein.‹

Marschallin: Das ist ja zum Totlachen!

Crudeli: Für mich schon, Frau Marschallin. Aber für Sie?! Ihr Gott versteht keinen Spaß.

Marschallin: Da haben Sie recht.

Crudeli: Frau Marschallin, es ist doch sehr leicht, sich schwer an Ihrem Gesetz zu versündigen.

Marschallin: Das gebe ich zu.

Crudeli: Das Gericht, das über Ihr ewiges Los entscheidet, ist sehr streng.

Marschallin: Das ist wahr.

Crudeli: Und wenn Sie dem Orakel Ihrer Religion Glauben schenken, so ist die Zahl der Auserwählten sehr klein.

Marschallin: Oh, ich bin keine Jansenistin. Ich sehe nur die tröstliche Seite der Medaille: das Blut Christi bedeckt einen großen Raum in meinen Augen. Und es schiene mir sehr merkwürdig, wenn der Teufel, der seinen Sohn nicht geopfert hat, den Sieg davontragen sollte.

Crudeli: Verdammen Sie Sokrates, Phokion, Aristides, Cato, Trajan, Marc Aurel?

Marschallin: Pfui doch! So könnten nur wilde Tiere denken. Paulus hat gesagt, jeder wird nach dem Gesetz gerichtet, das er gekannt hat – und Sankt Paulus hat recht.

Crudeli: Und nach welchem Gesetz wird der Ungläubige gerichtet?

Marschallin: Ihr Fall liegt ein wenig anders: Sie gehören zu den verfluchten Bewohnern von Chorazin und Bethsaida[1], die ihre Augen dem Licht verschlossen, das ihnen leuchtete, und ihre Ohren verstopften, um die Stimme der Wahrheit nicht zu hören, die zu ihnen sprach.

Crudeli: Frau Marschallin, solche Choraziner und Bethsaidaner hat es nur dort und sonst nirgends gegeben, die frei gewesen wären, zu glauben oder nicht zu glauben.

Marschallin: Sie haben Wunder geschaut, daß sie hätten in Sack und Asche büßen müssen, wenn sie aus Tyrus oder Sidon[2] gewesen wären.

Crudeli: Das liegt doch einfach daran, daß die Bewohner von Tyrus und Sidon klug waren, und die Choraziner und Bethsaidaner nur Dummköpfe. Aber wird er, der sie zu Dummköpfen gemacht hat, sie dafür strafen, daß sie solche sind? Ich habe Ihnen da eben eine Anekdote erzählt und hätte die größte Lust, Ihnen jetzt ein Geschichtchen zu erzählen. Ein junger Mexikaner... Aber der Herr Marschall?

Marschallin: Ich lasse gleich nachfragen, ob er Sie empfangen kann. Nun, Ihr Mexikaner?

Crudeli: Eines Tages ging er müde von seiner Arbeit am Meer spazieren. Da sah er ein Brett, von dem ein Ende ins Wasser ragte, während das andere am Strande lag. Und da –

1 Orte in der Nähe des Sees Genezareth, in denen die Wunder Jesu keinen Glauben fanden und denen er dafür die schwersten Strafen beim Jüngsten Gericht androht. Matth. 11, 21 2 Die beiden als ungläubig verschrienen Großstädte Tyrus und Sidon erklärt Jesu dabei als weniger skeptisch als die beiden Dörfer.

seine Blicke tauchten in die Unendlichkeit, die sich vor ihm ausbreitete – dachte er: ›Meine Großmutter faselt bestimmt mit ihrem Gerede von, ich weiß nicht, welchen Leuten, die irgendwann hier gelandet sein sollen aus irgendeiner Gegend von jenseits des Meeres. Das ist widersinnig: ich sehe doch, wie der Himmel mit dem Meere zusammenstößt. Soll ich, kann ich gegen das Zeugnis meiner Sinne eine alte Fabel glauben, von der man nicht einmal die genaue Zeit weiß und die jeder nach seiner Weise erzählt? Sie ist auch nur eine Anhäufung von unsinnigen Umständen – und dafür fressen sie sich die Herzen und reißen sich gegenseitig die Augen aus.‹ So überlegte er, und die Wasser wiegten ihn auf seinem Brett, bis er einschlief. Während er schlummert, wird der Wind stärker, die Woge hebt das Brett, auf dem er liegt, und siehe da, unser junger Denker treibt auf dem Wasser!

Marschallin: Oh ja, das ist genau unser Sinnbild: wir liegen jeder auf seinem Brett, der Wind weht, und die Welle trägt uns fort.

Crudeli: Er war schon weit weg vom Lande, als er erwachte. Wer sehr erstaunt war, auf hoher See zu sein, war unser Mexikaner. Und noch mehr war er's, als er das Ufer, an dem er eben noch spazieren gegangen war, aus den Augen verloren hatte, und das Meer nun auf allen Seiten mit dem Himmel zusammenzustoßen schien. Da ahnte er, daß er sich wohl geirrt haben mußte. Und wenn der Wind so weiter wehte, könnte er ihn wohl auch an einen neuen Strand treiben und zu jenen Leuten, von denen ihm seine Großmutter so oft erzählt hatte.

Marschallin: Und von seiner Angst sagen Sie mir kein Wort?

Crudeli: Er hatte keine. Er sagte sich: ›Was kann mir das ausmachen? Hauptsache, ich finde Land. Ich habe gedacht und geschlossen wie ein Leichtsinniger, aber ich war ehrlich gegen mich selber. Und das ist alles, was man von mir verlangen kann. Wenn es keine Tugend ist, klug zu sein, so ist Dummheit auch kein Laster!‹ Indessen blies der Wind weiter, der Mann und das Brett schwammen; das unbekannte Ufer tauchte auf: er berührt es und ist da.

Marschallin: Wir werden uns eines Tages dort wiedertreffen, Herr Crudeli.

Crudeli: Ich hoffe es, Frau Marschallin. Wo es auch sein mag, ich werde mich immer geschmeichelt fühlen, Ihnen den Hof machen zu können. – Kaum hatte er sein Brett verlassen und den Fuß auf den Sand gesetzt, als er einen ehrwürdigen Greis neben sich erblickte. Er fragte ihn, wo er sei und mit wem er die Ehre habe zu sprechen: ›Ich bin der Herr dieses Landes‹, antwortete ihm der Greis. Sogleich warf der junge Mann sich ihm zu Füßen. ›Steht auf‹, sagte der Greis. ›Ihr habt meine Existenz geleugnet?‹ – ›Ja.‹ – ›Und die meines Reiches?‹ – ›Ja.‹ – ›Ich vergebe Euch, denn ich sehe auf den Grund der Herzen, und ich habe in dem Euren gelesen, daß Ihr guten Glaubens gewesen seid. Aber Eure übrigen Gedanken und Taten sind durchaus nicht so unschuldig.‹ Damit nahm ihn der Greis beim Ohr und erinnerte ihn an alle Irrtümer seines Lebens, und bei jedem Punkt verneigte sich der junge Mexikaner, schlug sich an die Brust und bat um Verzeihung... Und jetzt, Frau Marschallin, versetzen Sie sich einen Augenblick an die Stelle des Greises, und sagen Sie mir, was Sie getan hätten! Hätten Sie den jungen Brausekopf bei den Haaren ergriffen, und hätte es Ihnen gefallen, ihn durch die Ewigkeit auf dem Ufer herumzuzerren?

Marschallin: Das wahrhaftig nicht!

Crudeli: Wenn eins Ihrer hübschen Kinderchen, nachdem es das Vaterhaus verlassen und eine Menge Dummheiten gemacht hätte, recht reumütig dahin zurückkäme?

Marschallin: Ich würde ihm entgegeneilen, würde es in meine Arme schließen, mit meinen Tränen benetzen, aber der

Marschall, ihr Vater, würde die Sache nicht so sanft nehmen.

Crudeli: Der Herr Marschall ist doch kein Tiger?

Marschallin: Gewiß nicht!

Crudeli: Er würde sich vielleicht ein wenig bitten lassen, aber er würde verzeihen.

Marschallin: Bestimmt.

Crudeli: Besonders, wenn er bedächte, daß ihm, schon ehe er dieses Kind zeugte, dessen ganzer Lebenslauf bekannt war und daß die Strafe für seine Sünden weder für ihn, noch für den Schuldigen, noch für dessen Brüder von Nutzen sein würde.

Marschallin: Der Greis und der Marschall sind zwei!

Crudeli: Sie wollen sagen, der Herr Marschall ist besser als der Greis?

Marschallin: Gott behüte! Ich will sagen, daß, wenn meine Gerechtigkeit nicht die des Marschalls ist, die des Marschalls auch nicht der Gerechtigkeit des Greises gleich zu sein braucht.

Crudeli: Ach, gnädige Frau, Sie fühlen nicht die Folgen dieser Antwort! Entweder die allgemeine Erklärung gilt gleicherweise für Sie, den Marschall, mich, den jungen Mexikaner und den Greis – oder ich weiß nicht mehr, was es ist, und kann auf keine Weise klar werden, wie man ihm gefallen oder mißfallen muß.

So weit waren wir gekommen, als ein Diener erschien und erklärte, daß der Marschall uns erwarte. Ich reichte der Frau Marschallin die Hand, und sie sagte zu mir: »Das macht einen ganz wirbelig im Kopf, nicht?«

Crudeli: Wieso eigentlich? Vorausgesetzt, daß er gut und fest ist?

Marschallin: Trotzdem, das Einfachste ist, so zu leben, als ob der Greis existiere.

Crudeli: Selbst wenn man nicht an ihn glaubt.

Marschallin: Und wenn man an ihn glaubt, nicht auf seine Güte zu rechnen.

Crudeli: Wenn das auch nicht eben sehr höflich ist, so ist es doch höchst ratsam.

Marschallin: Übrigens, wenn Sie unseren Gerichten über Ihre Grundsätze Rechenschaft geben müßten, würden Sie sie zugeben?

Crudeli: Ich würde alles tun, ihnen eine grausige Untat zu ersparen.

Marschallin: Ach, da sieht man's: der Feigling! Und wenn es ans Sterben ginge, würden Sie sich den Zeremonien der Kirche unterwerfen?

Crudeli: Daran sollte es nicht fehlen.

Marschallin: Pfui, so ein Heuchler!

GESPRÄCHE EINES VATERS MIT SEINEN KINDERN

oder
über die Gefahr, sich über das Gesetz zu stellen

MEIN Vater war ein Mann mit ausgezeichnetem Urteil, dabei fromm und in der ganzen Provinz bekannt wegen seiner strengen Rechtlichkeit. Er wurde mehr als einmal von seinen Mitbürgern als Schiedsrichter gewählt, und Fremde, die er gar nicht kannte, vertrauten ihm oft die Vollstreckung ihres letzten Willens an. Die Armen beklagten seinen Verlust, als er starb. Während seiner Krankheit bewiesen ihm Große und Kleine, wie wichtig ihnen sein Leben war. Als es hieß, daß sein Ende herannahe, trauerte die ganze Stadt. Sein Bild wird mir immer im Gedächtnis bleiben; ich glaube ihn noch in seinem Armstuhl mit seiner ruhigen Haltung und seinem heiteren Gesicht zu sehen. Ich meine ihn noch zu hören. Ich will einen unserer Abende schildern – ähnlich verliefen sie alle.

Es war im Winter. Wir saßen bei ihm am Feuer, mein Bruder, der Abbé, meine Schwester und ich. Er sagte mir am Ende eines Gesprächs über die Nachteile des Ruhmes: »Mein

Sohn, wir haben beide Lärm gemacht in der Welt, mit dem Unterschied, daß dein Lärm mit deinem Werkzeug dir die Nachtruhe raubt und meiner sie den anderen stört.« Nach diesem guten oder schlechten Witz begann der Schmied zu träumen – er schaute uns mit betonter Aufmerksamkeit an, und der Abbé sagte: »Vater, woran denken Sie?« – »Ich denke darüber nach«, antwortete er, »daß der Ruf eines Ehrenmannes, obwohl er sehr wünschenswert ist, seine Gefahren birgt gerade für denjenigen, der ihn verdient.« Dann, nach einer kurzen Pause, fügte er hinzu: »Ich zitterte noch, wenn ich daran denke... Werdet ihr es glauben, meine Kinder? Einmal in meinem Leben war ich nahe daran, euch zu ruinieren – ja sogar in Grund und Boden hinein zu ruinieren.«

Abbé: Und wie das?

Vater: Wie? Hört zu... Aber ehe ich beginne, Schwesterchen (so sagt er zu seiner Tochter), schieb mir mein Kissen etwas höher, es ist zu weit hinuntergerutscht; (und zu mir) und du, schlag mir den Schlafrock übereinander... das Feuer ist zu heiß für meine Beine. – Ihr habt doch alle den Pfarrer von Thivet gekannt?

Schwester: Den guten alten Priester, der als Hundertjähriger noch jeden Morgen seine vier Meilen lief?

Abbé: Er starb im Alter von hundert und einem Jahr bei der Nachricht vom Tode seines Bruders, der bei ihm wohnte und neunzig Jahre alt war?

Vater: Derselbe.

Abbé: Nun?

Vater: Seine Erben waren ganz arme Leute, sie lebten auf den Landstraßen, in den Feldern und auf den Kirchenstufen verstreut ihr Leben; sie schickten mir eine Vollmacht, daß ich hinginge und den Nachlaß des Verstorbenen für sie sicherstellte. Wie hätte ich den Unglücklichen das verweigern sollen, was ich für verschiedene wohlhabende Familien getan hatte? Ich ging zu Thivet: ich ließ die Gerichtsdiener des Ortes kommen, alles ansiegeln und erwartete die Erben. Sie ließen nicht lange auf sich warten – es waren zehn oder zwölf: Frauen ohne Strümpfe und Schuhe, fast ohne Kleider, die in alte Schürzen gewickelte Kinder an ihrer Brust hielten, lumpenbedeckte Greise, die sich bisher auf der Landstraße herumgetrieben hatten, mit einem Stock über der Schulter, an dem ein Bündel in Lumpen gebundener Lumpen hing. Der Anblick dieses Elends war widerlich. Stellt euch danach die Freude der Erben vor beim Anblick von zehntausend Francs, die auf jeden kamen; denn nach Ansicht des Landes betrug die Hinterlassenschaft des Pfarrers mindestens hunderttausend Francs. Die Siegel wurden gelöst. Ich nehme den ganzen Tag über das Inventar auf. Es wird Nacht. Die Unglücklichen ziehen sich zurück. Ich bleibe allein. Ich hatte Eile, sie in den Besitz ihres Anteils zu bringen, zu verabschieden und an meine Arbeit zurückzukehren. Unter einem Schreibtisch stand eine alte Truhe ohne Deckel, voll von allen möglichen alten Papieren: alte Briefe, Entwürfe von Antworten, verjährte Quittungen, weggeworfene Empfangsbescheinigungen, Ausgabenberechnungen und andere derartige Zettel. Aber in einem solchen Falle liest man alles, vernachlässigt nichts. Ich war fast am Ende dieser langweiligen Durchsicht, als mir ein ziemlich langes Schreiben in die Hände fiel. Und wißt ihr, was es war? Ein Testament so alten Datums, daß die als Vollstrecker Genannten seit zwanzig Jahren schon nicht mehr am Leben waren! Ein Testament, in dem er die Armen, die um mich herum schliefen, verwarf und als Universalerben die Frémins einsetzte, die reichen Buchhändler aus Paris, die du kennen mußt. Ich überlasse es euch, meine Überraschung und meinen Schmerz zu ermessen. Denn was sollte ich mit dem Wisch machen? Verbrennen? Warum nicht? Mußte man ihn nicht in jeder Beziehung verwerfen? Und dann der

Fundort, all die Papiere, mit denen er zusammengelegen hatte, sprachen sie nicht stark genug gegen ihn, abgesehen von seiner himmelschreienden Ungerechtigkeit? Das alles sagte ich mir. Dabei stellte ich mir die Verzweiflung der unglücklichen, betrogenen Erben vor, die so grausam um ihre einzige Hoffnung gebracht werden sollten, und näherte das Testament ganz leise dem Feuer – dann tauchten andere Gedanken auf, irgendeine Angst, mich bei der Entscheidung eines so wichtigen Falles zu täuschen, Mißtrauen gegen meine Einsicht, die Furcht, mehr die Stimme des Mitleids, die in meinem Herzen schrie, als die der Gerechtigkeit zu hören, hielten mich plötzlich zurück. Ich verbrachte den Rest der Nacht im Nachdenken über die ungerechte Akte und hielt sie mehrmals über die Flamme, immer ungewiß, ob ich sie verbrennen sollte oder nicht. Schließlich unterließ ich's – eine Minute früher oder später hätte ich das Gegenteil getan. In meiner Ratlosigkeit hielt ich es für klug, den Rat eines gebildeten Menschen einzuholen. Beim Morgengrauen stieg ich zu Pferde und ritt im Galopp zur Stadt, vorbei an meinem Hause, ohne einzutreten. Vor dem Priesterseminar, das damals die Oratorier innehatten, hielt ich an; denn dort lebte zu dieser Zeit ein durch die Klarheit seiner Erkenntnisse und die Reinheit seiner Sitten ausgezeichneter Ordensbruder: ein gewisser Vater Bouin, der in der Diözese den Ruf eines ganz großen Kasuisten hinterlassen hat.

Soweit war mein Vater gekommen, als Doktor Bissei eintrat: er war der Arzt und Freund des Hauses. Er erkundigte sich nach der Gesundheit des Vaters, fühlte ihm den Puls, gab neue Vorschriften, nahm einen Stuhl und fing an, mit uns zu plaudern.

Mein Vater fragte ihn nach einigen seiner Kranken, unter anderen nach einem alten Gauner, dem Verwalter eines gewissen Herrn von La Mésangère, ehemaligen Bürgermeisters unserer Stadt. Der Verwalter hatte die Angelegenheiten seines Herrn in eine wüste Verwirrung gebracht, für sich Geld geliehen unter dem Namen seines Herrn, Papiere und Wechsel veruntreut, sich widerrechtlich Grundbesitz angeeignet – kurz, eine Unmenge Gaunereien begangen, von denen er die meisten gestanden hatte – er stand kurz vor einer entehrenden Strafe, wenn nicht gar der Todesstrafe. Diese Angelegenheit war Gesprächsstoff der ganzen Provinz. Der Doktor sagte unserem Vater, daß es dem Manne sehr schlecht ginge, er aber nicht daran zweifele, ihn doch über den Berg zu bringen.

Vater: Damit erweisen Sie ihm keinen guten Dienst.

Ich: Außerdem ist es eine schlechte Tat.

Doktor: Eine schlechte Tat! Und warum, wenn ich bitten darf?

Ich: Es gibt so viel Böse in der Welt, daß man nicht die noch zurückhalten soll, die daraus verschwinden wollen.

Doktor: Meine Aufgabe ist, die Menschen zu heilen, nicht sie zu richten. Ich werde ihn heilen, weil es mein Handwerk ist – dann soll ihn das Gericht hängen, weil dies das seine ist.

Ich: Doktor, es gibt aber eine allen Bürgern gemeinsame Aufgabe, das ist: mit aller Kraft für den Vorteil des Staates zu arbeiten – und mir scheint, für das Heil eines Bösewichtes arbeiten, von dem uns dann unmittelbar die Gesetze befreien sollen, ist kein Vorteil für den Staat.

Doktor: Und wem kommt es zu, ihn zum Bösewicht zu erklären? Mir etwa?

Ich: Nein, das tun seine Handlungen.

Doktor: Und wer kennt diese Handlungen? Ich vielleicht?

Ich: Nein, aber gestatten Sie, Doktor, daß ich den Gesichtspunkt ein wenig ändere, indem ich einen Kranken annehme, dessen Missetaten im ganzen Lande bekannt sind. Sie werden zu ihm gerufen, Sie eilen hin, öffnen den Bettvorhang und erkennen Cartouche oder Nivet[1]. Werden Sie Cartouche oder Nivet gesund machen?

Doktor Bissei antwortete nach kurzem Zögern fest, er würde ihn heilen, er würde den Namen des Kranken vergessen, um sich nur mit der Krankheit zu beschäftigen, das sei das einzige, was er kennen dürfe; wenn er darüber hinausginge, würde er sehr bald nicht mehr wissen, wo er anhalten solle – es hieße, das Leben der Menschen der Unwissenheit, den Leidenschaften, dem Vorurteil ausliefern, wenn der Krankenbehandlung eine Prüfung des Lebens und der Sitten des Kranken vorausgehen müßte. »Was Sie mir von Nivet sagen, würde mir ein Jansenist von einem Jesuiten, ein Katholik von einem Protestanten erzählen. Wenn Sie mich von dem Bett Cartouches vertreiben, schickt mich ein Fanatiker von dem eines Atheisten. Es reicht schon zu, die Medizin abschätzen zu müssen, ohne auch noch die Bosheit abzumessen, die sie anzuwenden erlaubt oder nicht...«

»Aber Doktor«, antwortete ich ihm, »wenn nun der erste Versuch des Scheusals nach seiner Heilung darin bestünde, Ihren Freund zu ermorden, was sagen Sie dann? Hand aufs Herz! Würden Sie es nicht bereuen, ihn geheilt zu haben? Würden Sie nicht voll Bitterkeit aufschreien: Warum habe ich ihm geholfen! Warum ließ ich ihn nicht sterben! Würde das nicht genügen, den Rest Ihres Lebens zu vergiften?«

Doktor: Gewiß, ich würde mich vor Schmerz verzehren, aber bereuen würde ich nicht.

Ich: Und warum sollten Sie bereuen – ich sage nicht: einen tollen Hund getötet zu haben, nein, aber ihn krepieren zu lassen? Doktor, hören Sie! Ich bin kühner als Sie. Ich lasse mich nicht gängeln von eitlen Überlegungen. Ich bin Arzt. Ich betrachte meinen Kranken – dabei erkenne ich, daß er ein

1 Zwei notorische Verbrecher zu Diderots Lebzeiten.

Schuft, ein Verbrecher ist, und halte ihm folgende Rede: ›Unglücklicher, beeile dich zu sterben. Es ist das beste, was dir und den anderen Menschen geschehen kann. Ich könnte zwar den Schmerz aus deinem Körper vertreiben; aber ich werde mich hüten, dir etwas zu verschreiben – ich hasse meine Mitbürger nicht genug, um dich in ihre Mitte zurückzusenden und mir selbst ewigen Schmerz zu bereiten durch die neuen Verbrechen, die du begehen würdest. Ich will nicht dein Komplize sein. Man würde den bestrafen, der dich in seinem Hause verbirgt, und ich sollte den für unschuldig halten, der dich rettet! Das kann nicht sein. Ich bedaure nur, daß ich dich dem Nachrichter entziehe, wenn ich dich jetzt schon dem Tode preisgebe. Ich werde mich nicht mühen, dem das Leben wiederzugeben, den anzuzeigen ich verpflichtet bin aus natürlicher Gerechtigkeit, um des Wohles der Gesellschaft, des Heiles meiner Mitmenschen willen. Stirb, es soll nicht gesagt werden, daß durch meine Kunst und Sorgfalt ein Ungeheuer mehr existiere.‹

Doktor: Guten Morgen, Papa. Und was ich noch sagen wollte, weniger Kaffee nach dem Essen, hören Sie?

Vater: Ach Doktor, der Kaffee schmeckt doch so gut.

Doktor: Wenigstens mit sehr, sehr viel Zucker.

Schwester: Aber Doktor, der Zucker gibt doch Hitze.

Doktor: Unsinn! Leben Sie wohl, Philosoph.

Ich: Doktor, noch einen Augenblick! Galenus, der unter Marc Aurel lebte, war doch gewiß kein gewöhnlicher Mann, obgleich er noch an Träume, Amulette und Zaubereien glaubte; der sagte über seine Vorschriften, Neugeborene am Leben zu erhalten: ›Ich gebe sie für die Griechen und Römer und alle, die in den Wissenschaften in ihre Fußstapfen treten. Germanen und die übrigen Barbaren sind ihrer ebensowenig würdig wie Wölfe, Wildschweine, Löwen und andere wilde Tiere.‹

Doktor: Das wußte ich. Ihr habt beide unrecht: Galenus mit diesem unsinnigen Satz und Sie, indem Sie ihn als Autorität anführen. Sie würden mitsamt Ihrem Lob oder Ihrer Kritik an Galenus nicht existieren, wenn die Natur nicht noch andere Geheimnisse als das des Galenus gehabt hätte, um die Kinder der Germanen zu erhalten.

Ich: Während der letzten Pest in Marseille...

Doktor: Machen Sie schnell, ich habe Eile.

Ich: ... gingen Diebe und Räuber in die Häuser, raubten, töteten, kurz, nutzten die allgemeine Verwirrung, um sich durch alle Arten von Verbrechen zu bereichern. Einer der Räuber wurde von der Pest angesteckt. Er wurde von einem jener Totengräber erkannt, die von der Polizei bestimmt worden waren, die Toten aus den Häusern zu tragen. Die Leute gingen von Haus zu Haus und warfen die Leichen auf die Straße. Der Totengräber betrachtete den Verbrecher und sagte: ›Ach du bist's, Verfluchter!‹ und greift ihn im gleichen Augenblick an den Füßen und zerrt ihn zum Fenster. Der Verbrecher rief: ›Ich bin nicht tot!‹ Der andere antwortete: ›Du bist tot genug!‹ und warf ihn aus dem dritten Stock. Sehen Sie, Doktor, dieser Totengräber, der den bösen Pestkranken hinauswarf, ist in meinen Augen weniger schuldig als ein geschickter Arzt, wie Sie zum Beispiel, der ihn geheilt hätte. Nun gehen Sie.

Doktor: Mein lieber Philosoph, ich will Ihren Geist und Ihr Feuer bewundern, soviel Sie wollen – aber Ihre Moral wird weder jemals die meine noch die des Abbé werden, darauf will ich wetten.

Abbé: Das ist eine sichere Wette.

Ich wollte eben den Abbé aufs Korn nehmen, da sagte mein Vater lächelnd zu mir: »Du redest ja gegen dich selber.«

Ich: Wieso?

Vater: Du willst den Tod dieses Schuftes von Verwalter des

Herrn von La Mésangère, nicht wahr? Dann laß doch den Doktor machen. – Du murmelst da etwas?!

Ich: Ich sage, Bissei wird sich niemals die Inschrift verdienen, die die Römer dem Arzte Hadrians VI. nach dessen Tode an die Tür schrieben: ›Dem Befreier des Vaterlandes!‹

Schwester: Und als Mazarins Arzt hätte er nicht wie Guénaut die Kärrner veranlaßt, zu sagen: ›Kameraden, laßt den Herrn Doktor vorbei, er hat uns die Wohltat erwiesen, den Kardinal zu töten.‹

Mein Vater lächelte und sagte: »Wo war ich mit meiner Geschichte stehengeblieben?«

Schwester: Bei dem Vater Bouin.

Vater: Ich setzte ihm meinen Fall auseinander. Vater Bouin sagte: ›Ihr Mitleid mit den unglücklichen Erben ist sehr lobenswert. Vernichten Sie das Testament, helfen Sie ihnen, ich bin einverstanden – aber nur unter der Bedingung, daß Sie dem Universalerben genau die Summe zurückerstatten, die Sie ihm auf diese Weise nehmen.‹ Aber es zieht mir an die Schultern, der Doktor wird die Tür offen gelassen haben. Schwesterchen, geh, mach sie zu.

Schwester: Ich gehe, aber ich hoffe, Sie erzählen nicht weiter, bis ich zurück bin.

Vater: Selbstverständlich.

Meine Schwester ließ eine Weile auf sich warten und sagte dann, als sie wieder eintrat, etwas mißmutig: »Dieser Narr hat zwei Schilder an seine Tür gehängt – auf dem einen steht: Haus zu verkaufen für zwanzigtausend Francs oder zu vermieten für zwölftausend Francs ohne Pacht – auf dem anderen: Zwanzigstausend Francs zu 6 Prozent zu verleihen.«

Ich: Ein Narr, Schwester? Und wenn da nur ein Schild wäre, wo du zwei siehst – wenn das Leihschild nur die Übersetzung des Vermietungsschildes wäre? Aber lassen wir das: kommen wir zurück zu unserem Vater Bouin!

Vater: Vater Bouin fuhr fort: ›Wer hat Ihnen erlaubt, Taten zu verurteilen oder gutzuheißen? Wer hat Ihnen erlaubt, die Absichten der Toten willkürlich auszulegen?‹ – ›Ja, aber die alte Truhe?‹ –

›Wer erlaubt Ihnen zu entscheiden, ob das Testament absichtlich weggeworfen wurde oder aus Versehen verloren ging? Ist es Ihnen nicht schon passiert, daß Sie in einem Eimer ein wichtiges Papier wiedergefunden haben, das Sie aus Unachtsamkeit hineingeworfen hatten?‹ – ›Aber das Datum und die Ungerechtigkeit der Urkunde?‹ – ›Wer erlaubt Ihnen, über die Gerechtigkeit oder Ungerechtigkeit der Akte zu befinden, und das Universalerbe als eine unrechtmäßige Handlung anzusprechen, statt als eine rechtmäßige Zurückgabe oder eine andere gerechte Tat, die man sich ausdenken kann?‹ – ›Aber die unmittelbaren armen Erben und der entfernte reiche Verwandte?‹ – ›Wer hat Ihnen erlaubt zu wägen, was der Verstorbene seinen Nächsten schuldig war, die Sie gar nicht kennen?‹ – ›Aber die vielen Briefe des Erben, die der Verstorbene nicht einmal geöffnet hatte!‹

Diesen Umstand hatte ich euch zu erzählen vergessen (fügte mein Vater hinzu): in dem Haufen Papier, in dem ich das Testament fand, waren zwanzig bis dreißig noch versiegelte Briefe von den Frémins.

›Weder Truhe noch Datum‹, sagte Vater Bouin, ›noch Briefe, noch Vater Bouin, noch ob, noch aber zählt hier: niemand hat das Recht, den Lauf des Gesetzes zu hemmen, in die Gedanken der Toten dringen zu wollen und über das Eigentum eines anderen zu verfügen. Wenn die Vorsehung beschlossen hat, den gesetzlichen oder den testamentarisch bestimmten Erben oder den Verstorbenen durch die zufällige Erhaltung des Testaments zu strafen – denn man weiß ja gar nicht, für wen sich das am ungünstigsten auswirkt – dann muß es bestehen bleiben.‹

Nach einer so klaren Entscheidung durch einen der hellsten Köpfe unserer Geistlichkeit stand ich verwirrt und zitternd und bedachte im stillen, was aus mir, aus euch, meine Kinder, geworden wäre, wenn ich das Testament verbrannt hätte, wie ich es wohl zehnmal versucht gewesen war zu tun – von Gewissensbissen gequält wäre ich dann hinterher zu Vater Bouin gegangen. Ich hätte zurückerstattet, ja, ich hätte das Geld zurückgegeben, das ist sicher: und ihr wäret ruiniert gewesen.

Schwester: Aber Vater, Sie mußten doch in das Pfarrhaus zurückkehren und den Armen sagen, daß es nichts zu erben gab für sie und daß sie wieder gehen müßten, wie sie gekommen waren? Wie fanden Sie bei Ihrer mitleidigen Seele den Mut dazu?

Vater: Ich weiß nicht. Im ersten Augenblick wollte ich meine Vollmacht einfach abgeben an einen Mann der Gesetze – aber der hätte mit aller Strenge gehandelt, hätte die Armen an der Schulter gepackt und hinausgeworfen, während ich ihnen ihr Unglück vielleicht ein wenig erleichtern konnte. Ich ging also am gleichen Tag nach Thivet zurück. Meine plötzliche Abreise und die Vorsicht, mit der ich sie unternommen, hatten die Leute beunruhigt – mein trauriges Gesicht jetzt bei der Rückkehr beunruhigte sie noch mehr. Aber ich bezwang mich und verbarg meine Gefühle, so gut ich konnte.

Ich: Das heißt sehr schlecht.

Vater: Ich brachte erst alle Kostbarkeiten unter Verschluß und versammelte im Hause einige Einwohner des Dorfes, die mir im schlimmsten Falle ihre Kräfte leihen konnten. Dann öffnete ich Keller und Scheune und gab sie den Unglücklichen preis, lud sie ein, zu essen und zu trinken und unter sich den Wein, das Korn und allen anderen Mundvorrat zu teilen.

Abbé: Aber Vater ...!

Vater: Ich weiß, das gehörte ihnen so wenig wie das übrige.

Ich: Laß schon, Abbé, du unterbrichst uns!

Vater: Dann stand ich, bleich wie der Tod, an allen Gliedern zitternd, öffnete den Mund, fand keine Worte, setzte mich, stand wieder auf, fing einen Satz an, konnte ihn nicht beenden, weinte – die Leute waren erschreckt, standen um mich herum, schrien durcheinander: ›Nun, lieber Herr, was ist?‹ – ›Was ist?‹ erwiderte ich... ›Ein Testament, das euch enterbt.‹ Diese wenigen Worte auszusprechen, kostete mich so viel Kraft, daß ich umzufallen fürchtete.

Schwester: Das kann ich mir vorstellen.

Vater: Diese Szene, Kinder, die Szene, die sich jetzt abspielte! Mir graut, sie zu erzählen. Ich glaube noch, die Schreie des Schmerzes, der Wut, des Zornes, das Heulen der Verwünschungen zu hören... (Hier legte mein Vater die Hände vor seine Augen und Ohren)... ›Die Frauen‹, sagte er, ›die Frauen – ich sehe sie noch; manche wälzten sich auf der Erde, rauften sich die Haare, zerrissen sich die Wangen und die Brüste – andere schäumten, hielten ihre Kinder an den Füßen, bereit, ihnen die Köpfe am Boden zu zerschmettern, wenn man sie hätte gewähren lassen; die Männer packten alles, was sie erreichen konnten, warfen es durcheinander, zerbrachen es; sie drohten, das Haus anzuzünden; andere brüllten und kratzten die Erde auf mit ihren Fingernägeln, als suchten sie den Leichnam des Priesters, um ihn zu zerreißen – und in all dem Tumult die lauten, hellen Schreie der Kinder, die, ohne zu wissen warum, die Verzweiflung ihrer Eltern teilten, sich an ihre Kleider klammerten und unmenschlich von ihnen zurückgestoßen wurden. Ich glaube, ich habe in meinem Leben nie so gelitten.‹ Indessen hatte ich dem Pariser Erben geschrieben, ihn von allem unterrichtet und ihn gebeten, so rasch wie möglich zu kommen, um Zwischenfälle zu verhindern, die ich allein nicht würde vermeiden können.

Ich hatte die Unglücklichen ein wenig beruhigt mit der

Hoffnung, mit der ich mir tatsächlich selbst schmeichelte, daß ich nämlich von dem Testamentserben entweder einen vollen Verzicht oder einen günstigen Ausgleich erlangen könnte. Damit hatte ich sie in die entlegensten Hütten des Dorfes verteilt.

Der Frémin aus Paris kam; ich sah ihn fest an und fand ein hartes Gesicht, das nichts Gutes versprach.

Ich: Große, dichte schwarze Augenbrauen, verschleierte kleine Augen, ein breiter, etwas schiefer Mund, gelbe pokkennarbige Haut.

Vater: Genau so. Er hatte nicht dreißig Stunden gebraucht, um die sechzig Meilen zurückzulegen. Ich zeigte ihm zuerst die Unglücklichen, deren Sache ich zu führen hatte. Sie standen alle schweigend vor ihm, die Frauen weinten, die Männer, auf ihre Stöcke gestützt, mit entblößtem Kopf, die Mütze in ihren Händen. Frémin saß mit geschlossenen Augen, den Kopf vorgeneigt, das Kinn auf die Brust gestützt, und sah sie nicht an. Ich sprach mit aller Kraft zu ihren Gunsten – ich weiß nicht, wo man in solchen Fällen die Gedanken und Worte hernimmt. Ich führte es ihm greifbar vor Augen, wie wenig sicher es war, daß er überhaupt der rechtmäßige Erbe sei; ich beschwor ihn bei seiner Wohlhabenheit und dem Elend vor seinen Augen – ich glaube, ich habe mich ihm sogar zu Füßen geworfen! Keinen Pfennig konnte ich ihm entreißen. Er erklärte mir, er denke darüber ganz anders: es war ein Testament vorhanden, die Geschichte des Testamentes sei ihm gleichgültig, und er halte sich lieber an meine Taten als an meine Worte. Empört warf ich ihm die Schlüssel ins Gesicht. Er hob sie auf, nahm alles in Besitz – und ich kehrte so verwirrt, unglücklich und verändert nach Hause zurück, daß eure Mutter, die damals noch lebte, glaubte, mir sei ein großes Unglück zugestoßen... O Kinder! Was für ein Mann, dieser Frémin!

Nach diesem Bericht versanken wir in Schweigen, und jeder hing auf seine Weise der merkwürdigen Geschichte nach. Besucher kamen: ein Geistlicher, dessen Namen ich vergessen habe; ein dicker Prior, der sich besser in Wein als in der Moral auskannte und ›Wie macht man Karriere‹ besser studiert hatte als die ›Beichte von Grenoble‹, – dann ein Jurist, Notar und Polizeileutnant Dubois und kurze Zeit später ein Arbeiter, der mit meinem Vater sprechen wollte. Er wurde hereingelassen und mit ihm ein alter Provinzingenieur, der ganz zurückgezogen mit seiner Mathematik lebte, die er früher einmal gelehrt hatte. Er war ein Nachbar des Arbeiters, der Arbeiter selbst war ein Hutmacher.

Das erste Wort des Hutmachers an meinen Vater war, daß ihm das Auditorium ein wenig zu groß sei für das, was er ihm zu sagen habe. Alle erhoben sich, es blieben nur der Prior, der Jurist, der Geometer und ich, den der Hutmacher zurückhielt.

»Herr Diderot«, sagte er zu meinem Vater, nachdem er sich in der Wohnung umgesehen hatte, um festzustellen, ob er auch nicht gehört werden könnte, »Ihre Rechtschaffenheit und Klugheit führen mich zu Ihnen, und ich bin nicht böse, die anderen Herren noch hier zu finden, denen ich vielleicht unbekannt bin, die ich aber alle kenne. Ein Priester, ein Mann des Gesetzes, ein Gelehrter, ein Philosoph und ein Ehrenmann! Es müßte doch sehr merkwürdig zugehen, wenn ich unter Männern so verschiedener Herkunft, die alle so gerecht und klug sind, den Rat nicht finden sollte, den ich brauche.«

Dann fuhr der Hutmacher fort: »Versprechen Sie mir zuerst, meine Angelegenheit als Geheimnis zu bewahren, ganz gleich, wozu ich mich entschließe.«

Das wurde ihm versprochen und er erzählte.

»Ich habe keine Kinder, auch von meiner letzten Frau

nicht, die ich vor vierzehn Tagen erst verloren habe. Seit der Zeit lebe ich nicht mehr: ich kann weder essen, noch trinken, noch arbeiten, noch schlafen. Ich stehe auf, kleide mich an, gehe hinaus und laufe, von Sorgen zermartert, durch die Stadt. Ich habe meine kranke Frau achtzehn Jahre lang gepflegt, habe alles für sie getan, was in meinen Kräften stand und was ihr das traurige Los ein wenig erleichtern konnte. Die Ausgaben dafür haben unser kleines Vermögen und allen Erlös aus meiner Arbeit verschlungen – mir blieb nur eine Menge Schulden. Bei ihrem Tode waren meine Kräfte erschöpft und meine besten Jahre verloren – mit einem Wort, ich wäre nicht weiter als an dem Tage, da ich mein Geschäft anfing, wenn ich den Gesetzen folgte und ihren entfernten Angehörigen das auszahlte, was ihnen von ihrer einstigen Mitgift zusteht. Das war eine ganz beträchtliche Ausstattung; denn ihre Eltern hatten ihre Tochter sehr geliebt und für sie getan, was sie konnten, mehr als sie konnten: viele schöne und gute Sachen, die heute noch wie neu sind; denn die arme Frau ist nicht dazu gekommen, sie anzuziehen, – dazu zwanzigtausend Francs in Silber durch die Auszahlung einer Rente für Herrn Michelin, den Stellvertreter des Generalpächters. Kaum hatte meine Frau die Augen für immer geschlossen, als ich die Sachen und das Geld beiseite brachte. Jetzt kennen Sie meine Angelegenheit, meine Herren. Habe ich recht gehandelt? Habe ich Unrecht getan? Mein Gewissen ist nicht ruhig. Ich bilde mir ein, eine Stimme flüstern zu hören: Du hast gestohlen, du hast gestohlen – gib zurück, gib es zurück! Was denken Sie darüber, meine Herren? Aber bedenken Sie auch, daß meine Frau alles mitgenommen hat, was ich in zwanzig Jahren erarbeitet hatte, daß ich fast nicht mehr in der Lage bin zu arbeiten, daß ich verschuldet bin, und wenn ich zurückzahle und die Sachen herausgebe, bleibt mir nur noch das Armenhaus, wenn nicht heute, so doch morgen. Sprechen

Sie, meine Herren, ich erwarte Ihre Entscheidung. Muß ich zurückgeben und ins Armenhaus gehen?«

»Jedem die Ehre, die ihm gebührt«, sagte mein Vater und neigte sich gegen den Prior. – »Sprechen Sie zuerst, Herr Prior.«

»Mein Sohn«, sagte der Prior zu dem Hutmacher, »ich liebe Gewissensbisse nicht, sie verwirren den Kopf und helfen nichts. Vielleicht hättest du das Geld nicht nehmen sollen, aber da du es einmal genommen hast, so ist mein Rat, behalte es!«

Vater: Aber, Hochwürden, das ist doch nicht Ihr letztes Wort?

Prior: Doch, wahrhaftig – ich weiß nichts mehr dazu zu sagen.

Vater: Sie sind nicht eben weit gegangen. Nun Sie, Herr Notar.

Notar: Freund, deine Lage ist schlecht. Ein anderer würde dir vielleicht raten, den Verwandten deiner Frau das Kapital sicherzustellen, damit es bei deinem Tode nicht an deine Verwandten fällt, aber, solange zu lebst, die Nutznießung zu behalten. Aber da sind noch die Gesetze, und die gestatten dir weder die Nutznießung noch den Besitz des Kapitals. Glaub mir, genüge den Gesetzen und bleibe ein Ehrenmann – im Armenhaus, wenn es sein muß.

Ich: Es gibt Gesetze! Was für Gesetze?

Vater: Und Sie, Herr Mathematiker, wie lösen Sie das Problem?

Geometer: Mein Freund, sagtest du nicht, du habest ungefähr zwanzigtausend Francs genommen?

Hutmacher: Ja.

Geometer: Und wieviel hat dich die Krankheit deiner Frau ungefähr gekostet?

Hutmacher: Ungefähr ebensoviel.

Geometer: Also damit sind für zwanzigtausend Francs zwanzigtausend Francs gezahlt worden. Bleibt also Null.

Vater (zu mir): Und was sagt die Philosophie dazu?

Ich: Die Philosophie schweigt, wo die Gerechtigkeit den Verstand verliert...

Mein Vater fühlte, daß es keinen Sinn hatte, mich zu drängen, und wandte sich sogleich an den Hutmacher: »Meister, Sie haben uns gesagt, seit Sie das Erbe Ihrer Frau beiseite gebracht haben, sei Ihre Seelenruhe dahin. Was nützt Ihnen also das Geld, das Ihnen das höchste Gut geraubt hat? Machen Sie sich rasch frei davon! Trinken Sie, essen Sie, schlafen Sie, arbeiten Sie, seien Sie glücklich in Ihren vier Wänden, wenn Sie sich darin aufhalten, oder ziehen Sie woanders hin, wenn Sie nicht dort bleiben können.«

Der Hutmacher erwiderte unvermittelt: »Nein, ich gehe nach Genf.« – »Und du glaubst, du wirst die Gewissensbisse hier zurücklassen?« – »Das weiß ich nicht, aber ich gehe nach Genf.« – »Geh, wohin du willst, auch dort wirst du dein Gewissen finden.«

Der Hutmacher ging. Seine merkwürdige Antwort wurde noch lange besprochen. Wir kamen überein, daß die Entfernung von Zeit und Raum mehr oder weniger jedes Gefühl abschwächt, jedes Gewissen und Bewußtsein, selbst das des Verbrechens. Ein Mörder, an die Gestade Chinas versetzt, ist zu weit entfernt, als daß er den Leichnam sehen könnte, den er am Seineufer blutend zurückgelassen hat. Die Reue entsteht vielleicht weniger aus dem Entsetzen vor sich selbst, als vielmehr aus Angst vor den anderen, weniger aus Scham über die Handlung, als wegen des Tadels und der Strafe, die ihr unbedingt folgen, wenn die Tat entdeckt würde. Und welcher heimliche Verbrecher fürchtet nicht den Verrat durch einen unvorhergesehenen Umstand oder ein unbedachtes

Wort? Welche Sicherheit hat er, sich nicht einmal im Delirium des Fiebers oder des Traumes zu verraten? Am Tatort würde man ihn hören – und er wäre verloren. Die ihn in China umgeben, verstehen ihn nicht. »Kinder, die Tage des Bösen sind erfüllt von Schrecken. Die Ruhe ist nur für den guten Menschen. Er allein lebt und stirbt ruhig.«

Als dieser Text erschöpft war, gingen alle nach Hause. Mein Bruder und meine Schwester traten wieder ein, die unterbrochene Unterhaltung wurde wieder aufgenommen, und mein Vater sagte: »Gott sei gelobt, wir sind wieder unter uns! Ich bin ganz gern mit anderen zusammen, aber am liebsten mit euch.« Dann wandte er sich an mich: »Warum hast du dem Hutmacher nicht deine Meinung gesagt?« – »Weil Sie mich daran gehindert haben.« – »War das falsch?« – »Nein, denn es gibt keinen guten Rat für einen Dummkopf. Wie, ist der Mann nicht der nächste Verwandte seiner Frau? Ist ihm das Vermögen, das er zurückgehalten hat, nicht als Mitgift übergeben worden? Gehört es ihm nicht gesetzlich zu? Was für ein Recht haben die Verwandten der Frau daran?«

Vater: Du siehst nur das Gesetz, aber nicht den Geist.

Ich: Vater, ich sehe, wie Sie, die geringe Sicherheit der Frauen, die von ihren Ehemännern verachtet und sinnlos gehaßt würden, wenn ihr Tod die Männer in den ungestörten Besitz des Vermögens der Frau brächte. Aber was geht das mich an, mich, einen anständigen Menschen, der ich meine Pflichten gegenüber meiner Frau jederzeit erfülle? Bin ich nicht unglücklich genug, sie verloren zu haben? Muß mir auch noch ihr Nachlaß gestohlen werden?

Vater: Aber wenn du die Weisheit des Gesetzes anerkennst, mußt du dich ihm fügen, scheint mir.

Schwester: Ohne das Gesetz gibt es keinen Diebstahl mehr.

Ich: Du irrst dich, Schwester.

Abbé: Ohne das Gesetz gehört alles allen – es gibt kein Eigentum.

Ich: Du irrst dich, Bruder.

Abbé: Worauf beruht also das Eigentum?

Ich: Ursprünglich geschieht die Besitzergreifung durch die Arbeit. Die Natur hat von aller Ewigkeit her gute Gesetze geschaffen; eine gesetzliche Macht sorgt für ihre Ausübung. Und diese Macht vermag alles gegen den Bösen und nichts gegen den anständigen, ehrlichen Menschen. Ich bin ein ehrlicher Mensch, in diesen Umständen und vielen anderen, die ich euch auseinandersetzen kann, rufe ich sie vor den Richterstuhl meines Herzens, meiner Vernunft, meines Gewissens, vor das Gericht der natürlichen Gerechtigkeit – ich befrage sie, unterwerfe mich ihr oder weise sie zurück.

Vater: Predige diese Grundsätze von allen Dächern, ich verspreche dir, sie werden ihr Glück machen! und du wirst sehen, was sie für nette Folgen haben!

Ich: Ich werde sie nicht predigen. Es gibt Wahrheiten, die gefährlich sind für Narren. Ich behalte sie für mich.

Vater: Für dich, der du ein Weiser bist.

Ich: Gewiß.

Vater: Danach, denke ich, wirst du meine Haltung in der Affäre des Pfarrers von Thivet auch nicht gutheißen. Aber du, Abbé, was denkst du darüber?

Abbé: Ich denke, Sie haben klug getan, als Sie den Vater Bouin um Rat fragten und ihm folgten, – wenn Sie dagegen Ihrer ersten Regung gefolgt wären, hätten Sie uns tatsächlich ruiniert.

Vater: Und du, großer Philosoph, bist nicht dieser Meinung?

Ich: Nein.

Vater: Das ist bündig, sprich dich aus.

Ich: Sie verlangen es?

Vater: Natürlich.

Ich: Ohne Schonung?

Vater: Gewiß.

Ich: Nein, sicher (antwortete ich mit Wärme), ich bin nicht dieser Meinung. Ich denke, wenn Sie in Ihrem Leben je eine schlechte Handlung begangen haben, so war es diese. Und wenn Sie sich verpflichtet geglaubt hätten, alles dem Testamentserben zurückzuerstatten, nachdem Sie das Testament vernichtet hatten, dann wären Sie den Erben gegenüber noch schuldiger gewesen, daß Sie es nicht getan haben.

Vater: Ich muß zugeben, die Tat hat mir immer auf der Seele gelastet, aber der Vater Bouin...

Ich: Ihr Vater Bouin war bei all seinem Ruf von Wissenschaft und Heiligkeit nur ein jämmerlicher Schwätzer, ein engstirniger Frömmler.

Schwester (leise): Hast du die Absicht, uns zu ruinieren?

Vater: Ruhe, Ruhe. Laß den Vater Bouin und sag uns deine Gründe, ohne irgend jemanden zu beleidigen.

Ich: Meine Gründe, die sind sehr einfach: Entweder wollte der Erblasser das Papier vernichten, das er in der Härte seines Herzens geschrieben hatte – wie alles zusammen bewiesen hat: dann haben Sie seine Sinnesänderung zunichte gemacht, oder aber, er hat tatsächlich gewollt, daß das fürchterliche Papier in Kraft blieb, dann haben Sie sich zum Bundesgenossen seiner Ungerechtigkeit gemacht.

Vater: Seiner Ungerechtigkeit, das ist leicht gesagt.

Ich: Ja, ja, seiner Ungerechtigkeit. Denn alles, was Ihnen der Vater Bouin vorgeredet hat, waren eitle Spitzfindigkeiten, jämmerliche Vermutungen, gänzlich bedeutungslose Vielleichts, ohne alles Gewicht, neben den Umständen, die dem ungerechten Papier allen Wert nahmen, das Sie aus dem Staub gezogen, vorgelegt und erst wieder gültig gemacht haben. Ein Papierkorb, unter den Wischen ein alter Wisch, sein Datum, seine Ungerechtigkeit, seine Vermengung mit anderen Wischen, der Tod der Vollstrecker, die Verachtung der Briefe der Erben, der Reichtum dieses Erben – und die Armut der rechtmäßigen Erben! Was setzt man dem allen entgegen? Eine mutmaßliche Rückgabe! Sie werden vielleicht herausfinden, daß der arme Teufel von Pfarrer, als er in seine Pfarre kam und achtzig Jahre seines Lebens Pfennig zu Pfennig legte und dabei schließlich hunderttausend Francs zusammenscharrte, einmal bei den Frémins, bei denen er nicht gewohnt hat, die er vielleicht nur dem Namen nach kannte, hunderttausend Francs gestohlen habe. Und wenn der Diebstahl wirklich gewesen wäre, was soll's... Ich hätte dieses ungerechte Papier verbrannt. Sie mußten es verbrennen, sag' ich Ihnen. Sie mußten auf Ihr Herz hören, das seither nicht aufgehört hat, es zu fordern, und das besser Bescheid wußte als Ihr idiotischer Bouin, dessen Entscheidung nur die gefährliche Autorität der religiösen Meinungen über die gescheitesten Köpfe beweist und den verderblichen Einfluß ungerechter Gesetze und falscher Prinzipien auf den gesunden Menschenverstand und die natürliche Gerechtigkeit. Wenn Sie bei dem Pfarrer gewesen wären, als er das ungerechte Testament aufsetzte, hätten Sie es nicht in Fetzen gerissen? Das Schicksal spielt es Ihnen in die Hände, und Sie erhalten es?

Vater: Und wenn der Pfarrer dich als Universalerben eingesetzt hätte?

Ich: Dann wäre das schändliche Papier nur um so rascher zerrissen worden.

Vater: Ich zweifle nicht daran. Aber ist nicht ein Unterschied zwischen dem Erblasser eines anderen und deinem?...

Ich: Keiner. Sie sind beide gerecht oder ungerecht, anständig oder unanständig...

Vater: Wenn das Gesetz befiehlt, daß nach dem Tode ein

vollständiges Inventar aufgenommen, alle Papiere ohne Ausnahme gelesen werden, hat es zweifellos seinen Grund – und welches ist dieser Grund?

Ich: Wenn ich niederträchtig wäre, würde ich entworten: das Erbe zu verschlingen, indem die sogenannten Mühewaltungen endlos vermehrt werden: aber bedenken Sie, Sie waren kein Mann des Gesetzes. Sie waren frei von jeder juristischen Form und hatten nur die Funktionen der Wohltätigkeit und der natürlichen Gerechtigkeit auszuüben.

Meine Schwester schwieg, aber sie drückte mir die Hand zum Zeichen der Zustimmung. Der Abbé schüttelte den Kopf, und mein Vater sagte: »Und noch ein kleiner Hieb für den Vater Bouin. Du glaubst wenigstens, daß meine Religion mich freispricht?«

Ich: Ich glaube es – aber um so schlimmer für sie.

Vater: Glaubst du, daß dieses Papier, das du in privater Machtvollkommenheit verbrannt hättest, vor dem Gesetz gültig erklärt worden wäre?

Ich: Möglich ist das, aber desto schlimmer für das Gesetz.

Vater: Du glaubst, es hätte all die Umstände übersehen, die du mit so viel Nachdruck hervorhebst?

Ich: Ich weiß es nicht: aber ich hätte darüber Klarheit haben wollen. Ich hätte die fünfzig Louisdor darangesetzt – es wäre eine wohlangewandte Barmherzigkeit gewesen – und hätte das Testament im Namen der armen Erben angefochten.

Vater: Oh, wenn du bei mir gewesen wärst und mir den Rat gegeben hättest – ich gehe jede Wette ein: obwohl im Anfang eines Geschäftes fünfzig Louisdor keine Kleinigkeit sind, – ich hätte ihn befolgt.

Abbé: Ich meinerseits hätte das Geld lieber den Armen als den Gerichten gegeben.

Ich: Und du glaubst, wir hätten den Prozeß verloren, Bruder?

Abbé: Ich zweifle nicht daran. Die Richter halten sich streng ans Gesetz wie mein Vater und Vater Bouin – und sie tun gut daran. Die Richter schließen in solchen Fällen die Augen vor den Umständen, wie unser Vater und Vater Bouin, aus Angst vor den Unannehmlichkeiten, die daraus folgen können – und sie tun gut daran. Sie opfern manchmal sogar, wie unser Vater und Vater Bouin, gegen das Zeugnis ihres Gewissens das Interesse der Unglücklichen und Unschuldigen, das sie nicht wahren könnten, ohne einer Menge Gauner die Zügel schießen zu lassen – und sie tun gut daran. Sie fürchten, wie unser Vater und Vater Bouin, in einem Einzelfall ein gerechtes Urteil zu fällen, das in vielen anderen verderblich wäre durch vielerlei Unordnung, der es Tür und Tor öffnet. Und sie tun gut daran. Im Falle des Testaments, um das es sich handelt...

Vater: Als Privatmeinung sind deine Gründe vielleicht gut, aber für die Öffentlichkeit wären sie schlecht, das heißt: gefährlich.

Mancher wenig gewissenhafte Advokat hätte mir unter vier Augen gesagt: Verbrennen Sie das Testament – was er aber niemals gewagt hätte, in eine Konsultation zu schreiben.

Ich: Ich verstehe. Die ganze Affäre sollte nicht vor den Richter kommen. Sie wäre auch nicht vor Gericht getragen worden, wenn ich an Ihrer Stelle gewesen wäre.

Vater: Du hättest deine Vernunft der allgemeinen vorgezogen, deine Entscheidung als Mensch der Entscheidung des Gesetzes.

Ich: Zweifellos. Ist der Mensch nicht älter als das Gesetz? Ist die Vernunft des Menschengeschlechts nicht viel heiliger als die Vernunft eines Gesetzgebers? Wir nennen uns zivilisiert und sind schlimmer als die Wilden. Wir müssen anscheinend noch jahrhundertelang von Unsinn zu Unsinn, von Irrtum zu Irrtum taumeln, um dahin zu gelangen, wohin uns ein Fünkchen Vernunft, schon der Instinkt allein, geradenwegs geführt hätte. So haben wir uns so schön festgefahren...

Vater: Mein Sohn, die Vernunft ist ein gutes Ruhekissen, aber ich finde, mein Kopf ruht noch sanfter auf dem der Religion und der Gesetze: keine Widerrede darüber, ich brauche keine Schlaflosigkeit. Aber mir scheint, du ärgerst dich. Sag mir doch, wenn ich das Testament verbrannt hätte, hättest du mich gehindert, das Erbe zurückzugeben?

Ich: Nein, Vater, Ihre Ruhe ist mir wertvoller als alle Güter der Welt...

Vater: Deine Antwort gefällt mir, und mit Grund.

Ich: Und werden Sie uns den Grund sagen?

Vater: Ja, der Domherr Vigneron, dein Onkel, war ein harter Mann, der sich schlecht mit seinen Brüdern im Herrn verstand; er machte sich dauernd über sie lustig in Haltung und Reden. Du warst bestimmt, seinen Platz einzunehmen. Aber als er starb, waren wir in der Familie der Meinung, es sei besser, die Angelegenheit vor die römische Kurie zu bringen, als in die Hände des Domkapitels ein Anrecht zu geben, das vielleicht von ihm nicht anerkannt würde. Der Kurier reiste ab. Dein Onkel starb ein oder zwei Stunden vor der erwarteten Rückkehr des Kuriers, und so ging das Kanonikat im Werte von eintausendachthundert Francs verloren. Deine Mutter, deine Tanten, unsere Verwandten und Freunde waren alle der Meinung, den Tod des Domherrn zu verschweigen. Ich verwarf diesen Rat und ließ augenblicklich die Glocken läuten.

Ich: Sie taten gut daran.

Vater: Wenn ich auf die guten Frauen gehört hätte und dann von Reue verzehrt worden wäre, hättest du nicht gezögert, mir deinen Chorherrenmantel zu opfern.

Ich: Das hätte ich auch ohnedies getan. Ich hätte es vorgezogen, ein guter Philosoph oder gar nichts zu sein statt ein schlechter Domherr.

Der dicke Prior trat ein und sagte auf meine letzten Worte, die er gehört hatte: »Ein schlechter Domherr? Ich möchte wissen, wie man ein guter oder schlechter Prior, ein guter oder schlechter Domherr sein kann. Das sind doch völlig indifferente Berufe.« Mein Vater zuckte die Achseln und zog sich zurück, um irgendeine religiöse Pflicht zu erfüllen. Der Prior sagte: »Ich habe den Papa ein wenig vor den Kopf gestoßen.«

Abbé: Das könnte sein.

Dann zog er ein Buch aus seiner Tasche und fuhr fort: »Ich muß euch ein paar Seiten vorlesen aus der Beschreibung Siziliens von Vater Labat.«

Ich: Ich kenne sie. Es ist die Geschichte des Calzolaio[1] von Messina.

Abbé: Ganz richtig.

Prior: Und was tat der Calzolaio?

Abbé: Der Schreiber erzählt, er sei von Geburt tugendhaft und ein Freund der Ordnung und Gerechtigkeit gewesen, habe aber viel zu leiden gehabt in einem Lande, wo die Gesetze nicht nur ohne Kraft, sondern überhaupt ohne Wirkung waren. Jeden Tag wurde irgendein Verbrechen begangen. Bekannte Mörder gingen mit erhobenem Kopf umher und widerstanden der öffentlichen Empörung. Eltern verzweifelten über ihre gefallenen Töchter, die von der Schande ins Elend geworfen wurden durch die Grausamkeit ihrer Verführer. Das Monopol nahm dem arbeitsamen Mann die Früchte seiner Arbeit und den Unterhalt für sich und seine Kinder – Zusammenstöße aller Art brachten die unterdrückten Bürger zu bitteren Tränen. Die Schuldigen entgingen der

1 Schusters.

Strafe entweder durch ihr Ansehen oder ihr Geld oder Ausflüchte der gerichtlichen Formen. Das alles sah der Calzolaio. Sein Herz blutete. Er überlegte dauernd auf seinem Schusterschemel, wie man diese Unordnung aufhalten könnte.

Prior: Was konnte ein armer Teufel wie er tun?

Abbé: Sie werden es hören. Eines Tages richtete er in seinem Laden einen Gerichtshof ein.

Prior: Wie das?

Ich: Der Prior möchte, daß man ihm eine Geschichte herunterrasselt, wie er seine Frühmesse.

Prior: Warum nicht? Die Kunst der Beredsamkeit fordert, daß die Rede kurz sei, und das Evangelium verlangt kurze Gebete.

Abbé: Er berichtete ihm, sobald irgendwo ein grausiges Verbrechen ruchbar wurde, und begann bei sich eine strenge und geheime Untersuchung. Nachdem er seine doppelte Funktion als Ankläger und Richter erfüllt, den Kriminalprozeß beendet und das Urteil ausgesprochen hatte, ging er fort mit dem Gewehr unter dem Mantel. Und wenn er am Tage die Übeltäter an einer einsamen Stelle traf oder ihnen nachts beim Herumstreifen begegnete, dann schoß er ihnen fünf bis sechs Kugeln in den Leib.

Prior: Ich fürchte, der tapfere Mann ist lebendig gerädert worden. Schade um ihn!

Abbé: Nach der Hinrichtung ließ er die Leichen liegen, ohne sich weiter um sie zu kümmern, kehrte in seine Wohnung zurück, zufrieden wie ein Mensch, der einen tollen Hund niedergeschossen hat.

Prior: Tötete er viele von diesen Hunden?

Abbé: Man zählte mehr als fünfzig, alle aus den obersten Gesellschaftsschichten. Schließlich setzte der Vizekönig zweitausend Taler auf seinen Kopf aus und schwor am Altar, dem Schuldigen zu vergeben, wenn er sich selbst auslieferte.

Prior: Narrheit!

Abbé: In der Angst, daß der Verdacht und die Strafe einen Unschuldigen treffen könnten...

Prior: ... trat er vor den Vizekönig!

Abbé: Er hielt ihm folgende Rede: ›Ich habe getan, was Ihre Aufgabe gewesen wäre. Ich habe die Verbrecher verurteilt und getötet, die Sie hätten bestrafen müssen. Hier sind die Protokolle, in denen ihre Verbrechen festgestellt worden sind. Sie sehen daraus das Gerichtsverfahren, das ich eingeschlagen habe. Ich hatte nicht übel Lust, mit Ihnen anzufangen, aber ich habe in Ihrer Person den erhabenen Herrn respektiert, den Sie vertreten. Mein Leben ist in Ihrer Hand. Sie können darüber verfügen.‹

Prior: Was er tat.

Abbé: Ich weiß nicht. Aber eins weiß ich, bei all seinem schönen Eifer für die Gerechtigkeit war dieser Mensch doch nur ein Mörder.

Prior: Ein Mörder! Das Wort ist hart: welchen anderen Namen würden Sie ihm geben, wenn er anständige Menschen umgebracht hätte?

Ich: Wahnsinn!

Schwester: Es wäre zu wünschen...

Abbé (zu mir): Du bist der Meister: die Angelegenheit wird deiner Entscheidung überlassen. Was sagst du?

Ich: Abbé, du willst mir eine Falle stellen. Ich gehe hinein. Ich verurteile den Vizekönig, die Stelle des Schuhflickers einzunehmen, und den Schuhflicker die des Königs.

Schwester: Sehr schön, Bruder.

Mein Vater erschien wieder mit heiterem Gesicht, wie immer nach seinem Gebet. Wir erzählten ihm die Geschichte, und er bestätigte den Spruch des Abbés. Meine Schwester fügte hinzu: »Damit ist Messina, wenn nicht um seinen einzigen gerechten, so doch um seinen einzigen tapferen Bürger gekommen. Das macht mich traurig.«

Das Abendbrot wurde gereicht. Sie stritten noch ein bißchen gegen mich, neckten den Prior wegen seiner Entscheidung in der Sache des Hutmachers und weil er die Priore und Domherren so wenig wichtig nahm.

Wir erzählten ihm den Fall des Testamentes. Statt ihn zu lösen, erzählte er uns eine persönliche Erfahrung.

Prior: Können Sie sich noch besinnen auf den Riesenbankrott des Wechslers Bourmont?

Vater: Und ob ich mich daran erinnere! Ich hing ja mit drin.

Prior: Um so besser.

Vater: Wieso um so besser?

Prior: Weil, wenn ich Unrecht getan habe, mein Gewissen dadurch erleichtert würde. Ich wurde zum Syndikus der Gläubiger ernannt. Unter den Aktiva Bourmont war ein Wechsel von hundert Talern auf einen armen Kornhändler, seinen Nachbarn. Wenn dieser Wechsel auf die Forderungen der Gläubiger verteilt wurde, kamen für jeden kaum fünfzig Pfennige heraus, und wenn er bei dem Kornhändler eingezogen wurde, so bedeutete das dessen Ruin. Ich sagte mir...

Vater : ... daß keiner von den Gläubigern dem Unglücklichen fünfzig Pfennige verweigert hätte, zerrissen den Wechsel und übten Wohltätigkeit aus meiner Geldtasche.

Prior: Das ist wahr. Sind Sie mir böse deshalb?

Vater: Nein.

Prior: Haben Sie die Güte zu glauben, daß die anderen ebensowenig böse darüber sind wie Sie, dann ist alles in Ordnung.

Vater: Aber Herr Prior! Wenn Sie aus eigener Machtvollkommenheit einen Wechsel zerreißen, warum zerreißen Sie nicht zwei, drei, vier? Soviel Sie Notleidende finden können, die Sie auf Kosten anderer befriedigen? Diese Art Mitleid kann uns weit führen, Herr Prior: Gerechtigkeit, die Gerechtigkeit...

Prior: Das ist schon gesagt worden: ist oft eine große Ungerechtigkeit.

Eine junge Frau aus dem ersten Stock kam herunter. Sie war die Heiterkeit und Narrheit in Person. Mein Vater fragte sie nach ihrem Mann: dieser Mann war ein Freigeist, der seiner Frau das Beispiel schlechter Sitten gegeben hatte, dem sie, glaube ich, ein wenig gefolgt war. Um den Verfolgungen seiner Gläubiger zu entgehen, war er nach Martinique geflüchtet. Frau d'Isigny, so hieß unsere Mieterin, antwortete meinem Vater: »Herr d'Isigny? Ich habe Gott sei Dank nichts mehr von ihm gehört. Vielleicht ist er ertrunken.«

Prior: Ertrunken? Ich gratuliere Ihnen.

Frau: Was macht Ihnen das aus, Herr Prior?

Prior: Nichts, aber Ihnen?

Frau: Was mir das ausmacht?

Prior: Aber es heißt doch...

Frau: Was heißt es?

Prior: Da Sie es wissen wollen: Es heißt, er habe einige Ihrer Briefe abgefangen.

Frau: Und hatte ich nicht eine schöne Sammlung von seinen?... Und damit waren wir in einem komischen Streit zwischen dem Prior und Frau d'Isigny über die Rechte der beiden Geschlechter. Frau d'Isigny rief mich zu Hilfe, und ich wollte dem Prior gerade erklären, daß der erste der beiden Ehegatten, der den Schwur bricht, dem anderen seine volle Freiheit wiedergibt, aber mein Vater verlangte seine Nachtmütze, unterbrach die Unterhaltung und schickte uns zu Bett. Als ich ihm Gute Nacht sagte und ihn umarmte, flüsterte ich ihm ins Ohr: »Streng genommen gibt es für den Weisen keine Gesetze...«

»Sprich leiser ...«

»Bei allen gibt es Ausnahmen. Er allein entscheidet, ob er sich in einem bestimmten Fall dem Gesetz unterwerfen muß oder sich darüber hinwegsetzen kann.«

»Ich wäre nicht böse«, antwortete er mir, »wenn in einer Stadt ein oder zwei Bürger lebten wie du. Aber ich würde auswandern, wenn sie alle so dächten.«

DIES HIER IST KEIN MÄRCHEN

WENN man eine Geschichte erzählt, dann muß einer da sein, der zuhört, und wenn die Geschichte einigermaßen lang ist, wird der Erzähler wohl meist ein oder das andere Mal von seinem Zuhörer unterbrochen werden. Deshalb habe ich die hier folgende Geschichte – sie ist durchaus kein Märchen und wäre eine schlechte Erzählung, wenn sie Euch nicht überzeugte – eine Person eingeführt, die ungefähr die Rolle des Lesers vertritt, ich beginne also: Und was schließen Sie daraus? – Daß uns die Köpfe rauchen müßten bei einem so interessanten Thema. Einen ganzen Monat lang müßte es sämtliche Gesellschaften der Stadt beschäftigen, müßte von ihnen um und um gewendet werden bis zur Bewußtlosigkeit: für tausend Diskussionen, mindestens zwanzig Broschüren und einige hundert Dichtungen müßte es das Für und Wider liefern! Und daß trotz aller Klugheit, aller Kenntnisse, trotz allem Geist seines Autors das Werk, da es keinerlei lebhafte Gärung hervorgerufen hat, mittelmäßig ist, sehr mittelmäßig. – Aber mir scheint, wir verdanken ihm dennoch einen ziemlich angenehmen Abend, und die Lesung hat doch bewirkt... – Was! Eine Litanei abgebrauchter Geschichtchen, die man sich gegenseitig zum Besten gab, und die alle nur eine seit Ewigkeit bekannte Tatsache bewiesen: daß nämlich Mann und Frau zwei höchst bösartige Tiere sind! – Dennoch haben auch Sie sich von der Epidemie ergreifen lassen und Ihr Scherflein dazugegeben, genau wie jeder andere. – Weil man wohl oder übel in den angeschlagenen Ton mit einstimmt, weil man gewöhnlich, wenn man in eine Gesellschaft eintritt, schon an der Tür sogar ein Gesicht aufsetzt, das jenen ähnlich ist, die man vor sich sieht. Man spielt den Lustigen, wenn man traurig ist, und den Traurigen, wenn man lustig sein möchte. Man will in allen Sätteln gerecht sein: der Literat fängt an zu politisieren, der Politiker spricht über Metaphysik, der Metaphysiker spielt den Moralisten, der Moralist redet über Finanzen, der Finanzmann über Literatur oder Geometrie. Statt zuzuhören oder zu schweigen, schwatzt jeder über das, was er nicht weiß, und alle langweilen sich aus dummer Eitelkeit oder aus Höflichkeit. – Sie sind schlecht gelaunt. – Wie gewöhnlich. – Ich glaube, es ist besser, ich spare mein Geschichtchen für einen günstigeren Augenblick auf. – Das heißt, Sie wollen warten, bis ich nicht mehr da bin? – Durchaus nicht. – Oder Sie fürchten, ich werde weniger Nachsicht mit Ihnen zeigen, wenn wir beide allein sind, als mit irgend so einem Durchschnittsmenschen der Gesellschaft. – Auch das ist es nicht. – Dann haben Sie doch die Güte, mir zu sagen, was Sie abhält. – Weil mein Geschichtchen auch nicht beweiskräftiger ist als die, die Sie so gelangweilt haben. – Ach, reden Sie nur! – Nein, nein, Sie haben ja genug davon. – Wissen Sie, daß von allen Manieren, die mich zur Verzweiflung bringen können, Ihre mir die unsympathischste ist? – Und was ist meine Manier? – Sich um etwas bitten zu lassen, das Sie zum Sterben gern tun möchten. Also, mein Freund, ich bitte Sie, ich flehe Sie an, tun Sie sich keinen Zwang an! – Keinen Zwang antun?! – Schießen Sie los, um Gottes willen, schießen Sie los! – Ich werde mich bemühen, kurz zu sein. – Das wäre kein Fehler. –

Ein wenig aus Bosheit begann ich jetzt zu husten, zu spucken, entfaltete umständlich mein Taschentuch, putzte mir die Nase, öffnete meine Schnupftabaksdose, nahm eine Prise und hörte mein Gegenüber durch die Zähne knirschen: »Wenn die Geschichte kurz ist, sind die Vorbereitungen um so länger...« Ich bekam Lust, einen Diener zu rufen unter dem Vorwand irgendeines Auftrages, aber ich ließ es sein und begann:

Es ist nicht zu leugnen: es gibt sehr gute Männer und sehr böse Frauen. – Das kann man alle Tage sehen und manchmal, ohne auf die Straße zu gehen. Und weiter? – Weiter? Ich habe eine schöne Elsässerin gekannt, so schön, daß die Mummelgreise zusammenliefen und die jungen Leute einfach stehenblieben. – Die kenne ich auch. Sie hieß Madame Reymer. – Richtig. Ein Bekannter war eben aus Nancy nach Paris gekommen, ein gewisser Tanié, und verliebte sich Hals über Kopf in sie. Er war arm. Er gehörte zu den verlorenen Kindern, die von harten Eltern aus einer vielköpfigen Familie von zu Hause fortgejagt werden und sich in das Getriebe der Welt werfen, ohne zu wissen, was aus ihnen wird; denn ihr Instinkt sagt ihnen, daß ihr Los nicht schlimmer sein wird als das, dem sie entronnen sind. Tanié also liebte Madame Reymer, und diese Leidenschaft hielt seinen Mut aufrecht und veredelte in seinen Augen alle seine Handlungen, so daß er ohne Widerstand die schwierigsten und niedrigsten vollbrachte, nur um die Not seiner Freundin zu lindern. Tagsüber arbeitete er im Hafen. In der Dämmerung bettelte er in den Straßen. – Das war sehr schön, aber es konnte nicht lange anhalten. – Tatsächlich wurde Tanié es müde, gegen die Not anzukämpfen, oder besser, eine reizende Frau in Dürftigkeit zu erhalten, die von reichen Männern umlagert wurde, die sie drängten, den Bettler Tanié fortzujagen... – ... was sie vierzehn Tage oder einen Monat später ohnehin getan hätte – ihre Reichtümer anzunehmen, so daß er sich entschloß, sie zu verlassen und das Glück in der Fremde zu suchen. Er sucht und findet Gelegenheit zur Überfahrt auf einem königlichen Schiff. Der Augenblick der Abreise ist gekommen. Er will sich von Madame Reymer verabschieden: »Liebe Freundin, ich darf Ihre Zuneigung nicht länger mißbrauchen. Ich habe mich entschlossen, ich gehe.« – »Sie gehen!« – »Ja, ...« »Und wohin?« – »Auf die Inseln. Sie verdienen ein anderes Los. Ich darf Ihnen nicht länger im Wege stehen...« – Der gute Tanié... – »Und was soll aus mir werden?« – Die Schlange! – »Sie sind umgeben von Menschen, die Ihnen gefallen wollen. Ich gebe Ihnen Ihre Versprechen, Ihre Schwüre zurück. Suchen Sie den unter den Bewerbern, der Ihnen am besten gefällt. Nehmen Sie ihn, ich bitte Sie darum...« – »Tanié, Sie raten mir das...« – Ich erlasse Ihnen die Pantomime von Madame Reymer. Ich sehe sie vor mir, ich kenne sie... –

» – Wenn ich gehe, bitte ich Sie nur um das eine: Gehen Sie keine Bindung ein, die uns auf ewig trennt. Schwören Sie mir das, schöne Freundin! Wo ich auch sein mag auf der Welt, ich müßte sehr unglücklich sein, wenn ich Ihnen nicht vor Ablauf eines Jahres sichere Beweise meiner zärtlichen Liebe geben sollte. Weinen Sie nicht...« – Sie können alle weinen, wenn sie wollen – »... und widersetzen Sie sich dem Plane nicht, mein Gewissen hat ihn mir endlich eingegeben – er wird mich nicht mehr loslassen!« – und damit reiste Tanié nach St. Domingo. – Gerade zur rechten Zeit für Madame Reymer und ihn. – Woher wissen Sie das? – Ich weiß, so genau man solche Dinge eben wissen kann, daß, als Tanié ihr riet, eine Wahl zu treffen, sie bereits gewählt hatte. – Gut! – Erzählen Sie weiter!

– Tanié war klug und geschäftstüchtig. Er wurde bald bekannt. Er kam in den obersten Rat der Kapkolonie. Dort zeichnete er sich aus durch seine Klugheit und Gerechtigkeit. Er wollte keinen großen Reichtum, sondern anständig und rasch vorwärtskommen. Jedes Jahr schickte er einen Teil seiner Einkünfte an Madame Reymer. Er kam zurück nach... neun bis zehn Jahren, – nein, ich glaube nicht, daß er länger fort gewesen ist... und legte seiner Freundin eine kleine Börse vor, die alles enthielt, was seine Rechtschaffenheit und Arbeit ihm eingebracht hatten... und zum Glück für Tanié war es der Augenblick, in dem sie sich eben von Taniés letztem Nachfolger getrennt hatte. – Vom letzten? – Ja. – Es waren also mehrere gewesen? – Selbstverständlich. – Na, na. – Aber ich habe Ihnen vielleicht nichts zu erzählen, was Sie nicht besser wissen als ich. – Macht nichts, reden Sie nur weiter! – Madame Reymer und Tanié hatten eine schöne Wohnung ganz in meiner Nähe, in der Rue Sainte-Marguerite. Ich schätzte Tanié sehr und verkehrte in seinem Hause, das keinen besonders üppigen, aber doch einen recht wohlhabenden Eindruck machte. – Ich kann Ihnen versichern, ohne daß ich es mit der Reymer persönlich gezählt hätte, daß sie schon vor Taniés Rückkehr über 15000 Pfund Rente hatte. – Und ihm hat sie es verschwiegen? – Ja. – Warum? – Sie war geizig und habgierig. – Habgierig? Das gebe ich zu. Aber geizig? Eine Buhlerin geizig?!... Seit fünf oder sechs Jahren lebten sie beide in bestem Einvernehmen. – Dank der außerordentlichen Schläue der einen und des grenzenlosen Vertrauens des andern. – Ja, es war wirklich undenkbar, daß selbst der Schatten eines Verdachtes in Taniés reine Seele Eingang fand. Das einzige, was mir gelegentlich auffiel, war, daß Madame Reymer sehr rasch ihre ursprünglich dürftigen Verhältnisse vergessen hatte. Sie schien besessen von der Liebe zu Prunk und Reichtum und fühlte sich offensichtlich erniedrigt, als so schöne Frau zu Fuß gehen zu müssen. – Und warum fuhr sie nicht im Wagen? – Vor dem Glanz des Lasters mochte sie seine Niedrigkeit nicht sehen. – Sie lachen? ... Zu dieser Zeit eben faßte Monsieur de Maurepas den Plan, im Norden ein Handelshaus zu errichten. Das Unternehmen verlangte einen tatkräftigen, klugen Mann. Er warf ein Auge auf Tanié, dem er schon während seines Aufenthaltes am Kap verschiedene Geschäfte übertragen hatte, die dieser immer zur Zufriedenheit des Ministers ausführte. Tanié war außer sich über diese Auszeichnung. Er war so glücklich, so zufrieden an der Seite seiner schönen Freundin, er liebte, er wurde oder glaubte sich geliebt. – Gut gesagt.

– Konnte Geld sein Glück noch vergrößern? Nein. Dennoch drängte der Minister weiter. Er mußte sich entscheiden und Madame Reymer einweihen. Ich kam zu ihm gerade am Ende dieser peinlichen Szene. Der arme Tanié zerfloß in Tränen. »Was haben Sie denn, Freund?« fragte ich. Er antwortete mir schluchzend: »Diese Frau.« Madame Reymer arbeitete ruhig an einer Stickerei. Tanié stand plötzlich auf und ging hinaus. Ich blieb allein mit seiner Freundin, und sie ließ mich nicht im Zweifel darüber, was sie von Taniés Unvernunft hielt. Sie übertrieb mir gegenüber die Bescheidenheit ihrer Verhältnisse. Sie sprach so gewandt und mit geradezu künstlerischer Vollendung, wie ein Streber seinen Ehrgeiz mit Sophismen bemäntelt. »Worum handelt es sich denn? Um eine Trennung von ein bis zwei Jahren höstens!« – »Es ist immerhin lange für einen Mann, den Sie lieben und der Sie so liebt wie er.« – »Er mich lieben? Wenn er mich liebte, könnte er zögern, meinen Wunsch zu erfüllen?« – »Aber, gnädige Frau, warum gehen Sie nicht mit ihm?« – »Ich? Ich gehe nicht dahin. Bei all seiner Überspanntheit hat er doch nicht gewagt, es mir vorzuschlagen. Zweifelt er etwa an mir?« – »Das glaube ich auf keinen Fall.« – »Nachdem ich zwölf

Jahre auf ihn gewartet habe, kann er immerhin für zwei bis drei Jahre auf mein Wort bauen. Es handelt sich doch um eine seltene Gelegenheit, die sich nur einmal im Leben bietet, und ich möchte nicht, daß er sie eines Tages bereut und mir vorwerfen kann, er habe sie um meinetwillen verpaßt.« – »Tanié wird nichts bereuen, solange er das Glück hat, Ihnen zu gefallen.« – »Das ist sehr edel, aber seien Sie gewiß, es ist ihm dann sehr angenehm, reich zu sein, wenn ich alt bin. Der Fehler der Frauen ist, nie an die Zukunft zu denken. Diesen Fehler habe ich nicht...« – Der Minister war in Paris. Von der Rue Sainte-Marguerite waren es nur ein paar Schritte bis zu seiner Wohnung. Tanié war hingelaufen und hatte sich verpflichtet. Er kehrte zurück, trockenen Auges, aber mit bedrücktem Herzen. »Madame«, sagte er, »ich habe Monsieur Maurepas gesprochen. Er hat mein Wort. Ich gehe. Ich gehe. Sie sollen zufrieden sein.« – »Oh, mein Freund!«... Madame Reymer warf ihre Handarbeit weg, stürzte auf Tanié zu, schlang die Arme um seinen Hals, erstickte ihn mit Zärtlichkeiten und süßen Worten. »Jetzt sehe ich, daß ich Ihnen teuer bin!« Tanié antwortete kalt: »Sie wollen reich werden.«

– Sie war es, die Gaunerin, zehnmal mehr als sie verdiente... »Sie werden es sein; da es das Gold ist, das Sie lieben, muß man Ihnen Gold holen.« Das war an einem Dienstag. Der Minister hatte seine unverzügliche Abreise auf Freitag festgesetzt. Ich ging zu ihm, um Abschied zu nehmen, als er eben mit sich selbst kämpfte und sich aus den Armen der schönen, unwürdigen, grausamen Reymer zu reißen versuchte. Das war eine Gedankenverwirrung, eine Verzweiflung, ein Todeskampf, wie ich ihn nie wieder gesehen habe; kein Klagen, – ein einziger langer Schrei. Madame Reymer lag noch im Bett. Er hielt ihre Hand und wiederholte unaufhörlich: »Grausames Weib! Grausames Weib, was brauchst du mehr als den Wohlstand, den du genießt, und einen Freund, einen Liebhaber wie mich? Ich habe ihr Schätze aus den Gluten Amerikas geholt, jetzt soll ich sie ihr aus dem Eis des Nordens holen! Ich spüre, Freund, das Weib ist toll! Ich spüre, daß ich wahnsinnig bin. Aber es ist mir weniger schrecklich zu sterben, als sie traurig zu machen. Du willst, ich soll dich verlassen. Ich verlasse dich.« Er lag auf den Knien vor dem Bett, die Lippen auf ihre Hand gepreßt, das Gesicht in die Decken gewühlt, die sein Flüstern erstickten und ihn noch verzweifelter und erschreckender erscheinen ließen. Da ging die Tür auf. Er hob plötzlich den Kopf und sah den Postillon, der ihm meldete, daß Wagen und Pferde bereit seien. Er stieß einen Schrei aus und verbarg sein Gesicht wieder in den Kissen. Nach einem Augenblick des Schweigens erhob er sich und sagte zu seiner Freundin: »Umarmen Sie mich, Madame, umarme mich noch einmal, denn du wirst mich nicht wiedersehen!« Seine Ahnung sollte sich nur allzu rasch bestätigen. Er reiste ab, kam in Petersburg an, und nach drei Tagen befiel ihn ein Fieber, das ihn am vierten hinweggraffte.

– Das habe ich alles gewußt. – Sie waren vielleicht einer von Taniés Nachfolgern? – Sie sagen es. Und zwar habe ich mich mit diesem schönen Ungeheuer ruiniert. – Der arme Tanié! – Es gibt Leute, die sagen würden, er war ein Idiot. – Ich könnte ihn nicht einmal verteidigen. Aber ich wünschte im Grunde meines Herzens, daß ihr böses Schicksal diese Leute mit einer ebenso schönen und falschen Frau zusammenführt wie Madame Reymer. – Sie sind grausam in Ihrer Rache. – Und dann, wenn es böse Frauen und sehr gute Männer gibt, so gibt es auch sehr gute Frauen und sehr böse Männer. Und was ich jetzt erzählen will, ist ebensowenig ein Märchen wie das, was voranging. – Ich zweifle nicht daran. – Herr von Hérouville … – Der lebt doch noch? Der königliche Generalleutnant, der das reizende Wesen Lolotte geheiratet hat? – Derselbe. – Er ist ein feiner Mann, Freund der Wissenschaften. – Und der Gelehrten. Er hat sich lange mit einer allgemeinen Kriegsgeschichte aller Zeiten und aller Völker beschäftigt. – Das ist ein großes Gebiet. – Um diesen Plan auszuführen, hat er einige ausgezeichnete junge Leute zu sich gerufen, z. B. Herrn von Montucla, den Verfasser der Geschichte der Mathematik. – Zum Teufel! Hatte er noch mehr solche Kräfte? – Aber Gardeil, der Held des Abenteuers, das ich Ihnen erzählen will, gab ihm in dieser Beziehung nichts nach. Eine wilde Leidenschaft für das Studium der griechischen Sprache erfaßte uns beide, Gardeil und mich, und unsere Verbindung führte durch die Zeit, durch die gemeinsame Arbeit, die Liebe zur Einsamkeit und vor allem das häufige Beisammensein zu einer ziemlichen Vertrautheit. – Sie wohnten damals in der Estrapade. – Er Rue Sainte-Hyacinthe und seine Freundin, Fräulein von La Chaux, Place Saint-Michel. Ich nenne sie mit ihrem richtigen Namen; denn die arme Unglückliche ist nicht mehr. Ihr Leben gereicht ihr nur zur Ehre bei allen anständigen Menschen, sie verdient Bewunderung und das Bedauern und die Tränen derer, die von der Natur mit ein wenig Gefühl ausgezeichnet oder bestraft worden sind. – Ihre Stimme zittert, ich glaube, Sie weinen. – Ich meine noch, ihre großen, schwarzen, sanftglänzenden Augen zu sehen; ihre rührende Stimme klingt mir noch im Ohr und verwirrt mein Herz. Reizendes, einziges Wesen, du bist nicht mehr! Seit mehr als zwanzig Jahren bist du nicht mehr. Mein Herz krampft sich zusammen bei der Erinnerung an dich. – Sie haben sie geliebt? – Nein. La Chaux, Gardeil! Ihr wart beide Wunderwerke der Natur: du an weiblicher Liebe und du an männlicher Undankbarkeit. Fräulein von La Chaux entstammte einer anständigen Familie. Sie verließ ihre Eltern, um sich Gardeil in die Arme zu werfen. Gardeil besaß nichts. Fräulein von La Chaux hatte einiges Vermögen, und das opferte sie ganz und gar den Bedürfnissen und Launen Gardeils. Sie trauerte weder ihrem verschleuderten Vermögen noch ihrer verletzten Ehre nach. Ihr Liebhaber war ihr alles. – Dieser Gardeil war also sehr verführerisch? – Ganz und gar nicht! Ein kleiner, griesgrämiger, schweigsamer Mann voll beißenden Spottes, trockener dunkler Haut, im ganzen eine hagere, kränkliche Gestalt, häßlich, wenn ein Mann mit geistreichem Gesicht das sein kann. – Und das hat einem reizenden Mädchen den Kopf verdreht? – Das wundert Sie? – Immer. – Sie? – Ja, mich. – Erinnern Sie sich denn nicht mehr Ihres Abenteuers mit der Deschamps und der tiefen Verzweiflung, in die Sie stürzten, als sie ihre Türe vor Ihnen verschloß? – Lassen wir das. Fahren Sie fort. – Ich sagte Ihnen: Sie ist also sehr schön? Und Sie antworteten traurig: Nein. So besitzt sie Geist? Sie ist dumm. So sind es ihre Talente, die Sie begeistern? Sie hat nur eins. Und dieses seltene, erhabene, wunderbare Talent wäre? Sie macht mich in ihren Armen glücklicher, als ich es je in den Armen einer anderen Frau gewesen bin. Aber Fräulein von La Chaux, das anständige und gefühlsstarke Fräulein von La Chaux, erhoffte sich heimlich, unbewußt, instinktiv das Glück, das Sie kennengelernt haben und das Sie von der Deschamps sagen ließ: Wenn sich diese Unglückliche, dieses gemeine Weib, darauf versteift, mich von sich zu jagen, nehme ich eine Pistole und erschieße mich in ihrem Vorzimmer. Haben Sie das gesagt oder nicht? – Ich habe es gesagt. Und ich weiß auch jetzt noch nicht, warum ich es nicht getan habe. – Sie geben es also zu! – Ich gebe alles zu, was Sie wollen. – Lieber Freund, der Weiseste unter uns kann von Glück sagen, wenn er der schönen oder häßlichen, geistreichen oder dummen Frau nicht begegnet ist, die ihn für das Irrenhaus reif gemacht hätte. Bedauern wir die Männer, denen es so ergangen ist, sehr und tadeln wir sie vorsichtig! Betrachten wir unsere vergangenen Jahre wie ebensoviele Augenblicke, die wir uns der uns verfolgenden Bosheit entzogen haben, denken wir nur mit Zittern an die Heftigkeit gewisser Reize der Natur, vor allem für heiße Herzen und glühende Phantasie! Ein Funke, der zufällig in ein Pulverfaß fällt, kann keine furchtbarere Wirkung haben. Der Finger, der auf Sie oder mich diesen gefährlichen Funken schnellen will, ist vielleicht schon gehoben.

Herr von Hérouville hatte nur den einen Gedanken, seine Arbeit so schnell wie möglich zu beenden, und drängte seine Mitarbeiter bis zur Erschöpfung. Gardeils Gesundheit wurde untergraben. Um ihm seine Arbeit zu erleichtern, lernte Fräulein von La Chaux Hebräisch. Und während ihr Freund schlief, benutzte sie einen Teil der Nacht, Bruchstücke aus Werken hebräischer Autoren zu deuten und zu übersetzen. Dann kamen die griechischen Schriftsteller an die Reihe. Fräulein von La Chaux vervollständigte eilends ihre Kenntnisse dieser Sprache. Und während Gardeil sich ausruhte, beschäftigte sie sich damit, seitenweise Xenophon und Thukydides zu übersetzen und abzuschreiben. Nach dem Griechischen und Hebräischen lernte sie Italienisch und Englisch. Sie beherrschte das Englische so gut, daß sie die ersten metaphysischen Essays von Hume französisch wiederzugeben vermochte, obgleich bei dieser Arbeit die Schwierigkeit des Stoffes noch zur sprachlichen hinzukam. Als dies angestrengte Studium ihre Kräfte erschöpft hatte, vertrieb sie sich die Zeit mit Notenschreiben. Als sie fürchtete, daß ihren Geliebten Langeweile ergreifen könnte, sang sie ihm vor. Ich übertreibe nichts, mein Zeuge ist Herr Le Camus, der Arzt, der sie in ihrer Not getröstet und in ihrem Elend unterstützt hat. Er hat ihr dauernd geholfen, ist ihr bis in den Schuppen gefolgt, in den die Armut sie getrieben hatte, und hat ihr die

Augen zugedrückt, als sie gestorben war. Aber ich vergesse ihr erstes Unglück: die Verfolgung der Familie, die empört war über das anstößige öffentliche Verhältnis. Man benützte Wahrheit und Lüge, um in entwürdigender Weise ihre Freiheit einzuschränken. Eltern und Priester hetzten sie von Stadtviertel zu Stadtviertel, von Haus zu Haus, und zwangen sie, einige Jahre lang allein und im Verborgenen zu leben. Tagsüber arbeitete sie für Gardeil. Nachts gingen wir zu ihr, und in Gegenwart des Geliebten verließen sie Kummer und Sorge. – Wie, dieses junge, verzagte, gefühlvolle Geschöpf war glücklich bei so viel Leid? – Glücklich, ja glücklich. Sie war es, bis Gardeil undankbar wurde. – Aber es ist doch ausgeschlossen, daß Undankbarkeit der Lohn für so viele seltene Fähigkeiten, so viele Beweise der Liebe, so viele Opfer jeder Art gewesen sein kann. – Sie irren sich, Gardeil war undankbar. Eines Tages sah sich Fräulein von La Chaux allein in dieser Welt, ohne Ehre, ohne Vermögen, ohne Stütze. Ich übertreibe, ich bewahrte ihr einige Zeit die Treue, Dr. Le Camus immer. – Oh, dieser Männer, diese Männer! – Von wem sprechen Sie? – Von Gardeil. – Sie halten ihn für schlecht; Sie vergessen: er ist ein Ehrenmann! An jenem Tage des Schmerzes und der Verzweiflung kam sie zu mir geeilt. Es war früh am Morgen. Sie war bleich wie der Tod. Sie kannte ihr Los erst seit dem Abend vorher, ihr Gesicht aber schien von langen Leiden gezeichnet. Sie weinte nicht, aber man sah, daß sie viel geweint hatte. Sie warf sich in einen Sessel, sprach nicht, sie konnte nicht sprechen. Sie hielt mir die Arme entgegen, stieß Schreie aus. »Was gibt es?« fragte ich sie. »Ist er tot?« ... »Es ist viel schlimmer. Er liebt mich nicht mehr. Er verläßt mich...« – Aber, aber, Sie übertreiben! – Wieso? Ich sehe sie noch, ich höre sie, und meine Augen füllen sich mit Tränen. »Er liebt Sie nicht mehr?...« – »Nein.« – »Er verläßt Sie?« – »Ja. Nach allem, was ich getan habe... Mein

Kopf ist wirr. Haben Sie Mitleid mit mir... Verlassen Sie mich nicht! Vor allem verlassen Sie mich nicht!« Als sie diese Worte sprach, hatte sie meinen Arm ergriffen und umklammerte ihn, als sei jemand neben ihr, der sie wegzureißen und fortzuschleppen drohte... »Fürchten Sie nichts!« – »Ich fürchte nur mich selbst.« – »Was soll ich für Sie tun?« – »Zuerst retten Sie mich vor mir selber... Er liebt mich nicht mehr, ich ermüde ihn, bringe ihn zur Verzweiflung, langweile ihn, er haßt mich. Er gibt mich auf, er verläßt mich, verläßt mich!« Auf diese Worte folgte eine tiefe Stille, dann Lachkrämpfe, die tausendmal schrecklicher waren als die Zeichen des Schmerzes und der Verzweiflung oder das Röcheln des Todes. Dann Weinen, Schreie, unartikulierte Laute, zum Himmel gewendete Blicke, zitternde Lippen, ein wahrer Sturzbach des Schmerzes, dem man seinen Lauf lassen mußte. Ich tat es und versuchte erst wieder, ihre Vernunft anzusprechen, als ich sah, daß ihre Seele stumpf war. Da fuhr ich fort: »Er haßt Sie, er verläßt Sie! Und wer hat Ihnen das gesagt?« – »Er selbst.« – »Nicht doch! – etwas Hoffnung und Mut, er ist doch kein Ungeheuer...« – »Sie kennen ihn nicht. Sie werden ihn kennenlernen. Er ist ein Ungeheuer, wie es keines wieder gibt noch je gegeben hat.« – »Das kann ich nicht glauben!« – »Sie werden es sehen.« – »Liebt er anderweit?« – »Nein.« – »Haben Sie ihm Anlaß zu Verdacht oder Unzufriedenheit gegeben?« – »In keiner Weise.« – »Was ist es denn?« – »Ich bin nicht mehr nützlich. Ich habe nichts mehr. Ich bin zu nichts mehr zu gebrauchen. Sein Ehrgeiz. Er war immer ehrgeizig. Der Verlust meiner Gesundheit, meiner Reize. Ich habe soviel gelitten und bin so müde geworden. Die Langeweile, der Überdruß.« – »Die Liebe kann aufhören, aber die Freundschaft bleibt.« – »Ich bin ihm unerträglich geworden, meine Gegenwart belastet ihn, mein Anblick schmerzt und verletzt ihn. Wenn Sie wüßten, was er mir gesagt hat. Ja, er hat mir gesagt, er würde sich, wenn er verurteilt wäre, vierundzwanzig Stunden mit mir zusammenzusein, aus dem Fenster stürzen.« – »Aber diese Abneigung kann nicht das Werk eines Augenblicks sein.« – »Was weiß ich. Er ist von Natur so hochmütig, gleichgültig, kalt. Es ist so schwer, in die Tiefe der Seele zu blicken, und man fürchtet sich so sehr, sein Todesurteil zu lesen. Er hat es ausgesprochen. Und mit welcher Härte! Das begreife ich nicht. Ich habe eine Bitte an Sie, deshalb bin ich gekommen. Erfüllen Sie sie mir?« – »Alles, was Sie wünschen.« – »Hören Sie: er achtet Sie. Sie wissen, was er mir verdankt. Vielleicht errötet er, sich vor Ihnen so zu zeigen, wie er ist. Nein, ich glaube nicht, daß er dazu die Stirn und die Kraft hat. Ich bin nur eine Frau, Sie sind ein Mann. Ein zartfühlender, anständiger, gerechter Mann flößt Achtung ein. Sie werden ihm Achtung einflößen. Reichen Sie mir Ihren Arm, und schlagen Sie es mir nicht ab, mich zu ihm zu begleiten. Ich will in Ihrer Gegenwart mit ihm sprechen. Wer weiß, was mein Schmerz und Ihre Gegenwart über ihn vermögen. Sie begleiten mich?« – »Sehr gern.« – »Gehen wir.« – »Ich fürchte, daß Ihr Schmerz und Ihre Gegenwart ihn nur abschrecken werden. Überdruß. Das ist etwas Schreckliches. Der Überdruß in der Liebe und gegen eine Frau!...«

Ich ließ eine Sänfte kommen; denn sie war nicht in der Lage, zu Fuß zu gehen. Wir kommen vor Gardeils Haus, das große, neue einzige Haus auf der rechten Seite der Rue Hyacinthe, wenn man vom Platz St. Michel kommt. Die Träger halten an und öffnen. Ich warte. Sie kommt nicht heraus. Ich trete hinzu und sehe, die Frau zittert am ganzen Leibe. Ihre Zähne schlugen in Fieberschauern aufeinander, die Knie schlotterten. »Einen Augenblick. Verzeihen Sie, ich kann nicht... Was will ich hier? Ich habe Sie unnötig belästigt. Es tut mir sehr leid. Ich bitte Sie um Verzeihung...« Ich reichte ihr den Arm. Sie nahm ihn und versuchte, sich zu erheben. Sie konnte es nicht. »Einen Augenblick noch. Ich mache Ihnen Mühe. Mein Zustand macht Ihnen nur zu schaffen...« Endlich beruhigte sie sich ein wenig, und als sie aus der Sänfte herausstieg, fügte sie ganz leise hinzu: »Ich muß hinein, ich muß ihn sehen. Wer weiß, vielleicht sterbe ich dabei...« Wir hatten den Hof überschritten, standen an der Wohnungstür, betraten Gardeils Arbeitszimmer. Er saß an seinem Schreibtisch in Schlafrock und Nachtmütze. Er winkte mir einen Gruß zu und fuhr in seiner Arbeit fort. Dann kam er zu mir und sagte: »Sie müssen zugeben, Frauen sind sehr unbequem. Ich bitte Sie tausendmal um Entschuldigung wegen der Überspanntheit dieser Dame.« Dann wendete er sich zu dem armen Wesen, das mehr tot als lebendig war: »Was wünschen Sie noch von mir, gnädiges Fräulein? Ich nehme an, nach meiner klaren und deutlichen Erklärung muß alles zwischen uns zu Ende sein. Ich habe Ihnen gesagt, daß ich Sie nicht mehr liebe. Ich habe es Ihnen unter vier Augen gesagt. Ihre Absicht ist offensichtlich, daß ich es Ihnen vor dem Herrn hier wiederhole. Schön, mein Fräulein, ich liebe Sie nicht mehr. Das Gefühl der Liebe für Sie ist in meinem Herzen erloschen. Ich darf hinzufügen, wenn Sie das trösten kann: für jede andere Frau auch.« – »Aber erklären Sie mir, warum Sie mich nicht mehr lieben?« – »Ich weiß es nicht. Alles was ich weiß, ist, daß ich zu lieben angefangen habe, ohne zu wissen warum, daß ich aufgehört habe, ohne zu wissen warum, und daß ich fühle: es ist unmöglich, daß diese Leidenschaft wiederkehrt. Sie ist eine Krankheit, die ich abgestreift habe, und ich glaube und bin stolz darauf, sie völlig überwunden zu haben.« – »Was habe ich Unrechtes getan?« – »Nichts.« – »Haben Sie irgendeinen geheimen Vorwurf gegen mein Benehmen?« – »Nicht im

Geringsten. Sie sind die beständigste, ehrenhafteste und zärtlichste Frau, die ein Mann sich wünschen kann.« – »Habe ich irgend etwas zu tun unterlassen, was in meiner Macht stand?« – »Nichts.« – »Habe ich Ihnen nicht meine Eltern aufgeopfert?« – »Das ist wahr.« – »Mein Vermögen?« – »Das ist sehr bedauerlich.« – »Meine Gesundheit?« – »Das ist möglich.« – »Meine Ehre, meinen Ruf, meine Ruhe?« – »Alles, was Sie wollen.« – »Und bin ich dir zuwider?« – »Das ist hart zu sagen, hart zu hören, aber da es so ist, muß ich es zugeben.« – »Ich bin ihm zuwider!... Ich fühle es und achte mich deshalb nicht länger!... Zuwider... Himmel!...« Bei diesen Worten zog eine tödliche Blässe über ihr Gesicht, ihre Lippen entfärbten sich, Tropfen kalten Schweißes mischten sich auf ihren Wangen mit den Tränen, die ihren Augen entströmten. Ihre Augen waren geschlossen. Der Kopf fiel auf die Lehne des Sessels. Sie preßte die Zähne aufeinander. Ihre Glieder zitterten. Auf dieses Zittern folgte eine Ohnmacht, die mir die Erfüllung der Hoffnung zu sein schien, die sie vor der Tür ausgesprochen hatte. Die Dauer der Ohnmacht beunruhigte mich noch mehr. Ich nahm ihr den Umhang ab, öffnete die Schnüre ihres Kleides, ihrer Röcke und besprengte ihr Gesicht mit frischem Wasser. Sie öffnete die Augen halb. Ein dumpfes Murmeln drang aus ihrer Kehle. Sie wollte sagen: »Ich bin ihm zuwider!«, brachte aber nur die letzten Silben zusammen. Dann stieß sie einen markerschütternden Schrei aus. Ihre Lider schlossen sich. Eine neue Ohnmacht umfing sie. Gardeil saß kalt in seinem Sessel, den Ellbogen auf dem Tisch, den Kopf auf die Hand gestützt, betrachtete sie ungerührt und überließ mir die Sorge, ihr zu helfen. Ich sagte ihm mehrfach: »Sie stirbt... Man muß Hilfe holen...« Er antwortete lächelnd und zuckte die Achseln: »Die Frauen haben ein zähes Leben. Sie sterben nicht wegen solcher Kleinigkeiten. Das ist nichts. Das geht vorüber. Sie kennen sie noch nicht. Sie machen mit ihrem Körper alles, was sie wollen...« – »Sie stirbt! sage ich Ihnen!« Tatsächlich lag ihr Körper kraft- und leblos. Sie glitt vom Sessel, und wäre rechts oder links zu Boden gefallen, wenn ich sie nicht gehalten hätte. Gardeil war plötzlich aufgesprungen, lief im Zimmer hin und her und sagte ungeduldig und ärgerlich: »Ich hätte diese traurige Szene gut entbehren können, aber ich hoffe, es ist die letzte. Was, zum Teufel, will dieses Frauenzimmer! Ich habe sie geliebt. Und wenn ich mir den Kopf an der Wand einrenne – es war nicht mehr und nicht weniger. Ich liebe sie nicht mehr. Sie weiß es jetzt, oder sie wird es nie begreifen. Es ist alles gesagt...« – »Nein, es ist nicht alles gesagt. Glauben Sie, daß ein anständiger Mann nichts anderes zu tun hat, als einer Frau alles zu nehmen, was sie hat, und sie dann zu verlassen?« – »Was soll ich denn tun? Ich bin ärmer als sie.« – »Was Sie tun sollen? Ihre Not mit der verbinden, in die Sie die Frau gebracht haben.« – »Das ist leicht gesagt. Sie würde sich dabei nicht besser befinden und ich mich wesentlich schlechter.« – »Würden Sie mit einem Freunde ebenso verfahren, der Ihnen alles geopfert hätte?« – »Ein Freund, ein Freund – ich habe nicht sehr viel Vertrauen zu Freunden. Und diese Erfahrung hat mich gelehrt, in Leidenschaften gar keins zu setzen. Ich bedaure, es nicht früher gewußt zu haben.« – »Und ist es gerecht, daß diese Unglückliche das Opfer des Irrtums Ihres Herzens ist?« – »Und wer sagt Ihnen, daß einen Monat, einen Tag später nicht ich das Opfer, ganz ebenso grausam das Opfer ihres Irrtums gewesen wäre?« – »Wer mir das sagt? Alles, was sie für Sie getan hat, und der Zustand, in dem sie hier liegt.« – »Was sie für mich getan hat!... Du lieber Gott, das ist bezahlt mit der Zeit, die ich damit verloren habe.« – »Herr Gardeil, welcher Vergleich zwischen Ihrer Zeit und all dem Unbezahlbaren, was Sie ihr genommen haben!« – »Ich habe nichts getan. Ich bin nichts.

Ich bin dreißig Jahre alt. Heute oder nie ist es Zeit, an mich selbst zu denken und all diese Abgeschmacktheiten als das zu nehmen, was sie wert sind...« Inzwischen war das arme Fräulein wieder etwas zu sich gekommen. Bei den letzten Worten sprach sie ziemlich lebhaft: »Was sagt er von verlorener Zeit! Ich habe vier Sprachen gelernt, um ihn in seiner Arbeit zu unterstützen. Ich habe tausend Bände gelesen, ich habe geschrieben, übersetzt, abgeschrieben – tage- und nächtelang, habe meine Kräfte erschöpft, meine Augen überanstrengt, meinen Körper ausgesaugt, ich habe mir eine böse Krankheit geholt, von der ich vielleicht nie wieder genesen werde. Den Grund seines Abscheus wagt er nicht zu nennen. Sie sollen ihn wissen!« Damit riß sie ihr Brusttuch auf, zog einen Arm aus dem Kleid, entblößte ihre Schulter und zeigte auf eine rote, entzündete Stelle: »Da haben Sie den Grund für seine Wandlung! Da haben Sie die Folgen der durchwachten Nächte. Am Morgen erschien er dann mit seinen Pergamentrollen. Herr von Hérouville muß sofort wissen, was hier drin steht. Das muß bis morgen geschafft sein. Und es wurde geschafft...« In diesem Augenblick hörten wir Schritte; sie näherten sich der Tür. Ein Diener meldete die Ankunft des Herrn von Hérouville. Gardeil erbleichte. Ich forderte Fräulein von La Chaux auf, ihre Kleider in Ordnung zu bringen und zu gehen. »Nein!« sagte sie, »nein, ich bleibe! Ich will den Unwürdigen entlarven. Ich erwarte Herrn von Hérouville. Ich will ihn sprechen.« – »Wozu das? Was soll das nützen?« – »Nichts. Sie haben recht.« – »Morgen würden Sie darüber unglücklich sein. Lassen Sie ihm all sein Unrecht. Diese Rache ist Ihrer würdig.« – »Aber ist sie seiner würdig? Sehen Sie nicht, daß dieser Mann weiter nichts als... Gehen wir, gehen wir schnell! Denn ich kann nicht stehen für das, was ich tun oder sagen würde...« Fräulein von La Chaux hatte mit fliegenden Händen ihre Kleider wieder geordnet und verschwand wie der Blitz aus Gardeils Arbeitszimmer. Ich folgte ihr und hörte, wie sich die Tür heftig hinter uns schloß. Inzwischen habe ich erfahren, daß der Portier von dem Tage an angewiesen war, sie nicht mehr ins Haus zu lassen.

Ich führte sie in ihre Wohnung zurück, wo wir Dr. Le Camus fanden; er erwartete sie. Seine Leidenschaft für das junge Mädchen unterschied sich wenig von der, die sie für Gardeil empfand. Ich erzählte ihm von unserem Besuch, und bei allen Zeichen seines Zornes, seines Schmerzes und seiner Empörung ... – ... war es nicht schwer, in seinem Gesicht zu lesen, daß euer geringer Erfolg ihm nicht allzu sehr mißfiel. – Das stimmt. – So ist der Mensch. Er ist nicht besser. – Auf den Bruch folgte eine heftige Krankheit; dabei pflegte sie der gute, ehrliche, liebevolle und zartfühlende Doktor mit einer Sorgfalt und Ausdauer, die er der höchsten Dame Frankreichs nicht entgegengebracht hätte. Er kam drei-, viermal am Tage; solange Lebensgefahr bestand, schlief er bei ihr im Zimmer auf einem Feldbett. Bei großem Kummer wird Krankheit zu einer Art Glück – wir beschäftigen uns mehr mit uns selbst, die Erinnerung an die anderen wird zurückgedrängt, im übrigen ist es ein guter Vorwand, traurig zu sein, ohne Indiskretion und Zwang fürchten zu müssen. – Diese Bemerkung ist richtig, trifft aber nicht zu auf Fräulein von La Chaux.

Während ihrer Genesung besprachen wir ihre Zukunft. Sie besaß Geist, Phantasie, Geschmack und Kenntnisse, mehr als nötig waren, um in die Akademie der Inschriften aufgenommen zu werden. Sie hatte uns so oft philosophieren hören, daß ihr die abstraktesten Gedankengänge vertraut waren. Ihr erster literarischer Versuch war die Übersetzung des Essays über den menschlichen Verstand von Hume. Ich korrigierte sie, und tatsächlich gab es sehr wenig zu verbessern. Die

Übersetzung wurde in Holland gedruckt und vom Publikum gut aufgenommen. Fast zu gleicher Zeit erschien mein »Brief über die Stummen und Tauben«. Einige sehr kluge Einwürfe ihrerseits gaben Anlaß zu einem längeren Zusatz, der ihr gewidmet wurde. Dieser Zusatz gehörte nicht zu meinen schlechtesten Sachen.

Fräulein von La Chaux' Heiterkeit war etwas zurückgekehrt. Der Doktor lud uns manchmal ein, und seine Diners waren nicht allzu traurig. Seit Gardeils Entfernung hatte Camus' Leidenschaft wunderbare Fortschritte gemacht. Eines Tages erklärte er sich ihr beim Nachtisch mit der ganzen Ehrlichkeit, Gefühlstiefe, mit der Naivität eines Kindes und der Klugheit eines geistreichen Mannes. Darauf sagte sie ihm mit einer Offenheit, die mir unendlich gefiel, die aber anderen mißfallen konnte: »Doktor, es ist nicht möglich, daß meine Hochachtung für Sie noch größer werden könnte. Sie haben mich mit Güte überschüttet, und ich wäre genau so schwarz wie das Ungeheuer in der Rue Hyacinthe, wenn ich nicht durchdrungen wäre von tiefster Dankbarkeit. Ihr geistiges Wesen gefällt mir unendlich. Sie reden mir von Ihrer Liebe mit so viel Zartheit und Anmut, daß ich es, glaube ich, bedauern würde, wenn Sie mir nicht mehr davon sprächen. Der bloße Gedanke, Ihre Gesellschaft zu verlieren oder Ihre Freundschaft entbehren zu müssen, würde genügen, mich unglücklich zu machen. Wenn es so etwas gibt wie einen Ehrenmann, dann sind Sie es. Ihre Güte und Milde sind unvergleichlich. Ich glaube nicht, daß ein Herz in bessere Hände fallen könnte. Ich predige dem meinen von früh bis spät zu Ihren Gunsten. Aber was nützt das Predigen, wenn einer nicht wohltun will. Ich komme nicht weiter. Sie leiden, und ich empfinde darüber einen tiefen Schmerz. Ich kenne niemanden, der würdiger wäre als Sie, das Glück zu genießen, das Sie suchen, und ich weiß nicht, was ich tun könnte, um

Sie glücklich zu machen, alles, was möglich ist, ohne Ausnahme. Sehen Sie, Doktor, ich ginge, ja ich ginge so weit, mit Ihnen zu schlafen, selbst bis dahin. Wollen Sie das? Sie brauchen es nur zu sagen. Das ist alles, was ich für Sie tun kann. Aber Sie wollen geliebt sein – und das ist etwas, was ich nicht kann.«

Der Doktor hörte sie an, küßte sie und benetzte sie mit seinen Tränen, und ich wußte nicht, ob ich lachen oder weinen sollte. Fräulein von La Chaux kannte den Doktor gut. Ich fragte sie am nächsten Morgen: »Was, wenn der Doktor Sie beim Wort genommen hätte?« Sie antwortete: »Ich hätte mein Wort gehalten. Aber das konnte nicht sein. Mein Anerbieten war nicht so, daß es von einem Manne wie ihm angenommen werden konnte...« – »Und warum nicht? Ich bilde mir ein, wenn ich an der Stelle des Doktors gewesen wäre, hätte ich gehofft, daß das übrige hinterher käme.« – »Ja, aber Ihnen an der Stelle des Doktors hätte das Fräulein von La Chaux niemals dieses Angebot gemacht.«

Die Hume-Übersetzung hatte ihr nicht viel Geld eingebracht. Die Holländer drucken alles, was man will, vorausgesetzt, daß sie nichts zu zahlen brauchen. – Zum Glück für uns, denn bei den Fesseln, die dem Geist angelegt werden, würden sie, sobald sie sich herbeiließen, die Autoren zu bezahlen, den ganzen Buchhandel zu sich hinüberziehen. – Wir rieten ihr, ein Unterhaltungsbuch zu schreiben, das weniger Ehre, aber mehr Profit brächte. Sie beschäftigte sich vier oder fünf Monate damit und brachte mir dann einen kleinen historischen Roman: »Die drei Favoritinnen.« Es war ein leichter, gefälliger Stil, feinsinnig und interessant. Aber ohne daß sie sich darüber klar geworden war, denn sie war unfähig zu jeglicher Bosheit, waren durch das Werk eine Menge Züge verstreut, die auf die Geliebte des Königs, die Marquise von

Pompadour, paßten. Ich verhehlte ihr nicht, daß trotz aller Opfer, die sie bringen würde, sei es, indem sie die Stellen milderte, sei es, indem sie sie striche, das Werk unmöglich herauskommen könnte, ohne sie zu kompromittieren, und der Schmerz darüber, etwas Gutes verdorben zu haben, sie nicht schützen würde vor einem andern.

Sie fühlte die ganze Wahrheit meiner Bemerkung und war nur um so betrübter. Der gute Doktor kam für alles auf, aber sie nahm seine Wohltätigkeit um so seltener in Anspruch, je weniger sie bereit war, ihm den Dank zu gewähren, den er erhoffen konnte. Im übrigen war der Doktor zu jener Zeit nicht eben reich, und er war auch nicht sehr dazu geschaffen, es zu werden. Von Zeit zu Zeit zog sie ihr Manuskript aus der Mappe und sagte traurig zu mir: »Es ist also nichts zu machen, es muß hier drin bleiben.« Ich gab ihr einen absonderlichen Rat, und zwar sollte sie die Arbeit, so wie sie war, ohne zu mildern oder zu verändern, Frau von Pompadour persönlich schicken und ihr die Sendung in einem Brief ankündigen. Dieser Gedanke gefiel ihr. Sie schrieb einen in jeder Beziehung reizenden Brief, der vor allen Dingen so ehrlich im Ton war, daß es unmöglich wurde, sich ihm zu verschließen. Zwei bis drei Monate vergingen, ohne daß sie irgend etwas hörte. Sie hielt den Vorstoß bereits für gescheitert, als sie ein St. Ludwigskreuz und eine Antwort der Marquise erhielt. Das Werk wurde nach seinem Verdienst gelobt, für das Opfer gedankt, man gab die möglichen Beziehungen zu und war nicht beleidigt. Man lud den Autor nach Versailles ein, wo er eine dankbare Frau finden würde, die bereit sei, ihm alle Hilfe angedeihen zu lassen, die in ihrer Macht stünde. Der Bote ließ beim Hinausgehen diskret eine Rolle mit 50 Louisdor auf dem Kamin zurück.

Wir drängten sie, der Doktor und ich, von der Güte der Frau von Pompadour Gebrauch zu machen. Aber bei diesem

Mädchen waren Bescheidenheit und Schüchternheit ebenso groß wie ihr Wert. Wie sollte sie sich vorstellen in ihren Lumpen. Der Doktor behob diese Schwierigkeit augenblicklich. Nach den Kleidern kamen andere Vorwände und darauf wieder andere Vorwände. Die Reise nach Versailles wurde von einem Tag zum andern verschoben, bis es fast nicht mehr möglich war, sie zu unternehmen. Wir sprachen schon seit einiger Zeit nicht mehr davon, als derselbe Bote wiederkam mit einem zweiten Brief voll freundlicher Vorwürfe und einer zweiten Gratifikation von gleicher Höhe wie die erste, die auch ebenso schonend gegeben wurde. Diese großmütige Tat der Frau von Pompadour ist nicht bekannt geworden. Ich sprach davon zu Herrn Collin, ihrem Vertrauensmann, der zugleich ihre heimlichen Wohltaten verteilte. Er wußte nichts davon, und ich freue mich der Überzeugung, daß dies nicht die einzige Wohltat ist, deren Geheimnis sie mit ins Grab genommen hat.

So verpaßte Fräulein von La Chaux zweimal die Möglichkeit, aus dem Elend herauszukommen. Später zog sie weit hinaus in die Vorstadt, und ich verlor sie gänzlich aus den Augen. Ich weiß von dem weiteren Verlauf ihres Lebens nur, daß es ein düsteres Gewebe von Kummer, Krankheit und Elend gewesen ist. Ihre Familie verschloß ihr hartnäckig alle Türen. Sie bat ihre heiligen, eifrigen Verfolger vergebens um Fürsprache. – Das ist gewöhnlich so. – Der Doktor verließ sie nicht. Sie starb auf einer Strohschütte in einem Speicher, während der kleine Tiger von der Rue Sainte-Hyacinthe, ihr einstiger Liebhaber, in Montpellier oder Toulouse als praktischer Arzt in höchster Wohlhabenheit lebte und den verdienten Ruf eines geschickten Mannes und den gestohlenen eines ehrlichen Menschen genoß. – Aber auch das ist ziemlich normal. Dem anständigen, guten Tanié schickt die Vorsehung eine Reymer, eine gute, edle La Chaux wird einem

Gardeil zuteil, auf daß alles gut sei – in der besten aller möglichen Welten[1].

Aber Sie werden mir vielleicht sagen, es sei übereilt, den Charakter eines Menschen nach einer einzigen Tat beurteilen zu wollen – eine derart strenge Auslese würde noch weniger gute Menschen auf Erden anerkennen, als das christliche Evangelium Auserwählte in den Himmel kommen läßt; der Mensch könne durchaus unbeständig in der Liebe sein und sich etwas darauf einbilden, in bezug auf Frauen nicht eben zu den Heiligen zu gehören, ohne darum nun gleich unehrlich und gemein sein zu müssen; daß wir weder fähig sind, eine einmal entbrannte Leidenschaft aufzuhalten, noch sie am Leben zu erhalten, wenn sie erlischt; daß es schon genug Menschen in den Häusern und auf den Straßen gibt, die mit vollem Recht den Namen Schuft verdienen, ohne daß man imaginäre Verbrechen erfinden müßte, die ihre Zahl ins Bodenlose erweitern würden. – Man wird mich fragen, ob ich nie eine Frau ohne Grund verraten, getäuscht, verlassen habe. Wenn ich darauf antworten wollte, bliebe meine Antwort nicht ohne Erwiderung, und der Streit würde bis zum Jüngsten Tage dauern. Aber Hand aufs Herz! und sagen Sie mir, Herr Lobredner der Betrüger und Treulosen, ob Sie sich den Doktor von Toulouse zum Freunde wählen würden? ... Sie zögern ... Dann ist alles gesagt, und ich kann Gott nur bitten, jede Frau in seinen heiligen Schutz zu nehmen, der Sie sich einfallen lassen könnten, den Hof zu machen.

1 Ironische Anspielung auf den idealistischen Optimismus von Leibniz.

VON DER UNBESTÄNDIGKEIT DES ÖFFENTLICHEN URTEILS

Über unsere persönlichen Handlungen
oder
Frau von La Carlière

WOLLEN wir nach Hause gehen? – Es ist noch sehr früh. – Sehen Sie die Wolken? – Fürchten Sie nichts, die verschwinden von allein wieder und brauchen dazu nicht einmal den geringsten Wind. – Denken Sie? – Ich habe es oft an heißen Sommertagen beobachtet. Wenn der Regen aus den unteren Regionen der Atmosphäre alle Feuchtigkeit gezogen hat, nehmen sie einen Teil des dichten Nebels auf, hinter dessen dunklem Schleier sich der Himmel für uns verbirgt. Der Nebel verteilt sich nach und nach gleichmäßig in der ganzen Luftschicht, und bei dieser guten Verteilung oder Vermischung, wie Sie wollen, wird die Atmosphäre durchsichtig und klar. Dies Experiment unserer Laboratorien vollzieht sich hier im Großen über unseren Köpfen. In einigen Stunden tauchen blaue Flecken zwischen den seltener werdenden Wolken auf. Die Wolken schwinden mehr und mehr, die blauen Flecke werden häufiger und größer, bald wissen Sie nicht mehr, was aus dem schwarzen Schleier geworden ist, der Sie erschreckte. Sie sind überrascht und wie neugeboren durch die klare Luft, den reinen Himmel und den schönen, heiteren Tag. – Das ist tatsächlich wahr. Denn während Sie sprachen, habe ich mich umgesehen. Es war, als vollziehe sich die Erscheinung genau nach Ihren Befehlen. – Die Erscheinung ist nur eine Art Auflösung des Wassers durch die Luft. – Wie der Dampf, der die Außenwand eines mit Eiswasser gefüllten Glases bedeckt, nur eine Art Niederschlag ist. – Und die ungeheuren Wolkenballons, die durch die Luft segeln oder am Himmel stehen, sind nur ein Überschuß an Wasser, das die gesättigte Luft nicht auflösen kann. – Sie bleiben wie Zuckerstücke auf dem Grunde einer Tasse Kaffee, die sich nicht mehr auflösen können. – Sehr gut. – Und Sie versprechen mir also bei unserer Rückkehr ... – ... eine so sternfunkelnde Himmelswölbung, wie Sie noch nie gesehen haben. – Wenn wir unseren Spaziergang fortsetzen, können Sie mir vielleicht sagen – Sie, der alle kennt, die in diesem Hause verkehren –, wer der große, trockene und traurige Mensch ist, der da sitzt und noch kein Wort gesprochen hat, den man im Salon allein gelassen hat, als sich die übrige Gesellschaft zerstreute? – Das ist ein Mann, dessen Schmerz ich zutiefst achte. – Und er heißt? – Ritter Desroches. – Ist das derselbe Desroches, der sich, als er beim Tode seines geizigen Vaters Besitzer eines ungeheuren Vermögens wurde, einen Namen gemacht hat durch seine Verschwendung, seine Galanterie und seine verschiedenen Berufe? – Derselbe. – Dieser Narr hat alle Arten von Metamorphosen durchgemacht, man sah ihn nacheinander in der Soutane, im Richtertalar und in Uniform, nicht wahr? – Ja, dieser Narr. – Wie er sich verändert hat! – Sein Leben ist ein Gewebe merkwürdiger Ereignisse. Er ist eines der unglücklichsten Opfer der Schicksalslaunen und des unüberlegten Urteils der Menschen. Als er die Kirche um des Gerichtes willen verließ, schrie seine Familie auf, und die ganze dumme Öffentlichkeit, die nie versäumt, die Partei der Väter gegen die Kinder zu ergreifen, fing an, einstimmig zu kläffen. – Und der Lärm wurde noch viel größer, als er sich vom Gericht zurückzog, um in den Militärdienst einzutreten. – Und was hat er wirklich getan? Er hat ein Beispiel moralischer Kraft gegeben, dessen sich jeder von uns rühmen würde, und sich dabei zugleich als höchst ungeschickter Starrkopf erwiesen. Und Sie wundern sich, daß mich das zügellose Geschwätz dieser Leute empört, ärgert, verletzt! – Ich gebe zu, ich habe Desroches genau so beurteilt wie alle anderen. – So wird ein Ehrenmann von Mund zu Mund, deren jeder nur das lächerliche Echo des vorhergehenden ist, zu einem gewöhnlichen Kerl gestempelt, ein geistreicher Mann zu einem Narren, ein anständiger zum Schuft, ein mutiger zum Tollkopf und umgekehrt. Nein, es lohnt nicht der Mühe, auf Beifall oder Tadel dieser unverschämten Schwätzer in irgendeiner Weise Wert zu legen. Hören Sie zu, zum Teufel, und vergehen Sie vor Scham.

Desroches kam ganz jung als Gerichtsrat ins Parlament: günstige Umstände brachten ihn rasch in die Große Kammer. Er kommt sogar in die Tournelle, die Strafkammer, und wird Mitarbeiter der Voruntersuchung in einer großen Strafsache. Auf Grund seiner Schlüsse wird der Angeklagte zum Tode verurteilt. Die das Urteil des Gerichtshofes entschieden haben, gehen gewöhnlich am Tage der Hinrichtung ins Rathaus, um dort den letzten Willen des Unglücklichen zu erfahren, falls er irgendwelche Wünsche hat, wie es in diesem Fall geschah. Es war Winter. Desroches und sein Kollege saßen am Feuer, als ihnen die Ankunft des Verurteilten angekündigt wurde. Der Mann war durch die Folter gänzlich verrenkt und wurde auf einer Bahre hereingetragen. Er richtete sich sogleich auf, wandte den Blick zum Himmel und rief: »Großer Gott, deine Gerichte sind gerecht!« Dann sank er auf seine Bahre zurück, zu Füßen Desroches. »Und Sie waren es, der mich verurteilt hat!« rief er ihn mit starker Stimme an, »ich bin des Verbrechens schuldig, dessen man mich anklagt, ja, das bin ich, ich bekenne es, aber Sie verstehen nichts davon.« Dann nahm er das ganze Verfahren wieder auf und bewies sonnenklar, daß die Anklagen nicht haltbar waren und das Urteil ohne alle Gerechtigkeit. Desroches erhob sich, am ganzen Leibe zitternd, zerriß seinen Talar und entsagte für immer der gefährlichen Aufgabe, über das Leben der Menschen zu richten. Und das nennen Sie einen Narren! Einen Menschen, der sich kennt, der fürchtet, das geistliche Gewand durch seine schlechten Sitten zu beschmutzen oder sich eines Tages vom Blute eines Unschuldigen besudelt zu sehen. – Weil man eben von allen diesen Dingen nichts erfährt. – Wenn man sie nicht weiß, dann soll man schweigen. – Aber um zu schweigen, muß man mißtrauisch sein gegen das Gerede. – Und was kann es denn schaden, mißtrauisch zu sein? – Zwanzig Leuten, die man schätzt, den Glauben verweigern, um ihn einem zu schenken, den man nicht kennt! – Ich verlange gar nicht so viel Zeugen, wenn es sich darum handelt, das Gute nachzuweisen! – Und das Böse?... – Lassen wir das, Sie lenken mich von meiner Erzählung ab und ärgern mich. Schließlich mußte er einen Beruf haben. Er kaufte also eine Kompanie. – Das heißt, er gab den Beruf, seine Mitmenschen zu verurteilen, auf, um den anzunehmen, in dem er sie ohne jede Prozeßführung töten mußte. – Ich verstehe nicht, wie man in solchen Fällen scherzen kann. – Was wollen Sie? Sie sind traurig, und ich bin lustig. – Man muß den weiteren Verlauf seines Lebens kennen, um das öffentliche Geschwätz richtig einzuschätzen. – Wenn Sie wollen, kann ich's ja erfahren. – Es ist aber ziemlich lang. – Um so besser.

Desroches machte den Feldzug von 1745 mit und zeigte sich tapfer. Er entging den Gefahren des Krieges, zweihunderttausend Flintenkugeln, um schließlich das Bein zu brechen durch den Schlag eines scheuenden Pferdes, zwölf bis fünfzehn Meilen von einem Landhaus entfernt, wo er sein Winterquartier aufschlagen wollte. Und Gott weiß, wie dieser Unfall ausgelegt wurde von unseren lieben Mitmenschen. – Weil man sich gewöhnt hat, über gewisse Leute auf alle Fälle zu lachen und sie unter keinen Umständen zu bedauern. – Ein Mann mit einem gebrochenen Bein ist tatsächlich höchst amüsant! Ja, lacht nur, ihr frechen Lacher, lacht! Aber wißt, daß es für Desroches vielleicht besser gewesen wäre, von einer Kanonenkugel weggefegt zu werden oder von Bajonettstichen durchbohrt auf dem Schlachtfeld liegen zu bleiben. Der Unfall ereilte ihn in einem jämmerlichen kleinen Dorf, wo erträgliche Unterkunft nur im Pfarrhaus oder im Schloß zu finden war. Man trug ihn ins Schloß, das einer jungen Witwe, Frau von La Carlière, der Herrin der Gegend, gehörte. – Wer hätte nicht von Frau von La Carlière sprechen hören! Wer hätte nicht von ihrer grenzenlosen Güte einem alten, eifersüchtigen Gatten gegenüber gehört, dem sie von der Habgier ihrer Angehörigen mit vierzehn Jahren aufgeopfert worden war? – In diesem Alter, in dem man den ernstesten Bund eingeht, weil man dann Rouge auflegen und schöne Locken tragen darf, war Frau von La Carlière mit ihrem ersten Gatten eine Dame von absolut zurückhaltender und ehrenhafter Haltung. – Ich glaube es, weil Sie es sagen. – Sie empfing und pflegte den Ritter Desroches mit aller erdenklichen Aufmerksamkeit. Ihre Geschäfte riefen sie in die Stadt zurück. Trotz dieser Geschäfte und dauernder Regenfälle – es war ein scheußlicher Herbst, die Wasser der Marne überschwemmten das ganze Gebiet, so daß sie nur noch im Boot aus dem Haus konnte – blieb sie doch auf ihrem Landgut bis zur völligen Genesung von Desroches. Als er gesund war, fuhr er neben Frau von La Carlière im gleichen Wagen nach Paris zurück: der Ritter fühlte sich nicht nur aus Dankbarkeit gebunden, sondern ein zarteres Gefühl zog ihn zu seiner jungen, reichen und schönen Gastgeberin. – Sie war wirklich ein himmlisches Wesen, sie erschien nie im Theater, ohne Aufsehen zu erregen. – Sie haben sie dort gesehen? . . . – Ja, gewiß. – In den Jahren ihrer Freundschaft hatte der verliebte Ritter, der Frau von La Carlière nicht gleichgültig war, ihr mehrfach die Ehe angetragen; aber die frische Erinnerung an die Leiden, die sie durch die Herrschsucht ihres ersten Gatten erfahren hatte, und mehr noch der Ruf der Lockerheit, den sich der Ritter durch eine Menge galanter Abenteuer erworben hatte, erschreckten Frau von La Carlière, die nicht an eine Bekehrung von Männern mit diesem Charakter glaubte. Sie führte damals einen Prozeß mit den Erben ihres Mannes. – Wurde nicht auch über diesen Prozeß geredet? – Sehr viel und sehr Verschiedenes. Ich überlasse Ihnen, sich auszudenken, ob Desroches, der noch eine ganze Reihe Freunde beim Gericht hatte, die Interessen von Frau von La Carlière wahrnahm. – Und ob wir uns vorstellen, daß sie dankbar war! – Er war dauernd bei den Richtern. – Das Komische war, daß er, obgleich sein Bein völlig geheilt war, niemals ohne Krückstock hinging. Er behauptete, seine Bitten würden, durch den Krückstock unterstützt, rührender. Dabei nahm er ihn einmal auf die eine und dann wieder auf die andere Seite, und das wurde manchmal auch beobachtet. – Und um ihn von einem Verwandten desselben Namens zu unterscheiden, hieß er von da an Desroches Krückstock. Indessen gewann Frau von La Carlière mit Hilfe ihres guten Rechtes und des pathetischen

Krückstockes ihres Ritters ihren Prozeß. – Und wurde Frau Desroches in Ehren. – Sie haben es eilig! Sie lieben die gewöhnlichen Einzelheiten nicht, und ich erspare sie Ihnen. Sie kamen überein und standen unmittelbar vor ihrer Verbindung, als Frau von La Carlière nach einem feierlichen Souper inmitten eines großen Kreises beider Familien und einer Anzahl Freunde eine edle Haltung annahm und in feierlichem Ton den Ritter ansprach: »Hören Sie, Herr Desroches, heute sind wir beide noch frei, morgen sind wir es nicht mehr. Ich bin dann Herrin über Ihr Glück oder Unglück, Sie sind Herr über das meine. Ich habe sehr genau darüber nachgedacht, geruhen auch Sie, das ernsthaft zu bedenken. Wenn Sie noch die gleiche Neigung zur Unbeständigkeit haben, die Sie bis jetzt beherrscht hat, wenn ich nicht allen Ihren Wünschen entspreche, dann binden Sie sich nicht, ich beschwöre Sie um Ihret- und um meinetwillen. Bedenken Sie, je weniger ich mich geschaffen fühle, vernachlässigt zu werden, um so tiefer würde ich jede Beleidigung empfinden. Ich bin eitel, und zwar sehr. Ich kann nicht hassen, aber niemand kann besser verachten, und ich kann meine Verachtung nicht überwinden. Morgen wollen Sie am Altar schwören, mir zu gehören, und nur mir. Prüfen Sie sich, fragen Sie Ihr Herz, solange es noch Zeit ist. Bedenken Sie, es geht um mein Leben. Es ist leicht, mich zu verletzen, und die Wunde meiner Seele vernarbt nicht, sie blutet immer. Ich werde mich nicht beklagen, denn die Klage ist zuerst lästig und verschlimmert schließlich das Übel, und das Mitleid ist ein Gefühl, das den erniedrigt, der es einflößt. Ich verschließe meinen Schmerz in mich und gehe daran zugrunde.

Ritter, ich übergebe Ihnen meine Person und meinen Besitz, unterwerfe Ihnen meinen Willen und meine Launen, Sie sollen alles sein für mich, aber ich muß auch alles sein für Sie. Ich kann mich nicht mit weniger zufrieden geben. Ich bin, glaube ich, in diesem Augenblick das einzige für Sie, und Sie sind es bestimmt für mich. Aber es ist durchaus möglich, daß Sie einer Frau begegnen, die liebenswürdiger ist, und ich einem Mann, der es mir zu sein scheint. Wenn solche größeren Vorzüge eines anderen, ob tatsächlich oder angenommen, die Unbeständigkeit rechtfertigten, dann gäbe es keine Moral mehr. Ich habe Moral. Ich will sie haben, und ich will, daß Sie sie haben. Durch alle erdenklichen Opfer will ich Sie ganz für mich gewinnen, ohne jeden Vorbehalt. Das ist mein Recht, mein Anspruch, ich werde niemals etwas davon abstreichen. Ich würde alles tun, daß Sie nicht nur in den Augen vernünftiger Menschen als Treuloser, sondern vor dem Urteil Ihres eigenen Gewissens als Ausbund der Undankbarkeit dastehen. Ich unterwerfe mich dem gleichen Vorwurf, wenn ich Ihrer Sorge, Ihrer Güte, Ihrer Zärtlichkeit nicht über Ihre Erwartungen hinaus entspreche. Ich habe erfahren, wozu ich fähig bin an der Seite eines Mannes, der mir die Pflichten der Frau weder leicht noch angenehm machte. Sie wissen jetzt, was Sie von mir zu erwarten haben. Bedenken Sie auch, was Sie von mir zu fürchten hätten. Sprechen Sie, Ritter, sprechen Sie offen. Entweder ich werde Ihre Frau oder ich bleibe Ihre Freundin, die Entscheidung ist nicht schwer. Mein Freund, mein lieber Freund, ich beschwöre Sie, setzen Sie mich nicht der Gefahr aus, den Vater meiner Kinder zu verabscheuen, zu fliehen und vielleicht in einem Anfall von Verzweiflung ihre unschuldige Zärtlichkeit zurückzustoßen. Ich muß mein ganzes Leben lang mit immer neuer Begeisterung Sie in ihnen wiederfinden und glücklich sein können, ihre Mutter zu sein. Geben Sie mir den höchsten Beweis des Vertrauens, den eine anständige Frau von einem Ehrenmann fordert: Verzichten Sie auf mich, wenn Sie glauben, daß ich mich zu hoch im Preis stelle. Weit davon entfernt, mich beleidigt zu fühlen, würde ich Ihnen die Arme um den Hals werfen, und alle Liebe der

Frauen, die Sie erobert, und die Fadheiten, die Sie ihnen erzählt haben, werden Ihnen niemals einen so ehrlichen, zärtlichen Kuß eingetragen haben wie den, den Sie für Ihre Offenheit und von meiner Dankbarkeit erhalten sollen!« – Ich bilde mir ein, damals eine sehr komische Parodie dieser Rede gehört zu haben. – Und zwar von irgendeiner lieben Freundin der Frau von La Carlière. – Wirklich, ich erinnere mich. Sie haben es erraten. – Und das sollte nicht genügen, einen Mann in die Wälder zu treiben, fort von diesem züchtigen Pack, dem nichts heilig ist? Ich gehe. Ich werde noch dort enden. Ganz bestimmt, ich gehe. Die ganze Gesellschaft, die ursprünglich gelächelt hatte, vergoß schließlich Tränen. Desroches warf sich Frau von La Carlière zu Füßen und erging sich in edlen und zärtlichen Beschwörungen. Er ließ nichts aus, was seine frühere Haltung noch schwärzen oder auch entschuldigen konnte, verglich Frau von La Carlière mit den Frauen, die er gekannt und verlassen hatte, zog aus diesem richtigen und schmeichelhaften Vergleich Gründe, um sie und sich selbst zu beruhigen in bezug auf eine Modeneigung, eine jugendliche Unbeständigkeit, die mehr ein Laster der allgemeinen Sitten als sein eigenes ist. Er sagte nichts, was er nicht dachte und sich nicht vornahm, auch zu halten. Frau von La Carlière sah ihn an, hörte ihm zu und suchte, seine Rede, seine Bewegungen zu durchschauen, und legte alles zu ihren Gunsten aus. – Warum nicht, wenn es ehrlich war? – Sie hatte ihm ihre Hand überlassen, die er küßte, an sein Herz drückte, wieder küßte und mit seinen Tränen benetzte. Alle empfanden ihre Liebe, alle Frauen fühlten wie Frau von La Carlière, alle Männer wie der Ritter. – Das ist die Wirkung der Moral: sie kann eine große Gesellschaft in ein Herz und eine Seele verwandeln. Wie sich die Menschen gegenseitig schätzten und liebten in einem solchen Augenblick! Wie schön ist z. B. die Menschheit im Theater! Warum muß man sie so schnell auseinandergehen lassen! Die Menschen sind so gut und glücklich, wenn das Gute sie eint, verbindet und zusammenschließt! – Wir genossen dieses Glück, das uns zusammenführte, als Frau von La Carlière in tiefer Bewegung aufstand und zu Desroches sagte: »Ritter, ich glaube Ihnen noch nicht, aber ich werde Ihnen sogleich Glauben schenken.« – Die kleine Gräfin spielte hervorragend diese Begeisterung ihrer schönen Kusine. – Sie ist mehr dazu geschaffen, es zu spielen als es zu fühlen. »Die Schwüre vor dem Altar ...« Sie lachen? – Mein Gott, ich bitte Sie um Verzeihung. Aber ich sehe die kleine Gräfin noch auf den Zehenspitzen und höre ihren pathetischen Ton. – Gehen Sie, Sie sind ein Scheusal! Korrupt wie all diese Leute. Ich sage nichts mehr. – Ich verspreche Ihnen, nicht mehr zu lachen. – Nehmen Sie sich in acht! – Bestimmt. Die Schwüre vor dem Altar ... – »sind so oft gebrochen worden, daß ich dem feierlichen Versprechen morgen keine Bedeutung beimesse. Gottes Gegenwart ist uns weniger schrecklich als das Urteil von unseresgleichen. Kommen Sie, Herr Desroches, hier ist meine Hand, geben Sie mir die Ihre und schwören Sie mir ewige Treue und Liebe. Nehmen Sie die Menschen zu Zeugen, die uns umgeben. Gestatten Sie mir, wenn Sie mir wirklichen Grund zur Klage geben sollten, daß ich Sie vor diesem Tribunal anklage und seiner Verachtung preisgebe. Erklären Sie sich bereit, daß sie dann auf meinen Wunsch zusammentreten und Sie falsch, undankbar, treulos, verlogen, böse nennen sollen. Es sind meine und Ihre Freunde. Erklären Sie sich bereit, in dem Augenblick, in dem ich Sie verliere, keinen von ihnen mehr zum Freunde zu haben. Sie, meine Freunde, schwören Sie mir, ihn dann allein zu lassen.« In diesem Augenblick riefen sie im Salon durcheinander: »Ich verspreche es«, »Ich gestatte es«, »Ich bin bereit«, »Wir schwören es«, und inmitten dieses köstlichen Tumultes hatte der Ritter seine Arme um Frau von

La Carlière geworfen, küßte sie auf die Stirn, die Augen, die Wangen. »Aber Ritter!« – »Aber die Zeremonie ist doch vorüber! Ich bin Ihr Gatte, Sie sind meine Frau.« – »Im Wald draußen sicher, hier fehlt noch eine übliche Formalität. In Erwartung eines Besseren nehmen Sie hier mein Bild, tun Sie damit, was Sie wollen... Haben Sie nicht auch eins von sich malen lassen? Wenn Sie es bei sich haben, geben Sie es mir...« Desroches überreichte Frau von La Carlière sein Porträt, sie nahm es in die Arme und ließ sich für den Rest des Tages Madame Desroches nennen. – Ich bin gespannt, was daraus wird. – Einen Augenblick Geduld. Ich habe Ihnen eine lange Geschichte versprochen. Ich muß Wort halten. Aber... es ist wahr, es war die Zeit Ihrer großen Reise, Sie waren damals nicht im Lande.

Zwei Jahre lang, zwei volle Jahre, waren Desroches und seine Frau das innigste und glücklichste Ehepaar. Man glaubte Desroches wirklich geheilt. Er war es tatsächlich. Die Freunde seiner lockeren Zeit, die von der vorhergehenden Szene gehört und sich darüber lustig gemacht hatten, sagten, der Priester habe wirklich Unglück gebracht und Frau von La Carlière habe nach zweitausend Jahren das Geheimnis entdeckt, dem Fluch des Sakramentes zu entgehen. Frau von La Carlière, die ich jetzt Frau Desroches nennen werde, bis es anders besser ist, schenkte Desroches ein Kind. Sie wollte es unbedingt selbst nähren. Das war eine lange und gefährliche Zeit für einen jungen, leidenschaftlichen Mann, der nicht geschaffen war für diese Enthaltsamkeit. Während Frau Desroches ihren Pflichten nachkam, vertrieb sich ihr Gatte die Zeit bei Gesellschaften. Er hatte das Unglück, eines Tages auf seinem Wege eine jener verführerischen, raffinierten Frauen zu treffen, die heimlich darüber erbost sind, bei anderen eine Übereinstimmung zu finden, die aus ihrem Leben von vornherein gestrichen war, und die sich damit trösten und ihre ganze Kraft darein setzen, andere Frauen in das Unglück zu bringen, unter dem sie selbst leiden. – Das ist Ihre Geschichte, aber nicht die von Frau Desroches. – Desroches kann sich, kannte seine Frau, achtete sie und fürchtete sie... – Das ist fast dasselbe... –... verbrachte die Tage an ihrer Seite. Er hielt sein Kind, das er wahnsinnig liebte, fast so oft in den Armen wie die Mutter und bemühte sich, mit einigen gemeinsamen Freunden ihre ehrenvolle, aber mühsame Aufgabe zu erleichtern durch die Abwechslung häuslicher Vergnügen. – Das ist sehr schön. – Gewiß. Einer seiner Freunde hatte Geschäfte mit der Regierung angeknüpft. Das Ministerium schuldete ihm eine große Summe, die fast sein ganzes Vermögen ausmachte und deren Rückzahlung er erfolglos betrieb. Er offenbarte sich Desroches. Der erinnerte sich, daß er früher zarte Beziehungen zu einer ziemlich mächtigen Frau gehabt hatte, die in der Lage wäre, die Sache ins reine zu bringen. Er schwieg. Aber am nächsten Tag ging er zu der Frau und sprach mit ihr. Sie war glücklich, einen Freund wiederzufinden und ihm helfen zu können, den sie zärtlich geliebt und nur ihrem Ehrgeiz aufgeopfert hatte. Der ersten Begegnung folgten weitere. Die Frau war reizend. Sie hatte Fehler, und die Art, wie sie sich erklärte, war unzweideutig. Desroches war eine Zeitlang unschlüssig, was er tun sollte. – Mein Gott, ich sehe nicht ein, warum. – Aber halb aus Neigung, Untätigkeit und Schwäche, halb aus Furcht, ein jämmerliches Bedenken... – Wegen eines Vergnügens, das seiner Frau im Grunde gleichgültig sein konnte. –... könnte den Eifer der Beschützerin seines Freundes lähmen und den Erfolg ihrer Verhandlungen aufhalten, vergaß er einen Augenblick Frau Desroches und ließ sich in eine Liebschaft ein, die geheimzuhalten seine Bundesgenossin das stärkste Interesse hatte, und in einen notwendigen laufenden Briefwechsel. Sie sahen sich selten, aber schrieben sich oft. Hundertmal habe ich Liebesleuten gesagt: Schreibt nicht, die Briefe verraten euch! Früher oder später bringt der Zufall einen an die falsche Adresse. Der Zufall schafft alle möglichen Umstände und braucht nur Zeit, um das Verderben hereinbrechen zu lassen. – Niemand hat Ihnen geglaubt? – Und alle sind ins Verderben gerannt. Desroches wie hunderttausend vor ihm und hunderttausend nach ihm. Er verwahrte seine Briefe in einer kleinen Schatulle, die oben und an der Seite mit Stahlbändern verziert war. In der Stadt und auf dem Lande hielt er die Schatulle verschlossen im Sekretär. Auf der Reise lag sie in einem von Desroches' Koffern vorn auf dem Wagen. Diesmal lag sie wieder dort. Sie reisten ab, kamen an. Beim Aussteigen übergab Desroches die Schatulle einem Diener; er sollte sie in sein Zimmer tragen, in das man nur durch das Zimmer seiner Frau gelangen konnte. Dort riß das Stahlband, die Schatulle rutschte zu Boden, der Deckel glitt beiseite und eine Menge Briefe fielen Frau Desroches vor die Füße. Sie hebt einige auf und überzeugt sich von der Untreue ihres Gatten. Sie kann an diesen Augenblick niemals ohne Schauder denken. Sie sagte mir, kalter Schweiß sei ihr aus allen Poren gedrungen, und sie habe geglaubt, eine eiserne Faust drücke ihr das Herz zusammen und wühle in ihrem Inneren. Was sollte aus ihr werden? Was sollte sie tun? Sie faßte sich, sie raffte zusammen, was ihr an Vernunft und Kraft geblieben war. Sie suchte aus den Briefen einige der aufschlußreichsten heraus, packte die anderen wieder in die Schatulle und befahl dem Diener, sie in das Zimmer seines Herrn zu tragen, ohne ihm zu verraten, was geschehen sei, wenn er nicht augenblicklich fortgejagt werden wollte. Sie hatte Desroches versprochen, daß er niemals eine Klage aus ihrem Munde hören sollte. Sie hielt Wort. Aber Trauer bemächtigte sich ihrer. Sie weinte manchmal. Sie wollte allein sein, zu Hause und beim Spaziergang. Sie ließ sich das Essen auf ihr Zimmer bringen, hüllte sich in dauerndes Schweigen. Nur gelegentlich entschlüpften ihr ungewollt ein paar Seufzer. Desroches war betrübt, aber ganz ruhig und hielt diesen Zustand für Vapeurs, obgleich nährende Frauen das nicht kennen. Nach ganz kurzer Zeit war die Gesundheit seiner Frau so geschwächt, daß sie das Land verlassen und in die Stadt zurückkehren mußten. Sie erreichte es bei ihrem Gatten, in einem Wagen allein zu reisen. Nach ihrer Rückkehr benahm sie sich so zurückhaltend und geschickt, daß Desroches, der die Entwendung der Briefe noch nicht bemerkt hatte, in der leichten Verachtung, ihrer Gleichgültigkeit, gelegentlichen Seufzern, verhaltenen Tränen, ihrer Liebe zur Einsamkeit nichts weiter sah als die gewohnten Symptome des Leidens, von dem er sie befallen glaubte. Manchmal riet er ihr, das Stillen zu unterbrechen, das aber war gerade das einzige Mittel, die Auseinandersetzung zwischen ihr und ihrem Gatten so lange hinauszuschieben wie sie wollte. Desroches lebte also weiter neben seiner Frau und glaubte das Geheimnis seines Lebens völlig sicher, als sie eines Morgens vor ihm erschien: groß, edel, würdig, in dem gleichen Kleid und Schmuck wie zu der häuslichen Feier am Tage vor ihrer Heirat. Was sie an Frische und Fülle, an Reiz verloren hatte durch den heimlichen Kummer, der sie verzehrte, wurde zu ihrem Vorteil ersetzt durch ihre ungemein edle Haltung. Desroches schrieb an seine Freundin, als seine Frau eintrat. Beide waren verwirrt – aber da beide gleicherweise geschickt und interessiert waren, ihre Gefühle zu verbergen, ging das rasch vorüber. »O Liebe«, rief Desroches, als er sie erblickte, und zerknüllte wie zerstreut das Papier, an dem er geschrieben hatte. »Wie schön Sie sind! Was haben Sie heute vor?« – »Was ich vorhabe? Ich will unsere beiden Familien zusammenkommen lassen – unsere Freunde und Verwandten sind eingeladen, und ich rechne auf

Sie.« – »Gewiß. Wann soll ich erscheinen?« – »Wann? nun... wie immer.« – »Sie tragen Fächer und Handschuhe, wollen Sie ausgehen?« – »Wenn Sie gestatten?« – »Und darf man wissen, wohin?« – »Zu meiner Mutter.« – »Bitte legen Sie ihr meine Hochachtung zu Füßen.« – »Ihre Hochachtung?« – »Gewiß.«

Frau Desroches kehrte erst zum Souper zurück. Die Gäste waren angekommen. Sie wurde bereits erwartet. Als sie erschien, hörte man die gleichen Ausrufe wie von ihrem Mann. Die Männer und Frauen umringten sie und riefen alle zugleich: »Seht doch, wie schön sie ist!« Die Frauen rückten etwas an ihrer Frisur zurecht. Die Männer standen voll Bewunderung abseits und sprachen untereinander: »Weder Gott noch die Natur haben je etwas Erhabeneres, Größeres, Schöneres, Edleres, Vollkommeneres hervorgebracht, noch hervorbringen können.« – »Aber, meine Liebe«, sagte Desroches zu seiner Frau, »Sie scheinen den Eindruck gar nicht richtig zu empfinden, den Sie auf uns machen. Bitte, lächeln Sie nicht – ein Lächeln mit so viel Reizen würde uns allen den Verstand rauben...« Frau Desroches antwortete mit einem leichten Zeichen der Ungeduld, wendete den Kopf ab und drückte ihr Taschentuch vor die Augen, die feucht zu werden begannen. Die Frauen, die alles bemerken, fragten sich leise: »Was hat sie nur? Man könnte denken, sie möchte weinen.« Desroches erriet diese Worte und legte die Hand an die Stirn zum Zeichen, daß der Kopf der gnädigen Frau ein wenig krank sei. – Tatsächlich wurde mir ins Ausland geschrieben, es gehe das Gerücht, die schöne Frau Desroches, ehemals die schöne Frau von La Carlière, sei wahnsinnig geworden. – Es wurde aufgetragen. Alle Gesichter waren heiter, nur das von Frau von La Carlière nicht. Desroches spottete ein ganz klein wenig über ihre würdige Miene. Er nahm weder seinen noch seiner Freunde Verstand so wichtig, daß er ihr Lächeln gefürchtet hätte. »Wenn du lächeln wolltest!« Frau von La Carlière tat, als habe sie nichts gehört und blieb ernst. Die Frauen sagten, ihr stehe jeder Gesichtsausdruck so gut, daß man ihr ruhig die Wahl überlassen könne. Das Souper ist zu Ende. Man kehrt in den Salon zurück. Es hat sich ein Kreis gebildet. Frau von La Carlière... – Sie wollen sagen: Frau Desroches? – Nein, ich mag sie nicht mehr so nennen. Frau von La Carlière klingelt, sie gibt einen Wink, man bringt ihr Kind. Sie nimmt es zitternd. Sie entblößt ihren Busen, stillt es und reicht es der Wärterin zurück, nachdem sie es lange schmerzlich betrachtet, sein Gesicht mit einer Träne benetzt hat. Sie sagt, während sie diese Träne wegwischt: »Das ist nicht die letzte.« Aber diese Worte sprach sie so leise, daß sie kaum gehört wurden. Dieses Schauspiel rührte alle Anwesenden, und es trat eine tiefe Stille ein im Salon. Da erhob sich Frau von La Carlière und sprach zu der Gesellschaft ungefähr die folgenden Worte: »Sie, meine Verwandten und Freunde, waren alle hier an dem Tage, als ich Herrn Desroches mein Wort für das Leben gab und er mir das seine. Sie erinnern sich wahrscheinlich, unter welchen Bedingungen wir uns gegenseitig versprachen. Herr Desroches, sprechen Sie. Habe ich mein Versprechen gehalten?« – »Unbedingt, gewissenhaft bis zum Äußersten.« — »Und Sie haben mich betrogen, Sie haben mich verraten...« – »Ich!...« – »Sie!...« – »Wer sind die Unglücklichen, die Unwürdigen...« – »Unglücklich bin hier nur ich – unwürdig nur Sie...« – »Meine Gattin...« – »Ich bin's nicht mehr...« – »Gnädigste!« – »Häufen Sie nicht noch Lüge und Anmaßung auf den Verrat. Je mehr Sie sich verteidigen, um so mehr werden Sie sich verwirren. Schonen Sie sich selbst...« Nach diesen Worten zog sie die Briefe aus ihrer Tasche und reichte einige Desroches über die Schulter, die übrigen verteilte sie unter die Anwesenden. Man nahm sie, aber las sie nicht. »Meine Herren und Damen«, sagte Frau von La Carlière, »lesen Sie und urteilen Sie. Sie werden nicht aus dem Hause gehen, ehe Sie Ihr Urteil gesprochen haben.« Dann wandte sie sich an Desroches: »Sie müssen die Schrift kennen.« Man zögerte noch, aber auf die dringlichen Bitten von Frau von La Carlière entschloß sich die Gesellschaft, endlich zu lesen. Indessen stand Desroches zitternd, unbeweglich, den Kopf gegen einen Spiegel gelehnt mit dem Rücken zur Gesellschaft, er wagte niemanden anzublicken. Einer seiner Freunde hatte Mitleid mit ihm, nahm ihn bei der Hand und führte ihn aus dem Salon.

Als mir die Szene geschildert wurde, hieß es, er habe sich ziemlich dumm und seine Frau sich ausgesprochen lächerlich benommen. – Die Abwesenheit von Desroches gab allen die Sicherheit wieder. Sie waren sich einig über seinen Fehler und billigten den Zorn der Frau von La Carlière, vorausgesetzt, daß sie ihn nicht zu weit treibe. Man umringte sie, drängte, bat, beschwor sie. Desroches Freund ging ab und zu und berichtete ihm, was im Salon vor sich ging. Frau von La Carlière blieb fest bei einem Entschluß, den sie noch nicht bekanntgegeben hatte. Auf alle Vorstellungen antwortete sie das gleiche. Zu den Frauen sagte sie: »Ich tadle Ihre Nachsicht nicht.« Zu den Männern: »Das kann nicht sein. Das Vertrauen ist dahin, da gibt es kein Mittel.« Der Gatte wurde wieder hereingeführt. Er war mehr tot als lebendig. Er fiel mehr, als daß er sich seiner Frau zu Füßen warf, und lag da, ohne zu sprechen. Frau von La Carlière sagte zu ihm: »Stehen Sie auf!« Er stand auf, und sie fuhr fort: »Sie sind ein schlechter Gatte. Sind Sie ein Ehrenmann oder nicht? Das werde ich erfahren. Ich kann Sie weder lieben noch achten. Das heißt Ihnen erklären: wir sind nicht geschaffen, zusammen zu leben. Ich überlasse Ihnen mein Vermögen. Ich verlange nur einen kleinen Teil davon, der gerade ausreicht zum Leben für mich und mein Kind. Meine Mutter weiß

Bescheid. Meine Wohnung ist bei ihr bereitet. Sie gestatten, daß ich sofort dahin ziehe. Das einzige, worum ich bitten muß und wozu ich ein Recht habe, ist, daß Sie mir einen Skandal ersparen, der nichts an meinem Entschluß ändern würde, dessen einziger Erfolg jedoch wäre, das grausame Urteil, das Sie gegen mich gefällt haben, zu beschleunigen. Gestatten Sie, daß ich mein Kind mitnehme und an der Seite meiner Mutter den Augenblick erwarte, da sie mir die Augen zudrückt oder ich ihr. Wenn Ihnen das Kummer macht, seien Sie gewiß, mein Schmerz und das hohe Alter meiner Mutter werden ihm bald ein Ende bereiten.« Da rannen Tränen aus aller Augen. Die Frauen hielten sich bei den Händen, die Männer hatten sich tief verneigt. Als aber Frau von La Carlière mit ihrem Kind im Arm zur Tür schritt, da hörte man Schluchzen und Schreie. Der Gatte rief: »Meine Frau, meine Gattin! hören Sie mich an, Sie wissen nicht!« Die Männer, die Frauen riefen: »Frau Desroches, gnädige Frau!« Der Gatte rief: »Freunde, wollt Ihr sie so gehen lassen? Haltet sie, haltet sie! Sie muß mich hören, ich muß mit ihr sprechen.« Als man ihn drängte, sich ihr in den Weg zu werfen, sagte er: »Nein, ich kann es nicht, ich wage es nicht: ich Hand an sie legen, sie berühren! ich bin es nicht wert!«

Frau von La Carlière ging. Ich war bei ihrer Mutter, als sie ankam, zerschlagen von der Anstrengung, die sie sich auferlegt hatte. Drei ihrer Diener trugen sie aus dem Wagen ins Haus, die Wärterin mit dem schlafenden Kind im Arm folgte bleich wie der Tod. Die unglückliche Frau wurde auf ein Ruhebett gelegt, wo sie lange regungslos lag unter den Augen ihrer würdigen Mutter, die den Mund öffnete ohne einen Laut, sich um sie bemühte, ihrer Tochter helfen wollte und nicht konnte. Endlich kam die Besinnung wieder. Ihre ersten Worte waren, als sie die Lider hob: »So bin ich nicht tot? Es ist so schön, tot zu sein. Mutter, kommen Sie hierher zu mir, wir wollen zusammen sterben. Aber wenn wir sterben, wer kümmert sich um das arme Kleine?« Und sie nahm die trockenen, zitternden Hände ihrer Mutter in ihre Hand, die andere legte sie auf ihr Kind und vergoß einen Strom von Tränen. Sie schluchzte. Sie wollte sich beklagen, aber ihre Klage und ihr Schluchzen wurden durch einen heftigen Schluckauf unterbrochen. Als sie endlich wieder Worte formen konnte, sagte sie: »Wäre es möglich, daß er ebenso leidet wie ich?« Indessen versuchte man, Desroches zu trösten und ihm einzureden, der Zorn über einen so leichten Fehler wie den seinen könne nicht lange anhalten. Er müsse aber dem verwundeten, edlen, gefühlvollen Stolz einer Frau einige Ruhe gönnen, zumal sie durch die Feierlichkeit der ungewöhnlichen Zeremonie um ihrer Ehre willen fast gezwungen sei zu einem heftigen Schritt. »Es ist ein wenig unsere Schuld«, sagten die Männer. – »Wirklich«, sagten die Frauen, »wenn wir ihren großartigen Mummenschanz mit denselben Augen angesehen hätten wie die Öffentlichkeit und die Gräfin, wäre nichts von dem geschehen, was uns heute bedrückt... Wir lassen uns eben von einer gewissen Feierlichkeit und dem nötigen Apparat imponieren und schwelgen in Bewunderung, wenn man besser nur die Schultern zucken und lachen sollte... Ihr werdet sehen, wie diese letzte Szene wieder die Runde macht, und uns alle werden sie ordentlich verschreien.« – Unter uns, das stimmte genau. – Von dem Tag nahm Frau von La Carlière ihren Witwennamen wieder an und gestattete nicht, daß man sie Frau Desroches nannte. Ihre Tür blieb lange für jedermann verschlossen, für ihren Gatten auf immer. Er schrieb, sie verbrannte seine Briefe ungelesen. Frau von La Carlière erklärte ihren Verwandten und Freunden, sie werde den Verkehr mit jedem abbrechen, der es wagen würde, für ihren Gatten zu sprechen. Die Priester mischten sich ein – ohne Erfolg. Die Vermittlung der

Großen wies sie mit so viel Hoheit und Festigkeit zurück, daß sie bald davon befreit war. – Sie sagten sich, sie sei unverschämt, eine gezwungene Spröde ... – Und die übrigen sagten es ihnen nach. Indessen versank sie immer tiefer in Schwermut. Ihre Gesundheit zerrüttete sich mit unerhörter Geschwindigkeit. So viele Leute waren vertraut mit der unerwarteten Trennung und ihren Gründen, daß sie rasch das allgemeine Tagesgespräch wurde. Hier bitte ich Sie nun, Ihre Aufmerksamkeit von Frau von La Carlière weg auf das Publikum zu richten, diese dumme Menge, die da richtet, über unsere Ehre verfügt, die uns in den Himmel hebt oder in den Schmutz zerrt und die wir um so höher achten, je mehr wir Kraft und Tugend besitzen. Sklaven der öffentlichen Meinung, ihr könntet die Lieblinge des Tyrannen sein, aber ihr werdet nie den vierten Tag der Iden[1] erleben! ... Es gab nur eine Meinung über die Haltung der Frau von La Carlière: »Sie war verrückt und reif zum Einsperren ... Ein schönes Beispiel hatte sie gegeben! ... Danach hätten sich dreiviertel der Ehefrauen von ihren Männern trennen müssen ... – Dreiviertel sagen Sie? Gibt es denn auf hundert auch nur zwei, die unbedingt treu sind? ... Frau von La Carlière ist zweifellos sehr nett und liebenswürdig – sie hatte Bedingungen gestellt, gewiß. Sie ist die Schönheit, die Tugend, die Ehrenhaftigkeit in Person. Fügen Sie hinzu, daß der Ritter ihr alles verdankt. Aber wollen, daß sie im ganzen Königreich die einzige sei, an die sich ihr Gatte in unbedingter Treue hielte, diese Anmaßung ist doch allzu lächerlich.« Und weiter hieß es: »Wenn dieser Desroches so wild auf sie ist, warum wendet er sich nicht an die Gerichte und bringt die Frau zur Vernunft?« Überlegen Sie, was sie erst gesagt hätten, wenn

1 Diderot glaubte, daß sich das Volk am vierten Tag der Iden (18. März 44 v. Chr.) gegen die Mörder Cäsars erklärt habe.

Desroches oder sein Freund gesprochen hätten – aber alles verpflichtete sie zum Schweigen. Die letzten Reden wurden dem Ritter zugetragen – aber ohne Erfolg. Er hätte alles versucht, um seine Frau wiederzugewinnen, außer Gewalt. Indessen, Frau von La Carlière wurde verehrt, und mitten unter den Stimmen, die sie verurteilten, wagten sich einige hervor mit einem Wort der Verteidigung, freilich einem sehr schüchternen, schwachen, zurückhaltenden Wort, weniger aus Überzeugung als aus Anstand. – In den allerunklarsten Situationen findet die Partei der Anständigkeit immer Zuwachs durch Überläufer. – Eine gute Beobachtung. – Ein anhaltendes Unglück versöhnt mit allen Menschen, und der Verlust ihrer Reize söhnt alle Frauen mit einer einst schönen Frau aus. – Noch besser! Tatsächlich, als die schöne Frau von La Carlière zum Skelett abgemagert wieder erschien, mischten sich Stimmen des Mitleids mit denen des Tadels. »So dahinzuwelken in der Blüte des Lebens, vergehen am Verrat eines Mannes, den sie doch gewarnt hatte, der sie kennen mußte und der nur ein Mittel besaß, ihr das zurückzugeben, was sie für ihn getan hatte! Denn unter uns, als Desroches sie heiratete, war er wie ein jüngerer Sohn aus der Bretagne, der nichts besaß als seinen Mantel und seinen Degen... Die arme Frau von La Carlière! Das ist doch recht traurig... Aber warum geht sie auch nicht zu ihm zurück?... Warum? Jeder hat eben seinen eigenen Charakter, und vielleicht sollte man wünschen, daß der ihre häufiger wäre. Unsere Herren und Meister würden sich's dann mehr überlegen, Dummheiten zu machen.«

So wurde das Für und Wider mit viel Interesse besprochen, während man ein Netz filierte oder eine Jacke bestickte, und die Waage neigte sich unmerklich zugunsten von Frau von La Carlière, während Desroches in einen bedauernswerten geistigen und körperlichen Zustand verfiel; aber niemand bekam ihn zu Gesicht. Er hatte sich aufs Land zurückgezogen und wartete dort voll Schmerz und Langerweile auf ein Gefühl des Mitleids, das er durch jede Art von Unterwerfung erfolglos zu gewinnen gesucht hatte. Frau von La Carlière war ihrerseits so geschwächt und verarmt, daß sie sich gezwungen sah, die Ernährung ihres Kindes einer bezahlten Amme zu überlassen. Das Unglück, das sie durch diese Veränderung der Milch befürchtete, trat ein: das Kind wurde von Tag zu Tag schwächer und starb. Da hieß es: »Wissen Sie schon, die arme Frau von La Carlière hat ihr Kind verloren... Sie muß untröstlich sein. Dieser Schmerz ist doch gar nicht zu ermessen. Ich habe sie gesehen, sie kann einem leid tun! Man kann sich nicht halten... Und Desroches?... Reden Sie mir nicht von den Männern, das sind Tiger. Wenn er die Frau ein ganz klein wenig liebte, wäre er da auf dem Lande? Wäre er nicht augenblicklich herbeigeeilt? Würde er sie nicht bestürmen auf der Straße, in der Kirche, an ihrer Tür? Man kann sich schon eine Tür öffnen lassen, wenn man nur richtig will: man muß eben da bleiben, da schlafen, da sterben...« Desroches hatte nichts von all dem versäumt, aber das wußte niemand. Denn das Wesentliche ist nicht, zu wissen, sondern zu reden. Es wurde also geredet... »das Kind ist tot... Wer weiß, ob es nicht ein Ungeheuer geworden wäre wie sein Vater?... Die Mutter stirbt... Und der Gatte, was tut er die ganze Zeit?... Schöne Frage! Tagsüber jagt er durch die Wälder hinter seinen Hunden her, und die Nächte schwelgt er mit seinesgleichen... Sehr schön!«

Ein neues Ereignis. Desroches hatte die Ehren seines Standes erhalten, als er heiratete. Frau von La Carlière hatte verlangt, daß er den Dienst quittierte und sein Regiment seinem jüngeren Bruder überließ. – Hatte Desroches einen jüngeren Bruder? – Nein, aber Frau von La Carlière. – Und? – Und – der junge Mann fällt in der ersten Schlacht – und schon schreien sie von allen Seiten: »Mit diesem Desroches ist das Unglück in das Haus gezogen!« Wenn man sie hörte, hätte man denken können, der Schuß, der den jungen Mann tötete, sei von der Hand Desroches' abgefeuert worden. Je mehr sich die Schmerzen der Frau von La Carlière häuften, um so schwärzer wurde Desroches' Charakter, sein Verrat schien zu wachsen, und – ohne mehr oder weniger schuldig zu werden, wurde er immer verhaßter. Sie denken, das sei alles? Nein, nein. Frau von La Carlières Mutter war über 76 Jahre alt. Ich kann mir vorstellen, daß der Tod ihres Enkels und der dauernde Anblick der Leiden ihrer Tochter genügten, um ihr Leben zu verkürzen, aber sie war außerdem gebrechlich, sie war leidend. Was tut's: man vergaß ihr Alter, ihre Leiden – Desroches wurde auch für ihren Tod verantwortlich gemacht. Damit war es entschieden: er war ein Verdammter, dem sich Frau von La Carlière auf keine Weise nähern konnte, ohne alle Scham und allen Anstand mit Füßen zu treten, dieser Mörder ihrer Mutter, ihres Bruders, ihres Sohnes! – Wenn nun noch Frau von La Carlière gestorben wäre, vor allem nach einer langen, schmerzlichen Krankheit, die der öffentlichen Ungerechtigkeit und dem allgemeinen Haß erlaubt hätte, noch mehr Fortschritte zu machen, hätten sie ihn nach dieser schönen Logik als den abscheulichen Mörder der ganzen Familie ansehen müssen. – Das geschah, das haben sie getan. – Gut! – Wenn Sie mir nicht glauben, wenden Sie sich an irgend jemanden hier aus der Gesellschaft. Sie werden hören, wie sie reden. Er ist im Salon allein geblieben, weil ihm alles, sobald er eintrat, den Rücken gewendet hat. – Aber warum denn? Man weiß von manchem Mann, daß er ein Schuft ist, trotzdem wird er empfangen. – Das ganze Ereignis liegt noch nicht sehr lange zurück. Und all diese Leute hier sind Verwandte oder Freunde der Verstorbenen. Frau von La Carlière starb am zweiten Pfingstfeiertag vor zwei Jahren –

und wissen Sie, wo? In Saint Eustache, während der Messe inmitten eines zahlreichen Publikums. – Welch ein Wahnsinn! Man stirbt doch in seinem Bett. Wer ist je auf den Gedanken gekommen, in der Kirche zu sterben? Die Frau hatte sich in den Kopf gesetzt, bis zuletzt bizarr zu sein. – Ja bizarr, das ist das richtige Wort. Sie fühlte sich ein wenig besser. Am Abend vorher hatte sie gebeichtet. Sie glaubte sich kräftig genug, die Sakramente in der Kirche zu empfangen, statt sie zu sich zu rufen. Sie wurde in einer Sänfte getragen. Die Messe hörte sie an, ohne zu klagen, und schien nicht mehr zu leiden. Der Augenblick der Kommunion kam heran. Ihre Frauen stützten sie und führten sie an den Altar. Der Priester kommuniziert sie, sie neigt sich, wie um sich zu sammeln, und verscheidet. – Verscheidet! – Ja, verscheidet bizarr, wie Sie gesagt haben. – Und Gott weiß, was das für einen Aufruhr ergab! – Lassen wir das! Man kann sich das im übrigen vorstellen. Weiter? – Die Frau wurde dadurch hundertmal interessanter, und ihr Mann hundertmal abscheulicher. – Das versteht sich von selbst. – Und das ist noch nicht alles? – Nein. Der Zufall wollte, daß Desroches auf der Straße war, als seine Frau tot aus der Kirche nach Hause getragen wurde. – Alles scheint sich gegen den armen Teufel verschworen zu haben. – Er nähert sich, erkennt seine Frau – und stößt einen Schrei aus. Man fragt, wer der Mann ist. Aus der Menge erhebt sich eine schamlose Stimme (es war die eines Priesters der Gemeinde): »Es ist der Mörder dieser Frau.« Desroches rang die Hände, raufte sich die Haare und sagte: »Ja, ja, das bin ich.« Sogleich umringten ihn die Menschen, beschimpften ihn, hoben Steine auf – er wäre auf der Stelle erschlagen worden, wenn ihn nicht ein paar anständige Leute vor der Wut der Masse gerettet hätten. – Und wie hatte er sich während der Krankheit seiner Frau verhalten? – So gut er konnte. Wie wir alle, täuschte er sich über ihren Zustand, da

Frau von La Carlière vor allen, vielleicht sogar vor sich selbst verbarg, wie nahe sie ihrem Ende war... – Ich verstehe. Er galt darum nicht weniger als Barbar, als Unmensch. – Als wildes Tier, das nach und nach einen Dolch in das Herz der göttlichsten Frau gesenkt hatte, seiner Gattin, seiner Wohltäterin, die er hatte sterben lassen, ohne sich zu zeigen, ohne das geringste Zeichen von Interesse oder Gefühl aufzubringen. – Und das, weil er nicht gewußt hatte, was sie vor ihm geheim hielt? – Und was auch die nicht wußten, die in ihrer unmittelbaren Umgebung lebten. – Und die sie alle Tage sehen konnten. Genau das! Und das ist das allgemeine Urteil über unsere persönlichen Handlungen. So wächst ein leichter Fehler... – Oh, ein sehr leichter – in ihren Augen ins Ungemessene durch eine Reihe Tatsachen, die man unmöglich voraussehen und abwenden konnte. – Sogar durch Umstände, die mit der ursprünglichen Sache gar nichts gemein haben, so der Tod des Bruders von Frau von La Carlière durch die Übertragung des Regiments von Desroches an ihn. – Weil sie im Guten wie im Bösen abwechselnd lächerliche Lobredner und unsinnige Tadler sind. Das Ereignis ist immer der Maßstab ihres Lobes oder ihres Tadels. Hören Sie ihnen zu, Freund, wenn es Sie nicht langweilt, aber glauben Sie ihnen nicht, und wiederholen Sie die Reden niemals, bei Strafe, eine Unverschämtheit durch Ihre eigne zu stützen. Woran denken Sie? Sie träumen? – Ich möchte die These verändern, indem ich Frau von La Carlière eine normalere Handlungsweise unterstelle. Angenommen: sie findet die Briefe, sie nimmt es übel. Nach einigen Tagen führt die schlechte Stimmung zu einer Auseinandersetzung und das Bett zur Versöhnung, wie es üblich ist. Trotz seiner Entschuldigungen, Versprechen und Schwüre zieht Desroches sein leichter Charakter in eine zweite Verirrung. Wieder Schmollen, Auseinandersetzung, Versöhnung, Schwüre, Meineide, und so immer weiter dreißig Jahre lang, wie gewöhnlich. Dabei ist Desroches ein Ehrenmann, der sich bemüht, durch vermehrte Rücksicht, grenzenlose Liebenswürdigkeit eine verhältnismäßig kleine Kränkung gutzumachen. – Wie es nicht immer üblich ist. – Keine Trennung, kein Skandal, sie leben zusammen wie wir alle. Die Schwiegermutter, die Mutter, der Bruder, das Kind wären gestorben, ohne daß man ein Wort verloren hätte. – Oder nur um einen Unglücklichen zu bedauern, der so vom Schicksal verfolgt und vom Unglück niedergedrückt wird. – Das ist richtig. – Daraus schließe ich, daß Sie nicht weit davon entfernt sind, das scheußliche Tier mit den tausend bösen Köpfen und den tausend bösen Zungen so zu verachten, wie es das verdient. Aber früher oder später kommt auch ihm der gesunde Menschenverstand wieder, und die Reden der Zukunft berichtigen das Geschwätz der Gegenwart. – Sie denken also, es wird ein Tag kommen, da die Sache gesehen wird, wie sie ist, da Frau von La Carlière verurteilt und Desroches freigesprochen wird? – Ich glaube nicht einmal, daß der Tag lange auf sich warten läßt. Erstens, weil die Abwesenden immer unrecht haben, und keiner ist so abwesend wie der Tote. Zweitens: es wird geredet, gestritten, die allerabgegriffensten Geschichten erscheinen wieder in der Unterhaltung und werden weniger parteilich gewogen. Wir werden den armen Desroches vielleicht noch zehn Jahre seine traurige Existenz von Haus zu Haus schleppen sehen, wie Sie ihn gesehen haben: man wird sich ihm nähern, ihn fragen, hören, er wird keinen Grund mehr haben zu schweigen, so wird man den Grund seiner Geschichte erfahren, und dann wird seine erste Dummheit auf ein Nichts zusammenschmelzen. – Was sie tatsächlich wert ist. – Und wir sind jung genug, um beide noch die schöne, große, tugendhafte, würdige Frau von La Carlière als unbeugsame, hochmütige Zierpuppe beurteilt zu sehen. Denn sie stoßen sich alle gegenseitig, und wie sie keine Regel für ihre Urteile haben, so kennen sie kein Maß in ihren Ausdrücken. – Aber wenn Sie eine Tochter hätten, würden Sie sie Desroches geben? – Ohne zu überlegen: weil ihn der Zufall hat ausrutschen lassen, dem weder Sie noch ich noch irgend jemand von vornherein sicher ist zu entgehen, weil Freundschaft, Ehrlichkeit, Wohltätigkeit, alle möglichen Umstände seinen Fehltritt und seine Entschuldigung vorbereitet hatten, weil seine Haltung seit der freiwilligen Trennung seiner Frau von ihm untadelhaft gewesen ist – und weil ich, ohne die treulosen Ehemänner gutzuheißen, auch die Frauen nicht loben kann, die ihrer seltenen Qualität gar so viel Bedeutung beimessen. Und außerdem habe ich meine eignen Gedanken, bestimmt ausgefallene, vielleicht aber richtige, über gewisse Handlungen, die ich weniger für Laster der Menschen als vielmehr für Folgen unserer unsinnigen Gesetzgebung halte, die zur Quelle ebenso sinnloser Sitten wird und einer Verderbtheit, die ich eher künstlich nennen möchte. Das ist vielleicht nicht sehr klar, es läßt sich aber ein andermal klären. Gehen wir heim. Ich höre von hier aus, wie ein paar von unseren weiblichen und männlichen Klatschbasen uns rufen. Abgesehen davon, geht der Tag zu Ende – die Nacht kommt herauf mit einem ganzen Zug von Sternen, wie ich Ihnen vorausgesagt hatte. – Das ist wahr.

MERKWÜRDIGES BEISPIEL EINER WEIBLICHEN RACHE

Deutsch von Schiller

DER Marquis von A... war ein junger Mann, der seinem Vergnügen lebte, liebenswürdig und angenehm, der aber übrigens so so von der weiblichen Tugend dachte. Dennoch fand sich eine Dame, die ihm ziemlich zu schaffen machte. Sie nannte sich Frau von P..., eine reiche Witwe von Stande, voll Klugheit, Artigkeit und Welt, aber stolz und von hohem Geist.

Der Marquis brach alle seine vorigen Verbindungen ab, um nur allein für diese Dame zu leben. Ihr machte er den Hof mit der größten Geflissenheit, brachte ihr alle ersinnlichen Opfer, sie von der Heftigkeit seiner Neigung zu überführen, und trug ihr endlich sogar seine Hand an. Aber die Marquisin, die es noch nicht vergessen konnte, wie unglücklich ihre erste Heirat gewesen, wollte sich lieber jedem andern Ungemach des Lebens als einer zwoten aussetzen.

Diese Frau lebte sehr eingezogen. Der Marquis war ein

alter Bekannter ihres verstorbenen Mannes gewesen; sie hatte ihm damals den Zutritt gestattet, und auch nachher verschloß sie ihm ihre Türe nicht.

Die weibische Sprache der Galanterie konnte an einem Manne von Welt nicht mißfallen. Die Beharrlichkeit seiner Bewerbung, von seinen persönlichen Eigenschaften begleitet, seine Figur, seine Jugend, der Anschein der innigsten, wahrhaftigsten Liebe und dann wiederum die einsame Lebensart dieser Dame, ein Temperament, zur zärtlichen Empfindung geschaffen, mit einem Wort, alles, was ein weibliches Herz nur verführen kann, tat auch hier seine Wirkung. Frau von P... ergab sich endlich nach einer monatelangen fruchtlosen Gegenwehr und dem hartnäckigsten Kampf mit sich selber. Unter den gehörigen Formalitäten eines heiligen Schwurs war der Marquis der Glückliche – er wäre es auch geblieben, hätte anders sein Herz den zärtlichen Gesinnungen, die es damals so feierlich angelobte und die ihm so zärtlich erwidert wurden, getreu bleiben wollen.

Einige Jahre waren so hingeflossen, als es dem Marquis einfiel, die Lebensart der Dame etwas einförmig zu finden. Er schlug ihr vor, in Gesellschaft zu gehen – sie tat's – Besuche anzunehmen – sie willigte ein – Tafel zu geben – auch darin gab sie ihm nach. Endlich und endlich fing ein Tag, fingen mehrere Tage an zu verstreichen, und kein A... ließ sich sehen. Er fehlte bei der Mittagstafel, beim Abendessen. Geschäfte drängten ihn, wenn er bei ihr war; er fand für nötig, seinen Besuch diesmal abzukürzen. Wenn er kam, murmelte er ein, zwei Worte, streckte sich im Sofa, ergriff etwa diese oder jene Broschüre, warf sie weg, schäkerte mit seinem Hund oder schlief zuletzt gar ein. Es wurde Abend – seine schwächliche Gesundheit riet ihm, zeitig nach Hause zu gehen, das hatte ihm Tronchin ausdrücklich befohlen – und Tronchin, das ist wahrhaftig und wahr, Tronchin ist ein unvergleichlicher Mann –, und damit nahm er Stock und Hut und wischte fort, vergaß in seiner Zerstreuung auch wohl gar, Madame beim Abschied zu umarmen. Frau von P... empfand, daß sie nicht mehr geliebt ward; aber sie mußte sich überzeugen, und das machte sie ungefähr auf folgende Art.

Einmal, als sie eben abgespeist hatten, fing sie an:

»Warum so in Gedanken, Marquis?«

»Warum *Sie*, gnädige Frau?«

»Es ist auch wahr, und noch dazu in so traurigen.«

»Wie denn das?«

»Nichts.«

»Das ist nicht wahr, Madame! Frei heraus –« und dabei gähnte er – »gestehen Sie mir, was ist Ihnen? – das wird uns beide aufmuntern.«

»Hätten Sie das hier so nötig?«

»Nicht doch – Sie wissen ja – man hat so gewisse Stunden –«

»Wo man verdrießlich sein muß?«

»Nein, Madame, nein, nein – Sie haben unrecht, bei meiner Ehre, Sie haben unrecht! Es ist nichts, ganz und gar nichts. Es gibt manchmal so Augenblicke – ich weiß selbst nicht, wie ich mich ausdrücken soll.«

»Lieber Freund, schon eine Zeitlang drückt mich etwas auf dem Herzen, das ich Ihnen sagen wollte; aber immer war mir bange, es würde Sie beleidigen.«

»Mich beleidigen? Sie?«

»Vielleicht – aber Gott ist mein Zeuge, daß ich unschuldig bin. Ohne meinen Willen, ohne mein Wissen hat sich das nach und nach so gegeben. Es kann nicht anders – es muß ein Fluch Gottes sein, der dem ganzen Menschengeschlecht gilt, weil auch ich – ich selbst so gar keine Ausnahme mache.«

»Ah, Madame – Sie besorgen etwas – hm – und was ist es denn?«

»Was es ist? Oh, ich bin unglücklich, – auch Sie werd' ich unglücklich machen. – Nein, Marquis, besser, ich schweige still.«

»Reden Sie frei, meine Liebe! Sollten Sie vor mir Geheimnisse haben? Sollten Sie nicht mehr wissen, daß es die erste Bedingnis unsrer Vetraulichkeit war, einander nichts zu verschweigen?«

»Das eben ist's, was mir Kummer macht. Was Sie mir jetzt vorwerfen, Marquis, hat noch vollends gefehlt, meine Strafbarkeit aufs höchste zu treiben. – Finden Sie nicht, daß meine vorige Munterkeit ganz dahin ist? – Ich habe keine Lust zum Essen und Trinken mehr. Auch sogar schlafen mag ich nicht mehr. Unser vertrauter Umgang fängt nachgerade an, mir zuwider zu werden. Oft um Mitternacht frage ich mich selbst: Ist er denn nicht mehr so liebenswürdig? – Er ist, wie er war. – Hast du Ursache, dich über ihn zu beklagen? – Nicht die mindeste. – Vielleicht besucht er verdächtige Häuser? – Nichts weniger. – Oder findest du ihn vielleicht minder zärtlich als ehedem? – Ganz und gar nicht. – Aber wenn dein Freund noch der alte ist, so müßtest du ja verwandelt sein? – Du bist's, o gestehe dir's, du bist's. Da ist kein Funke der Sehnsucht mehr, mit der du sonst ihn erwartetest, kein Schatten der Freude mehr, womit du ihn damals empfingest, keine Spur der süßen Beklemmung mehr, wenn er ausblieb, der süßeren Aufwallung, wenn er wiederkam, wenn du hörtest seiner Tritte Klang, wenn man ihn meldete, wenn er hereintrat. – O, das alles ist vorbei – es ist dahin, er ist dir fremder geworden.«

»Wie Madame?«

Hier drückte die Dame beide Hände vors Gesicht, ließ den Kopf herabsinken und schwieg eine Zeitlang still. Endlich sagte sie wieder:

»Ich weiß, was Sie mir antworten können; ich bin darauf

gefaßt, Sie erstaunt zu sehen – mir das Bitterste von Ihnen sagen zu lassen. – Aber schonen Sie, Marquis – doch nein, nein, schonen Sie nicht! Sagen Sie mir alles! Ich hab' es verdient. Ich muß mir's gefallen lassen. Ja, lieber Marquis, so ist es – es ist wahr – aber ist es nicht schrecklich genug, daß es so weit kommen mußte – sollte ich auch noch zu der Schande herabgesunken sein, Ihnen geheuchelt zu haben? Sie sind, was Sie waren, aber ich bin die nämliche nicht mehr. Noch zwar verehr' ich Sie, verehre Sie so sehr und mehr noch als ehedem, aber – – aber eine Frau, wie Sie mich kennen, eine Frau, die gewohnt ist, die geheimsten Regungen ihres Herzens zu prüfen, sich nirgends zu täuschen, diese Frau kann sich nicht mehr verhehlen, daß die Liebe daraus geflohen ist. Dieses Bekenntnis – o, ich fühl' es – es ist das entsetzlichste, aber dennoch nicht minder wahr. – Ich, eine Wankelmütige, eine Lügnerin! – Wüten Sie aus, lieber Marquis! Verwünschen Sie mich. Verdammen Sie mich. Brandmarken Sie mich mit den verhaßtesten Namen! Ich hab' es selbst schon getan. Alles, alles kann ich von Ihnen anhören, nur das einzige nicht, daß ich heuchle; denn das verdien' ich nicht.«

Hier drehte sich Frau von P... im Sofa herum und fing laut an zu weinen. Der Marquis warf sich ihr zu Füßen.

»Treffliche Frau! Göttliche Frau! Frau, wie man keine mehr finden wird! Ihre Freimütigkeit, Ihre Rechtschaffenheit beschämen mich, rühren mich – ich möchte vor Scham sterben. Wie groß stehen Sie in diesem Augenblick neben mir; wie klein steh' ich neben Ihnen! Sie haben den Anfang gemacht, zu bekennen – ich machte den Anfang, zu fehlen. Ihre Offenherzigkeit reißt mich hin – ein Ungeheuer müßt' ich sein, wenn ich einen Augenblick anstünde, sie zu erwidern. Ja, Madame, ich kann es nicht leugnen; die Geschichte Ihres Herzens ist Wort für Wort auch die Geschichte des meinigen. Alles, alles, was Sie *sich* gesagt haben, hab' ich auch mir gesagt. Doch ich duldete und schwieg – hätte vielleicht noch lange geschwiegen – hätte vielleicht nie den Mut gehabt, mich zu erklären.«

»Ist das wirklich wahr, Marquis?«

»Wahr, Madame – und wir können uns also beide Glück wünschen, daß wir zu gleicher Zeit über eine Leidenschaft Meister wurden, die so vergänglich wie die unsrige war.«

»In der Tat, Marquis, ich würde sehr zu beklagen sein, wenn meine Liebe später erloschen wäre als die Ihrige.«

»Sie können sich darauf verlassen, Madame – ich war der erste, bei dem sie aufhörte.«

»Wirklich, mein Herr? Ich fühle so etwas.«

»O meine beste Marquisin! Noch nie fand ich Sie so reizend, so liebenswürdig, so schön als in dem jetzigen Augenblick. Machten mich meine bisherigen Erfahrungen nicht schüchtern, wer weiß, ob ich Sie nicht heftiger lieben würde als jemals.«

Er nahm, indem er dies sagte, ihre beiden Hände und küßte sie lebhaft. Frau von P... unterdrückte den tödlichen Gram, der ihr Herz zerriß, und nahm das Wort: »Aber was nun anfangen, Marquis? – Wir beide, dächte ich, hätten uns keinen Betrug vorzuwerfen. Sie haben noch die nämlichen Ansprüche auf meine Achtung wie ehedem – auch ich hoffe, mein Recht auf die Ihrige nicht ganz vergeben zu haben. Wollen wir fortfahren, uns zu sehen? Wollen wir unsre Liebe in die zärtlichste Freundschaft verwandeln? – Das wird uns künftig alle die traurigen Auftritte ersparen, alle die kleinen Treulosigkeiten, alle die kindischen Neckereien, all den mutwilligen Humor, der eine flüchtige Leidenschaft zu begleiten pflegt. Wir werden das einzige Beispiel in unsrer Gattung sein. Sie – haben Ihre vorige Freiheit wieder, mir – geben Sie die meinige zurück. So reisen wir zusammen durch die Welt. Sie machen mich bei jeder neuen Eroberung zu Ihrer Vertrauten. Ich werde Ihnen kein Geheimnis aus den meinigen machen – versteht sich, wenn ich welche erlebe; denn ich fürchte sehr, lieber Marquis, daß Sie mich in dem Punkt ein klein wenig scheu gemacht haben. – Und so müßt' es denn ganz unvergleichlich gehen. Sie unterstützen mich zuweilen mit Ihrem Rat, ich Sie mit dem meinigen. – Und am Ende – wer weiß, was geschehen kann?«

»Allerdings, Madame, und es ist dann so gut als schon ausgemacht, daß Sie bei jeder Vergleichung gewinnen – daß ich von Tag zu Tag wärmer und zärtlicher zu Ihnen zurückkehre, daß mich zuletzt alles, alles wird überwiesen haben, die Marquisin von P... sei die einzige Frau, die mich glücklich machen kann. Und wenn ich dann wieder umkehre, so ist es auch heilig gewiß, daß Sie mich zeitlebens in Ihren Banden behalten.«

»Wie aber, wenn Sie bei ihrer Wiederkehr mich nicht mehr fänden? – Denn Sie wissen ja, man ist oft wunderlich, Marquis – der Fall könnte kommen, daß mich Eigensinn – Laune – Leidenschaft für einen andern anwandelte, der nicht einmal so viel in Ihren Augen gälte.«

»Allerdings würde mich das kränken, Madame. Aber beklagen dürfte ich mich darum nie. Ich müßte mich einzig und allein an das Schicksal halten, das uns trennte, weil es wollte, und uns wieder zu vereinigen wissen wird, wenn das so sein soll.«

Auf dieses Gespräch folgte eine langweilige Predigt über den Unbestand des menschlichen Herzens, über die Nichtigkeit der Schwüre, über den Zwang der Ehen. Nach kurzen Umarmungen schieden beide voneinander.

So groß der Zwang gewesen, den sich die Dame in Gegenwart ihres Liebhabers auflegen mußte, so fürchterlich war der Ausbruch ihres Schmerzes, als er fortgegangen war.

»Also ist es wahr«, schrie sie laut aus, »es ist mehr als zu wahr, er liebt mich nicht mehr!« – Nachdem ihre ersten Aufwallungen vorüber waren und sie in stiller Wut über dem erlittenen Schimpfe gebrütet hatte, beschloß sie eine Rache, die ohne Beispiel war, eine Rache zum Schrecken aller Männer, die sich gelüsten lassen, eine Frau von Ehre zu betrügen; und diese Rache führte sie aus.

Die Marquisin hatte ehemals mit einer gewissen Frau aus der Provinz in Bekanntschaft gestanden, die eines Prozesses wegen mit ihrer Tochter, einem Mädchen von großer Schönheit und guter Erziehung, nach Paris gezogen war. Jetzt hatte sie erfahren, daß diese Frau mit ihrem Prozeß ihr ganzes Vermögen verloren hatte und dahin gebracht worden war, ein Haus der Freude zu unterhalten. Man kam da zusammen, man spielte, man speiste zu Abend, und gemeiniglich blieb einer oder zwei von den Gästen die Nacht über dort, mit Mutter oder Tochter, wie er nun Lust hatte, sich ein Vergnügen zu machen.

Die Marquisin ließ durch einige Bediente diesen Weibspersonen nachspüren, sie wurden ausfindig gemacht und zur Frau von P... – ein Name, den sie sich kaum noch zurückrufen konnten – auf einen Besuch gebeten. Die Frauenzimmer, welche sich zu Paris für eine Madame und Mademoiselle Aisnon ausgaben, nahmen die Einladung mit Vergnügen an. Gleich den andern Morgen fand sich die Mutter bei der Marquisin ein, welche das Gespräch sogleich auf ihre jetzige Lebensart zu lenken wußte.

»Frei heraus, gnädige Frau«, antwortete die Alte, »wir leben von einem Handwerk, das leider sehr wenig einträgt, gefährlich und mißlich und noch obendrein eins von den schimpflichsten ist. Mir selbst ist es noch dazu in den Tod zuwider; aber Not bricht Eisen, wie das Sprichwort sagt. Ich war schon halbwegs entschlossen, meine Tochter bei der Opera anzubringen; aber ihre Stimme taugt höchstens für eine Kammersängerin, und außerdem tanzt sie schlecht. Auch habe ich sie, während meines Prozesses und auch nachher, bei den Vornehmen dieser Stadt, bei den obrigkeitlichen Personen, bei den Pächtern und geistlichen Herren herumgeführt der Reihe nach; aber die Herren, wie das nun geht, akkordierten immer nur auf eine Zeitlang, und am Ende blieb sie mir denn so sitzen. Nicht etwa, meine gnädige Frau, als ob sie nicht schön wäre wie ein Engel – auch fehlt es ihr weder an Verstand noch Manieren; aber der eigentliche Pfiff für das Gewerbe mangelt ihr ganz und gar, und alle die kleinen Kunstgriffchen, die man anwenden muß, das Männervolk in Atem zu halten.«

»Sind Sie denn sehr bekannt hier?« frug die Marquisin.

»Leider Gottes, nur zu sehr!« sagte die Alte.

»Und, wie ich merke, scheinen Sie beide wenig Lust und Liebe zu Ihrem Gewerbe zu haben?«

»Ganz und gar nicht, und am wenigsten meine Tochter, die mir ohne Aufhören in den Ohren liegt, sie davon wegzunehmen oder lieber ums Leben zu bringen. Obendrein hat sie noch ihre melancholischen Stunden, wo sie vollends gar nicht zu brauchen ist.«

»Wenn ich mir also zum Beispiel in den Kopf setzen wollte, ihr Schicksal auf eine glänzende Art zu verbessern, würden Sie mir wohl beide wenig Schwierigkeiten machen?«

»Das meint' ich auch.«

»Aber die Frage ist, ob Sie mir werden versprechen können, allen Vorschriften, die ich für gut finden könnte, Ihnen zu geben, mit der strengsten Genauigkeit nachzuleben.«

»Darauf können Sie zählen, Madame. So hart sie auch sein mögen.«

»Und Ihr Gehorsam ist mir also gewiß, so oft es mir einfallen wird, zu befehlen.«

»Wir werden mit Ungeduld darauf warten.«

»Das ist gut. Jetzt, Madame, gehen Sie nach Hause! Sie sollen gleich meine fernern Verfügungen hören. Unterdessen schaffen Sie alles fort, was Sie an Hausgerät haben; auch Ihre Kleider schaffen Sie fort, die besonders, welche von frecher oder schreiender Farbe sind. Das alles würde mir nur meinen Anschlag vereiteln.«

Jene ging. Frau von P... warf sich in den Wagen und ließ sich in die Vorstädte fahren, welche ihr von der Wohnung der Aisnon am weitesten entlegen schienen. Hier mietete sie nicht weit von der Pfarrkiche eine schlechte Wohnung in einem ehrbaren Bürgershause und ließ solche auf das sparsamste möblieren.

Dahin lud sie die beiden Aisnon, übergab ihnen Haus und Wirtschaft und legte ihnen einen schriftlichen Aufsatz von den Lebensregeln vor, die sie künftighin zu befolgen hatten. Sie waren folgende:

Auf keinen öffentlichen Spaziergang gehen Sie mehr; denn es liegt daran, daß Sie von niemand entdeckt werden!

Sie nehmen keine Besuche an, auch selbst aus Ihrer Nachbarschaft nicht; denn es muß das Ansehen haben, als hätten Sie der Welt gänzlich entsagt!

Gleich von dem morgenden Tag an müssen Sie andächtige Kleider tragen.

Zu Hause werden keine anderen als geistliche Bücher geduldet, daß Sie ja keinem Rückfall sich aussetzen.

Ihrem Gottesdienst müssen Sie jeden Werk- und Feiertag mit brünstigem Eifer obliegen.

Sie müssen dahin trachten, daß Sie sich in das Sprechzimmer dieses oder jenes Klosters Eingang verschaffen. Die Plaudereien der Mönche können von Nutzen für Sie werden.

Mit dem Pfarrherrn und den übrigen Geistlichen müssen

Sie genau bekannt werden; der Fall könnte kommen, daß man ein Zeugnis von ihnen verlangte.

Des Monats müssen Sie wenigstens zweimal zur Beichte und zum Abendmahl gehen.

Ihren Familiennamen nehmen Sie wieder an, weil er ehrbarer ist und Nachfrage deswegen geschehen könnte.

Von Zeit zu Zeit streuen Sie kleine Almosen aus; aber ich verbiete Ihnen schlechterdings, welche anzunehmen. Man soll Sie weder für reich, noch für dürftig halten.

Zu Hause beschäftigen Sie sich mit Nähen, Stricken, Spinnen und Sticken, und ihre Arbeiten verkaufen Sie dann in ein Armenhaus.

Ihre Lebensordnung sei äußerst mäßig. Einige schmale Portionen aus dem Gasthaus sind alles, was ich Ihnen erlauben kann.

Die Tochter geht nie ohne die Mutter, die Mutter nie ohne die Tochter aus. Überhaupt, wo Sie Gelegenheit finden, etwas Erbauliches zu tun, ohne daß es Kosten verursacht, so unterlassen Sie es nie.

Aber einmal für allemal: weder Pfaffen, noch Mönche, noch fromme Brüder in Ihren vier Pfählen.

Gehen Sie über die Gasse, so schlagen Sie die Augen jederzeit sittsam zu Boden. In der Kirche sehen Sie nirgend hin als auf Gott.

»Ich will gern glauben, daß diese Einschränkung hart ist. Aber in die Länge kann sie nicht dauern, und die Entschädigung wird außerordentlich sein. Gehen Sie nun mit sich selbst zu Rat. Wenn Sie besorgen, daß Ihre Kräfte diesen Zwang nicht aushalten, so gestehen Sie es jetzt frei heraus. Es kann mich weder beleidigen noch befremden. Ich vergaß vorhin, noch anzumerken, daß es sehr wohlgetan sein würde, wenn Sie sich die Sprache der Mystiker angewöhnten und die Redensarten der Heiligen Schrift recht geläufig machten. Bei

Vielleicht – doch genug davon. Für Sie wollt' ich eigentlich ja auch nicht handeln, nur hoffe ich, daß mein Herr Marquis mir wenigstens Zeit lassen werde.«

»Die kürzeste, die nur möglich ist.«

«O, ich leide«, rief die Dame, als er weg war, »ich leide schrecklich; aber ich leide nicht allein. Abscheulichster der Menschen! noch zwar ist es ungewiß, wie lang diese meine Qual noch dauert; aber ewig, ewig, ewig soll die deine währen.«

Einen ganzen Monat lang wußte sie den Marquis in der Erwartung der versprochenen Zusammenkunft hinzuhalten. Während dieser Zeit hatte er volle Muße, sich abzuhärmen, zu berauschen und seine Leidenschaft in Unterredungen mit ihr noch mehr anzufeuern. Er erkundigte sich nach dem Vaterland, dem Herkommen, der Erziehung und den Schicksalen dieser Frauenzimmer und erfuhr immer noch zu wenig und frug immer wieder und ließ sich immer von neuem unterrichten und dahinreißen. Die Marquisin war schelmisch genug, ihn jeden Fortschritt seiner Leidenschaft bemerken zu lassen, und unter dem Vorwand, ihn zurückzuschrecken, gewöhnte sie ihn unvermerkt an den verzweifelten Ausgang dieses Romans, den sie ihm bereitet hatte.

»Sehen Sie sich vor«, sprach sie, »das könnte Sie weiter führen, als Sie wünschen – es können Zeiten kommen, wo meine Freundschaft, die Sie jetzt so unerhört mißbrauchen, weder vor mir selbst, noch vor der Welt mich entschuldigen dürfte. Freilich wohl geht kein Tag vorüber, daß nicht irgendeine rasende Posse unter dem Monde zustande käme; aber ich fürchte, Marquis, ich fürchte fast, daß dieses Frauenzimmer niemals oder nur unter Bedingungen Ihre wird, die bis hieher wenigstens ganz und gar nicht nach Ihrem Geschmacke waren.«

Nachdem Frau von P... den Marquis zu ihrem Vorhaben

hinlänglich zubereitet fand, kartete sie es mit den beiden Aisnon ab, einen Mittag bei ihr zu speisen, und mit dem Marquis redete sie ab, sie in Reisekleidern da zu überfallen, welches auch zustande kam.

Man war eben am zweiten Gang, als der Marquis sich melden ließ. Er, Frau von P... und beide Aisnon spielten die Rolle der Bestürzung meisterlich.

»Madame«, sagte er zur Frau von P..., »ich komme soeben von meinen Gütern an; es ist zu spät, daß ich jetzt noch nach Hause gehe, wo man sich schwerlich auf mich gerichtet hat. Ich hoffe, daß Sie mir erlauben werden, Ihr Gast zu sein.«

Unter diesen Worten holte er sich einen Sessel und nahm an der Tafel seinen Platz. Die Einteilung war so gemacht, daß er neben die Mutter und der Tochter gegenüber zu sitzen kam – eine Aufmerksamkeit, wofür er der Frau von P... mit einem verstohlenen Wink der Augen dankte. Beide Frauenzimmer hatten sich von der ersten Verlegenheit erholt. Man fing an zu plaudern, man ward sogar aufgeräumt; der Marquis behandelte die Mutter mit der vorzüglichsten Aufmerksamkeit und die Tochter mit der feinsten Höflichkeit und Schonung. Für die drei Frauenzimmer war es der possierlichste Auftritt, die Ängstlichkeit anzusehen, mit welcher der Marquis alles vermied, was sie nur entfernt hätte in Verlegenheit setzen können. Sie waren boshaft genug, ihn drei ganze Stunden lang gottselig schwatzen zu lassen, und zuletzt sagte Frau von P... zu ihm: »Ihre Gespräche, Marquis, machen Ihren Eltern unendlich viel Ehre. Die Eindrücke der ersten Kindheit erlöschen doch nie. Wahrhaftig, Sie sind so tief in die Geheimnisse der geistlichen Liebe gedrungen, daß man vermuten muß, Sie wären Ihr Leben lang in Klöstern gewesen. – Waren Sie nie in Versuchung, ein Quietist zu werden?«

»Nie, daß ich mich erinnern könnte, Madame.«

Es braucht nicht erst gesagt zu werden, daß unsre beiden

Andächtigen die Unterhaltung mit allem Witz, aller Feinheit, aller verführerischen Grazie würzten. Nur im Vorübergehen berührte man das Kapitel von Leidenschaften, und Mademoiselle Duquenoi – das war ihr Familienname – wollte behaupten, daß es nur eine gefährliche gebe. Dieser Meinung stimmte der Marquis von ganzem Herzen bei. Zwischen sechs und sieben brachen die beiden Frauenzimmer auf. Jeder Versuch, sie länger dazubehalten, war fruchtlos. Frau von P... und die Mutter Duquenoi taten den Ausspruch, daß das Vergnügen der Pflicht weichen müsse, wenn nicht ein jeder Tag mit Gewissensbissen sich endigen sollte. Beide also gingen zum großen Verdruß des Marquis nach Hause, und er sahe sich jetzt wieder mit Frau von P... unter vier Augen allein.

»Nun, Marquis! Bin ich nicht eine gute Närrin? – Zeigen Sie mir die Frau zu Paris, die etwas Ähnliches täte!«

»Nein, Madame, nein! Nein!« – und hier warf er sich ihr zu Füßen – »die ganze Welt hat Ihresgleichen nicht mehr. Ihre Großmut beschämt mich. Sie sind die einzige wahre Freundin, die auf dieser Erde zu finden ist.«

»Sind Sie auch sicher, Marquis, daß Sie mein heutiges Verfahren stets so beurteilen werden?«

»Ein Ungeheuer von Undank müßt' ich sein, wenn ich je meine Meinung veränderte.«

»Also von etwas anderem. – Wie steht's jetzt mit Ihrem Herzen?«

»Soll ich es Ihnen frei heraussagen? – Dieses Mädchen muß meine sein, oder ich bin verloren.«

»Allerdings muß sie das, aber um welchen Preis, ist die Frage.«

»Wir wollen sehen.«

»Marquis, Marquis! ich kenne Sie, ich kenne diese Leute. Der ganze Streich kann verraten werden.«

Zwei Monate lang erschien der Marquis nicht wieder; unterdessen war er tätiger als je. Er hing sich an den Beichtvater der beiden Duquenoi, die Angelegenheit seiner Wollust durch die Allgewalt der Religion zu betreiben. Dieser Pfaffe, verschmitzt genug, jede Schwierigkeit zu heucheln, welche die Heiligkeit seiner Lehre diesem niederträchtigen Anschlag entgegensetzte, verkaufte die Würde seines Amtes so teuer, als möglich war, und gab sich endlich für die Gebühren zu allem her, was der Marquis ihm zumutete.

Die erste Büberei, die der Mann Gottes sich erlaubte, bestand darin, beiden Andächtigen die Wohltaten der Gemeinde zu entziehen und dem Pfarrherrn des Kirchsprengels vorzuspiegeln, daß die Schutzergebenen der Frau von P... sich widerrechtlich ein Almosen zueigneten, dessen andere Mitglieder der Gemeinde weit bedürftiger wären. Seine Absicht ging dahin, ihre standhafte Tugend durch die Not aufzureiben.

Weiter arbeitete er im Beichtstuhl daran, Uneinigkeit zwischen Mutter und Tochter zu stiften. Wenn die Mutter die Tochter bei ihm verklagte, so wußte er die Verschuldigungen der letztern immer größer zu machen und die Erbitterung der ersten noch mehr anzureizen. Klagte die Jüngere, so gab er nicht undeutlich zu verstehen, daß die elterliche Gewalt ihre Grenzen habe, und wenn die Verfolgungen der Mutter nicht nachlassen würden, so könnte die heilige Kirche für nötig finden, sie der mütterlichen Tyrannei zu entreißen. Einstweilen legte er ihr die Buße auf, fleißiger zur Beichte zu kommen.

Ein andermal lenkte er das Gespräch auf ihre Gestalt und behauptete, daß das gefährlichste Geschenk, so der Himmel einem Weib nur verleihen könnte, Schönheit sei. Unter der Hand ließ er ein Wörtchen von einem sichern Biedermann fallen, der sich davon habe hinreißen lassen, den er zwar nicht mit Namen nannte, aber handgreiflich genug zu bezeichnen wußte. Von da kam er auf die unendliche Barmherzigkeit Gottes zu reden und auf die unüberschwengliche Langmut des Himmels gegen gewisse Menschlichkeiten, die das Erbteil des Fleisches wären – auf die gewaltige Herrschaft gewisser Begierden, denen auch die heiligsten unter den Menschen nicht ganz entlaufen könnten. Dann frug er sie, ob in ihrem Herzen noch keine Wünsche sich regten? – ob sie nicht zuweilen Wallungen spürte? – ob sie nicht sichere Träume hätte? – ob die Gegenwart von Mannspersonen nicht irgendeinen Unfug da oder dort bei ihr anrichtete? Darauf warf er die Frage auf, ob sich ein Frauenzimmer der Leidenschaft eines Mannes widersetzen oder lieber preisgeben solle? ob es zu wagen wäre, einen Menschen sterben zu lassen, für welchen doch das kostbare Blut des Erlösers so gut als für jeden andern geflossen sei? und diese Frage getraute er sich nicht zu beantworten. Er beschloß mit einem tiefen und heiligen Seufzer, drehte seine Augen zum Himmel und betete – für die Seelen im Fegfeuer. Die junge Duquenoi ließ ihn seiner Wege gehen und hinterbrachte dies alles treulich ihrer Mutter und der Frau von P..., welche ihr noch immer mehr Geständnisse einbliesen, dem frommen Heiligen desto mehr Herz einzujagen.

Sie erwarteten nun nichts Gewisseres, als daß der Mann Gottes über kurz oder lang sich brauchen lassen würde, seiner geistlichen Tochter einen Liebesbrief zuzustellen, und diese Vermutung traf glücklich ein. Aber wie behutsam griff er das an! – Erst wußte er eigentlich selbst nicht, aus wessen Händen er käme – er zweifelte keineswegs, daß irgendeine mitleidige Seele in seiner Gemeinde unter der Decke stecke, die, von ihrem Elend gerührt, sich würde erboten haben, ihnen Beistand zu leisten. Dergleichen Aufträge hatte er schon öfters zu übernehmen gehabt.

»Im übrigen, Mademoiselle«, fuhr er jetzt fort, »werden

Sie vorsichtig handeln. Ihre Frau Mutter ist eine vernünftige Frau. Ich dringe ausdrücklich darauf, daß Sie den Brief nicht anders als in ihrem Beisein erbrechen.«

Mademoiselle steckte den Brief zu sich und händigte ihn sogleich der Alten ein, die ihn auf der Stelle der Frau von P... überschickte. Die Marquisin, jetzt im Besitz eines unverwerflichen Zeugnisses, ließ den Beichtvater zu sich holen, wusch ihm den Kopf, wie er's verdient hatte, und drohte ihm, den ganzen Vorgang seinen Obern zu melden, wenn sie je noch ein Wort von ihm hören sollte.

Der Brief floß von lauter Lobsprüchen des Marquis in betreff seiner eignen Person und der Mademoiselle über. Er malte ihr darin seine Leidenschaft mit den lebendigsten und schrecklichsten Farben ab, machte ungeheure Verheißungen und sprach sogar von Entführung.

Nachdem Frau von P... dem Pfaffen den Text recht gelesen hatte, bat sie auch noch den Marquis zu sich und erklärte ihm, wie sehr sein Betragen den Mann von Ehre beschimpfe, und wie nachteilig er sie selbst mit hineinmische; dann zeigte sie ihm seinen Brief und beteuerte, daß auch die Pflichten der zärtlichsten Freundschaft, die zwischen ihm und ihr bisher geherrscht hätte, sie nicht abhalten würde, die Mutter Duquenoi, ja die Obrigkeit selbst gegen ihn zu Hilfe zu rufen, wenn seine Verfolgungen weitergehen sollten.

»Marquis, Marquis«, setzte sie hinzu, »die Liebe macht einen schlimmen Menschen aus Ihnen. Sie müssen bösartig auf die Welt gekommen sein, weil dasjenige, was jeden andern zu großen Taten spornt, Ihnen nur Niederträchtigkeiten abgewinnen kann. Was taten Ihnen diese armen Frauenzimmer Leides, daß Sie es darauf anlegen, ihre Armut durch Schande zu verbittern? – Weil dieses Mädchen schön ist und sich entschlossen hat, auf ihrer Tugend standhaft zu beharren, so wollen Sie ihr Verfolger sein? so wollen Sie Ursache werden, daß sie das beste Geschenk des Himmels verfluche? – Und womit hab' denn ich es verdient, daß ich eine Mitschuldige Ihrer Schandtaten sein soll? – Undankbarster der Menschen! Gleich fallen Sie mir zu Füßen, bitten Sie mich gleich um Verzeihung, schwören Sie mir zu, meine unglücklichen Freundinnen von jetzt an in Frieden zu lassen!« – –Der Marquis versprach, ohne Vorwissen der Frau von P... keinen Schritt mehr zu tun; aber dies Mädchen müsse er besitzen, welchen Preis es auch gelten möge.

Er hielt keineswegs, was er zugesagt hatte. Einmal wußte nun doch die Mutter Duquenoi um die ganze Geschichte; daher trug er jetzt keine Bedenken mehr, sich unmittelbar an sie selbst zu wenden. Er gestand die Abscheulichkeit seines Vorhabens ein, bot ihr beträchtliche Summen an, sprach von den glänzendsten Hoffnungen, die die Zeit noch reif machen würde, und begleitete seinen Brief mit einem Kästchen voll der kostbarsten Steine.

Die drei Frauenzimmer hielten geheimen Rat untereinander. Mutter und Tochter schienen sehr geneigt, den Kauf einzugehen; doch dabei fand Frau von P... ihre Rechnung nicht. Sie erinnerte sie an die ersten Artikel ihres Vertrages und drohte sogar, den ganzen Betrug zu verraten, wenn sie sich weigern würden, ihr zu gehorsamen. Zum großen Leidwesen der beiden Heiligen, der Tochter besonders, die, so langsam als sie konnte, die Ohrringe wieder abnahm, die ihr so schön ließen, mußten Brief und Juwelen mit einer Antwort, woraus der ganze Stolz der beleidigten Tugend sprach, zu ihrem Eigentümer zurückwandern.

Frau von P... machte dem Marquis über seine Wortbrüchigkeit die bittersten Vorwürfe. Er nahm zur Entschuldigung, daß er es nicht hätte wagen mögen, sie mit einem Auftrage dieser Art zu erniedrigen. »Lieber Marquis«, sagte sie zu ihm, »ich habe Sie gleich anfangs gewarnt und will es

Ihnen jetzt wiederholen. Sie sind noch weit von dem Ziel entfernt, nach welchem Sie hinarbeiten – aber nun ist es nicht mehr Zeit, Ihnen vorzupredigen; das würden jetzt nur verlorene Worte sein. Für Sie ist ganz und gar keine Rettung mehr.« Der Marquis antwortete, daß seine Hoffnungen noch immer die besten wären und er sich nur die Erlaubnis von ihr erbitte, einen letzten Versuch noch wagen zu dürfen.

Dieser war, daß er sich anheischig machte, beiden Frauenzimmern eine beträchtliche Leibrente auszuwerfen, sein ganzes Vermögen mit ihnen zu gleichen Teilen zu teilen und ihnen, solange sie lebten, eines von seinen Häusern zu Paris und ein andres auf seinen Gütern zum Eigentum einzuräumen. »Machen Sie, was Sie wollen«, sagte die Marquisin, »nur Gewalt verbitt' ich mir – aber Rechtschaffenheit und wahre Ehre, glauben Sie mir's, Freund, sind über jede Krämertax erhaben. Ihr neuestes Gebot wird kein besseres Glück als Ihre vorigen haben – ich kenne meine Leute und unterstehe mich, für ihre Tugend zu haften.«

Diese neuen Erbietungen des Marquis kamen bei voller Sitzung der drei Frauenzimmer vor. Madame und Mademoiselle erwarteten schweigend das Endurteil aus dem Munde der Frau von P... – Diese ging einige Minuten lang, ohne ein Wort zu reden, im Saal auf und nieder. – – – »Nein! Nein! Nein!« rief sie endlich, »das ist viel zu gnädig. – Nein! das ist viel zu wenig für mein wundes Herz« – und alsobald sprach sie das unwiderrufliche Verbot aus. Mutter und Tochter warfen sich weinend ihr zu Füßen, flehten und stellten vor, welche Grausamkeit es wäre, ihnen ein Glück zu verbieten, das sie doch ohne alle Gefahr würden annehmen dürfen.

Frau von P... gab mit Kaltsinn zur Antwort: »Bildet ihr euch ein, daß alles das, was bisher geschehen, etwa euch zulieb' geschehen ist? Wer seid ihr denn? Was hab' ich euch für Verpflichtungen? Woran liegt es, daß ich euch nicht, die eine so gut als die andere, zu eurem Handwerk zurücksende? – Ich will gern glauben, daß diese Anerbietungen für euch zu viel sind; aber für mich sind sie viel zu wenig. Setzen Sie sich, Madame! – Schreiben Sie die Antwort, wörtlich, wie ich sie Ihnen diktieren werde, und daß sie ja gleich in meiner Gegenwart abgehe!« – –

Die beiden gingen, noch bestürzter als mißvergnügt, nach Hause.

Der Marquis zeigte sich der Frau von P... sehr bald wieder. »Nun«, rief sie ihm zu, »Ihre neuen Geschenke?«

»Angeboten und ausgeschlagen. Ich bin in Verzweiflung. Könnt' ich sie aus meinem Herzen reißen, diese unglücksvolle Leidenschaft, könnt' ich mein Herz selbst mit herausreißen, mir würde wohl sein! Sagen Sie mir doch, Marquisin, finden Sie nicht kleine Ähnlichkeiten im Gesicht dieses Mädchens mit dem meinigen?« –

»Ich habe Ihnen nie davon sagen mögen. – Freilich find' ich deren welche; aber davon ist jetzo die Rede nicht. Was beschließen Sie?«

»Weiß ich's? Kann ich's? – O Madame, bald wandelt der Gelust mich an, in die erste beste Postchaise mich zu werfen und dahinzueilen, so weit der Erdball mich tragen will. Einen Augenblick darauf verläßt meine Kraft mich. Ich bin gelähmt. Mein Kopf schwindelt. Meine Sinne vergehen. Ich vergesse, was ich bin, was ich werden soll.«

»Das Reisen stellen Sie immer ein! Es verlohnt sich der Mühe nicht, von da nach dem Judenmarkt zu wandern, um nur wieder heimzugehen.«

Den andern Morgen kam ein Billett von ihm an Frau von P..., worin er meldete, daß er nach seinem Landgut gereist wäre und sich da aufhalten würde, solang ihm sein Herz das verstattete – und worin er sie zugleich auf das inständigste ersuchte, seiner zu gedenken bei ihren Freundinnen. Seine Entfernung dauerte nicht lange. Er kam in die Stadt zurück und ließ sich bei der Marquisin absetzen. Sie war ausgefahren. Als sie wiederkam, fand sie ihn mit geschlossnen Augen, in der schrecklichsten Erstarrung auf dem Sofa ausgestreckt liegen.

»Ah! Sie hier, Marquis! Die Landluft, scheint es, hat Ihnen also nicht ganz bekommen wollen?«

»O Madame, mir ist nirgends wohl. Sehen Sie mich wieder angelangt, sehen Sie mich entschlossen, Madame, die ungeheuerste Torheit zu unternehmen, die ein Mann von meinen Umständen, meinem Rang, meiner Geburt, meinem Geld nur begehen kann. – Aber eher alles, alles, als ewig auf dieser Folter sein. – Ich heirate.«

»Marquis! Marquis! der Schritt ist bedenklich und will Überlegung haben.«

»Überlegung? – ich habe nur eine gemacht, aber sie ist die gründlichste von allen – ich kann nicht elender werden, als ich jetzt schon bin.«

»Das können Sie so gewiß noch nicht sagen.« –

»Nun, Madame, dies, denke ich, ist doch endlich ein Geschäft, das ich Ihnen mit Ehren übergeben kann. Gehen Sie nun hin, besprechen Sie sich mit der Mutter, erforschen Sie das Herz der Tochter und bringen Sie meinen Antrag vor.«

»Gemach, lieber Marquis! Zwar habe ich diese beiden Frauenzimmer hinreichend zu kennen geglaubt, um gerade so für sie zu handeln, wie ich bisher getan habe, nun es aber auf die Glückseligkeit meines Freundes hinaus will, so wird er mir wenigstens erlauben, die Sache etwas näher zu besehn. Ich werde mich zuvor in ihrer Provinz nach ihnen erkundigen und ihrer Aufführung Schritt vor Schritt durch die ganze Zeit ihres hiesigen Aufenthalts nachfolgen.«

»Eine Vorsicht, Madame, die mir ziemlich weit hergeholt scheint. Frauenzimmer, die mitten im Unglück so standhaft auf Ehre hielten und meiner Verführung so beherzt widerstanden, müssen notwendig Geschöpfe der seltensten Gattung sein. Mit meinen Geschenken hätt' ich es bei einer Herzogin durchsetzen müssen. – Und überdem, sagten Sie mir nicht selbst –«

»Ja doch! ja, ja, ich sagte alles, was Ihnen belieben mag; dem ohngeachtet werden Sie aber doch jetzt so gnädig sein und mir meinen Willen lassen.«

»Und warum heiraten Sie nicht auch, meine liebe Marquisin?«

»Wen allenfalls, wenn ich fragen darf?«

»Wen? – Ihren kleinen Grafen. Er hat Kopf, Geld und ist von der besten Familie.«

»Und wer steht mir für seine Treue? – Sie vermutlich?«

»Das wohl nicht; aber bei einem Ehemann pflegt man das nicht so genau mehr zu nehmen.«

»Meinen Sie? Vielleicht aber wäre ich nun Närrin genug, dadurch beleidigt zu werden – und ich bin rachsüchtig, Marquis.«

»Nun ja doch! Rächen sollen Sie sich immer; das versteht sich am Rande. Wissen Sie was, Marquisin? Wir vier wollen dann gemeinschaftlich beieinander wohnen und den artigsten Klub von der Welt zusammen ausmachen.«

»Das alles läßt sich vortrefflich hören; aber ich heirate nie. Der einzige Mann, dem ich vielleicht meine Hand noch würde gegeben haben –«

»Bin doch ich nicht, Madame?«

»Jetzt kann ich Ihnen ohne Gefahr dies Bekenntnis tun.«

»Jetzt? Warum jetzt erst? Warum sagten Sie mir das nicht eher?«

»Daran habe ich sehr wohl getan, wie die Umstände mich

jetzt überzeugen. Und überhaupt – diejenige, welche Sie nunmehr zur Frau nehmen, taugt in allem Betrachte besser für Sie als ich.«

Frau von P... brachte ihre Nachforschungen mit größter Genauigkeit und Eile zustande. Sie legte dem Marquis aus der Provinz und der Hauptstadt die schmeichelhaftesten Zeugnisse von seiner künftigen Gattin vor, drang aber dennoch darauf, daß er sich zu ernstlicher Überlegung der Sache noch vierzehn Tage Zeit nehmen sollte. Diese vierzehn Tage deuchten ihm eine Ewigkeit zu sein, und Frau von P... sah sich endlich gezwungen, seiner verliebten Ungeduld nachzugeben. Die nächste Zusammenkunft war bei den beiden Duquenoi; die Verlobung ging vor sich, das Aufgebot geschah, der Marquis beschenkte die Frau von P... mit einem kostbaren Diamant, und die Hochzeit wurde vollzogen.

Die erste Nacht ging nach Wunsch vorüber. Den andern Morgen schrieb Frau von P... dem Marquis ein Billett, worin sie ihn eines dringenden Geschäftes wegen auf einen Augenblick zu sich bat. Er ließ nicht lange auf sich warten. Man empfing ihn mit einem Gesicht, worauf Schadenfreude und Entrüstung mit schrecklichen Farben sich malten. Seine Verwunderung dauerte nicht lang.

»Marquis«, sagte sie zu ihm, »es ist Zeit, daß Sie endlich erfahren, wer ich bin. Wenn andre meines Geschlechts sich selbst genug hochschätzen wollten, meine Rache zu billigen, Sie und Ihres Gelichters würden seltener sein. Eine edle Frau hat sich Ihnen ganz hingegeben – Sie haben sie nicht zu erhalten gewußt. – Ich bin diese Frau. Aber sie hat vergolten, Verräter, und dich auf ewig mit einer verbunden, die deiner würdig ist. Geh von hier aus quer über die Straße nach dem Gasthof zur Stadt Hamburg – dort wird man dir ausführlicher von dem schändlichen Gewerb zu erzählen wissen, das deine Frau Gemahlin und Schwiegermutter zehen Jahre lang unter dem Namen einer Madame und Mademoiselle Aisnon getrieben haben.«

Keine Beschreibung erreicht das Entsetzen, mit welchem hier der Marquis zu Boden sank. Seine Sinne verließen ihn – aber seine Unentschlossenheit dauerte nur so lang, als er brauchte, um von einem Ende der Stadt zum andern zu rennen. Er kam den ganzen Tag nicht nach Hause; er schweifte in den Straßen umher. Seine Gemahlin und seine Schwiegermutter fingen an zu argwöhnen, was etwa geschehen war. Auf den ersten Schlag, der an die Türe geschah, entsprang die letztere in ihr Zimmer und schob beide Riegel vor. Nur seine Frau erwartete ihn allein in dem ihrigen. Sein Gesicht verkündigte die Wut seines Herzens, als er hereintrat. Sie warf sich zu seinen Füßen, stieß mit dem Angesicht auf den Boden des Zimmers und gab keinen Laut von sich.

»Fort, Nichtswürdige!« rief er fürchterlich. »Fort von mir!« Sie versuchte, sich aufzurichten; aber ohnmächtig stürzte sie auf ihr Angesicht, beide Arme der Länge nach auf den Boden gespreitet.

»Gnädiger Herr«, sagte sie zu ihm, »stoßen Sie mich mit Füßen, zertreten Sie mich – ich hab' es verdient; machen Sie mit mir, was Sie wollen; aber Gnade, Gnade für meine Mutter!«

»Hinweg!« rief er abermals. »Fort, Verfluchte, aus meinen Augen! – Ist es nicht genug, daß du mich mit Schande bedeckst? Willst du mich auch noch zwingen, ein Verbrecher zu werden?« –

Das arme Geschöpf beharrte unbeweglich und stumm in der vorigen Stellung. Der Marquis lag in einem Sessel, den Kopf zwischen beide Arme geworfen und mit halbem Leib zu den Füßen seines Bettes hingesunken, und brach zuweilen, ohne sie anzusehen, in ein gebrochenes Heulen aus: »Hinweg von mir, sag' ich!« – Das Stillschweigen dieser Unglücklichen, die noch immer wie in toter Erstarrung lag, erschöpfte seine Geduld. »Entferne dich!« rief er lauter und schrecklicher, bückte sich zu ihr nieder und war im Begriff, ihr einen grausamen Schlag zu geben. – Doch indem fand er, daß sie ohne Bewußtsein und beinah ohne Leben lag. Er faßte sie um die Mitte des Leibes, legte sie auf ein Kanapee und betrachtete sie eine Zeitlang mit Augen, aus welchen wechselsweis Wut und Mitleiden hervorbrachen. Endlich zog er die Glocke. Seine Bedienten traten herein. Man rief ihre Weiber.

»Nehmt eure Frau zu euch«, sagte er diesen; »ihr ist etwas zugestoßen. Führt sie auf ihr Zimmer und springt ihr bei!« – Bald darauf schickte er heimlich, nach ihrem Befinden zu fragen. Man bracht' ihm die Nachricht, daß zwar ihre erste Ohnmacht vorüber wäre, aber noch immer Schwächen auf Schwächen folgten, die so häufig kämen und so lange anhielten, daß man Ursache hätte, für ihr Leben zu zittern. Eine Stunde darauf schickte er, so heimlich wie das erstemal, wieder. Sie lag in schrecklichen Beängstigungen, zu welchen sich ein gichterischer Schlucken gesellte, der von der Gasse herauf gehört werden konnte. Als er das dritte Mal schickte, welches den folgenden Morgen war, kam die Antwort, daß sie sehr viel geweint habe und die übrigen Zufälle sich nach und nach zu legen anfingen.

Jetzt ließ er anspannen und verschwand vierzehn Tage lang, daß kein Mensch um seinen Aufenthalt wußte. Vor seiner Abreise hatte er Sorge getragen, daß Mutter und Tochter mit dem Notwendigsten versehen wurden, und seine Dienerschaft hatte Befehl, der Mutter wie ihm selbst zu gehorchen.

Während der ganzen Zeit, daß er abwesend war, wohnten die beiden, beinahe ohne sich zu sprechen, in der traurigsten Verstimmung nebeneinander. Die junge Frau zerfloß ohne Aufhören in Seufzer und Tränen oder fing plötzlich laut zu schreien an, rang die Hände, raufte sich die Haare aus, daß selbst ihre Mutter es nicht wagen durfte, sich ihr zu nähern und ihr Trost zuzusprechen. Diese zeigte nichts als Verhärtung, jene war das traurigste Bild der Reue, des Schmerzes, der Verzweiflung.

Tausendmal rief sie: »Kommen Sie, Mama, lassen Sie uns fliehen, lassen Sie uns vor seiner Rache uns schützen!« – Tausendmal widersetzte sich die Alte und erwiderte: »Nicht doch, mein Kind! Laß uns bleiben, laß uns abwarten, wie weit er es treiben wird! Umbringen kann uns dieser Mensch doch nicht.« – »O, daß er's möchte!« rief jene wieder, »daß er's längst schon getan haben möchte!« — »Schweige«, sagte die Mutter, »und hör einmal auf, wie eine Närrin zu plaudern.«

Der Marquis kam zurück und schloß sich in sein Kabinett ein, von wo aus er zwei Briefe, den einen an seine Frau, den andern an seine Schwiegermutter schrieb. Die letztere reiste noch an eben dem Tag in ein Kloster ab, wo sie nicht lange darauf starb. Die Tochter kleidete sich an und wankte nach dem Zimmer ihres Gemahls, wohin er sie beschieden hatte. An der Schwelle sank sie auf die Knie. Er befahl ihr aufzustehen. Sie stand nicht auf, sondern wälzte sich in dieser Stellung näher zu ihm hin. Alle ihre Glieder zitterten. Ihre Haare waren losgebunden. Ihr Leib hing zur Erde, ihr Kopf war emporgerichtet, und ihre Augen, die von Tränen flossen, begegneten den seinigen.

»Ich sehe, gnädiger Herr«, rief sie schluchzend aus, »ich seh' es, Ihre Wut ist besänftigt, so gerecht sie war. Ich unterstehe mich zu hoffen, daß ich endlich noch Barmherzigkeit erhalte. Aber nein! – Übereilen Sie sich nicht! – So viele tugendhafte Mädchen wurden lasterhafte Frauen; lassen Sie mich versuchen, ob ich ein Beispiel des Gegenteils werden kann. Noch bin ich es nicht würdig, die Ihrige zu sein; aber nur die Hoffnung entziehen Sie mir nicht! Lassen Sie mich ferne von Ihnen wohnen; seien Sie wachsam auf meinen Wandel und richten Sie mich dann! – Glücklich, ja unaussprechlich glücklich werd' ich sein, wenn Sie sich's nur zuweilen gefallen lassen wollen, daß ich vor Ihnen erscheinen darf. Nennen Sie mir einen düstern Winkel in Ihrem Hause, den ich bewohnen soll, ohne Murren will ich dort gefangen sitzen. Schwachheit, Verführung, Ansehen, Drohungen haben mich zu dieser schimpflichen Tat hingerissen; aber lasterhaft bin ich niemals gewesen. – Wär' ich das, wie hätt' ich es wagen können, mich Ihnen zu zeigen, wie könnt' ich es jetzt wagen, Sie anzusehen, wagen, mit Ihnen zu reden! – Könnten Sie in meiner Seele lesen, könnten Sie sich überzeugen, wie meine vorigen Verbrechen ferne von meinem Herzen sind, wie abscheulich mir die Sitten derer sind, die ich einst meinesgleichen nannte! – Die Verführung hat meinen Wandel befleckt; aber mein Herz hat sie nicht vergiftet. Ich kenne mich, mein Herr. Hätte man mir Freiheit gelassen, nur ein Wort hätt' es mich gekostet, und Sie hätten um den ganzen Betrug gewußt. Entscheiden Sie nach Gefallen über mich! Rufen Sie Ihre Bedienten! Lassen Sie mir diesen Schmuck, diese Kleider abreißen! Lassen Sie mich in nächtlicher Stunde auf die Straße werfen! Alles, alles will ich leiden. Welches Schicksal Sie mir auflegen wollen, ich unterwerfe mich. Die Einsamkeit auf dem Lande, die Stille eines Klosters werden mich Ihren Augen auf ewig entreißen. Befehlen Sie, und ich gehe! Ihre Glückseligkeit ist noch nicht ohne Rettung verloren. Sie können mich ja noch vergessen.«

»Stehen Sie auf!« rief der Marquis mit sanfter Stimme, »ich vergebe Ihnen, stehen Sie auf! Mitten im gräßlichen Gefühl meiner erlittenen Schande vergaß ich es nicht, meine Gemahlin in Ihnen zu ehren. Kein Laut kam über meine Lippen, der Sie erniedrigt hätte, und wäre das, so bin ich bereit, es Ihnen abzubitten, und gebe Ihnen mein Wort, daß Sie keinen mehr hören sollen. Denken Sie stets daran, daß Sie Ihren Gemahl nicht unglücklich machen können, ohne es selbst zu werden. Seien Sie edel und gut – seien Sie glücklich, und sorgen Sie dafür, daß auch ich es werde! Stehen Sie auf, ich bitte Sie – Sie sind nicht an Ihrer Stelle, Marquisin, stehen Sie auf! – – Steh auf, meine Gemahlin, und laß dich umarmen!«

Während der Marquis das sagte, lag sie noch immer, den Kopf auf seine Knie gebeugt, ihr Gesicht in seinen Händen verborgen. Aber auf den Namen seiner Gemahlin sprang sie lebhaft auf, warf sich ihm um den Hals und drückte ihn mit wütender Entzückung in ihre Arme. Gleich darauf ließ sie von neuem ihn los, stürzte zur Erde und war willens, seine Füße zu küssen.

»Was wollen Sie?« unterbrach er sie sehr bewegt. »Habe ich Ihnen nicht schon alles vergeben? Warum glauben Sie mir denn nicht?«

»Lassen Sie, lassen Sie!« gab sie zur Antwort. »Ich kann es nicht, ich darf es nicht glauben.«

»Bei Gott!« rief der Marquis, »ich fange an, zu mutmaßen, daß ich niemals bereuen werde. Diese Frau von P... hat mir Verdruß und Leiden zugedacht; aber ich sehe ein, sie hat mir Seligkeit bereitet. Kommen Sie, meine Gemahlin! Kleiden Sie sich an, unterdessen daß ich Anstalten zu unsrer Abreise mache. Wir ziehen auf meine Güter, wo wir solange bleiben wollen, bis die Zeit eine Rinde über das Vergangene gezogen hat.«

Drei ganze Jahre lang lebten sie ferne von Paris – das glücklichste Ehepaar ihrer Zeiten.[1]

1 Schiller veröffentlichte diese Übersetzung einer Episode aus dem Roman »Jacques der Schicksalsgläubige« 1784 in seiner Zeitschrift »Thalia«.

BEDAUERN ÜBER MEINEN ALTEN SCHLAFROCK

WARUM habe ich ihn nur nicht behalten? Er war für mich geschaffen und ich für ihn. Er schmiegte sich allen Formen meines Körpers an, ohne irgendwo lästig zu werden – ich war malerisch und schön. Der neue, steif und schwer, macht mich zur Puppe. Es gab nichts, wozu er sich nicht gebrauchen ließ; denn die Dürftigkeit ist fast imer diensteifrig. War ein Buch mit Staub bedeckt, so bot sich einer seiner Zipfel als Staubtuch an. Wenn die dickgewordene Tinte nicht mehr aus meiner Feder rinnen wollte, flugs war eine Ecke da: in langen schwarzen Linien zeichneten sich auf ihm die häufigen Dienste ab, die er mir geleistet hatte. Diese langen Linien verkündeten den Literaten, den Schriftsteller, den arbeitenden Menschen. Jetzt sehe ich aus wie ein reicher Nichtstuer: man weiß nicht mehr, wer ich bin.

Unter seinem Schutz fürchtete ich weder das Ungeschick eines Dieners noch mein eigenes, weder Feuer noch Wasser. Ich war der absolute Herr meines alten Schlafrocks und bin nun der Sklave des neuen.

Der Drache, der das Goldene Vlies bewachte, war nicht

weniger besorgt und wachsam, ich bin ganz eingehüllt in Sorge.

Ein verliebter Greis, der sich mit gebundenen Händen und Füßen den Launen eines jungen Mädchens ergeben hat, fragt von früh bis abends: »Wo ist meine gute alte Haushälterin geblieben? Welcher Teufel hat mich geritten, als ich sie wegjagte um dieser willen!« Dann weint er und seufzt.

Ich weine nicht, ich seufze nicht. Aber jeden Augenblick sage ich: »Verflucht sei, der die Kunst erfand, einem gewöhnlichen Stoff Wert zu verleihen, indem er ihn scharlachrot färbte. Verflucht sei das kostbare Gewand, das meine Achtung heischt! Wo ist mein altes, mein bescheidenes, mein bequemes Stück?!«

Liebe Freunde, bewahrt euch eure alten Freunde. Liebe Freunde, fürchtet den Reichtum! Möge mein Beispiel euch belehren. Die Armut hat ihre Freiheiten, der Reichtum seinen Zwang.

O Diogenes, wenn du deinen Schüler in dem prunkvollen Mantel des Aristippos[1] sehen könntest! Du würdest lachen! O Aristippos, dieser prunkvolle Mantel ist teuer erkauft. Welch ein Unterschied zwischen deinem weichlichen, kriecherischen, weibischen Dasein und dem freien und festen Leben des zerlumpten Zynikers! Ich habe die Tonne verlassen, in der ich Herr war, um in die Dienste eines Tyrannen zu treten.

Das ist noch nicht alles, mein Freund: höre die Verheerungen des Luxus, die Folgen eines konsequenten Luxus!

Mein alter Schlafrock war eins mit den übrigen Sachen, die ihn umgaben: ein alter Rohrstuhl, ein Holztisch, Bergamo-Tapete, ein Brett aus Tannenholz, auf dem einige Bücher standen, einige verrauchte Kupferstiche ohne Rahmen, gleich

1 Schüler des Sokrates, Gründer einer Philosophenschule, der Kyrenäiker, deren oberster Grundsatz edler Lebensgenuß war, während der Zyniker Diogenes predigte: Wer am wenigsten nötig hat, ist der Gottheit am nächsten.

auf die Tapete genagelt, zwischen den Kupferstichen drei oder vier Gipsabgüsse; das alles bildete mit meinem alten Schlafrock die allerharmonischste Dürftigkeit. Jetzt ist alles zerstört: keine Übereinstimmung, keine Gesamtwirkung, keine Schönheit.

Eine neue, ins kanonische Alter getretene Haushälterin in einem Pfarrhaus, eine Frau in einem Witwerhaushalt, ein Minister, der einen in Ungnade gefallenen Staatsdiener ersetzt, ein Jesuit, der sich der Gemeinde eines Jansenisten bemächtigt, sie alle verursachen nicht mehr Umsturz als der scharlachrote Eindringling bei mir.

Ich ertrage ohne Abscheu den Anblick einer Bäuerin. Ein Stück grobes Leinen bedeckt ihren Kopf, das Haar hängt ihr in Strähnen ins Gesicht, Lumpen bedecken sie notdürftig, der schlechte, kurze Rock reicht nur bis in die halbe Wade, selbst ihre nackten, schmutzbedeckten Füße können mich nicht stören: das Ganze ist das Bild eines Zustandes, den ich achte, es ist der Gesamteindruck des Elends einer notwendigen, unglücklichen Lage, die ich beklage. Aber mir wird übel, und trotz der parfümierten Luft, die sie umgibt, entferne ich mich und wende meinen Blick von jener Dirne, deren englische Spitzenhaube und zerrissene Manschetten, schmutzige Seidenstrümpfe und abgetragene Schuhe mir die Not des Heute verbunden mit der Pracht des Gestern zeigen.

So wäre meine Wohnung geworden, wenn der herrschsüchtige Scharlach nicht alles auf sich abgestimmt hätte.

Die Bergamo-Tapete mußte die Wand, die sie so lange bedeckt hatte, einem Damastbehang einräumen.

Zwei nicht unbedeutende Kupferstiche: der ›Mannaregen in der Wüste‹ von Poussin und ›Esther vor Assuerus‹ von demselben. Das eine sah sich schamlos vertrieben durch einen Greis von Rubens, das war die traurige Esther, der Mannaregen wurde verjagt vom Sturm von Vernet.

Den Rohrstuhl verbannte ein Maroquinsessel ins Vorzimmer.

Homer, Virgil, Horaz, Cicero entlasteten das schwache, unter ihrer Last gekrümmte Tannenbrett und zogen sich in einen Intarsienschrank zurück, einen Aufenthaltsort, dessen sie würdiger waren als ich.

Ein großer Spiegel bemächtigte sich des Kamins.

Die zwei hübschen Gipsabgüsse, die ich der Freundschaft Falconets[1] verdanke, der sie selbst repariert hatte, wurden von einer kauernden Venus vertrieben. So ist der moderne Ton von der antiken Bronze zerschlagen worden!

Der Holztisch behauptete noch eine Weile das Feld, geschützt durch eine Masse aufeinandergehäufter Hefte und Papiere; sie schienen ihn noch lange der drohenden Katastrophe entziehen zu sollen. Eines Tages ereilte ihn sein Schicksal. Trotz meiner Faulheit ordneten sich die Hefte und Papiere in den Fächern eines kostbaren Schreibtisches. Verderblicher Trieb nach Harmonie, zartes und teures Taktgefühl, erhabener Geschmack, der da verändert, umbaut, aufbaut, umstürzt, der die Koffer der Väter leert und die Töchter ohne Mitgift, die Söhne ohne Erziehung läßt, der so viel schöne Dinge hervorbringt und so viel große Übel, der du bei mir den Holztisch durch den unheilvollen kostbaren Schreibtisch ersetztest, du bist es, der die Völker ins Verderben stürzt! Du wirst vielleicht eines Tages meinen Besitz auf die Brücke von Saint-Michel bringen, wo dann die heisere Stimme eines Versteigerers ertönt: »Zwanzig Louis für eine kauernde Venus!«

Der Zwischenraum zwischen dem Aufbau des Schreibtisches und dem darüberhängenden Sturm von Vernet wirkte peinlich kahl auf das Auge. Dieser kahle Raum wurde

1 Franz. Bildhauer, 1716-1791.

ausgefüllt durch eine Uhr. Und was für eine Uhr! Eine Uhr von Geoffrin, eine Uhr, die von Gold und Bronze strotzte.

Da war noch eine leere Ecke neben meinem Fenster. Diese Ecke verlangte einen Sekretär; sie erhielt ihn.

Noch eine unerfreuliche Leere zwischen dem Sekretäraufsatz und dem schönen Rubenskopf – sie wurde zugedeckt durch zwei Lagrenées[1].

Hier hängt eine Magdalena desselben Malers, dort eine Skizze von Vien[2] oder Machy[3]; denn ich interessierte mich auch für Skizzen.

So geschah es, daß die erbauliche Klause des Philosophen sich in das aufreizende Kabinett eines Generalpächters verwandelte, und damit spreche ich auch dem nationalen Elend Hohn.

Aus meiner ursprünglichen Dürftigkeit ist mir nur ein Vorleger aus Stoffresten geblieben. Dieser bescheidene Vorleger paßt nicht zu meinem Luxus. Das fühle ich. Aber ich habe geschworen, und ich schwöre es – denn Denis, der Philosoph, wird niemals ein Meisterwerk der Teppichweberei mit Füßen treten –, daß ich diesen Vorleger behalten werde wie der aus seiner Hütte in das Schloß seines Königs versetzte Bauer seine Holzpantoffeln. Wenn ich morgens, angetan mit dem prächtigen Scharlach, mein Kabinett betrete, erblicke ich, wenn ich den Blick senke, meinen alten Vorleger. Er erinnert mich an meinen früheren Zustand, und der Stolz hält an am Eingang meines Herzens. Nein, mein Freund, nein, ich bin nicht korrumpiert! Meine Tür ist jeder Not offen, die meine Hilfe sucht. Sie wird mich noch genau so umgänglich

1 Maler, 1724-1805. 2 Maler, 1716-1809, Lehrer von Louis David, dem Maler der französischen Revolution und des napoleonischen Kaiserreichs. 3 Maler und Graphiker, 1722–1807, schuf außer Gemälden Zeichnungen zur Architektur und Perspektive.

finden. Ich höre sie an, berate sie, helfe ihr und beklage sie. Meine Seele ist nicht verhärtet; meine Nase hat sich nicht gehoben. Mein guter, breiter Rücken ist rund wie früher. Es herrscht derselbe offene Ton, das gleiche herzliche Gefühl. Mein Luxus ist noch jung, und das Gift hat noch nicht gewirkt, aber wer weiß, was mit der Zeit noch geschieht? Was soll man von einem erwarten, der seine Frau und Tochter vergißt, Schulden macht; der aufgehört hat, Vater und Gatte zu sein, und statt in einem sicheren Koffer eine nützliche Summe zu häufen...

O heiliger Prophet! Erhebe deine Arme zum Himmel und bitte für einen Freund in Gefahr! Sprich zu Gott: »Wenn du in deiner ewigen Weisheit siehst, daß der Reichtum Denis' Herz verdirbt, dann verschone die Meisterwerke nicht, die er anbetet, zerstöre sie und führe ihn zurück zu seiner ursprünglichen Armut!« Ich meinerseits werde dem Himmel sagen: »O Gott, ich schicke mich dem Gebet des heiligen Propheten und deinem Willen! Ich überlasse dir alles. Nimm alles, ja alles – außer dem Vernet! Laß mir den Vernet! Es ist ja nicht der Künstler, es bist ja du, der ihn geschaffen hat. Achte das Werk der Freundschaft und deiner Hände! Sieh den Leuchtturm, sieh den zweiten Turm, der da rechts aufragt! Sieh diesen alten, vom Winde zerzausten Baum! Wie schön ist diese Masse! Und über der dunklen Masse, sieh die grünbeschatteten Felsen. So hat sie deine allmächtige Hand geschaffen, so hat sie deine gütige Hand umhüllt. Sieh die schräge Terrasse, die sich vom Fuß des Felsens zum Meere herabsenkt! Sie ist das Sinnbild der Zerstörungen, die du der Zeit erlaubst an den festesten Dingen dieser Welt. Anders hätte sie auch deine Sonne nicht beschienen. Gott, wenn du dieses Kunstwerk vernichtest, wird es heißen, du bist ein eifersüchtiger Gott. Erbarme dich der Unglücklichen, die an diesem Ufer gestrandet sind. Genügt es dir nicht, ihnen den Abgrund gezeigt zu haben? Hast du sie nur gerettet, um sie zu verderben? Erhöre ihr Dankgebet! Hilf dem, der die traurigen Reste seiner Habe zusammenrafft! Verschließe dein Ohr den Verwünschungen des Verzweifelten, er erhoffte so viel Glück! Er hatte von Ruhe und Abgeschiedenheit geträumt, er glaubte, seine letzte Reise zu tun. Hundertmal hatte er auf der Fahrt seinen Besitz an den Fingern hergezählt, hatte bereits seine Verwendung bestimmt – und siehe da, alle seine Hoffnungen sind zerstört! Es blieb ihm kaum genug, seinen nackten Leib zu bedecken. Laß dich rühren von der Liebe der beiden Gatten. Sieh das Entsetzen, das du dieser Frau einjagst, sie dankt dir für das Schlimme, was du ihr nicht getan hast. Das Kind ist zu jung, um zu begreifen, welcher Gefahr es mit seinem Vater und seiner Mutter ausgesetzt war, und spricht indessen mit dem treuen Reisebegleiter, – es schließt das Halsband des Hundes, beschirme die Unschuld! Sieh diese eben dem nassen Tod entgangene Mutter und ihren Gatten! Sie hat nicht um sich gezittert, nur um das Kind. Sieh, wie sie es an ihre Brust drückt, wie sie es küßt! O Gott! Erkenne die Wasser, die du geschaffen hast, erkenne sie, wenn dein Odem sie bewegt und wenn deine Hand sie besänftigt. Erkenne die düsteren Wolken, die du versammelt hattest und die es dir gefallen hat, wieder zu zerstreuen. Schon trennen sie sich und entschwinden. Schon beginnt der Sonne Widerschein auf dem Wasser zu glänzen. Ich ahne die Ruhe an dem rosigen Horizont. Wie weit er ist, dieser Horizont! Er berührt das Meer nicht einmal. Der Himmel reicht darüber hinweg und scheint den Erdball zu umfangen. Erhelle diesen Himmel ganz, gib dem Meer ganz seinen Frieden wieder! Laß die Matrosen ihr gestrandetes Schiff flott machen. Stehe ihnen bei in ihrer Arbeit, gib ihnen Kraft und laß mir mein Bild! Laß es mir wie die Rute, mit der du den eitlen Menschen züchtigst! Schon kommen die

Leute nicht mehr zu mir, um mich zu hören, sie wollen Vernet bei mir bewundern. Der Maler hat den Dichter bezwungen.

Ich besitze einen schönen Vernet. Sein Vorwurf ist das Ende eines Sturmes ohne schlimme Katastrophe. Die Wogen sind noch bewegt, der Himmel von Wolken bedeckt, die Matrosen mühen sich um ihr gestrandetes Schiff. Von den nahen Höhen eilen die Menschen herbei. Wieviel Geist besitzt dieser Künstler! Wenige Hauptgestalten genügen ihm, um alle Einzelheiten des Augenblicks, den er gewählt hat, darzustellen. Wie wahr ist diese Szene! Wie leicht, ungezwungen und kraftvoll das gemalt ist! Ich will dieses Zeugnis seiner Freundschaft behalten. Ich will, daß mein Schwiegersohn es seinen Kindern vermacht und seine Kinder den ihren und diese wieder ihren Kindern.

Wenn Ihr das schöne Gesamtbild sehen könntet! Diese Harmonie! Wie alles verkettet ist, wie alles zur Geltung kommt, ohne Übertreibung und ohne Künstelei. Wie duftig sind die Höhen rechts, wie schön die Felsen mit ihren Gebäuden! Wie malerisch der Baum! Die Beleuchtung dieser Terrasse! Wie das Licht da abnimmt, und wie die Gestalten verteilt sind: wahr, bewegt, natürlich, lebendig. Wie sie packen! Mit welcher Kraft sie gemalt sind! Wie rein gezeichnet, wie sie sich vom Hintergrund abheben! Diese unendliche Weite des Raumes, die Wahrheit der Wasser, diese Wolken, dieser Himmel, dieser Horizont! Hier ist der Hintergrund düster und der Vordergrund voll Licht im Gegensatz zur üblichen Art. Kommt meinen Vernet ansehen, aber nehmt ihn mir nicht!

Mit der Zeit werden die Schulden bezahlt werden. Das Gewissen wird sich beruhigen. Ich werde eine reine Freude haben. Fürchtet nicht, daß mich die Wut erfassen wird, schöne Dinge zu häufen. Die Freunde, die ich besaß, habe ich noch, und es sind nicht mehr geworden. Ich habe Lais[1], aber Lais hat mich nicht. Ich bin glücklich in ihren Armen. Ich bin bereit, sie dem zu überlassen, den ich liebe und den sie glücklicher machen kann als mich. Und, um Euch mein Geheimnis ins Ohr zu flüstern: Diese Lais, die sich den anderen so teuer verkauft, hat mich gar nichts gekostet!

1 Griechische Hetäre, hier allgemein für »Geliebte«.

ÜBER
DIE FRAUEN

ICH liebe Thomas. Ich schätze seine stolze Seele und seinen edlen Charakter! Er ist ein Mann mit viel Geist, durch und durch anständig, also kein gewöhnlicher Mensch. Nach seiner »Abhandlung über die Frauen« zu urteilen, hat er jedoch nicht genug Leidenschaft erlebt, jene Leidenschaft, die ich mehr um der Leiden willen preise, deren sie uns getröstet, als wegen der Freuden, die sie uns schenkt. Er hat viel gedacht, aber nicht genug gefühlt. Sein Kopf hat sich gequält, aber sein Herz ist ruhig geblieben. Ich hätte mit weniger Unparteilichkeit und Weisheit geschrieben; aber ich hätte mich mit mehr Interesse und Wärme mit dem einzigen Wesen der Natur beschäftigt, das uns Gefühl für Gefühl eintauscht und das glücklich ist in dem Glück, das es uns schenkt. Fünf oder sechs schwungvolle Seiten in seinem Aufsatz hätten den strengen Zusamenhang seiner subtilen Beobachtungen aufgelockert und ein reizvolles Werk daraus gemacht. Aber er wollte, daß sein Buch keinem Geschlecht angehöre. Und das ist ihm unglücklicherweise nur allzu gut gelungen. Es ist ein Hermaphrodit, dem der männliche Nerv ebenso fehlt wie die weibliche Weichheit. Dennoch wären wenige unserer Tagesschriftsteller zu einer solchen Arbeit fähig gewesen, in der sich Wissenschaftlichkeit, Vernunft, Feinheit, Stil und Harmonie zusammenfinden. Aber es ist nicht genügend Abwechslung, es fehlt jene Beweglichkeit, die sich der unendlichen Vielfalt eines in seiner Kraft und Schwäche außerordentlichen Wesens anpaßt, das beim Anblick einer Maus oder einer Spinne in Ohnmacht fällt und dabei manchmal den fürchterlichsten Schrecken des Lebens standhält. Die Frauen setzen uns vor allem in Erstaunen in der Liebesleidenschaft, in Anfällen von Eifersucht, im Überschwang der Mutterliebe, in den Augenblicken des Aberglaubens, der Art, wie sie auf Massenpsychosen reagieren: sie können schön sein wie die Engel Klopstocks oder fürchterlich wie Miltons Teufel[1]. Ich habe Liebe, Leidenschaft, Eifersucht, Aberglauben, Zorn in Frauen so ins Maßlose gesteigert gesehen, wie es bei Männern nie möglich wäre. Der Gegensatz heftiger Erregung zu der Zartheit ihrer Züge macht sie häßlich. Sie werden geradezu entstellt dadurch. Die Zerstreuungen unseres beschäftigten und kampferfüllten Lebens zerbrechen unsere Leidenschaften. Die Frau hütet die ihren. Es ist ein fester Punkt, auf dem ihre Muße, die Nichtigkeit ihrer Aufgaben ihren Blick unwandelbar festhält. Der Punkt dehnt sich ins Maßlose, und zum Wahnsinn fehlt der leidenschaftlichen Frau nur die absolute Einsamkeit, die sie sucht. Die Unterwerfung unter einen Herrn, der ihr mißfällt, ist ihr eine Qual. Ich habe eine anständige Frau vor Entsetzen zittern sehen, sobald ihr Mann in ihre Nähe kam; ich habe sie sich ins Bad stürzen sehen und gesehen, wie sie sich immer noch nicht genügend reingewaschen glaubte von der Beschmutzung durch ihre Gattenpflicht. Diese Art Widerwille ist uns fast unbekannt. Wir sind

1 Die germanischen Literaturen beginnen in Frankreich zu Diderots Zeit bei den Gebildeten bekannt zu werden. Mindestens gehört es bereits zum guten Ton, von Klopstocks »Messias« und Miltons »Verlorenem Paradies« gehört zu haben.

da weniger empfindlich. Manche Frau stirbt, ohne das Höchstmaß der Wollust empfunden zu haben. Dieses Gefühl, das ich als eine vorübergehende Raserei ansehen möchte, ist bei ihnen selten, während es uns nie enttäuscht, wenn wir es rufen. Sie, die Frauen, flieht das höchste Glück in den Armen des Mannes, den sie anbeten. Wir finden es an der Seite einer willigen Frau, die uns mißfällt. Sie sind weniger Herr ihrer Sinne als wir. So ist auch die Befriedigung weniger unmittelbar und sicher für sie. Hundertmal wird ihre Erwartung enttäuscht. Ihr Organismus ist so völlig verschieden von dem unseren, der Trieb zur Wollust in ihnen so zart, seine Quelle liegt so tief und fern, daß es nicht verwunderlich ist, wenn die Lust gar nicht kommt oder sich auf dem Wege verirrt. Wenn eine Frau Schlechtes sagt über die Liebe und ein Literat die öffentliche Meinung verachtet, so kann man immer sagen, daß die Reize der einen schwinden und das Talent des anderen nachläßt. Niemals hat sich ein Mann auf den heiligen Dreifuß von Delphi gesetzt, die Rolle der Pythia steht nur einer Frau an, nur ein Frauenhirn kann so weit außer sich geraten, daß es ernsthaft die Annäherung eines Gottes fühlt, sich erregt, die Haare rauft, schäumt und schreit: »Ich fühle ihn, ich fühle, da ist er, der Gott«, und seine Worte wahrhaft nachformt. Ein in seinen Gedanken ebenso wie in seinen Worten glühender Einsiedler[1] sagte zu den Ketzerführern seiner Zeit: »Wendet euch an die Frauen, ihnen offenbart sich Gott direkt; denn sie sind unwissend. Sie verbreiten die Lehre schnell; denn sie sind leicht; sie halten am längsten stand; denn sie sind hartnäckig.« Sie sind undurchdringlich, wenn sie sich verstellen, grausam in der Rache, unerschütterlich in ihren Plänen, skrupellos in ihren Mitteln, voll tiefen, geheimen Hasses gegen die Herrschaft des Mannes. Es scheint unter ihnen eine

1 Hieronymus.

selbstverständliche Verschwörung um die Macht zu bestehen, eine Art Geheimbund, wie er noch die Priester aller Völker verbindet. Sie kennen die Statuten, ohne sie sich gegenseitig gesagt zu haben. In ihrer angeborenen Neugier wollen sie alles wissen, entweder um es zu gebrauchen oder um es zu mißbrauchen. In Zeiten der Revolution geben sie sich aus Neugier den Parteiführern hin. Wer sie errät, ist ihr unerbittlicher Feind. Liebt ihr sie, so werden sie euch ins Verderben stürzen, sich selbst mit hineinreißen. Durchkreuzt ihre ehrgeizigen Pläne, und in ihrem Herzen wird das vorgehen, was der Richter Roxane in den Mund legt[1]:

Trotz aller meiner Liebe, so er nicht
Sich heut als Gatte liebend mir verbindet,
So er verhaßt' Gesetz mir auferlegt,
Die alles für ihn tat – tut er nicht alles
Für mich, verlass' ich ihn, so sehr ich liebe,
Den Ungetreuen, unbekümmert, ob
Ich untergehe, und stoß' ihn zurück
Ins grause Elend, aus dem ich ihn zog.

Alle sollen hören, was ein anderer, weniger eleganter Dichter zu einer von ihnen sagt:

Oh, stete Beute eurer Leidenschaft,
Verstandet eure Macht ihr zu erhalten,
Ihr liebet niemals; euer freches Herz
Sucht Herrschaft über den, der liebt, nicht Liebe.
Daß man euch herrschen läßt, scheint alles recht;
Doch ihr verachtet selbst den höchsten Freund,
Bringt er zum Opfer eurer Augen Macht
Nicht Ehre, Pflicht, Gerechtigkeit und Gott[2].

Sie täuschen die Trunkenheit der Leidenschaft vor, wenn ihnen sehr viel daran liegt, euch zu betrügen. Sie werden sie sogar empfinden, ohne sich zu vergessen. Der Augenblick, in

1 Racine in der Tragödie »Bajazet«, 1, 3 (1672). 2 Crébillon, Catilina, II, 1. Später gestrichen.

dem sie ganz ihrem Plane leben, ist manchmal eben der der Hingabe. Sie betrügen sich selbst mehr als wir in dem, was ihnen gefällt. Stolz ist mehr ihr Fehler als unserer. Eine junge Samojedin tanzte nackt mit einem Dolch in der Hand. Sie schien sich zu erstechen, aber sie wich ihren eigenen Stichen so geschickt aus, daß sie ihre Landsleute überzeugt hatte, ein Gott mache sie unverwundbar. Damit war ihre Person geheiligt. Diesem religiösen Tanz wohnten einige europäische Reisende bei; obgleich sie überzeugt waren, daß das Weib nur eine sehr geschickte Gauklerin war, täuschte es doch ihre Augen durch die Geschwindigkeit seiner Bewegungen. Am nächsten Tag baten sie es, nochmals zu tanzen. Es erklärte: »Nein, ich tanze nicht, der Gott will es nicht, ich würde mich verwunden.« Man ließ nicht nach mit Bitten, die Eingeborenen schlossen sich dem Wunsch der Europäer an. Die Frau tanzte, sie wurde entlarvt. Sie bemerkte es und lag augenblicklich am Boden, den Dolch tief im Leib. »Ich ahnte es«, sagte sie zu denen, die ihr zu Hilfe eilten, »der Gott hat es nicht gewollt. Ich mußte mich verletzen.« Was mich überrascht, ist nicht, daß sie den Tod der Schande vorgezogen hat, sondern daß sie sich hat heilen lassen. Aber haben wir nicht heute eine jener Frauen gesehen, die die martervolle Kindheit der Kirche darstellte; Hände und Füße ans Kreuz genagelt, die Seite von einer Lanze durchbohrt, hielt sie inmitten qualvoller Schmerzen ihre Rolle durch, während kalter Schweiß von ihren Gliedern rann und die Augen vom Schleier des Todes bereits getrübt wurden, da wendete sie sich noch an den Anführer der fanatischen Herde und sagte ihm, nicht etwa mit leidender Stimme: »Vater, ich will schlafen«, sondern mit kindlicher Stimme: »Papa, heia machen.« Auf einen Mann kommen hundert Frauen, die zu einer derartigen Kraft und Geistesgegenwart fähig sind. Die gleiche Frau oder eine ihrer Freundinnen sagte zu dem jungen Dudoyer und blickte ihn zärtlich an, während er ihr mit einer Zange die beiden Nägel herauszog, die ihre Füße durchbohrten: »Der Gott, von dem wir diese Wundergabe erhalten haben, hat uns nicht immer auch die Heiligkeit geschenkt.« Madame de Staal wird in die Bastille gebracht mit ihrer Herrin, der Herzogin du Maine. Sie stellt fest, daß Madame du Maine alles gestanden hat. Augenblicklich fängt sie an zu weinen, wälzt sich am Boden, schreit: »Meine arme Herrin ist wahnsinnig geworden!« Erwarten Sie nichts derartiges von einem Manne. Die Frau besitzt einen Sinn, der bis zu den fürchterlichsten Krämpfen reizbar ist, sie beherrscht und in ihrer Phantasie Phantome jeder Art erweckt. Im hysterischen Delirium kehrt sie in die Vergangenheit zurück, schwingt sich in die Zukunft, alle Zeiten sind ihr Gegenwart. All diese ausgefallenen Ideen entspringen ihrem Geschlecht. Ist die Frau in ihrer Jugend hysterisch, so wird sie im Alter fromm. Eine Frau, die sich bis ins Alter eine gewisse Energie erhalten hat, war in der Jugend bestimmt hysterisch. Ihr Kopf spricht noch die Sprache ihrer Sinne, wenn sie schon stumm geworden sind.

Es gibt nichts Verwandteres als Ekstase, Vision, Prophetentum, Offenbarung, trunkene Poesie und Hysterie. Wenn die Karschin aus Preußen ihr Auge zum blitzeflammenden Himmel erhebt, sieht sie Gott in der Wolke. Sie sieht, wie er aus einem Zipfel seines schwarzen Gewandes Blitze auf das Haupt des Bösen schleudert. Sie sieht das Haupt des Bösen. Die Nonne in ihrer Zelle fühlt sich in die Luft gehoben, ihre Seele sinkt an den Busen der Gottheit. Ihr Wesen vereint sich mit dem göttlichen Wesen, ihr schwinden die Sinne, sie stirbt dahin, ihre Brust hebt und senkt sich mit rasender Geschwindigkeit, ihre um sie versammelten Gefährtinnen zerschneiden die Bänder ihrer Kleidung, die sie beengen. Die Nacht kommt. Sie hört himmlische Chöre. Ihre eigene Stimme delt uns wie Dienstboten, und wenn uns das leiseste Murren entschlüpft, schwingt sie den Stock... Ach, Vater, wie sollen wir diesen Zustand ertragen? Was kann eine Indianerin Besseres tun, als ihr Kind einer Sklaverei entrücken, die tausendmal schlimmer ist als der Tod. Ich wiederhole es, Vater, ich wünschte, es hätte Gott gefallen, daß mich meine Mutter lieb genug gehabt hätte, um mich zu begraben, als ich geboren wurde! Mein Herz brauchte nicht so zu leiden und meine Augen nicht zu weinen!«

Frauen, ich beklage euch! Es gab nur eine Entschädigung für eure Leiden! Wäre ich Gesetzgeber gewesen, ihr hättet sie vielleicht erhalten. Von aller Sklaverei befreit wäret ihr heilig und unantastbar gewesen, wo immer ihr erschienen wäret. Wenn man über Frauen schreibt, muß man seine Feder in den Regenbogen tauchen und den Staub von Schmetterlingsflügeln auf das Papier streuen: wie bei dem kleinen Pilgerhund muß jedesmal, wenn man die Pfote schüttelt, ein Perlensegen herabfallen. Und da fällt keiner aus der von Herrn Thomas. Es genügt nicht, von Frauen zu sprechen und gut von ihnen zu sprechen, Herr Thomas: machen Sie, daß ich sie sehe! Stellen Sie sie mir vor Augen, wie ebenso viele Thermometer der geringsten Wandlungen in Sitten und Gebräuchen, setzen Sie mit aller Ihnen zu Gebote stehenden Gerechtigkeit und Unparteilichkeit die Vorrechte des Mannes und der Frau fest; aber vergessen Sie nicht, daß seine Unfähigkeit zu Überlegung und Grundsätzen nichts bis in eine bestimmte Tiefe des weiblichen Verstandes dringen läßt. Die Ideen von Gerechtigkeit, Tugend, Laster, Güte, Bosheit schwimmen an der Oberfläche ihrer Seele. Eigenliebe und Egoismus dagegen haben sie in ihrer ganzen natürlichen Kraft erhalten. Sie sind zwar äußerlich zivilisierter als wir; aber innerlich sind sie wahre Wilde geblieben, mindestens ganze Machiavellisten. Das Symbol der Frauen im allgemeinen ist das der Apokalypse, über der geschrieben steht: Mysterium. Wo wir eine eherne Mauer sehen, ist für sie oft nur ein Spinnennetz. Man hat sich die Frage vorgelegt, ob Frauen für die Freundschaft geschaffen sind. Es gibt Frauen, die Männer sind, und Männer, die Frauen sind. Ich gestehe, ich würde mir niemals einen weibischen Mann zum Freunde nehmen. Wenn wir mehr Verstand haben als die Frauen, so haben sie bestimmt mehr Instinkt als wir. Das einzige, was man ihnen beigebracht hat, ist, das Feigenblatt zu tragen, das sie von ihrer Urmutter mitbekommen haben. Alles, was man ihnen gesagt und wiederholt hat in achtzehn bis neunzehn Jahren, läßt sich zusammenfassen in die Worte: »Mein Kind, paß auf dein Feigenblatt auf! Dein Feigenblatt steht dir – dein Feigenblatt steht dir nicht.« Bei einem galanten Volk hat eine Liebeserklärung am allerwenigsten mit Gefühl zu tun. Mann und Frau sehen darin nur einen Austausch von Genüssen. Dennoch, was bedeutet dieses so leicht ausgesprochene, so leichtsinnig verstandene Wort »Ich liebe dich« – es bedeutet in Wirklichkeit: »Wenn du mir deine Unschuld und deine Sitten opfern, die Selbstachtung und die Achtung der andern verlieren, mit gesenktem Blick durch die Gesellschaft gehen willst, mindestens so lange, bis du durch die Gewöhnung an das leichtfertige Leben abgebrüht bist, jedem anständigen Stande entsagen, deine Eltern vor Kummer sterben lassen und mir einen Augenblick Vergnügen verschaffen willst, dann bin ich dir sehr verbunden.« Mütter, lest diese Zeilen euren Töchtern vor. Es ist ein gekürzter Kommentar aller Schmeichelreden, die man ihnen halten wird, und ihr könnt sie nicht früh genug warnen. Man hat der Galanterie so viel Bedeutung beigelegt, daß dem Mädchen, das diesen Schritt getan hat, keinerlei Tugend zu bleiben scheint. Es ist wie bei der Frömmlerin und dem schlechten Priester, bei denen die Ungläubigkeit fast das Siegel ihrer Verderbtheit ist. Nachdem sie das große Verbrede la Régence der Ort in Paris, wo man das Spiel am besten spielt. Da, bei Rey, versuchen sich gegeneinander der profunde Légal, der subtile Philidor, der gründliche Mayot. Da sieht man die bedeutendsten Züge, da hört man die gemeinsten Reden. Denn kann man schon ein geistreicher Mann und ein großer Schachspieler zugleich sein, wie Légal, so kann man auch ein großer Schachspieler und albern zugleich sein, wie Foubert und Mayot.

Eines Nachmittags war ich dort, beobachtete viel, sprach wenig und hörte so wenig als möglich, als eine der wunderlichsten Personnagen zu mir trat, die nur jemals dieses Land hervorbrachte, wo es doch Gott an dergleichen nicht fehlen ließ. Es ist eine Zusammensetzung von Hochsinn und Niederträchtigkeit, von Menschenverstand und Unsinn; die Begriffe von Ehrbaren und Unehrbaren müssen ganz wunderbar in seinem Kopf durcheinander gehn: denn er zeigt, was ihm die Natur an guten Eigenschaften gegeben hat, ohne Prahlerei, und was sie ihm an schlechten gab, ohne Scham. Übrigens ist er von einem festen Körperbau, einer außerordentlichen Einbildungskraft und einer ungewöhnlichen Lungenstärke. Wenn ihr ihm jemals begegnet, und seine Originalität hält euch nicht fest, so verstopft ihr eure Ohren gewiß mit den Fingern, oder ihr entflieht. Gott, was für schreckliche Lungen!

Und nichts gleicht ihm weniger, als er selbst. Manchmal ist er mager und zusammengefallen, wie ein Kranker auf der letzten Stufe der Schwindsucht; man würde seine Zähne durch seine Backen zählen; man sollte glauben, er habe mehrere Tage nichts gegessen, oder er käme aus la Trappe. Den nächsten Monat ist er feist und völlig, als hätte er die Tafel eines Finanziers nicht verlassen, oder als hätte man ihn bei den Bernhardinern in die Kost gegeben. Heute, mit schmutziger Wäsche, mit zerrissenen Hosen, in Lumpen gekleidet und fast ohne Schuhe, geht er mit gebeugtem Haupte, entzieht sich den Begegnenden, man möchte ihn anrufen, ihm Almosen zu geben. Morgen, gepudert, chaussiert, frisiert, wohlangezogen, trägt er den Kopf hoch, er zeigt sich, und ihr würdet ihn beinah für einen ordentlichen Menschen halten.

So lebt er von Tag zu Tag, traurig oder heiter, nach den Umständen. Seine erste Sorge des Morgens, wenn er aufsteht, ist, sich zu bekümmern, wo er zu Mittag speisen wird. Nach Tische denkt er auf eine Gelegenheit zum Nachtessen, und auch die Nacht bringt ihm neue Sorgen. Bald erreicht er zu Fuß ein kleines Dachstübchen, seine Wohnung, wenn nicht die Wirtin, ungeduldig, den Mietzins länger zu entbehren, ihm den Schlüssel schon abgefordert hat. Bald wirft er sich in eine Schenke der Vorstadt, wo er den Tag zwischen einem Stück Brot und Kruge Bier erwartet. Hat er denn auch die sechs Sous zum Schlafgeld nicht in der Tasche, das ihm wohl manchmal begegnet, so wendet er sich an einen Mietkutscher, seinen Freund, oder an den Kutscher eines großen Herrn, der ihm ein Lager auf Stroh neben seinen Pferden vergönnt. Morgens hat er dann noch einen Teil seiner Matratze in den Haaren. Ist die Jahreszeit gelind, so spaziert er die ganze Nacht auf dem Cours oder den Elysäischen Feldern hin und wider. Mit dem Tage erscheint er sogleich in der Stadt, gekleidet von gestern für heute, und von heute manchmal für den Überrest der Woche.

Dergleichen Originale kann ich nicht schätzen; andre machen sie zu ihren nächsten Bekannten, sogar zu Freunden. Des Jahrs können sie mich einmal festhalten, wenn ich ihnen begegne, weil ihr Charakter von den gewöhnlichen absticht und sie die lästige Einförmigkeit unterbrechen, die wir durch unsre Erziehung, unsre gesellschaftlichen Konventionen, unsre hergebrachten Anständigkeiten eingeführt haben.

Kommt ein solcher in eine Gesellschaft, so ist er ein Krümchen Sauerteig, das das Ganze hebt und jedem einen Teil seiner natürlichen Individualität zurückgibt. Er schüttelt, er bewegt, bringt Lob oder Tadel zur Sprache, treibt die Wahrheit hervor, macht rechtliche Leute kenntlich, entlarvt die Schelme, und da horcht ein Vernünftiger zu und sondert seine Leute.

Diesen kannte ich seit langer Zeit; er kam öfters in ein Haus, wo ihm sein Talent den Eingang verschafft hatte. Die Leute hatten eine einzige Tochter. Er schwur dem Vater und der Mutter, daß er ihre Tochter heiraten würde. Diese zuckten die Achseln, lachten ihm ins Gesicht und versicherten ihm, er sei närrisch. Doch sah ich den Augenblick kommen, wo die Sache gemacht war. Er verlangte von mir einige Taler, die ich ihm gab. Er hatte sich, ich weiß nicht wie, in einigen Häusern eingeschlichen, wo sein Kuvert bereitstand, aber man hatte ihm die Bedingung gemacht, er solle niemals ohne Erlaubnis reden. Da schwieg er nun und aß vor Bosheit: es war lustig, ihn in diesem Zwang zu sehen. Sobald er es wagte, den Traktat zu brechen und den Mund aufzutun, sogleich beim ersten Wort riefen alle Gäste: O Rameau! Dann funkelte die Wut in seinen Augen, und er fiel mit neuer Gewalt über das Essen her.

Ihr wart neugierig, den Namen des Mannes zu wissen, da habt ihr ihn. Es ist der Vetter[1] des berühmten Tonkünstlers, der uns von Lullis Kirchengesang gerettet hat, den wir seit hundert Jahren psalmodieren. Ein Vetter des Mannes, der so viel unverständliche Visionen und apokalyptische Wahrheiten über die Theorie der Musik schrieb, wovon weder er noch sonst irgendein Mensch jemals etwas verstanden hat; in

1 ›Vetter‹ in älterem Sprachgebrauch unbestimmter, von Goethe hier noch öfter für ›Neffe‹ gebraucht.

dessen Opern man Harmonie findet, einzelne Brocken guten Gesangs, unzusammenhängende Ideen, Lärm, Aufflüge, Triumphe, Lanzen[1], Glorien, Murmeln und Viktorien[2], daß den Sängern der Atem ausgehen möchte; des Mannes, der, nachdem er den Florentiner begraben hat[3], durch italienische Virtuosen wird begraben werden, wie er vorausfühlte, und deshalb mißmutig, traurig und ärgerlich ward. Denn niemand hat bösere Laune, nicht einmal eine hübsche Frau, die morgens eine Blatter auf der Nase gewahr wird, als ein Autor, der sich bedroht sieht, seinen Ruf zu überleben, wie Marivaux und Crébillon der Sohn beweisen.

Er tritt zu mir: Ach, mein Herr Philosoph, treff' ich Euch auch einmal! Was macht Ihr denn hier unter den Taugenichtsen? Verliert Ihr auch Eure Zeit mit Holzschieben? (So nennt man aus Verachtung das Schach- oder Damenspiel.)

Ich: Nein, aber wenn ich nichts Besseres zu tun habe, so ist's eine augenblickliche Unterhaltung, denen zuzusehen, die gut schieben.

Er: Also eine seltene Unterhaltung. Nehmt Légal und Philidor aus; die übrigen verstehn nichts.

Ich: Und Herr von Bissy, was sagt Ihr zu dem?

Er: Der ist als Schachspieler, was Demoiselle Clairon als Schauspielerin ist; beide wissen von diesen Spielen alles, was man davon lernen kann.

Ich: Ihr seid schwer zu befriedigen. Ich merke, nur den vorzüglichsten Menschen laßt Ihr Gnade widerfahren.

Er: Ja, im Schach- und Damenspiel, in der Poesie, Redekunst, Musik und andern solchen Possen. Wozu soll die Mittelmäßigkeit in diesen Fällen?

Ich: Beinahe geb' ich Euch recht. Aber doch müssen sich

1 Raketen. 2 Apotheosen. 3 Gemeint ist der Meister der französischen Barock-Oper, Lulli, der in Florenz geboren war.

viele auch auf diese Künste legen, damit der Mann von Genie hervortrete. Er ist dann der Eine in der Menge. Aber lassen wir das gut sein. Seit einer Ewigkeit habe ich Euch nicht gesehen. Ich denke niemals an Euch, wenn ich Euch nicht sehe. Aber es freut mich jedesmal, wenn ich Euch wiederfinde. Was habt Ihr gemacht?

Er: Das, was Ihr, ich und alle die andern machen, Gutes, Böses und nichts. Dann hab' ich Hunger gehabt und gegessen, wenn sich dazu Gelegenheit fand. Ferner hatt' ich Durst, und manchmal hab' ich getrunken; indessen ist mir der Bart gewachsen, und da hab' ich mich rasieren lassen.

Ich: Daran habt Ihr übel getan: denn der Bart nur fehlt Euch zum Weisen.

Er: Freilich! meine Stirn ist groß und runzlig, mein Auge blitzt, die Nase springt vor, meine Wangen sind breit, meine Augenbrauen schwarz und dicht, der Mund wohl gespalten, die Lippen umgeschlagen und das Gesicht viereckt. Wißt Ihr wohl, dieses ungeheure Kinn, wäre es von einem langen Barte bedeckt, es würde sich in Erz oder Marmor recht gut ausnehmen.

Ich: Neben Cäsar, Marc Aurel, Sokrates.

Er: Nein, ich stünde lieber zwischen Diogenes und Phryne. Unverschämt bin ich wie der eine, und die andern besuch' ich gern.

Ich: Ihr befindet Euch immer wohl?

Er: Ja, gewöhnlich; aber heute nicht besonders.

Ich: Und wie, mit Eurem Silenenbauch, mit einem Gesicht –

Er: Einem Gesicht, das man für die Rückseite nehmen könnte. Wißt Ihr, daß böse Laune, die meinen Onkel ausdorrt, wahrscheinlich seinen Neffen fett macht?

Ich: A propos! den Onkel; seht Ihr ihn manchmal?

Er: Ja, manchmal auf der Straße vorbeigehn.

Ich: Tut er Euch denn nichts Gutes?

Er: Tut er jemandem Gutes, so weiß er gewiß nichts davon. Er ist ein Philosoph in seiner Art; er denkt nur an sich, und die übrige Welt ist ihm wie ein Blasebalgsnagel[1]. Seine Tochter und Frau können sterben, wann sie wollen, nur daß ja die Glocken im Kirchsprengel, mit denen man ihnen zu Grabe läutet, hübsch die Duodezime und Septdezime nachklingen, so ist alles recht. Er ist ein glücklicher Mann! Und besonders weiß ich an Leuten von Genie zu schätzen, daß sie nur zu einer Sache gut sind, darüber hinaus zu nichts. Sie wissen nicht, was es heißt, Bürger, Väter, Mütter, Vettern und Freunde zu sein. Unter uns, man sollte ihnen durchaus gleichen, aber nur nicht wünschen, daß der Same zu gemein würde. Menschen muß es geben, Menschen von Genie nicht. Nein, wahrhaftig nicht! Sie sind's, die unsre Welt umgestalten, und nun ist im einzelnen die Torheit so allgemein und mächtig, daß man sie nicht ohne Händel verdrängt. Da macht sich's nun zum Teil, wie sich's die Herren eingebildet haben, zum Teil bleibt's, wie es war. Daher kommen die zwei Evangelien, des Harlekins Rock!... Nein! die Weisheit des Mönchs im Rabelais, das ist die wahre Weisheit für unsre Ruhe und für die Ruhe der andern: seine Schuldigkeit tun, so gut es gehn will, vom Herrn Prior immer Gutes reden und die Welt gehn lassen, wie sie Lust hat. Sie geht ja gut, denn die Menge ist damit zufrieden. Wüßt' ich Geschichte, so wollt' ich Euch zeigen, das Übel hier unten ist immer von genialischen Menschen hergekommen; aber ich weiß keine Geschichte, weil ich nichts weiß. Der Teufel hole mich, wenn ich jemals was gelernt habe, und ich befinde mich nicht schlechter deshalb. Ich war eines Tages an der Tafel eines königlichen Ministers, der

1 d. h. einer der vielen kleinen Nägel, womit die Blasebälge befestigt sind – ein Nichts.

Verstand für ein Dutzend hat. Er zeigte uns klar, so klar wie zweimal zwei vier ist, daß nichts den Völkern nützlicher sei als die Lüge, nichts aber schädlicher als die Wahrheit. Ich besinne mich nicht mehr auf seine Beweise, aber es folgte sonnenklar daraus, daß die Leute von Genie ganz abscheulich sind und daß man ein Kind, wenn es bei seiner Geburt ein Charakterzeichen dieses gefährlichen Naturgeschenks an der Stirn trüge, sogleich ersticken oder ins Wasser werfen sollte.

Ich: Und doch! Diese Personen, die vom Genie so übel sprechen, behaupten alle, Genie zu haben.

Er: Im stillen schreibt sich's wohl ein jeder zu; aber ich glaube doch nicht, daß sie sich unterstünden, es zu bekennen.

Ich: Das geschieht aus Bescheidenheit. Und also habt Ihr einen schrecklichen Haß gegen das Genie gefaßt?

Er: Für mein ganzes Leben.

Ich: Aber ich erinnre mich wohl der Zeit, da Ihr in Verzweiflung wart, nur ein gemeiner Mensch zu sein. Ihr könnt nie glücklich werden, wenn Euch das eine wie das andre quält. Man sollte seine Partei ergreifen und daran festhalten. Wenn ich Euch auch zugebe, daß die genialischen Menschen gewöhnlich ein wenig sonderbar sind oder, wie das Sprichwort sagt, kein großer Geist sich findet ohne einen Gran von Narrheit, so läßt man die Genies doch nicht fahren. Man wird die Jahrhunderte verachten, die keine hervorgebracht haben. Sie werden die Ehre des Volks sein, bei dem sie lebten. Früh oder spät errichtet man ihnen Statuen und betrachtet sie als Wohltäter des Menschengeschlechts. Verzeihe mir der vortreffliche Minister, den Ihr anführt, aber ich glaube, wenn die Lüge einen Augenblick nützen kann, so schadet sie notwendig auf die Länge. Im Gegenteil nutzt die Wahrheit notwendig auf die Länge, wenn sie auch im Augenblick schadet. Daher käm' ich in Versuchung, den Schluß zu machen, daß der Mann von Genie, der einen allgemeinen Irrtum verschreit oder einer großen Wahrheit Eingang verschafft, immer ein Wesen ist, das unsre Verehrung verdient. Es kann geschehen, daß dieses Wesen ein Opfer des Vorurteils und der Gesetze wird; aber es gibt zwei Arten Gesetze: die einen sind unbedingt billig und allgemein, die andern wunderlich, nur durch Verblendung oder durch Notwendigkeit der Umstände bestätigt. Diese bedecken den, der sie übertritt, nur mit einer vorübergehenden Schande, einer Schande, die von der Zeit auf die Richter und Nationen zurückgeworfen wird, um ewig an ihnen zu haften. Sokrates oder das Gericht, das ihm den Schierling reichte, wer von beiden ist nun der Entehrte?

Er: Das hilft ihm auch was Rechts! Ist er deswegen weniger verdammt worden? Ist sein Todesurteil weniger vollzogen? War er nicht immer ein unruhiger Bürger, und indem er ein schlechtes Gesetz verachtete, hat er nicht die Narren zur Verachtung der guten angeregt? War er nicht ein kühner und wunderlicher Mann, und seid Ihr nicht ganz nah an einem Geständnis, das den Männern von Genie wenig günstig ist?

Ich: Hört mich, lieber Mann, eine Gesellschaft sollte keine schlechten Gesetze haben. Hätte sie nur gute, sie käme niemals in Gefahr, einen Mann von Genie zu verfolgen. Ich habe nicht zugegeben, daß das Genie unauflöslich mit der Bosheit verbunden sei, noch die Bosheit mit dem Genie. Ein Tor ist öfter ein Bösewicht als ein Mann von Geist. Wäre nun auch ein Mann von Genie gewöhnlich in der Unterhaltung hart, rauh, schwer zu behandeln, unerträglich, wäre er auch ein Bösewicht, was wolltet Ihr daraus folgern?

Er: Daß man ihn ersäufen sollte.

Ich: Sachte, lieber Freund! So sagt mir doch! Nun ich will nicht Euern Onkel zum Beispiel nehmen: das ist ein harter und roher Mann, ohne Menschlichkeit, geizig, ein schlechter Vater, schlechter Gatte, schlechter Onkel; und dabei ist es noch nicht einmal ganz entschieden, daß er ein Mann von

lich. Niemals habe ich die Ouvertüre der ›Galanten Indien‹ spielen hören, niemals singen hören: ›Profonds abîmes du Ténare, Nuit, éternelle nuit[1]‹, ohne mir mit Schmerzen zu sagen, dergleichen wirst du nun niemals machen. Und so war ich denn eifersüchtig auf meinen Onkel, und fänden sich bei seinem Tod einige gute Klavierstücke in seinem Portefeuille, so würde ich mich nicht bedenken, ich zu bleiben und er zu sein.

Ich: Ist's weiter nichts als das, was Euch verdrießt, das ist doch nicht sehr der Mühe wert.

Er: Nichts, nichts! das sind Augenblicke, die vorübergehen. (Dann sang er die Ouvertüre der ›Galanten Indien‹, die Arie ›Profonds abîmes‹, und fuhr fort:)

Da seht! Das Etwas, das hier an mich spricht, sagt mir: Rameau, du möchtest gern die beiden Stücke gemacht haben; hättest du die beiden Stücke gemacht, du machtest mehr dergleichen. Hättest du eine gewisse Anzahl gemacht, so spielte man dich, so sänge man dich überall. Du könntest mit aufgehobenem Kopfe gehen, dein Gewissen würde von deinem eigenen Verdienste zeugen. Die andern wiesen mit Fingern auf dich. Das ist der, sagte man, der die artigen Gavotten gemacht hat. (Nun sang er die Gavotten. Dann, mit der Miene eines gerührten Mannes, der in Freude schwimmt, dem die Augen feucht werden, rieb er sich die Hände und sprach:) Du hättest ein gutes Haus (er streckte die Arme aus, um die Größe zu bezeichnen), ein gutes Bett (er sank nachlässig darauf hin), gute Weine (er schien sie zu kosten, indem er mit der Zunge am Gaumen klatschte), Kutsch' und Pferde (er hob den Fuß auf, hineinzusteigen), hübsche Weiber (er umfaßte sie schon und blickte sie wollüstig an). Hundert

1 Arie aus des Onkels Rameau Ballettoper ›Galantes Indien‹: »Tiefe Gründe des Tenares, Nacht, ewige Nacht.«

Lumpenhunde kämen täglich, dich zu beräuchern. (Er glaubte sie um sich zu sehen. Er sah Palissot, Poinsinet, die Frérons, Vater und Sohn, La Porte; er hörte sie an, brüstete sich, billigte, lächelte, verschmähte, verachtete sie, jagte sie fort und rief sie zurück. Dann sprach er weiter:) So sagte man dir morgens, daß du ein großer Mann bist, so läsest du in der ›Geschichte der drei Jahrhunderte‹, daß du ein großer Mann bist: du wärst abends überzeugt, daß du ein großer Mann bist, und der große Mann Rameau, der Vetter, schliefe bei dem sanften Geräusch des Lobes ein, das um sein Ohr säuselte. Selbst schlafend würde er eine zufriedene Miene zeigen, seine Brust erweiterte sich, er holte mit Bequemlichkeit Atem, er schnarchte wie ein großer Mann. (Und als er das sagte, ließ er sich weichlich auf einen Sitz nieder, schloß die Augen und ahmte den glücklichen Schlaf nach, den er sich vorgebildet hatte. Nach einigen Augenblicken eines solchen süßen Ruhegenusses wachte er auf, streckte die Arme, gähnte, rieb sich die Augen und suchte seine abgeschmackten Schmeichler noch um sich her.)

Ich: So glaubt Ihr, daß der Glückliche ruhig schläft?

Er: Ob ich's glaube? Ich armer Teufel, wenn ich abends mein Dachstübchen erreicht habe, wenn ich auf mein Lager gekrochen, unter meiner Decke kümmerlich zusammengeschroben bin, dann ist meine Brust enge, das Atemholen schwach; es ist eine Art von leiser Klage, die man kaum vernimmt, anstatt daß ein Finanzier sein Schlafgemach erschüttert und die ganze Straße in Erstaunen setzt. Aber was mich heute betrübt, ist nicht, daß ich nur kümmerlich schlafe und schnarche.

Ich: Traurig ist's immer.

Er: Was mir begegnet, ist noch viel trauriger.

Ich: Und was?

Ich: Ihr habt an mir immer einigen Anteil genommen, weil

ich ein armer Teufel bin, den Ihr im Grunde verachtet, aber der Euch unterhält.

Ich: Das ist wahr.

Er: So laßt Euch sagen! (Ehe er anfängt, seufzt er tief, bringt seine beiden Hände vor die Stirne, dann beruhigt er seine Gesichtszüge und sagt:) Ihr wißt, ich bin unwissend, töricht, närrisch, unverschämt, gaunerisch, gefräßig.

Ich: Welche Lobrede!

Er: Sie ist durchaus wahr. Kein Wort ist abzudingen, keinen Widerspruch deshalb, ich bitt' Euch. Niemand kennt mich besser als ich selbst, und ich sage nicht alles.

Ich: Euch nicht zu erzürnen, stimme ich mit ein.

Er: Nun denkt, ich lebte mit Personen, die mich eben sehr wohl leiden konnten, weil ich auf einen hohen Grad diese Eigenschaften sämtlich besaß.

Ich: Das ist doch wunderbar. Bisher glaubte ich, man verberge sie vor sich selbst, oder man verziehe sie sich, aber man verachte sie an andern.

Er: Sie sich verbergen, könnte man das? Seid gewiß, wenn Palissot allein ist und sich selbst betrachtet, sagt er sich ganz andre Sachen. Seid gewiß, sein Kollege[1] und er, bekennen sich offenherzig, daß sie zwei gewaltige Schurken sind. An andern diese Eigenschaften verachten? Meine Leute waren viel billiger, und mir ging es vortrefflich bei ihnen. Ich war der Hahn im Korbe. Abwesend ward ich gleich vermißt; man hätschelte mich. Ich war ihr kleiner Rameau, ihr artiger Rameau, ihr Rameau der Narr, der Unverschämte, der Unwissende, der Faule, der Fresser, der Schalksnarr, das große Tier. Jedes dieser Beiwörter galt mir ein Lächeln, eine Liebkosung, einen kleinen Schlag auf die Achsel, eine Ohrfeige, einen Fußtritt, bei Tafel einen guten Bissen, den man

1 Poinsinet oder Fréron gehörten wie er der Akademie von Nancy an.

mir auf den Teller warf, nach Tische eine Freiheit, die ich mir nahm, als wenn es nichts bedeutete: denn ich bin ohne Bedeutung. Man macht aus mir, vor mir, mit mir alles, was man will, ohne daß es mir auffällt. Die kleinen Geschenke, die mir zuregneten – dummer Hund, der ich bin! das habe ich alles verloren. Alles habe ich verloren, weil ich einmal Menschenverstand hatte, ein einziges Mal in meinem Leben. Ach, wenn mir das jemals wieder begegnet!

Ich: Wovon war denn die Rede?

Er: Rameau, Rameau! hatte man dich deshalb aufgenommen? Welche Narrheit, ein bißchen Geist, ein bißchen Vernunft zu haben! Rameau, mein Freund, das wird dich lehren, das zu bleiben, wozu Gott dich gemacht hat und wie deine Beschützer dich haben wollen. Nun hat man dich bei den Schultern genommen, dich zur Türe geführt und gesagt: Fort, Schuft, laß dich nicht wieder sehen! Das will Sinn haben, glaub' ich, will Vernunft haben? Fort mit dir! Dergleichen haben wir übrig. Nun gingst du und bissest in die Finger. In die verfluchte Zunge hättest du vorher beißen sollen. Warum warst du nicht klüger? Nun bist du auf der Gasse, ohne einen Pfennig, und weißt nicht wohin. Du warst genährt, Mund, was begehrst du? Und nun halte dich wieder an die Höken[1]. Gut logiert und überglücklich wirst du nun sein, wenn man dich wieder ins Dachstübchen läßt; wohl gebettet warst du, und Stroh erwartet dich wieder zwischen dem Kutscher des Herrn von Soubise und Freund Robbé. Statt eines sanften und ruhigen Schlafs hörst du mit einem Ohr das Wiehern und Stampfen der Pferde und mit dem andern das tausendmal unerträglichere Geräusch trockner, harter, barbarischer Verse. Unglücklich, übelberaten, von tausend Teufeln besessen.

1 Herumziehende Kleinkrämer.

mit Samt bedeckt, sie lehnten sich auf ein Rohr mit goldenem Schnabelkopfe, sie haben Aristoteles und Plato am Finger[2]. Und was waren sie früher? Die elendsten Lumpenhunde; jetzt sind sie eine Art Herren. Auf einmal fühlte ich mir Mut, die Seele erhoben, den Geist subtil und fähig zu allem. Aber diese glücklichen Dispositionen dauern, scheint es, nicht lange: denn bis jetzt habe ich keinen besonderen Weg machen können. Dem sei, wie ihm wolle, dies ist der Text zu meinen öftern Selbstgesprächen. Paraphrasiert sie nach Belieben, nur ziehet mir den Schluß daraus, daß ich die Verachtung meiner selbst kenne, diese Qual des Gewissens, wenn wir die Gaben, die uns der Himmel schenkte, unbenutzt ruhen lassen. Es wäre fast ebenso gut, nicht geboren zu sein.

(Ich hörte ihm zu, und als er diese Szene des Verführers und des jungen Mädchens vortrug, fühlte ich mich von zwei entgegengesetzten Bewegungen getrieben: ich wußte nicht, ob ich mich der Lust zu lachen oder dem Trieb zur Verachtung hingeben sollte. Ich litt. Ich war betroffen von so viel Geschick und so viel Niedrigkeit, von so richtigen und wieder falschen Ideen, von einer so völligen Verkehrtheit der Empfindung, einer so vollkommenen Schändlichkeit und einer so seltnen Offenheit. Er bemerkte den Streit, der in mir vorging, und fragte:) Was habt Ihr?

Ich: Nichts.

Er: Ihr scheint verwirrt.

Ich: Ich bin es auch.

Er: Aber was ratet Ihr mir denn?

Ich: Von etwas anderm zu reden. Unglücklicher! Zu welchem verworfenen Zustand seid Ihr geboren oder verleitet.

1 Mantel aus gewöhnlichem Wollstoff. 2 Kostbare Ringe, mit den Gemmen bedeutender Männer des Altertums geschmückt, wie sie die Snobs des 18. Jahrhunderts trugen.

Er: Ich gesteh's. Aber laßt Euch meinen Zustand nicht allzusehr zu Herzen gehn; indem ich mich Euch eröffnete, war es meine Absicht nicht, Euch weh zu tun[1]. Ich habe mir bei diesen Leuten etwas gespart.

Bedenkt, daß ich gar nichts brauchte, ganz und gar nichts, und daß man mir für kleine Vergnügen noch so viel zulegte...

Hier findet sich im Manuskript eine Lücke. Die Szene ist verändert, und die Sprechenden sind in eins der Häuser bei dem Palais Royal gegangen.

(Da fing er an, die Stirne sich mit der Faust zu schlagen, die Lippe zu beißen und mit verwirrtem Blick an der Decke herzusehen. Dabei rief er aus:) Nein, die Sache ist richtig; etwas habe ich beiseite gebracht, die Zeit ist vergangen, und das ist so viel gewonnen.

Ich: Verloren, wollt Ihr sagen.

Er: Nein, nein! gewonnen. Jeden Augenblick wird man reicher. Ein Tag weniger zu leben oder ein Taler mehr, ist ganz eins. Der Hauptpunkt im Leben ist doch nur, frei, leicht, angenehm, häufig alle Abende auf den Nachtstuhl zu gehen. O stercus pretiosum[2]! Das ist das große Resultat des Lebens in allen Ständen. Im letzten Augenblick hat einer so viel als der andre, Samuel Bernard, der mit Rauben, Plündern, Bankrottmachen siebenundzwanzig Millionen in Gold zusammenbringt und zurückläßt, so gut als Rameau, der nichts zurückläßt, Rameau, dem die Wohltätigkeit das Leichentuch schaffen wird, womit man ihn einwickelt. Der Tote hört kein Glockengeläut; umsonst singen sich hundert Pfaffen heiser um seinetwillen; umsonst ziehen lange Reihen von brennenden Kerzen vor ihm und hinterher; seine Seele schreitet nicht neben dem Zeremonienmeister. Unter dem Marmor faulen oder unter der Erde, ist immer faulen. Um seinen Sarg rote

1 d. h. durch ein Darlehen zu schädigen. 2 O kostbarer Kot!

mit gebogenen Knien, das Gesicht gegen die Decke gewendet; man hätte geglaubt, da oben sehe er eine Partitur. Nun sang er, präludierte, exekutierte ein Stück von Alberti oder Galuppi, ich weiß nicht von welchem. Seine Stimme ging wie der Wind, und seine Finger flatterten über den Tasten. Bald verließ er die Höhe, um sich im Baß aufzuhalten, bald ging er von der Begleitung wieder zur Höhe zurück. Die Leidenschaften folgten einander auf seinem Gesichte, man unterschied den Zorn, die Zärtlichkeit, das Vergnügen, den Schmerz, man fühlte das Piano und Forte, und gewiß würde ein Geschickterer als ich das Stück an der Bewegung, dem Charakter, an seinen Mienen, aus einigen Zügen des Gesangs erkannt haben, die ihm von Zeit zu Zeit entfuhren. Aber höchst seltsam war es, daß er manchmal tastete, sich schalt, als wenn er gefehlt hätte, sich ärgerte, das Stück nicht geläufig in den Fingern zu haben. Endlich sagte er:) Nun seht Ihr (und wandte sich um und trocknete den Schweiß, der ihm die Wangen hinunterlief), Ihr seht, daß wir auch mit Dissonanzen umzuspringen wissen, mit überflüssigen Quinten[1], daß die Verkettung der Dominanten[2] uns geläufig ist. Diese enharmonischen Passagen, von denen der liebe Onkel soviel Lärm macht, sind eben keine Hexerei. Wir wissen uns auch herauszuziehn.

Ich: Ihr habt Euch viel Mühe gegeben, mir zu zeigen, daß Ihr sehr geschickt seid. Ich war der Mann, Euch aufs Wort zu glauben.

Er: Sehr geschickt! Das nicht. Was mein Handwerk betrifft, das verstehe ich ungefähr, und das ist mehr als nötig: ist man denn in diesem Lande verbunden, das zu wissen, was man lehrt?

Ich: Nicht mehr, als das zu wissen, was man lernt.

1 »übermäßigen Quinten«. 2 Quinten- und Quartengänge.

Er: Richtig getroffen, vollkommen richtig! Nun, Herr Philosoph, die Hand aufs Gewissen, redlich gesprochen: es war eine Zeit, wo Ihr nicht so gefüttert wart wie jetzt.

Ich: Noch bin ich's nicht sonderlich.

Er: Aber doch würdet Ihr im Sommer nicht mehr ins Luxemburg gehn – Erinnert Ihr Euch? im –

Ich: Laßt das gut sein. Ja! ich erinnere mich.

Er: Im Überrock von grauem Plüsch.

Ich: Ja doch!

Er: Verschabt an der einen Seite, mit zerrissenen Manschetten und schwarzwollenen Strümpfen, hinten mit weißen Faden geflickt.

Ich: Ja doch, ja! Alles, wie's Euch gefällt.

Er: Was machtet Ihr damals in der Allee der Seufzer?

Ich: Eine sehr traurige Gestalt.

Er: Und von da ging's übers Pflaster.

Ich: Ganz recht.

Er: Ihr gabt Stunden in der Mathematik.

Ich: Ohne ein Wort davon zu verstehen. Nicht wahr, dahin wolltet Ihr.

Er: Getroffen!

Ich: Ich lernte, indem ich andre unterrichtete, und ich habe einige gute Schüler gezogen.

Er: Das ist möglich. Aber es geht nicht mit der Musik wie mit der Algebra oder Geometrie. Jetzt, da Ihr ein stattlicher Herr seid –

Ich: Nicht so gar stattlich.

Er: Da Ihr Heu in den Stiefeln habt[1] –

Ich: Sehr wenig.

Er: Nun haltet Ihr Eurer Tochter Lehrmeister.

Ich: Noch nicht; denn ihre Mutter besorgt die Erziehung. Man mag gern Frieden im Hause haben.

1 in der Wolle sitzt, es geschafft habt.

Er: Frieden im Hause, beim Henker! den hat man nur, wenn man Knecht oder Herr ist, und Herr muß man sein. Ich hatte eine Frau, Gott sei ihrer Seele gnädig! aber wenn sie manchmal stöckisch wurde, setzte ich mich auch auf meine Klauen, entfaltete meinen Donner und sagte wie Gott: es werde Licht! und es ward Licht. Auch haben wir in vier Jahren nicht zehnmal im Eifer gegeneinander unsre Stimmen erhoben. Wie alt ist Euer Kind?

Ich: Das tut nichts zur Sache.

Er: Wie alt ist Euer Kind?

Ich: Ins Teufels Namen, laßt mein Kind und sein Alter! Reden wir von den Lehrmeistern, die sie haben wird.

Er: Bei Gott! So ist doch nichts störriger als ein Philosoph. Wenn man Euch nun ganz gehorsamst bäte, könnte man von dem Herrn Philosophen nicht erfahren, wie alt ungefähr Mademoiselle seine Tochter ist?

Ich: Acht Jahre könnt Ihr annehmen.

Er: Acht Jahre! Schon vier Jahre sollte sie die Finger auf den Tasten haben.

Ich: Aber vielleicht ist mir nicht viel daran gelegen, in den Plan ihrer Erziehung ein solches Studium einzuflechten, das so lange beschäftigt und so wenig nützt.

Er: Und was soll sie denn lernen, wenn's beliebt?

Ich: Vernünftig denken, wenn's möglich ist – eine seltne Sache bei Männern und noch seltner bei Weibern.

Er: Mit Eurer Vernunft! Laßt sie hübsch, unterhaltend, kokett sein.

Ich: Keineswegs! Die Natur war stiefmütterlich genug gegen sie und gab ihr einen zarten Körperbau mit einer fühlenden Seele, und ich sollte sie den Mühseligkeiten des Lebens aussetzen, eben als wenn sie derb gebildet und mit einem ehernen Herzen geboren wäre? Nein, wenn es möglich ist, so lehre ich sie das Leben mit Mut ertragen.

Er: Laßt sie doch weinen, leiden, sich zieren und gereizte Nerven haben wie die andern, wenn sie nur hübsch, unterhaltend und kokett ist. Wie, keinen Tanz?

Ich: Nicht mehr, als nötig ist, um sich schicklich zu neigen, sich anständig zu betragen, sich vorteilhaft darzustellen und ungezwungen zu gehen.

Er: Keinen Gesang?

Ich: Nicht mehr, als nötig ist, um gut auszusprechen.

Er: Keine Musik?

Ich: Gäbe es einen guten Meister der Harmonie, gern würde ich sie ihm zwei Stunden täglich anvertrauen, auf ein oder zwei Jahre, aber nicht länger.

Er: Und nun an die Stelle so wesentlicher Dinge, die Ihr ablehnt –

Ich: Setze ich Grammatik, Fabel, Geschichte, Geographie ein wenig Zeichnen und viel Moral.

Er: Wie leicht wäre es mir, Euch zu zeigen, wie unnütz alle diese Kenntnisse in einer Welt wie die unsrige sind. Was sage ich: unnütz? vielleicht gefährlich. Aber daß ich bei einer einzigen Frage bleibe: muß sie nicht wenigstens ein oder zwei Lehrer haben?

Ich: Ganz gewiß.

Er: Ah, da sind wir wieder. Und diese Lehrer – glaubt Ihr denn, daß sie die Grammatik, die Fabel, die Geschichte, die Geographie, die Moral verstehen werden, worin sie Unterricht geben? Possen, lieber Herr, Possen. Besäßen sie diese Kenntnisse hinlänglich, um sie zu lehren, so lehrten sie sie nicht.

Ich: Und warum?

Er: Sie hätten ihr Leben verwendet, sie zu studieren. Man muß tief in eine Kunst oder eine Wissenschaft gedrungen sein, um die Anfangsgründe wohl zu besitzen. Klassische Werke können nur durch Männer hervorgebracht werden,

mand ausübt. Da mag sich denn finden, daß schwarz weiß, und weiß schwarz ist. Aber, Herr Philosoph, wenn es ein allgemeines Gewissen gibt, wie eine allgemeine Grammatik, so gibt es auch Ausnahmen in jeder Sprache. Ihr nennt sie, denk' ich, Ihr Gelehrten – und nun, so helft mir doch! –

Ich: Idiotismen.

Er: Ganz recht! Und jeder Stand hat Ausnahmen von dem allgemeinen Gewissen, die ich gar zu gern Handwerks-Idiotismen nennen möchte.

Ich: Richtig! Fontenelle spricht gut, schreibt gut, und sein Stil wimmelt von französischen Idiotismen.

Er: Und der Fürst, der Minister, der Finanzier, die Magistratsperson, der Soldat, der Gelehrte, der Advokat, der Prokurator, der Kaufmann, der Bankier, der Handwerker, der Singmeister, der Tanzmeister sind sehr rechtschaffene Leute, wenn sich gleich ihr Betragen auf mehrern Punkten von dem allgemeinen Gewissen entfernt und voll moralischer Idiotismen befunden wird. Je älter die Einrichtungen der Dinge, je mehr gibt's Idiotismen. Je unglücklicher die Zeiten sind, um so viel vermehren sich die Idiotismen. Was der Mensch wert ist, ist sein Handwerk wert; und wechselseitig am Ende: was das Handwerk taugt, taugt der Mensch. Und so sucht man denn das Handwerk so viel als möglich geltend zu machen.

Ich: Soviel ich merken kann, soll all das Redegeflechte nur sagen: selten wird ein Handwerk rechtlich betrieben, oder wenig rechtliche Leute sind bei ihrem Handwerk.

Er: Gut! Die gibt's nicht. Aber dagegen gibt's auch wenig Schelme außer ihrer Werkstatt. Und alles würde gut gehen, wenn es nicht eine Anzahl Leute gäbe, die man fleißig nennt, genau, streng ihre Pflichten erfüllend, ernst, oder was auf eins hinauskommt, immer in ihren Werkstätten, ihre Handwerke treibend von Morgen bis auf den Abend, und nichts als das.

Auch sind sie die einzigen, die reich werden und die man schätzt.

Ich: Der Idiotismen willen.

Er: Ganz recht! Ihr habt mich verstanden. Also der Idiotism fast aller Stände: denn es gibt ihrer, die allen Ländern gemein sind, allen Zeiten, wie es allgemeine Torheiten gibt; genug, ein allgemeiner Idiotism ist, sich so viel Kunden zu verschaffen als möglich; eine gemeinsame Albernheit ist's, zu glauben, daß der Geschickteste die meisten habe. Das sind zwei Ausnahmen vom allgemeinen Gewissen, denen man eben nachgeben muß, eine Art Kredit; nichts an sich, aber die Meinung macht es zu was. Sonst sagte man: guter Ruf ist goldnen Gürtel[1] wert. Indessen nicht immer hat der einen goldnen Gürtel, der guten Ruf hat. Aber das ist heutzutage gewiß: wer den goldnen Gürtel hat, dem fehlt der gute Ruf nicht. Man muß, wenn's möglich ist, den Ruf und den Gürtel haben. Das ist mein Zweck, wenn ich mich gelten mache, und zwar durch das, was Ihr unwürdige, niederträchtige, kleine Kunstgriffe scheltet. Ich gebe meine Stunde, gebe sie gut; das ist die allgemeine Regel. Ich mache die Leute glauben, daß ich deren mehr zu geben habe, als der Tag Stunden hat; das gehört zu den Idiotismen.

Ich: Und Euern Unterricht gebt Ihr gut?

Er: Ja! nicht übel, ganz leidlich. Der Grundbaß meines Onkels hat das alles sehr vereinfacht. Sonst stahl ich meinem Lehrling das Geld. Ja ich stahl's, das ist ausgemacht. Jetzt verdien' ich's wenigstens so gut als ein andrer.

Ich: Und Ihr stahlt es ohne Gewissensbisse?

Er: Was das betrifft: man sagt, wenn ein Räuber den andern beraubt, so lacht der Teufel dazu. Die Eltern strotzten von ungeheurem, Gott weiß wie erworbenem Gute. Es waren

1 Abzeichen der adligen Geschlechter, Geburtsadel.

Hofleute, Finanzleute, große Kaufleute, Bankiers, Mäkler. Ich und viele andre, die sie brauchten wie mich, wir erleichterten ihnen die gute Handlung des Wiedererstattens. In der Natur fressen sich alle Gattungen, alle Stände fressen sich in der Gesellschaft, wir strafen einer den andern, ohne daß das Gesetz sich drein mische. Die Deschamps sonst, wie jetzt die Guimard[1], rächt den Prinzen am Finanzmann; die Modehändlerin, der Juwelenhändler, der Tapezierer, die Wäscherin, der Gauner, das Kammermädchen, der Koch, der Sattler rächen den Finanzmann an der Deschamps, und indessen ist's nur der Unfähige, der Faule, der zu kurz kommt, ohne jemand verkürzt zu haben; und das geschieht ihm recht, und daran seht Ihr, daß alle die Ausnahmen vom allgemeinen Gewissen, alle diese moralischen Idiotismen, über die man so viel Lärm macht und sie Schelmenstreiche nennt, gar nichts heißen wollen und daß es überhaupt nur darauf ankommt, wer den rechten Blick hat.

Ich: Den Euren bewundre ich.

Er: Und denn das Elend! Die Stimme des Gewissens und der Ehre ist sehr schwach, wenn die Eingeweide schreien. Genug, wenn ich einmal reich werde, muß ich eben auch wiedererstatten, und ich bin fest entschlossen, wiederzuerstatten, auf alle mögliche Weise, durch die Tafel, durchs Spiel, den Wein und die Weiber.

Ich: Aber ich fürchte, Ihr kommt niemals dazu.

Er: Mir ahnet auch so was.

Ich: Wenn's Euch aber doch gelänge, was würdet Ihr tun?

Er: Machen wollt ich's wie alle glücklichen Bettler: der insolenteste Schuft wollt' ich sein, den man jemals gesehn hätte. Erinnern würde ich mich an alles, was sie mir Leids getan, und ich wollte ihnen die schlechte Behandlung redlich

1 Ballettänzerinnen.

wiedererstatten. Ich mag gern befehlen, und befehlen werd' ich. Ich will gelobt sein, und man wird mich loben. Das sämtliche Klatschpack will ich im Sold haben, und wie man mit mir gesprochen hat, will ich mit ihnen sprechen. Frisch, ihr Schurken, man unterhalte mich! und man wird mich unterhalten. Man zerreiße die rechtlichen Leute! und man wird sie zerreißen, wenn's ihrer noch gibt. Dann wollen wir Mädchen haben, wir wollen uns duzen, wenn wir betrunken sind, wir wollen uns betrinken und Märchen erfinden; an allerlei Schiefheiten und Lastern soll es nicht fehlen. Das wird köstlich sein. Dann beweisen wir, daß Voltaire ohne Genie sei; daß Buffon, immer hoch auf Stelzen herschreitend, aufgeblasen deklamiere; daß Montesquieu nur ein schöner Geist sei; d'Alembert verweisen wir in seine Mathematik und gehen solchen kleinen Catonen, wir Ihr, über Bauch und Rücken weg, Euch, die Ihr uns aus Neid verachtet, deren Bescheidenheit nur Stolz andeutet und deren Enthaltsamkeit durch die Not geboten wird. Und was die Musik betrifft – hernach wollen wir erst Musik machen!

Ich: An dem würdigen Gebrauch, den Ihr von Eurem Reichtum zu machen gedenkt, sehe ich, wie sehr es schade ist, daß Ihr ein Bettler seid. Ihr würdet, merk' ich, auf eine für das Menschengeschlecht sehr ehrenvolle Weise leben, auf eine Euren Mitbürgern, Euch selbst höchst rühmliche Weise.

Er: Ihr spottet wohl gar, Herr Philosoph, und wißt nicht, mit wem Ihr's vorhabt. Ihr merkt nicht, daß ich in diesem Augenblick den beträchtlichsten Teil der Stadt und des Hofes vorstelle. Unsre Reichen aller Stände haben sich dasselbe gesagt oder haben sich's nicht gesagt, dasselbe, was ich Euch soeben vertraute. So viel ist aber gewiß, das Leben, das ich an ihrer Stelle führen würde, ist ganz genau ihr Leben. So seid ihr nun, ihr andern! Ihr glaubt, dasselbige Glück sei für alle gemacht. Welch wunderliche Grille! Eure Art von Glück verlangt eine gewisse romanenhafte Wendung des Geistes, die wir nicht haben, eine sonderbare Seele, einen eignen Geschmack. Diese Grillen verziert ihr mit dem Namen der Tugend, ihr nennt es Philosophie; aber die Tugend, die Philosophie, sind sie denn für alle Welt? Wer's vermag, halte es, wie er will; aber denkt Euch, die Welt wäre weise und philosophisch gesinnt – gesteht nur, verteufelt traurig würde sie sein. Leben soll mir dagegen Salomons Philosophie und Weisheit, gute Weine zu trinken, köstliche Speisen zu schlukken, hübsche Weiber zu besitzen, auf weichen Betten zu ruhen; übrigens ist alles eitel.

Ich: Wie? Sein Vaterland verteidigen?

Er: Eitelkeit! Es gibt kein Vaterland mehr. Von einem Pol zum andern sehe ich nur Tyrannen und Sklaven.

Ich: Seinen Freunden zu dienen?

Er: Eitelkeit! Hat man denn Freunde? Und wenn man ihrer hätte, sollte man sie in Undankbare verwandeln? Beseht's genau, und Ihr werdet finden: fast immer ist's Undank, was man für geleistete Dienste gewinnt. Die Dankbarkeit ist eine Last, und jede Last mag man gern abwerfen.

Ich: Ein Amt haben und dessen Pflichten erfüllen?

Er: Eitelkeit! Habe man eine Bestimmung oder nicht, wenn man nur reich ist; denn man übernimmt doch nur ein Geschäft, um reich zu werden. Seine Pflichten erfüllen, wohin kann das führen? Zur Eifersucht, zur Unruhe, zur Verfolgung. Kommt man auf solche Weise vorwärts? Seine Aufwartung machen, die Großen sehen, ihren Geschmack ausforschen, ihren Phantasien nachhelfen, ihren Lastern dienen, ihre Ungerechtigkeiten billigen – das ist das Geheimnis.

Ich: Um die Erziehung seiner Kinder besorgt sein?

Er: Eitelkeit! Das ist die Sache des Lehrers.

Ich: Aber wenn der Lehrer nach Euern eignen Grundsätzen seine Pflichten versäumt, wer wird alsdann gestraft?

Er: Ich doch wohl nicht? Aber vielleicht einmal der Mann meiner Tochter oder die Frau meines Sohns.

Ich: Aber wenn sie sich ins liederliche Leben, ins Laster stürzen?

Er: Das ist standsmäßig.

Ich: Wenn sie sich entehren?

Er: Man mag sich stellen wie man will: man entehrt sich nicht, wenn man reich ist.

Ich: Wenn sie sich zugrunde richten?

Er: Desto schlimmer für sie.

Ich: Und wenn Ihr Euch nicht nach dem Betragen Eurer Frau, Eurer Kinder erkundigt, so möchtet Ihr auch wohl Eure Haushaltung vernachlässigen.

Er: Verzeiht, es ist manchmal schwer, Geld zu finden, und drum ist es klug, sich von weitem vorzusehn.

Ich: Und um Eure Frau werdet Ihr Euch wenig bekümmern?

Er: Gar nicht, wenn's beliebt. Das beste Betragen gegen seine liebe Hälfte bleibt immer, das zu tun, was ihr ansteht. Doch geschähe im ganzen, was Ihr wünscht, so würde die Gesellschaft sehr langweilig sein, wenn jeder nur darin an sich und sein Gewerb dächte.

Ich: Warum nicht? Der Abend ist niemals schöner für mich, als wenn ich mit meinem Morgen zufrieden bin.

Er: Für mich gleichfalls.

Ich: Was die Weltleute so delikat in ihrem Zeitvertreib macht, das ist ihr tiefer Müßiggang.

Er: Glaubt's nicht. Sie machen sich viel zu schaffen.

Ich: Da sie niemals müde werden, so erholen sie sich niemals.

Er: Glaubt's nicht. Sie sind immer außer Atem.

Ich: Das Vergnügen ist immer ein Geschäft für sie, niemals ein Bedürfnis.

Er: Desto besser. Das Bedürfnis ist immer beschwerlich.

Ich: Alles nutzen sie ab. Ihre Seele stumpft sich, und die Langeweile wird Herr. Wer ihnen mitten in dem erdrückenden Überfluß das Leben nähme, würde ihnen einen Dienst leisten, eben weil sie vom Glück nur den Teil kennen, der sich am schnellsten abstumpft. Ich verachte nicht die Freuden der Sinne, ich habe auch einen Gaumen, der durch eine feine Speise, durch einen köstlichen Wein geschmeichelt wird; ich habe ein Herz und Auge, ich mag auch ein zierliches Weib besitzen, sie umfassen, meine Lippen auf die ihrigen drücken, Wollust aus ihren Blicken saugen und an ihrem Busen vor Freude vergehn. Manchmal mißfällt mir nicht ein lustiger Abend mit Freunden, selbst ein ausgelassener; aber ich kann Euch nicht verhalten, mir ist's unendlich süßer, dem Unglücklichen geholfen, eine kitzlige Sache geendigt, einen weisen Rat gegeben, ein angenehmes Buch gelesen, einen Spaziergang mit einem werten Freunde, einer werten Freundin gemacht, lehrreiche Stunden mit meinen Kindern zugebracht, eine gute Seite geschrieben und der Geliebten zärtliche sanfte Dinge gesagt zu haben, durch die ich mir eine Umarmung verdiene. Ich kenne wohl Handlungen, welche getan zu haben ich alles hingäbe, was ich besitze. ›Mahomet‹ ist ein vortreffliches Werk; aber ich möchte lieber das Andenken des Calas wiederhergestellt haben. Einer meiner Bekannten hatte sich nach Carthagena geflüchtet. Es war ein nachgeborner Sohn aus einem Lande, wo das Herkommen alles Vermögen dem Ältesten zuspricht. Dort vernimmt er, daß sein Erstgeborner, ein verzogner Sohn, seinen zu nachgiebigen Eltern alle Besitzungen entzogen, sie aus ihrem Schlosse verjagt habe, daß die guten Alten in einer kleinen Provinzstadt ein kümmerliches Leben führen. Was tut nun dieser Nachgeborne, der in seiner Jugend hart von den Eltern gehalten, sein Glück in der Ferne gesucht hatte? Er schickt ihnen Hilfe, er eilt, seine Geschäfte zu ordnen, er kommt reich zurück, er führt Vater und Mutter in ihre Wohnung, er verheiratet seine Schwestern. Ach, mein lieber Rameau, diesen Teil seines Lebens betrachtete der Mann als den glücklichsten. Mit Tränen im Auge sprach er mir davon, und mir, indem ich es Euch erzähle, bewegt sich das Herz für Freude, und das Vergnügen versetzt mir die Stimme.

Er: Ihr seid wunderliche Wesen!

Ich: Ihr seid bedauernswerte Wesen, wenn Ihr nicht begreift, daß man sich über das Schicksal erheben kann und daß es unmöglich ist, unglücklich zu sein unter dem Schutze zwei so schöner Handlungen.

Er: Das ist eine Art Glückseligkeit, mit der ich mich schwerlich befreunden könnte: denn man findet sie selten. So meint Ihr denn also wirklich, man müßte rechtschaffen sein?

Ich: Um glücklich zu sein, gewiß!

Er: Indessen sehe ich unendlich viel rechtschaffne Leute, die nicht glücklich sind, und unendlich viel Leute, die glücklich sind, ohne rechtschaffen zu sein.

Ich: Das scheint Euch nur so.

Er: Und warum fehlt's mir heute abend an Nachtessen, als weil ich einen Augenblick Menschenverstand und Offenheit zeigte!

Ich: Keineswegs, sondern weil Ihr sie nicht immer hattet, weil Ihr nicht beizeiten fühltet, daß man sich vor allen Dingen einrichten sollte, unabhängig von Knechtschaft zu sein.

Er: Unabhängig oder nicht. Meine Einrichtung ist wenigstens die bequemste.

Ich: Aber nicht die sicherste, die ehrenvollste.

Er: Aber die passendste für meinen Charakter eines Tagediebs, eines Toren, eines Taugenichts.

Ich: Vollkommen.

Er: Und eben, weil ich mein Glück machen kann durch

Laster, die mir natürlich sind, die ich ohne Arbeit erwarb, die ich ohne Anstrengung erhalte, die mit den Sitten meiner Nation zusammentreffen, die nach dem Geschmack meiner Beschützer sind, übereinstimmender mit ihren kleinen besondern Bedürfnissen als unbequeme Tugenden, die sie von Morgen bis Abend anklagen würden. Es wäre doch wunderlich, wenn ich mich wie eine verdammte Seele quälte, um mich zu verrenken, um mich anders zu machen, als ich bin, um mir einen fremden Charakter aufzubinden, die schätzbarsten Eigenschaften, über deren Wert ich nicht streiten will, aber die ich nur mit Anstrengung erwerben und ausüben könnte und die mich doch zu nichts führten, vielleicht zum Schlimmern als nichts; denn darf wohl ein Bettler wie ich, der sein Leben von reichen Leuten hat, ihnen solch einen Sittenspiegel beständig vorhalten? Man lobt die Tugend, aber man haßt sie, man flieht sie, man läßt sie frieren, und in dieser Welt muß man die Füße warm halten. Und dann würde ich gewiß die übelste Laune haben; denn warum sind die Frommen, die Andächtigen so hart, so widerlich, so ungesellig? Sie haben sich zu leisten auferlegt, was ihnen nicht natürlich ist. Sie leiden, und wenn man leidet, macht man andre leiden. Das ist weder meine Sache, noch die Sache meiner Gönner. Munter muß ich sein, ungezwungen, neckisch, närrisch, drollig. Die Tugend fordert Ehrfurcht, und Ehrfurcht ist unbequem; die Tugend fordert Bewunderung, und Bewunderung ist nicht unterhaltend. Ich habe mit Leuten zu tun, denen die Zeit lang wird, und sie wollen lachen. Nun seht, die Torheit, das Lächerliche macht lachen, und also muß ich ein Tor, ich muß lächerlich sein. Und hätte mich die Natur nicht so geschaffen, so müßte ich kurz und gut so scheinen. Glücklicherweise brauche ich kein Heuchler zu sein. Es gibt ihrer ohnehin von allen Farben, ohne die zu rechnen, die sich selbst belügen.

Seht doch einmal den Ritter de la Morlière, der seinen Hut aufs Ohr drückt, die Nase in die Höhe trägt, der den Vorbeigehenden über die Schulter ansieht, dem ein langer Degen auf die Schenkel schlägt, der für jeden Unbewaffneten eine Beleidigung bereit hat, der jeden Begegnenden herauszufordern scheint – was tut er? Alles, was er kann, um sich zu überreden, daß er herzhaft ist; aber feig ist er. Bietet ihm einen Nasenstüber an, er wird ihn sanftmütig empfangen. Soll er seinen Ton herabstimmen, so erhebt den Eurigen, zeigt ihm Euern Stock, oder gebt ihm einen Tritt in H-n. Ganz erstaunt, sich so feig zu finden, wird er Euch fragen, wer's Euch gesteckt hat, woher Ihr es wissen könnt, daß er eine Memme sei? denn im Augenblick vorher war es ihm selbst noch unbekannt. Durch eine langgewohnte Nachäffung mutvollen Betragens hatte er sich selbst überzeugt. Er machte so lange die Gebärden, daß er glaubte, die Sache zu haben.

Und jene Frau, die sich kasteit, Gefängnisse besucht, allen wohltätigen Gesellschaften beiwohnt, mit gesenkten Augen einhergeht, keinen Mann gerade ansehen kann, immer wegen Verführung ihrer Sinne besorgt: brennt ihr Herz deshalb weniger? entwischen ihr nicht Seufzer? entzündet sich nicht ihr Temperament? ist sie nicht von Begierden umlagert, und wird nicht ihre Einbildungskraft zu Nacht von gewaltsam verführerischen Bildern ergriffen? Und nun, wie ergeht's ihr? Was denkt ihre Kammerfrau, die aus dem Bette springt, um einer Gebieterin Hilfe zu leisten, die gefährlich krank scheint? Oh! gute Justine, lege dich wieder zu Bette! dich rief sie nicht in ihrem Wahnsinn.

Sollte es nun Freund Rameau jemals einfallen, das Glück, die Weiber, das gute Leben, den Müßiggang zu verachten, zu catonisieren, was wär' er? Ein Heuchler. Rameau sei, was er ist, ein glücklicher Räuber unter reichen Räubern, nicht aber ein Tugendprahler oder ein Tugendhafter, der sein Krüstchen Brot allein verzehrt oder in Gesellschaft von Bettlern. Kurz und gut, Eure Glückseligkeit, das Glück einiger Schwärmer wie Ihr, kann mir nicht gefallen.

Ich: Ich sehe, mein Freund, Ihr wißt nicht, was es ist, und seid nicht einmal imstande, es kennenzulernen.

Er: Desto besser für uns, desto besser! Ich stürbe vor Hunger, vor Langerweile und vielleicht vor Reue.

Ich: So rat' ich Euch denn, ein für allemal, geschwind in das Haus zurückzukehren, woraus Ihr Euch so ungeschickt habt verjagen lassen.

Er: Um das zu tun, was Ihr im eigentlichen Sinne nicht mißbilligt und was mir im figürlichen ein wenig zuwider ist?

Ich: Welche Sonderbarkeit!

Er: Ich finde nichts Sonderbares daran. Ich will mich wohl wegwerfen, aber ohne Zwang; ich will von meiner Würde heruntersteigen... Ihr lacht?

Ich: Ja! Eure Würde macht mich lachen.

Er: Jeder hat die seinige. Ich will die meine vergessen, aber nach Belieben, und nicht auf fremden Befehl. Sollte man mir sagen: krieche! und ich müßte kriechen? Der Wurm kriecht wohl, ich auch, und wir wandern beide so fort, wenn man uns gehn läßt; aber wir bäumen uns, wenn man uns auf den Schwanz tritt. Man hat mir auf den Schwanz getreten, und ich werde mich bäumen. Und dann habt Ihr keinen Begriff von dem konfusen Zustande, von dem die Rede ist. Denkt Euch eine melancholische, verdrießliche Figur, von Grillen aufgefressen, den weiten Schlafrock zwei- oder dreimal umhergeschlagen, einen Mann, der sich selbst mißfällt, dem alles mißfällt, den man kaum zum Lachen brächte, wenn man sich Körper und Geist auf hundert verschiedene Weisen verrenkte, der mit Kälte die neckischen Gesichter betrachtet, die ich schneide, und die noch neckischern Sprünge meines

Witzes[1]. Denn unter uns, der Père Noël, der häßliche Benediktiner, so berühmt wegen seiner Grimassen, ist ungeachtet seines Glücks bei Hofe, ohne mich und ihn zu rühmen, gegen mich nur ein hölzerner Pulcinell[2]. Und doch muß ich mich plagen und quälen, um eine Tollhauserhabenheit zu erreichen, die nichts wirkt. Lacht er? lacht er nicht? Das muß ich mich mitten in meinen Verrenkungen fragen, und Ihr begreift, was eine solche Ungewißheit dem Talente hinderlich ist. Mein Hypochonder, den Kopf in die Nachtmütze gesteckt, die ihm die Augen überschattet, sieht völlig aus wie eine unbewegliche Pagode mit einem Faden am Kinn, der bis auf den Sessel herunterhinge. Man paßt, der Faden soll gezogen werden, er wird nicht gezogen. Oder wenn die Kinnlade sich öffnet, so buchstabiert sie ein Wort, das Euch zur Verzweiflung bringt, ein Wort, das Euch lehrt, man habe Euch nicht bemerkt und alle Eure Affereien sein verloren. Dieses Wort ist eine Antwort auf eine Frage, die Ihr vor vier Tagen an ihn tatet. Es ist gesprochen, die Muskularfeder spannt sich ab, und die Maschine schließt sich.

(Nun machte er seinen Mann nach. Er hatte sich auf einen Stuhl gesetzt, den Kopf unbeweglich, den Hut bis auf die Augbrauen, die Augen halb geschlossen, die Arme hängend, die Kinnlade bewegend, wie ein Automat. Er sagte:)

Ja, Mademoiselle, Sie haben recht, das muß mit Feinheit behandelt werden! – Und so entscheidet unser Mann, entscheidet immer in letzter Instanz, morgens und abends, am Putztisch, bei Tafel, beim Kaffee, beim Spiel, im Theater, beim Abendessen, im Bette und, Gott verzeih mir! ich glaube, in den Armen seiner Geliebten. Diese letzten Entscheidungen zu vernehmen, hatte ich nicht Gelegenheit; aber die übrigen

1 Wohl Anspielung auf den hypochondrischen Schatzmeister Bertin d'Antilly, der dem Neffen Rameaus seine Gunst entzogen hatte. 2 Verdankte sein Glück Vergrößerungsgläsern.

bin ich verteufelt müde. Traurig, dunkel, schneidend wie das Schicksal, so ist unser Patron.

Gegenüber ihm ist eine Närrin[1], die wichtig tut, der man wohl sagen möchte, sie sei hübsch, weil sie es noch ist, ob sie gleich im Gesicht hie und da einige Flecke hat und sich dem Umfang der Madame Bouvillon[2] nähert. Ich liebe hübsches Fleisch, aber zu viel ist zu viel, und die Bewegung ist der Materie so wesentlich. Item sie ist boshafter, eingebildeter, dümmer als eine Gans; item sie will Witz haben; item man muß ihr versichern, daß man überzeugt ist, sie habe mehr als jemand; item das weiß nichts, und das entscheidet auch; item man muß diese Entscheidungen beklatschen, mit Händ' und Füßen Beifall geben, für Behagen aufspringen, für Bewunderung sich entzücken. Ach was ist das schön, zart, gut gesagt, fein gesehen, vorzüglich empfunden! Wo nehmen die Weiber das her? Ohne Studium, einzig durch die Gewalt des Naturtriebs, durch natürliche Gaben. Das grenzt ans Wunder, und dann sage man uns, Erfahrung, Studium, Nachdenken, Erziehung täten was dabei – und mehr solche Albernheiten. Dann für Freuden geweint, zehnmal des Tags sich gebückt, ein Knie niedergebogen, den andern Fuß nachgeschleift, die Arme gegen die Göttin ausgestreckt, ihre Wünsche in ihren Augen suchend, abhängend von ihren Lippen, ihre Befehle erwartend und wie ein Blitz gehorchend. Wer möchte sich nun einer solchen Rolle unterwerfen, als der Elende, der zwei- oder dreimal die Woche die Tribulation seiner Eingeweide an einem solchen Orte besänftigen kann. Was soll man aber von andern denken, von solchen wie Palissot, Fréron, Poinsinet, Baculard, die nicht arm sind, deren Niederträchtigkeiten sich nicht durch die Borborygmen eines leidenden Magens entschuldigen lassen?

1 Die Schauspielerin Hus. 2 Einer beleibten Gestalt aus Scarrons »Komischem Roman« (1651-57).

Ich: Ich hätte Euch nicht so schwierig geglaubt.

Er: Auch bin ich's nicht. Anfangs bemerkte ich, wie es die andern machten, und ich machte es wie sie, ja, ein wenig besser. Denn ich bin unverschämter, besserer Schauspieler, hungriger und mit bessern Lungen versehen. Wahrscheinlich stamm' ich in grader Linie vom berühmten Stentor ab. (Und um mir einen völligen Begriff von der Gewalt dieses Eingeweides zu geben, fing er an, so gewaltig zu husten, daß die Gläser des Kaffeezimmers zitterten und die Schachspieler die Aufmerksamkeit auf ihr Spiel für einen Augenblick unterbrachen.)

Ich: Aber wozu soll das Talent?

Er: Ratet Ihr's nicht?

Ich: Nein! Ich bin ein wenig beschränkt.

Er: Laßt einmal den Streit im Gang sein, den Sieg ungewiß. Ich stehe auf, entfalte meinen Donner und sage: Die Sache verhält sich völlig wie Mademoiselle behauptet. Das heißt urteilen! Hundert von unsern schönen Geistern sollen es besser machen. Der Ausdruck ist genialisch... Aber man muß nicht immer auf gleiche Weise Beifall geben, man würde eintönig werden, man würde für einen Heuchler gelten, man würde abgeschmackt. Dies läßt sich nur durch Urteilskraft und Fruchtbarkeit vermeiden. Man muß diese mächtigen und abschließenden Töne vorzubereiten und wohl anzubringen wissen, Gelegenheit und Augenblick ergreifen. Wenn zum Beispiel die Meinungen geteilt sind, wenn der Streit sich bis zum höchsten Grade der Heftigkeit erhoben hat, wenn man sich nicht mehr versteht, wenn alle zusammen reden, so muß man sich besonders halten im Winkel des Zimmers, entfernt von dem Schlachtfeld. Den Ausbruch muß man durch ein langes Stillschweigen vorbereitet haben, und dann schnell wie eine Bombe mitten unter die Streitenden hineinfallen. Niemand versteht diese Kunst besser als ich; aber wo ich überrasche, das ist im Gegenteil. Ich habe kleine Töne, die ich mit einem Lächeln begleite, eine unendliche Menge Beifallsmienen besitze ich. Bald bring' ich die Nase, den Mund, die Stirne, die Augen mit ins Spiel. Ich habe eine Gewandtheit der Hüften, eine Art, das Rückgrat zu drehen, die Achseln auf- und abzuzucken, die Finger auszurecken, den Kopf zu biegen, die Augen zu schließen und mich so verwundert zu zeigen, als hätte ich vom Himmel eine englische und göttliche Stimme vernommen. Das ist es, was schmeichelt. Ich weiß nicht, ob Ihr die ganze Kraft dieser letzten Stellung einseht; aber niemand hat mich in der Ausübung übertroffen. Seht nur, seht her!

Ich: Das ist wahr, es ist einzig.

Er: Glaubt Ihr, daß es ein Weiberhirn gibt mit einiger Eitelkeit, die das aushalte?

Ich: Nein! Man muß gestehen, Ihr habt das Talent, Narren zu machen und sich zu erniedrigen, so weit als möglich getrieben.

Er: Sie mögen sich stellen, wie sie wollen, alle, so viel ihrer sind –, dahin gelangen sie nicht. Der Beste unter ihnen, zum Beispiel Palissot, wird höchstens ein guter Schüler bleiben. Aber wenn eine solche Rolle uns anfangs unterhält, wenn man einiges Vergnügen findet, sich über die Dummheit derer aufzuhalten, die man trunken macht – am Ende reizt es nicht mehr, und dann nach einer gewissen Anzahl Entdeckungen ist man genötigt, sich zu wiederholen. Geist und Kunst haben ihre Grenzen. Nur vor Gott und einigen seltnen Geistern erweitert sich die Laufbahn, indem sie vorwärts schreiten. Bouret gehört vielleicht darunter. Manchmal läßt er einen Zug sehen, der mir, ja mir selbst, von ihm den höchsten Begriff gibt. Der kleine Hund, das Buch von der Glückseligkeit, die Fackeln auf dem Weg von Versailles sind Dinge, die mich bestürzen, erniedrigen; das könnte mir gar das Handwerk verleiden.

Ich: Was wollt Ihr mit Eurem kleinen Hund?

Er: Woher kommt Ihr denn? Wie, im Ernste, Euch ist nicht bekannt, wie es dieser außerordentliche Mann anfing, einen kleinen Hund von sich ab- und an den Siegelbewahrer[1] zu gewöhnen, dem er gefallen hatte?

Ich: Mir ist's nicht bekannt.

Er: Desto besser. Das ist eins der schönsten Dinge, die man erdenken kann. Ganz Europa war darüber erstaunt, und jeder Hofmann hat ihn beneidet. Ihr habt doch auch Scharfsinn; laßt sehen, was Ihr an seiner Stelle getan hättet. Bedenkt, daß Bouret von seinem Hunde geliebt war; bedenkt, daß das seltsame Kleid des Ministers das kleine Tier erschreckte; bedenkt, er hatte nur acht Tage, um diese Schwierigkeiten zu überwinden. Man muß die Bedingungen der Aufgabe gut kennen, um das Verdienst der Auflösung genugsam zu schätzen. Nun denn?

Ich: Nun denn! Ich bekenne gern, daß die leichtesten Dinge dieser Art mich in Verwirrung setzen würden.

Er: Hört (sagte er, indem er mir einen kleinen Schlag auf die Achsel gab, denn er ist zudringlich), hört und bewundert! Er läßt sich eine Maske machen, die dem Siegelbewahrer gleicht, er borgt vom Kammerdiener das faltenreiche Gewand, er bedeckt das Gesicht mit der Maske, er hängt das Kleid um. Nun ruft er seinen Hund, streichelt ihn, gibt ihm Kuchen. Dann auf einmal Verändrung der Dekoration. Es ist nicht mehr der Siegelbewahrer, Bouret ist's, der seinen Hund ruft und peitscht. Nach zwei, drei Tagen von morgens bis abends fortgesetzter Übung lernt der Hund vor Bouret dem Generalpächter fliehen und sich zu Bouret dem Siegelbewahrer

1 Jean Baptiste d'Arnouville.

gesellen. Aber ich bin zu gut, Ihr seid ein Ungläubiger, der nicht verdient, die Wunder zu erfahren, die neben ihm vorgehen.

Ich: Dessen ungeachtet, ich bitte Euch, wie war's mit dem Buch und den Fackeln?

Er: Nein, nein, wendet Euch ans Straßenpflaster, das wird Euch solche Dinge erzählen; und benutzt den Umstand, der uns zusammenbrachte, um Dinge zu erfahren, die niemand weiß als ich.

Ich: Ihr habt recht.

Er: Gewand und Perücke zu borgen! Ich hatte die Perücke des Siegelbewahrers vergessen. Sich eine Maske, die ihm gleicht, zu verschaffen! Die Maske besonders dreht mir den Kopf um. Auch steht dieser Mann in der größten Achtung, auch besitzt er Millionen. Es gibt Ludwigskreuze[1], die das Brot nicht haben; was laufen sie aber auch nach dem Kreuz mit Gefahr ihrer Glieder und wenden sich nicht zu einem Stand, der ohne Gefahr ist und niemals ohne Belohnung? Das heißt man, sich ums Große bemühen. Diese Muster nehmen einem den Mut, man bedauert sich selbst und hat Langeweile. Die Maske! die Maske! Einen meiner Finger gäbe ich drum, die Maske gefunden zu haben!

Ich: Aber mit diesem Enthusiasmus für die schönen Erfindungen, mit dieser Gewandtheit des Genies habt Ihr denn nichts erfunden?

Er: Verzeiht! zum Beispiel die bewundernde Stellung des Rückens, von der ich Euch sprach, die seh' ich als mein eigen an, ob sie mir gleich durch Neider könnte streitig gemacht werden. Man mag sie wohl vor mir angewendet haben; aber wer hat wohl gefühlt, wie bequem sie sei, eigentlich über den Toren zu lachen, den man bewundert? Ich habe mehr als

1 Croix de St. Louis: militärischer Orden Ludwigs XIV.

hundert Kunstgriffe, ein junges Mädchen an der Seite ihrer Mutter zu verführen, ohne daß es diese merkt, ja sogar mit dazu beiträgt. Kaum trat ich in die Laufbahn, als ich alle die gemeinen Manieren, Liebesbriefe zuzustecken, verachtete. Ich habe zehn Mittel, mir sie entreißen zu lassen, und unter diesen Mitteln gibt's manches neue, darf ich mir schmeicheln. Besonders besitze ich das Talent, junge schüchterne Männer aufzumuntern. Ich habe manchen angebracht, der weder Geist noch Gestalt hatte. Wäre das alles geschrieben, ich glaube, man würde mir wohl Genie zugestehn.

Ich: Für einen außerordentlichen Mann würdet Ihr gelten.

Er: Ich zweifle nicht.

Ich: An Eurer Stelle würf' ich das alles aufs Papier. Schade für die schönen Sachen, wenn sie verloren gehen sollten!

Er: Es ist wahr. Aber Ihr glaubt nicht, wie wenig mir Unterricht und Vorschriften gelten. Wer einer Anweisung bedarf, kommt nicht weit. Die Genies lesen wenig, treiben viel und bilden sich aus sich selbst. Bedenkt nur Cäsar, Turenne, Vauban, die Marquise Tencin, ihren Bruder den Kardinal und seinen Sekretär, den Abbé Trublet – und Bouret? Wer hat Bouret Lektion gegeben? Niemand. Die Natur bildet diese seltnen Menschen. Glaubt Ihr denn, daß die Geschichte des Hunds und der Maske irgendwo gedruckt ist?

Ich: Aber in verlornen Stunden, wenn die krampfhaften Bewegungen Eures leeren Magens oder die Anstrengungen des überfüllten Magens den Schlaf abhalten.

Er: Ich will darauf denken. Besser ist's, große Sachen zu schreiben, als kleine zu tun. Da erhebt sich die Seele, die Einbildungskraft erhitzt, entflammt, erweitert sich, anstatt daß sie sich zusammenzieht, wenn man sich in Gegenwart der kleinen Hus über die Albernheit des Publikums verwundern soll, das sich nun einmal in den Kopf setzt, den Zieraffen, die

Dangeville, mit Beifall zu überhäufen, die so platt spielt, gebückt auf dem Theater einhergeht, die immer dem in die Augen sieht, mit dem sie spricht, und ihre Grimassen für Feinheit hält, ihr Trippeln für Grazie; des Publikums, das die emphatische Clairon ebenso begünstigt, die magrer, zugestutzter, studierter, schwerfälliger ist als möglich. Das unfähige Parterre beklatscht sie, daß alles brechen möchte, und merkt nicht, daß wir ein Knaul von Zierlichkeiten sind. Es ist wahr, der Knaul nimmt ein wenig zu, aber was tut's? haben wir nicht die schönste Haut? die schönsten Augen, den schönsten Schnabel? freilich wenig Gefühl, einen Gang, der nicht leicht ist, doch auch nicht so linkisch, wie man sagt. Aber was die Empfindung betrifft, da ist keine, der wir nachgeben.

Ich: Was soll das heißen? Ist es Ironie oder Wahrheit?

Er: Das Übel ist, daß die Teufels-Empfindungen alle inwendig stecken und daß doch auch keine Dämmerung durchscheint. Aber ich, der mit Euch rede, ich weiß, und weiß gewiß, sie hat Gefühl. Und ist's nicht gerade das, so ist's etwas von der Art. Seht nur, wenn wir böser Laune sind, wie wir die Bedienten behandeln, wie Kammermädchen Ohrfeigen kriegen, wie wir mit heftigen Fußtritten die zufälligen Teile[1] zu treffen wissen, die sich einigermaßen vom schuldigen Respekt entfernen. Das ist ein kleiner Teufel, sage ich, ganz voll Gefühl und Würde... Nun! wie sieht's aus? Ihr wißt wohl nicht, woran Ihr seid. Nicht wahr?

Ich: Laßt mich bekennen: ich unterscheide nicht, ob Ihr redlicher- oder boshafterweise redet. Ich bin ein gerader Mann; seid so gut und geht aufrichtig mit mir zu Werke, laßt eure Kunst beiseite!

Er: So sprechen wir vor der kleinen Hus von der Dangeville

1 Les parties casuelles heißt zugleich »die zufälligen (außerordentlichen) Staatseinnahmen«, die Bertin unterstanden.

und der Clairon, hie und da mit einigen Worten gemischt, die anreizen. Mögt Ihr mich doch für einen Taugenichts halten, aber nicht für dumm. Nur ein dummer Teufel oder ein äußerst verliebter Mensch könnte im Ernst so viel Albernheiten vorbringen.

Ich: Und wie entschließt man sich, sie zu sagen?

Er: Das macht sich nicht auf einmal; aber nach und nach kommt man dazu. Ingenii largitor venter[1].

Ich: Man muß aber grimmigen Hunger haben.

Er: Das ist möglich. Indessen, so stark Euch das auch scheinen mag, jene sind mehr gewohnt, dergleichen zu hören, als wir, es zu sagen.

Ich: Ist denn einer, der sich untersteht, Eurer Meinung zu sein?

Er: Was heißt Ihr *einer*? Das ist die Gesinnung, die Sprache der ganzen Gesellschaft.

Ich: Die muß also aus Taugenichtsen und aus Dummköpfen bestehen.

Er: Dummköpfen? Ich schwöre Euch, es ist nur einer darunter, und zwar jener, der uns gastiert, damit wir ihn zum besten haben sollen.

Ich: Wie dürft Ihr es aber so grob machen? denn die Talente der Dangeville und Clairon sind entschieden.

Er: Man schlingt die Lüge, die uns schmeichelt, in vollen Zügen hinab und kostet Tropfen für Tropfen die Wahrheit, die uns bitter ist. Und dann haben wir auch so durchdrungene Mienen, ein so wahrhaftes Aussehn.

Ich: Und doch müßt Ihr einmal gegen die Grundsätze der Kunst gesündigt haben. Es müssen Euch einmal aus Versehn einige bittre Wahrheiten entwischt sein von solchen, die verletzen. Denn ungeachtet Eurer Rolle, die so elend, verwor-

1 Des Geistes Nährer ist der Magen. Persius, Prolog zu seinen Satiren 10, 11.

fen, niederträchtig und abscheulich ist, habt Ihr im Grunde eine zarte Seele.

Er: Ich? Keineswegs. Der Teufel hole mich, wenn ich im Grunde weiß, was ich bin. Im ganzen habe ich den Geist rund wie eine Kugel und den Charakter frisch wie eine Weide: niemals falsch, wenn es mein Vorteil ist, wahr zu sein; niemals wahr, wenn ich es einigermaßen nützlich finde, falsch zu sein. Ich sage die Sachen, wie sie mir ins Maul kommen: vernünftig, desto besser; ungehörig, man merkt nicht drauf. Ich spreche frei vor mich hin, ich habe niemals in meinem Leben gedacht, weder vor dem Reden, noch im Reden, noch nach dem Reden. Auch findet sich niemand beleidigt.

Ich: Aber das ist Euch doch mit den braven Leuten begegnet, mit denen Ihr lebtet und die für Euch so viel Güte hatten.

Er: Was wollt Ihr? Es ist ein Unglück, ein falscher Augenblick, wie es ihrer im Leben gibt. Kein Glück hält an. Mir ging es zu gut, das konnte nicht dauern. Wir haben, wie Ihr wißt, die zahlreichste, ausgesuchteste Gesellschaft; es ist eine Schule der Menschlichkeit, eine Erneuerung der alten Gastfreundschaft. Alle Poeten, die fallen, wir raffen sie auf. Wir hatten Palissot nach seiner ›Zarès‹, Bret nach dem ›Faux généreux‹, alle verschrienen Musiker, alle Schriftsteller, die man nicht liest, alle ausgepfiffenen Schauspielerinnen, alle ausgezischten Schauspieler, ein Haufen verschämter Armen, platte Schmarotzer, an deren Spitze ich mich zu stellen die Ehre habe, als wackrer Anführer eines furchtsamen Haufens. Das erstemal, wenn sie sich zeigen, muntre ich sie auf. Ich verlange zu trinken für sie. Nehmen sie doch gar so wenig Platz weg! Abgerissne junge Leute, die nicht wissen wohin, aber die eine Figur haben. Andre Schelme, die den Patron streicheln, um ihn einzuschläfern, um alsdann die Patronin zu umschweben. Wir scheinen munter; aber im Grunde haben wir alle bösen Humor und gewaltigen Appetit. Wölfe sind nicht heißhungriger, Tiger nicht grausamer. Wir verzehren wie Wölfe, wenn die Erde lange mit Schnee bedeckt war; wir zerreißen wie Tiger alles, was Glück macht. Manchmal vereinigen sich Bertin, Montsauge und Villemorien[1]; dann gibt es erst einen schönen Lärm im Tiergarten. Niemals sah man so viel traurige, übelwollende, übeltätige und erzürnte Bestien. Da hört man nur die Namen Buffon, Duclos, Montesquieu, Rousseau, Voltaire, d'Alembert, Diderot, und Gott weiß mit welchen Beinamen begleitet. Niemand hat Geist, wenn er nicht so abgeschmackt ist wie wir. Und so ist der Plan des Schauspiels ›Die Philosophen‹[2] erfunden worden. Die Szene des Büchertrödlers habe ich selbst geliefert, nach Anlaß der ›Rockentheologie‹[3] und Ihr seid nicht mehr geschont als ein andrer.

Ich: Desto besser! Vielleicht erzeigt man mir mehr Ehre, als ich verdiene. Ich wäre gedemütigt, wenn sie, die so viel Übles von geschickten und ehrlichen Leuten sprechen, sich einfallen ließen, von mir Gutes zu reden.

Er: Wir sind viele, und jeder muß seine Zeche bezahlen. Wenn die großen Tiere geopfert sind, dann kommt es an die andern.

Ich: Wissenschaft und Tugend angreifen, um zu leben, das ist sehr teures Brot.

Er: Ich sagte es Euch schon: wir sind ohne Konsequenz. Wir lästern alle Menschen und betrüben niemand. Manchmal

1 Die emporgekommenen Schwiegersöhne Bourets: der Generalpächter Montsauge und der Generalstallmeister der Posten Villemorien, beeinflußten durch ihre Clique die Theatererfolge. 2 Von Palissot (s.d.). 3 In den ›Philosophen‹ hausiert ein Trödler mit Diderots (Dortidius') Schriften, ein Einfall, der nicht von Palissot stammt, sondern aus des Jesuiten Bougeant Komödie »La femme docteur ou la Théologie janséniste tombée en quenouille« (an den Spinnrocken d. h. die weibliche Linie gefallen), 1731.

finden sich auch bei uns der schwerfällige Abbé d'Olivet, der dicke Abbé Le Blanc, der Heuchler Batteux. Der dicke Abbé ist nur boshaft vor Tafel, nach dem Kaffee wirft er sich in einen Sessel, die Füße gegen den Kaminsockel gestemmt; da schläft er ein wie ein alter Papagei auf der Stange. Wird aber der Lärm gewaltsam, dann gähnt er, dehnt sich, reibt die Augen und sagt: Nun, nun, was gibt's? – Es fragt sich, ob Piron mehr Geist habe als Voltaire? – Verstehn wir uns: Geist sagt Ihr, vom Geschmack ist nicht die Rede. Denn vom Geschmack ahnet Piron nicht das mindeste. – Nicht das mindeste? – Nein... Und nun geht eine Abhandlung über den Geschmack los. Der Patron macht ein Zeichen mit der Hand, daß man ihn höre: denn auf Geschmack glaubt er sich besonders zu verstehen. Der Geschmack, sagt er... der Geschmack ist ein Ding... Fürwahr, ich weiß nicht, für welch ein Ding er es ausgab; er wußt' es selbst nicht.

Manchmal haben wir Freund Robbé, der tischt uns seine zynischen Märchen auf von konvulsionären Wundern, wovon er Augenzeuge war[1]. Manchmal auch einen Gesang seines Gedichtes über einen Gegenstand, den er gründlich kennt. Ich hasse seine Verse, aber ich höre ihn gern lesen. Er hat das Ansehn eines Besessenen. Alle schreien um ihn her: das heißt doch ein Poet!... Unter uns, diese Poesie ist nichts als ein Charivari von allerlei konfusen Klängen, ein barbarisches Tongemisch der Erbauer des babylonischen Turmes. Auch kommt manchmal ein Pinselgesicht von plattem und dummem Ansehn, der aber Verstand wie ein Teufel hat und boshafter ist als ein alter Affe. Es ist eine von den Figuren, die zu Spöttereien und Nasenstübern reizen, die aber Gott zur Züchtigung der Menschen geschaffen hat, die nach der Gesichtsbildung urteilen und die ihr Spiegel hätte belehren

1 Die Angehörigen der jansenistischen Sekte der Konvulsionäre gerieten auf dem Grabe des Asketen François de Paris in Verzückungszustände.

sollen, daß es ebenso leicht ist, ein Mann von Geist zu sein und das Ansehn eines Dummkopfs zu haben, als den Dummkopf unter einer geistreichen Physiognomie zu verbergen. Es ist eine gemeine Niederträchtigkeit, andern zum Zeitvertreib einen Gutmütigen aufzuopfern, und gewöhnlich fällt man auf diesen. Dies ist eine Falle, die wir den Neuankommenden legen, und ich habe fast niemand gefunden, der nicht hineingetappt wäre.

Manchmal bewunderte ich die Richtigkeit der Bemerkungen dieses Narren über Menschen und Charaktere und gab es ihm zu verstehen. – Aus der schlechten Gesellschaft, antwortete er mir, läßt sich Vorteil ziehen wie aus der Liederlichkeit. Hier entschädigt uns der Verlust der Vorurteile wegen des Verlustes der Unschuld; in der Gesellschaft der Bösen, wo das Laster sich ohne Maske zeigt, lernt man sie kennen. – Er hat recht; aber ich habe auch ein wenig gelesen.

Ich: Was habt Ihr gelesen?

Er: Gelesen habe ich und lese, und unaufhörlich lese ich wieder Theophrast, La Bruyère und Molière.

Ich: Das sind vortreffliche Bücher.

Er: Sie sind viel besser, als man denkt; aber wer versteht sie zu lesen?

Ich: Jedermann, nach dem Maß seines Geistes.

Er: Fast niemand. Könnt Ihr mir sagen, was man darin sucht?

Ich: Unterhaltung und Unterricht.

Er: Aber welchen Unterricht? Denn darauf kommt es an.

Ich: Die Kenntnis seiner Pflichten, die Liebe der Tugend, den Haß des Lasters.

Er: Ich aber lerne daraus alles, was man tun soll, und alles, was man nicht sagen soll. Also wenn ich den ›Geizigen‹ lese, so sage ich mir: Sei geizig, wenn du willst; nimm dich aber in acht, wie ein Geiziger zu reden! Lese ich den ›Tartuffe‹, so sage ich mir: Sei ein Heuchler, wenn du willst; aber sprich nicht wie ein Heuchler. Behalte die Laster, die dir nützlich sind; aber bewahre dich vor dem Ton, vor den Äußerungen, die dich lächerlich machen würden. Und dich vor diesem Ton, diesen Äußerungen zu bewahren, mußt du sie kennen. Nun haben sie dir diese Autoren vortrefflich geschildert. Ich bleibe, was ich bin, aber ich handle und rede, wie sich's geziemt. Ich bin nicht von denen, die den Moralisten verachten. Es ist viel zu lernen, besonders bei denen, die die Moral in Handlung gesetzt haben. Das Laster beleidigt die Menschen nur von Zeit zu Zeit, die lasterhaften Charaktere beleidigen sie von morgens bis abends. Vielleicht wäre es besser, insolent zu sein, als so auszusehn. Ein insolenter Charakter verletzt nur manchmal, ein insolentes Ansehn verletzt immer. Übrigens bildet Euch nicht ein, daß ich der einzige Leser meiner Art sei. Ich habe hier kein andres Verdienst, als systematisch, durch richtigen Blick, eine vernünftige und wahre Ansicht das geleistet zu haben, was andre aus Instinkt tun. Daher kommt, daß ihr vieles Lesen sie nicht besser macht als mich und daß sie noch dazu lächerlich bleiben wider ihren Willen, anstatt daß ich's nur bin, wenn ich will, und sie alsdann weit hinter mir zurücklasse. Denn dieselbe Kunst, die mich lehrt, bei gewissen Gelegenheiten das Lächerliche vermeiden, lehrt mich bei andern, es glücklich erwischen. Dann erinnre ich mich an alles, was andre gesagt haben, an alles, was ich gelesen habe; und dann füg' ich noch alles hinzu, was auf meinem Grund und Boden wächst, der in dieser Art ganz erstaunliche Früchte trägt.

Ich: Ihr habt wohlgetan, mir diese Geheimnisse zu eröffnen, sonst hätte ich glauben müssen, Ihr widersprächt Euch selber.

Er: Ich widerspreche mir nicht: denn für einen Fall, wo man das Lächerliche zu vermeiden hat, gibt es glücklicherweise hundert, wo man sich's geben muß. Es gibt keine bessre Rolle bei den Großen als die Rolle der Narren. Lange gab es einen wirklich betitelten Narren des Königs; niemals hat jemand den Titel eines Weisen des Königs getragen. Ich bin der Narr Bertins und mehrerer andern, Eurer vielleicht in diesem Augenblick, vielleicht seid Ihr der meine. Wer weise wäre, hätte keine Narren; wer einen Narren hat, ist nicht weise, und ist er nicht weise, so ist er ein Narr, und vielleicht wäre der König der Narr seines Narren. Übrigens bedenkt, daß in einer so veränderlichen Sache, wie die Sitten sind, nichts absolut, wesentlich und allgemein wahr oder falsch ist, außer daß man sei, was unser Vorteil gebietet, gut oder böse, weise oder närrisch, anständig oder lächerlich, ehrbar oder lasterhaft. Wenn zufälligerweise die Tugend zum Glück geführt hätte, so wäre ich tugendhaft gewesen oder hätte die Tugend geheuchelt wie ein andrer. Man hat mich lächerlich haben wollen, und dazu habe ich mich gebildet. Bin ich lasterhaft, so hat die Natur allein den Aufwand gemacht. Wenn ich lasterhaft sage, so rede ich nur Eure Sprache. Denn wenn wir uns erklären wollten, so wäre wohl möglich, Ihr hießet Laster, was ich Tugend nenne, und was ich Laster nenne, Tugend. So kommen auch zu uns die Autoren der komischen Oper, ihre Schauspieler und Schauspielerinnen, öfter aber die Unternehmer, Corbie und Moette[1], alles Leute von Geschick und vorzüglichen Verdiensten.

Ach, ich vergaß die großen Kritiker der Literatur: l'Avant-Coureur, les Petites Affiches, l'Année littéraire, l'Oberservateur littéraire, le Censeur hebdomadaire, das ganze Gezücht der Blättler.

Ich: Die Année littéraire, der Observateur littéraire? Das ist nicht möglich, die verabscheuen sich.

1 Die Direktoren der Opéra comique bis 1762.

Er: Das ist wahr, aber alle Bettler versöhnen sich um den hölzernen Suppennapf. Der verfluchte Observateur littéraire[1], daß der Teufel ihn und seine Blätter geholt hätte! Das ist der Hund, der kleine geizige Priester, der stinkende Wucherer, der Ursache ist an meinem Unglück. Gestern erschien er zum erstenmal an unserm Horizont, zur Stunde, die uns alle aus unsern Löchern treibt, zur Stunde des Mittagessens. Glücklich, wenn es schlechtes Wetter ist, glücklich derjenige unter uns, der ein Vierundzwanzig-Sous-Stück in seiner Tasche hat, um den Wagen zu bezahlen. Da spottet man wohl über seinen Mitbruder, der bis an das Rückgrat schmutzig und bis auf die Knochen genetzt erscheint, und kommt abends doch wohl selbst ebenso zugerichtet in seine Wohnung zurück. Ja, es war einmal einer, der vor einigen Monaten einen heftigen Streit mit dem Savoyarden unserer Türe hatte. Sie standen auf Rechnung miteinander; der Gläubiger wollte bezahlt sein, der Schuldner war nicht bei Gelde und konnte doch nicht hinauf, ohne durch jenes Hände gegangen zu sein.

Es wird aufgetragen, man erzeigt dem Abbé die Ehre, ihn obenan zu setzen. Ich trete hinein und werde ihn gewahr. – Wie, sagte ich, Abbé, Ihr präsidiert? Das ist gut für heute; aber morgen, wenn's Euch beliebt, rückt Ihr um einen Teller herunter, und so immer von Teller zu Teller, bis Ihr von dem Platz, den ich auch einmal eingenommen, Fréron einmal nach mir, Dorat einmal nach Fréron, Palissot einmal nach Dorat, bis Ihr endlich stationär werdet neben mir armen platten Schuft Euresgleichen che siedo sempre come un maestoso cazzo fra duoi coglioni[2].

1 Sein Herausgeber Abbé de la Porte, auf der Seite der Enzyklopädisten stehend, war die Ursache, daß Rameaus Neffe bei Bertin und der Hus in Ungnade fiel. 2 der ich immer wie eine majestätische Dirne zwischen zwei geilen Böcken throne.

Der Abbé, ein guter Teufel, der alles leicht nimmt, lachte dazu; auch Mademoiselle, von der Wahrheit meiner Bemerkung und der Richtigkeit meiner Vergleichung durchdrungen, lachte gleichfalls. Alle, die neben ihm zur Rechten und Linken saßen, oder die er um einen Kerbschnitt heruntergedrängt hatte, fingen an zu lachen. Alle Welt lacht, ausgenommen der Herr, der böse wird und mir Reden hält, die nichts bedeutet hätten, wenn wir allein gewesen wären. – Rameau, Ihr seid ein impertinenter Bursche! – Ich weiß es: denn auf diese Bedingung habt Ihr mich aufgenommen. – Ein Schuft! – Wie ein andrer. – Ein Bettler! – Wäre ich sonst hier? – Ich werde Euch hinauswerfen lassen. – Nach Tische werde ich von selbst gehen. – Das rat' ich Euch ... Man speiste, und ich verlor keinen Bissen. Nachdem ich gut gegessen und reichlich getrunken hatte – denn im ganzen wäre es nicht mehr noch weniger gewesen, Messer Gaster[1] ist eine Person, mit der ich niemals getrutzt habe – jetzt entschloß ich mich und schickte mich an zum Weggehen: denn ich hatte doch in Gegenwart von so vielen mein Wort verpfändet, daß ich's wohl halten mußte. Ich brauchte viel Zeit, um in dem Zimmer herum nach Hut und Stock zu suchen, wo sie nicht waren. Immer dacht' ich, der Patron würde sich abermals in Schimpfwörtern auslassen, jemand würde als Mittelsperson auftreten, und wir würden uns zuletzt vor lauter Zanken wieder versöhnen. Ich drehte mich und drückte mich: denn ich hatte nichts auf dem Herzen. Aber der Patron, düstrer und schwärzer als Apollo beim Homer, da er seine Pfeile unter das Heer der Griechen schießt, die Mütze noch einmal so tief als gewöhnlich eingedrückt, ging im Zimmer hin und wieder, die Faust unter dem Kinn. Mademoiselle nahte sich mir: Aber, Mademoiselle, was gibt's denn besonders? War ich denn heute von

1 »Der Herr Magen« (Rabelais).

Diese Übereinkunft, besteht sie nicht zwischen dem Menschen und seinem Affen und seinem Papagei?

Was erhebt Lebrun[1] für ein Geschrei, daß Palissot, sein Tischgenoß, sein Freund, gegen ihn Spottreime gemacht hat. Palissot hat Spottreime machen müssen, und Lebrun hat unrecht. Poinsinet erhebt ein lautes Geschrei, daß Palissot ihm die Reime gegen Lebrun aufbürdet. Palissot hat Poinsineten die Reime aufbürden müssen, die er gegen Lebrun gemacht hat, und Poinsinet hat unrecht. Der kleine Abbé Rey[2] erhebt ein lautes Geschrei, daß sein Freund Palissot ihm seine Mätresse weggeschnappt hat, zu der er ihn einführte. Er hätte Palissot nicht bei seiner Mätresse einführen sollen, oder er mußte sich gleich entschließen, sie zu verlieren. Palissot hat seine Schuldigkeit getan, und der Abbé Rey hat unrecht. Mag Helvetius ein lautes Geschrei erheben, daß Palissot ihn als einen schlechten Mann aufs Theater bringe[3], ihn, dem Palissot noch Geld schuldig ist, das er ihm borgte, um sich kurieren zu lassen, sich zu nähren, sich zu kleiden. Sollte sich der Wohltäter eine andre Behandlung erwarten von seiten des Mannes, der mit allen Arten von Schändlichkeiten befleckt ist, der zum Zeitvertreib seinen Freund die Religion abschwören läßt[4], der sich der Güter seiner Gesellen bemächtigt, der weder Treue noch Gesetz noch Gefühl kennt, der nach dem Glück läuft per fas et nefas[5], der seine Tage nach seinen Verbrechen zählt, der sich selbst auf dem Theater als einen der gefährlichsten Schelmen dargestellt hat – eine Unverschämtheit, wovon schwerlich ein Beispiel vorhanden ist, noch sich künftig finden wird. Nein, es ist also nicht Palissot,

1 Ein Schriftsteller. 2 Unbekannt, wohl irgendein Weltgeistlicher. 3 als Valére in den ›Philosophen‹. 4 Palissot hatte Poinsinet ein angeblich protestantisches Glaubensbekenntnis beschwören lassen, damit dieser preußischer Prinzenerzieher würde. 5 durch Recht oder Unrecht – mit allen Mitteln.

es ist Helvetius, der unrecht hat. Wenn man einen jungen Burschen aus der Provinz in den Tiergarten von Versailles bringt und er aus Dummheit die Hand durchs Gitter zum Tiger oder Panther hineinstreckt und der Bursche seinen Arm in dem Rachen des wilden Tieres läßt, wer hat dann unrecht? Das alles ist im stillschweigenden Vertrag enthalten. Desto schlimmer für den, der ihn nicht kennt oder vergißt!

Wie viele Menschen lassen sich nicht durch diesen allgemeinen und heiligen Vertrag entschuldigen, die man der Bosheit anklagt, indessen daß man nur sich der Dummheit anklagen sollte! Ja, dicke Gräfin, Ihr habt Schuld, wenn Ihr um Euch her solches Volk versammelt, das man in Eurer Sprache Espèces nennt. Wenn diese Espècen[1] Euch Schlechtigkeiten begehen und Euch zu Schlechtigkeiten verleiten und ehrliche Leute gegen Euch aufbringen, so tun die Rechtlichen, was sie sollten, und die Espècen auch. Ihr habt unrecht, sie aufzunehmen. Lebte Bertinus ruhig und still mit seiner Geliebten, hätten sie sich durch die Rechtlichkeit ihres Charakters rechtliche Bekanntschaften erworben, hätten sie um sich her talentvolle Männer berufen, durch ihre Tugenden bekannte Männer, hätten sie einer kleinen erlesenen und erleuchteten Gesellschaft die Stunden aufbewahrt, die sie der Süßigkeit, zusammen zu sein, sich zu lieben und sich's im stillen zu sagen, entziehen mochten, glaubt Ihr, daß man gute oder schlimme Märchen auf sie gemacht hätte? Aber was ist ihnen begegnet? Was sie verdienten. Sie sind wegen ihrer Unklugheit gestraft. Uns hatte die Vorsehung von Ewigkeit her bestimmt, Gerechtigkeit zu üben am jedesmaligen Bertin, und wer uns unter unsern Enkeln gleicht, ist bestimmt, Gerechtigkeit zu üben an den Montsauges und Bertins der Zukunft. Aber indessen wir ihre gerechten Beschlüsse an der Albernheit vollstrecken, was würdet Ihr sagen, die Ihr uns

1 Menschen ohne Bedeutung, »Typen«.

darstellt, wie wir sind, und jene gerechten Ratschlüsse an uns vollstreckt, wenn wir verlangten, daß wir mit schändlichen Sitten der allgemeinen Achtung genießen sollten? Nicht wahr, daß wir toll sind? Aber jene, die ein rechtliches Betragen von seiten lasterhafter Menschen, weggeworfner und niedriger Charaktere erwarten, sind denn die klug? Alles erhält seinen wahren Lohn in dieser Welt. Es gibt zwei Generalprokuratoren: einer, der Euch aufpaßt und die Verbrechen gegen die Gesellschaft bestraft; die Natur ist der andre. Diese kennt alle Laster, welche den Gesetzen entwischen. Überlaßt Euch der Liederlichkeit, Ihr werdet wassersüchtig. Seid Ihr ein Trunkenbold, so werdet Ihr lungensüchtig. Öffnet Eure Türe dem Lumpengesindel und lebt mit ihnen, Ihr werdet verraten, ausgepfiffen und verachtet sein. Das kürzeste ist, sich diesen billigen Urteilen unterwerfen und sich sagen, man schüttle seine Ohren, man verbessre sich oder man bleibe, was man ist; aber auf obige Bedingungen.

Ich: Ihr habt recht.

Er: Übrigens, was die bösen Märchen betrifft, ich erfinde keins. Ich halte mich an die Rolle des Umträgers. Sie sagen, vor einiger Zeit – – –

(Hier erzählt Rameau von seinen Wohltätern ein skandalöses Märchen, das zugleich lächerlich und infamierend ist, und seine Mißreden erreichen ihren Gipfel.)

Ich: Ihr seid ein Polisson[1]. Laßt uns von was anderm reden. Seitdem wir schwätzen, habe ich eine Frage auf den Lippen.

Er: Warum haltet Ihr sie so lange zurück?

Ich: Weil ich fürchtete, zudringlich zu sein.

Er: Nach dem, was ich Euch offenbart habe, wüßt' ich nicht, was ich noch geheim vor Euch haben könnte.

Ich: Ihr zweifelt nicht, was ich von Eurem Charakter halte?

1 Schmutzfink (franz.).

Er: Keineswegs. Ich bin in Euern Augen ein sehr verworfnes Wesen, ich bin es auch in den meinigen; aber selten, und ich wünsche mir öfter zu meinen Lastern Glück, als daß ich mich deshalb tadle. Ihr seid beständiger in Eurer Verachtung.

Ich: Es ist wahr. Mir Eure ganze Schändlichkeit zu zeigen!

Er: Kanntet Ihr doch schon einen guten Teil, und ich glaubte, mehr zu gewinnen als zu verlieren, wenn ich Euch den Überrest bekannte.

Ich: Und wie das, wenn's beliebt?

Er: Wenn es bedeutend ist, *sublim* in irgendeiner Art zu sein, so ist es besonders im Bösen. Man spuckt auf einen kleinen Schelm, aber man kann einem großen Verbrecher eine Art Achtung nicht verweigern. Sein Mut setzt Euch in Erstaunen, seine Grausamkeit macht Euch zittern, man ehrt überall die Einheit des Charakters.

Ich: Aber diese schätzbare Einheit des Charakters habt Ihr noch nicht. Ich finde Euch von Zeit zu Zeit wankend in Euern Grundsätzen. Es ist ungewiß, ob Ihr bösartig von Natur oder durch Bemühung seid, und ob Euch die Bemühung so weit geführt hat als möglich.

Er: Ihr mögt recht haben; aber ich habe mein Bestes getan. Bin ich nicht bescheiden genug, vollkommnere Wesen über mir zu erkennen? Habe ich Euch nicht von Bouret mit der tiefsten Bewunderung gesprochen? Bouret ist der erste Mensch in der Welt nach meiner Meinung.

Ich: Aber unmittelbar nach Bouret kommt Ihr?

Er: Nein!

Ich: Also Palissot?

Er: Freilich Palissot, aber nicht Palissot allein.

Ich: Und wer kann wohl wert sein, die zweite Stelle mit ihm zu teilen?

Er: Der Renegat von Avignon[1].

1 Unbekannt.

Ich: Vom Renegaten von Avignon habe ich niemals reden hören, aber es muß ein erstaunlicher Mann sein.

Er: Das ist er auch.

Ich: Die Geschichte großer Personen hat mich immer interessiert.

Er: Ich glaube es wohl. Dieser lebte bei einem guten, redlichen Abkömmling Abrahams, deren dem Vater der Gläubigen eine den Sternen gleiche Anzahl versprochen ward.

Ich: Bei einem Juden?

Ich: Bei einem heimlichen Juden. Erst hatte er das Mitleiden, dann das Wohlwollen, dann ein völliges Zutrauen zu gewinnen verstanden. Wir zählen dergestalt auf unsre Wohltaten, daß wir selten unser Geheimnis dem verschweigen, den wir mit Güte überfüllten. Wie soll's nun da keine Undankbaren geben, wenn wir den Menschen der Versuchung aussetzen, es ungestraft sein zu können? Das ist eine richtige Betrachtung, die unser Jude nicht anstellte. Er vertraute deshalb dem Renegaten, daß er mit gutem Gewissen kein Schweinefleisch essen könne. Hört nun, was ein fruchtbarer Geist aus diesem Bekenntnis zu bilden vermochte. Einige Monate gingen vorbei, und unser Renegat verdoppelte seine Aufmerksamkeit. Als er nun seinen Juden durch so viel Mühe genugsam gerührt, eingenommen, überzeugt hatte, daß kein bessrer Freund in allen Stämmen Israels zu suchen sei... Bewundert mir die Vorsichtigkeit des Menschen! Er eilt nicht, er läßt den Apfel reif werden, ehe er den Ast schüttelt. Zuviel Lebhaftigkeit konnte das Projekt zerstören: denn gewöhnlich entsteht die Größe des Charakters aus einem natürlichen Gleichgewicht mehrerer entgegengesetzten Eigenschaften.

Ich: Ich erlasse Euch Eure Betrachtungen, fahrt in der Geschichte fort.

Er: Das geht nicht. Es sind Tage, wo ich Betrachtungen anstellen muß. Das ist eine Krankheit, die man ihrem Lauf zu überlassen hat. Wo war ich denn?

Ich: Bei der genauen Verbindung des Juden und des Renegaten.

Er: Nun war der Apfel reif... Aber Ihr hört mir nicht zu; auf was sinnt Ihr?

Ich: Ich sinne über die Ungleichheit Eures Tons. Ihr sprecht bald hoch, bald tief.

Er: Kann die Stimme eines Lasterhaften eine Einheit haben?... Endlich abends kommt er zu seinem guten Freund mit zerstörter Miene, gebrochener Stimme, totenbleichem Gesicht, an allen Gliedern zitternd. – Was habt Ihr? – Wir sind verloren! – Verloren, und wie? – Verloren, sage ich, verloren ohne Rettung! – Erklärt Euch. – Geduld einen Augenblick, daß ich mich von meinem Schrecken erhole! – So erholt Euch! sagte der Jude, anstatt ihm zu sagen: Du bist ein abgefeimter Spitzbube. Ich weiß nicht, was du für Nachricht bringst; aber du bist ein Spitzbube. Du spielst den Erschrokkenen.

Ich: Und warum sollte der Jude so sagen?

Er: Weil der Renegat in seiner Verstellung das Maß überschritten hatte. Das ist klar für mich. Unterbrecht mich nicht weiter. – Wir sind verloren, verloren ohne Rettung... Fühlt Ihr nicht die Affektation dieses wiederholten verloren?... Ein Verräter hat uns bei der Inquisition angegeben, Euch als Juden, mich als Renegaten, als infamen Renegaten. – Seht, wie der Spitzbube nicht errötet, sich der verhaßtesten Ausdrücke zu bedienen. Es braucht mehr Mut, als man denkt, um sich seinen wahren Titel zu geben. Ihr wißt nicht, was es kostet, um dahin zu gelangen.

Ich: Freilich nicht. Aber der infame Renegat?

Er: Ist falsch; aber seine Falschheit scheint sehr künstlich.

Der Jude erschrickt, reißt sich den Bart aus, wälzt sich an der Erde. Er sieht die Häscher an seiner Türe, er sieht sich mit dem San Benito geziert, er sieht sein Autodafé bereitet – Mein Freund, mein zärtlicher, mein einziger Freund, was zu tun? – Betragt Euch mit der größten Ruhe und Sicherheit, betragt Euch wie gewöhnlich. Die Prozedur des Tribunals ist heimlich, aber langsam; benutzt die Frist, um alles zu verkaufen. Ich miete oder lasse durch einen Dritten ein Schiff mieten; ja durch einen Dritten, das wird das beste sein. Wir bringen Euer Vermögen dahin: denn auf Euer Vermögen ist es vorzüglich angesehn. Und so wollen wir beide unter einem andern Himmel die Freiheit suchen, unserm Gott zu dienen, und in Sicherheit dem Gesetz Abrahams und unsres Gewissens gehorchen. Das Wichtigste in der gefährlichen Lage, in der wir uns befinden, ist, ja nichts Unkluges zu begehen... Gesagt, getan. Das Schiff ist gemietet, mit Lebensmitteln und Matrosen versehen, das Vermögen des Juden ist an Bord. Morgen mit Anbruch des Tages fahren sie ab und können nun munter zu Nacht essen und sicher schlafen. In der Nacht steht der Renegat auf, nimmt des Juden Brieftasche, seinen Beutel, seine Juwelen, begibt sich an Bord, und weg ist er. Und Ihr denkt wohl, das ist alles. Denkt Ihr? Ich sehe, Ihr seid der Sache nicht gewachsen. Ich, als man mir dieses Geschichtchen erzählte, riet ich gleich, was ich Euch verschwieg, um Euern Scharfsinn auf die Probe zu stellen. Ihr habt wohlgetan, ein ehrlicher Mann zu sein: denn Ihr wärt nur ein Schelmchen geblieben. Bis jetzt ist der Renegat nichts weiter; es ist ein verächtlicher Schuft, dem niemand gleichen möchte. Aber das Erhabene seiner Bosheit zeigt sich erst darin, daß er selbst seinen Freund, den Israeliten, angegeben hatte, daß die Inquisition diesen bei seinem Erwachen in Empfang nahm und nach einigen Tagen ein Lustfeuerchen mit ihm anstellte, und so war der Renegat ruhiger Besitzer des Vermögens dieses verfluchten Abkömmlings derer, die unsern Herrn gekreuzigt haben.

Ich: Ich weiß nicht, wovor ich mich mehr entsetzen soll, vor der Verruchtheit des Renegaten oder vor dem Ton, mit dem Ihr davon sprecht.

Er: Das ist, was ich Euch sagte. Die Schrecklichkeit der Handlung hebt Euch über die Verachtung weg. Das ist die Ursache meiner Aufrichtigkeit. Ihr solltet einsehen, wie hoch ich in meiner Kunst stehe, Ihr solltet bekennen, daß ich wenigstens original in meiner Erniedrigung sei, und solltet mich in Eurem Kopf in die Reihe der großen Taugenichtse setzen – dann wollt' ich rufen: Vivat Mascarillus forbum imperator[1]! Nun lustig, Herr Philosoph, Chorus! Vivat Mascarillus forbum imperator!

(Und nun führte er einen ganz sonderbaren fugierten Gesang auf. Bald war die Melodie ernst und majestätisch, bald leicht und flatterhaft, bald ahmte er den Baß nach, bald eine Oberstimme, bezeichnete mit Armen und verlängertem Hals die gehaltnen Stellen, komponierte, führte sich selbst ein Triumphlied auf, wobei man wohl sah, daß er sich besser auf gute Musik als auf gute Sitten verstand. Ich wußte nicht, sollte ich bleiben oder fliehen, lachen oder mich entrüsten. Ich blieb in der Absicht, die Unterhaltung auf irgendeinen Gegenstand zu lenken, der aus meiner Seele den Abscheu, wovon sie erfüllt war, vertreiben könnte. Die Gegenwart eines Menschen fing mir an, unerträglich zu werden, der eine schreckliche Tat, ein abscheuliches Verbrechen eben behandelte wie ein Kenner der Malerei oder Poesie die Schönheiten irgendeines vortrefflichen Werkes, oder ein Moralist, ein Historiker die Umstände einer heroischen Handlung erhebt und lebhaft darstellt. Wider meinen Willen ward ich finster. Er bemerkte es und sagte:) Was habt Ihr? Befindet Ihr Euch übel?

1 Es lebe Mascarille, der König der Schufte.

Ich: Ein wenig; aber das geht vorüber.

Er: Ihr habt das grämliche Ansehn eines Menschen, der von beschwerlichen Gedanken gepeinigt wird.

Ich: So ist's auch.

(Nachdem wir beide einen Augenblick geschwiegen hatten, indem er pfeifend und singend auf und nieder ging, sagte ich, um ihn auf sein Talent zurückzuführen:) Was macht Ihr jetzt?

Er: Nichts!

Ich: Das ist sehr ermüdend.

Er: Ich war schon dumm genug; nun habe ich diese Musik von Duni und andern jungen Komponisten gehört, die mich ganz närrisch macht.

Ich: Billigt Ihr denn diese Art?

Er: Ganz gewiß.

Ich: Und Ihr findet Schönheit in diesen neuen Gesängen?

Er: Ob ich Schönes drin finde? Bei Gott, dafür stehe ich Euch. Wie ist das deklamiert! Welche Wahrheit, welcher Ausdruck!

Ich: Alles Nachgeahmte hat sein Muster in der Natur. Was ist das Muster des Tonkünstlers, wenn er einen Gesang hervorbringt?

Er: Warum nehmt Ihr die Sache nicht höher? Was ist denn ein Gesang?

Ich: Gesteh' ich Euch, diese Frage geht über meine Kräfte. So sind wir alle. Wir haben im Gedächtnis nur Worte, die wir zu verstehen glauben, weil wir uns ihrer oft bedienen und sie sogar richtig anwenden. So haben wir auch im Verstand nur unbestimmte Begriffe. Sprech' ich das Wort Gesang aus, so habe ich davon keinen bestimmtern Begriff als Ihr und die meisten Euresgleichen, wenn sie aussprechen: Reputation, Schande, Ehre, Laster, Tugend, Scham, Anstand, Beschämung, Lächerliches.

Er: Der Gesang ist eine Nachahmung durch Töne einer

durch Kunst erfundenen oder, wenn es Euch beliebt, durch Natur eingegebenen Tonleiter, sie werde nun durch Stimmen oder Instrumente dargestellt, eine Nachahmung physischer Laute oder leidenschaftlicher Töne; und Ihr seht, daß mit gehöriger Veränderung sich die Definition der Malerei, der Redekunst, der Skulptur und Poesie wohl anpassen ließe. Nun, auf Eure Frage zu kommen: was ist das Muster des Musikers oder des Gesanges? Es ist die Deklamation, wenn das Muster lebendig und empfindend ist; es ist der Klang, wenn das Muster unbelebt ist. Man muß die Deklamation wie eine Linie ansehen, und den Gesang wie eine andre Linie, die sich um die erste herschlängelt. Je mehr diese Deklamation, Muster des Gesangs, stark und wahr ist, an je mehr Punkten der Gesang, der sich ihr gleichstellt, sie durchschneidet, desto wahrer, desto schöner wird er sein. Und das haben unsre jungen Musiker gar wohl gefühlt. Wenn man hört: ›Je suis un pauvre diable‹[1], so glaubt man die Klage eines Geizigen zu vernehmen. Sänge er nicht, so würde er in denselbigen Tönen zur Erde sprechen, wenn er ihr sein Gold vertraut und zu ihr sagt: ›O terre, reçois mon trésor‹[2]. Und nun das kleine Mädchen, das sein Herz klopfen fühlt, das rot wird, sich verwirrt und den gnädigen Herrn bittet, sie loszulassen, würde sie sich anders ausdrücken? In diesen Werken gibt es die verschiedensten Charaktere, eine unendliche Mannigfaltigkeit von Deklamation; das ist vortrefflich. Ich sag' es Euch. Geht! geht, die Arie zu hören, wo der junge Mann, der sich sterben fühlt, ausruft: ›Mon cœur s'en va‹[3]! Hört den Gesang, hört die Begleitung und sagt mir nachher, welch ein Unterschied sei zwischen den wahren Tönen eines Sterbenden und

1 ›Ich bin ein armer Teufel‹. 2 ›O Erde, empfange meinen Schatz‹. Beides Arien aus Dunis »Isle des Fous« (»Insel der Tollhäusler«.) 3 ›Mein Herz stirbt‹. Aus des Schachspielers Danican-Philidor komischer Oper »Le Maréchal ferrant« (»Der Hufschmied«).

der Wendung dieses Gesangs. Ihr werdet sehen, daß die Linie der Melodie ganz mit der Linie der Deklamation zusammenfällt. Ich rede nicht von dem Takt, der auch eine Bedingung des Gesangs ist, ich halte mich an den Ausdruck, und es ist nichts Wahreres als folgende Stelle, die ich irgendwo gelesen habe: Musices seminarium accentus, der Akzent ist die Pflanzschule der Melodie[1]. Und darum überlegt nur, wie schwer und bedeutend es ist, ein gutes Rezitativ schreiben zu können. Es gibt keine schöne Arie, woraus man nicht ein schönes Rezitativ machen könnte, kein schönes Rezitativ, daraus ein geschickter Mann nicht eine schöne Arie ziehen sollte. Ich möchte nicht behaupten, daß einer, der gut rezitiert, auch gut singen werde; aber ich wäre sehr verwundert, wenn der, der gut singt, nicht gut rezitieren sollte. Und glaubt nur alles, was ich Euch da sage: denn es ist wahr.

Ich: Von Herzen gern, wenn ich nur nicht durch eine kleine Bedenklichkeit abgehalten würde.

Er: Und diese Bedenklichkeit?

Ich: Wenn eine solche Musik sublim ist, so muß die des göttlichen Lulli, des Campra, des Destouches, des Mouret und, unter uns gesagt, des lieben Onkels ein wenig platt sein.

Er (sich meinem Ohre nähernd): Ich wollte nicht, daß man mich hörte – denn hier sind viele Leute, die mich kennen. Sie ist's auch. Ich rede leise, nicht, weil ich mich um den lieben Onkel bekümmere, den Ihr immer lieb heißen mögt! Aber von Stein ist er, und wenn mir die Zunge ellenlang aus dem Halse hinge, so gäbe er mir kein Glas Wasser. Nun mag er's auch mit der Oktave und Septime probieren: Hon, hon; hin, hin; tu, tu, tu; turlututu, und dem sämtlichen Teufelslärm. Alle, die anfangen, sich darauf zu verstehen, und die das Getöse nicht mehr für Musik nehmen, werden sich niemals mehr daran

1 Martianus Capella, Satiricon.

befriedigen. Ja, wenn man durch eine Polizeiverordnung den Personen aller Art und Standes verbieten könnte, das Stabat von Pergolese singen zu lassen! Das Stabat sollte man durch die Hand des Henkers verbrennen. Wahrhaftig, diese verfluchten Schalksnarren mit ihrer ›Servante maîtresse‹, mit ihrem ›Tracollo‹[1] haben uns einen gewaltigen Rippenstoß gegeben. Ehmals gingen ›Tancrède, Issé, Europe galante[2], Les Indes, Castor, Les Talents lyriques‹[3] vier, fünf, sechs Monate, die Vorstellungen ›Armidens‹[4] wollten gar nicht endigen. Jetzt fällt das alles übereinander wie Kartenmänner. Auch speien Rebel und Francoeur[5] deshalb Feuer und Flamen. Sie sagen, alles gehe verloren, sie seien zugrunde gerichtet, und wenn man länger diese Jahrmarktsänger dulde, so sei die Nationalmusik zum Teufel, und die königliche Akademie im Sackgäßchen[6] könne nur ihren Laden zumachen. Es ist wohl was Wahres dran. Die alten Perücken, die seit dreißig, vierzig Jahren alle Freitage zusammenkommen, anstatt sich wie sonst unterhalten zu sehen, haben Langeweile und gähnen, ohne zu wissen warum. Sie fragen sich und wissen nicht warum. Warum wenden sie sich nicht an mich? Dunis Weissagung wird erfüllt werden, und den Weg, den das nimmt, will ich sterben, wenn in vier oder fünf Jahren, vom ›Peintre amoureux de son modèle‹ an gerechnet, die Herren im berühmten Sackgäßchen nicht völlig auf den Hefen[7] sind. Die guten Leute haben ihre Symphonien aufgegeben, um italienische Symphonien zu spielen. Sie haben geglaubt, ihre

1 Buffo-Opern von Pergolese. 2 ›Tancrède‹ und ›Europe galante‹; Opern von Campra, ›Issé‹: Oper von Destouches. 3 ›Castor und Pollux‹ eine lyrische Tragödie, ›Les Indes galantes‹ und ›Les Talents lyriques‹ Ballette von Rameau. 4 Oper von Lulli. 5 Dirigenten an der Großen Oper. 6 Die Königliche Akademie der Musik war identisch mit dem Staatsinstitut der Großen Oper; ihr Gebäude befand sich, bis es 1763 abbrannte, an einer nach ihr benannten Sackgasse im Palais Royal (W. v. Oettingen). 7 Am Boden.

Ohren sollten sich an diese gewöhnen, ohne daß der bisherigen Vokalmusik Eintrag geschähe, eben als wenn die Symphonie sich nicht zum Gesang verhielte – abgezogen ein wenig Leichtfertigkeit, wozu der Umfang des Instruments, die Beweglichkeit der Finger einen wohl verleiten kann – wie sich der Gesang zur natürlichen Deklamation verhält. Ist der Violinist nicht der Affe des Sängers, der, wenn künftig das Schwere an die Stelle des Schönen treten wird, sich gewiß zum Affen des Violinisten macht? Der erste, der etwas von Locatelli spielte, war der Apostel der neuen Musik. Man heftet uns nichts mehr auf. Man wird uns an die Nachahmung der leidenschaftlichen Akzente, der Natur-Akzente, durch Gesang und Stimme und durchs Instrument gewöhnen: denn das ist der ganze Umfang musikalischer Gegenstände. Und wir sollten unsern Geschmack für Aufflüge, Lanzen, Glorien, Triumphe, Viktorien behalten?[1] Va-t'en voir s'ils viennent, Jean[2]. Sie haben sich eingebildet, sie wollten weinen oder lachen in musikalischen Tragödien oder Komödien, man könnte vor ihre Ohren die Akzente der Wut, des Hasses, der Eifersucht, die wahren Klagen der Liebe, die Schalkheiten und Scherze des italienischen oder französischen Theaters bringen, und sie könnten fortfahren, ›Ragonde‹[3] und ›Platée‹[4] zu bewundern. Die Herren schneiden sich gewaltig. Sie bilden sich ein, sie könnten erfahren und empfinden, mit welcher Leichtigkeit, welcher Biegsamkeit, welcher Weichheit die Harmonie, die Prosodie, die Ellipsen, die Inversionen der italienischen Sprache sich der Kunst anbieten, der Bewegung, dem Ausdruck, den Wendungen des Gesangs, dem gemessenen Wert der Töne, und könnten dabei fernerhin ignorieren, wie ihre Sprache schroff, dumpf, schwerfällig,

1 Anspielung auf Rameaus Opern. 2 ›Sieh zu, ob sie kommen, Hans‹, d.h. ›man wird abwarten müssen‹, Refrain eines Liedes von Houdard de la Motte. 3 Oper Mourets. 4 Ballett Rameaus.

schwer, pedantisch und eintönig ist. Eh! ja ja! Warum nicht gar! Sie haben sich überredet, daß, nachdem sie Tränen mit den Tränen einer Mutter über den Tod eines Sohnes vergossen, nachdem sie beim Befehl eines mordgebietenden Tyrannen gezittert, daß sie nicht Langeweile haben würden bei ihrer Feerei, bei ihrer abgeschmackten Mythologie, bei ihren kleinen süßlichen Madrigalen, welche nicht weniger den bösen Geschmack des Poeten als den Jammer der Kunst bezeichnen, die sich so etwas gefallen läßt. Gute Leute! So ist's nicht und kann's nicht sein. Das Wahre, das Gute, das Schöne haben ihre Gerechtsame. Man bestreitet sie, aber man endigt mit Bewunderung. Was nicht mit diesem Stempel bezeichnet ist, man bewundert's eine Zeitlang, aber man endigt mit Gähnen. So gähnt denn, liebe Herren, gähnt nach Bequemlichkeit und laßt euch nicht stören. Das Reich der Natur setzt sich ganz sachte fest, das Reich meiner Dreieinigkeit, gegen welche die Pforten der Hölle nichts vermögen. Das Wahre, das der Vater ist, der das Gute zeugt, das der Sohn ist, aus dem das Schöne hervorgeht, das der heilige Geist ist. Dieser fremde Gott setzt sich bescheiden auf den Altar an die Seite des Landesgötzen. Nach und nach gewinnt er Platz, und an einem hübschen Morgen gibt er mit dem Ellbogen seinem Kameraden einen Schub, und Bauz! Baradauz! der Götze liegt am Boden. So sollen die Jesuiten das Christentum in China und in Indien gepflanzt haben, und Eure Jansenisten mögen sagen, was sie wollen, diese politische Methode, die zum Zweck führt, ohne Lärm, ohne Blutvergießen, ohne Märtyrer, ohne *einen* ausgerauften Schopf, dünkt mich die beste.

Ich: Es ist etwas Vernunft in allem, was Ihr da sagt.

Er: Vernunft? desto besser. Der Teufel hole mich, wenn ich darauf ausgehe. Das kommt gelegentlich. Bin ich doch wie die Musiker in der Sackgasse, als mein Onkel erschien. Treff' ich's, meinetwegen. Ein Köhlerjunge wird immer besser von seinem Handwerk sprechen als eine Akademie und alle Duhamels der Welt.

(Und dann spaziert er auf und ab und murmelt einige Arien aus der ›Île des Fous‹, dem ›Peintre amoureux de son modèle‹, dem ›Maréchal ferrant‹, der ›Plaideuse‹, und von Zeit zu Zeit ruft er mit aufgehobenen Augen und Händen aus:)

Ob das schön ist? bei Gott! ob das schön ist? Ob man ein Paar Ohren am Kopf haben und eine solche Frage tun kann? – (Nun ward er wieder leidenschaftlich und sang ganz leise, dann erhob er den Ton, nach Maßgabe, wie er sich mehr passionierte, dann kamen die Gebärden, das Verziehen des Gesichts und das Verzerren des Körpers. Nun sagte ich: Gut! er verliert den Kopf und eine neue Szene ist zu erwarten. – Wirklich bricht er auf einmal singend los:) Je suis un pauvre misérable... Monseigneur, Monseigneur, laissez-moi partir!... O terre, reçois mon or, conserve bien mon trésor, mon âme, mon âme, ma vie! O terre!... Le voilà, le petit ami! Aspettar e non venire... A Zerbina penserete... Sempre in contrasti con te si sta[1]... (Er häufte und verwirrte dreißig Arien, italienische, französische, tragische, komische, von aller Art Charakter. Bald mit einem tiefen Baß stieg er bis in die Hölle, dann zog er die Kehle zusammen, und mit einem Fistelton zerriß er die Höhe der Lüfte, und mit Gang, Haltung, Gebärde ahmte er die verschiedenen singenden Personen nach, wechselsweise rasend, besänftigt, gebieterisch und spöttisch. Da ist ein kleines Mädchen, das weint,

1 ›Ich bin ein armer Teufel... Edler Herr, edler Herr, laßt mich gehn... O Erde, empfange mein Gold, hüte meinen Schatz, meine Seele, meine Seele, mein Leben! O Erde!... Da ist der kleine Freund! Erwarten und nicht kommen... An Zerbina sollt ihr denken... Immer gibt es Streit mit dir...‹ Die französischen Stellen sind Dunis »Isle des Fous«, die italienischen Pergoleses »Serva padrona« entnommen.

und er stellt die ganze kleine Ziererei vor. Nun ist er Priester, König, Tyrann, er droht, befiehlt, erzürnt sich; nun ist er Sklave und gehorcht. Er besänftigt sich, er verzweifelt, beklagt sich und lacht, immer im Ton, im Takt, im Sinn der Worte, des Charakters, des Betragens.

Alle die Schachspieler hatten ihre Bretter verlassen und sich um ihn versammelt; die Fenster des Kaffeezimmers waren von außen durch Vorbeigehende besetzt, welche der Lärm angehalten hatte. Es war ein Gelächter, daß die Decke hätte bersten mögen. Er ward nichts gewahr, er fuhr fort, ergriffen von einer solchen Entfremdung des Geistes, einem Enthusiasmus so nahe an der Tollheit, daß es ungewiß ist, ob er sich erholen wird, ob man ihn nicht in einen Mietwagen werfen und gerade ins Tollhaus führen muß, indem er ein Stück der ›Lamentationen‹ des Jomelli singt. Hier wiederholte er mit einer Präzision, einer Wahrheit, einer unglaublichen Wärme die schönste Stelle jeder Abteilung; das schöne obligate Rezitativ, wo der Prophet die Zerstörung Jerusalems malt, brachte er unter einem Strom von Tränen vor, und kein Auge blieb trocken. Mehr war nicht zu verlangen an Zartheit des Gesangs, an Stärke des Ausdrucks und des Schmerzes. Er verweilte besonders bei den Stellen, wo sich der Tonkünstler vorzüglich als großen Meister bewiesen hatte. Verließ er den Teil des Gesangs, so ergriff er die Instrumente, und die verließ er wieder schnell, um zur Stimme zurückzukehren, eins ins andre verschlingend, daß die Verbindung, die Einheit des Ganzen erhalten wurde. So bemächtigte er sich unsrer Seelen und hielt sie in der wunderbarsten Lage schwebend, die ich jemals empfunden habe. Bewunderte ich ihn? Ja, ich bewunderte. War ich gerührt und mitleidig? Ich war gerührt und mitleidig, doch ein lächerlicher Zug war in diese Gefühle verschmolzen und nahm ihnen ihre Natur.

Aber ihr wärt in Lachen ausgebrochen über die Art, wie er

die verschiedenen Instrumente nachmachte. Mit aufgeblasenen, strotzenden Wangen und einem rauhen, dunkeln Ton stellte er Hörner und Fagott vor, einen schreienden, näselnden Ton ergriff er für das Hautbois; mit unglaublicher Geschwindigkeit übereilte er seine Stimme, die Saiten-Instrumente darzustellen, deren Tönen er sich aufs genaueste anzunähern suchte; er pfiff die kleinen Flöten, er kollerte die Querflöte, schrie, sang mit Gebärden eines Rasenden und machte ganz allein die Tänzer, die Tänzerinnen, die Sänger, die Sängerinnen, ein ganzes Orchester, ein ganzes Operntheater, sich in zwanzig verschiedene Rollen teilend, laufend, innehaltend, mit der Gebärde eines Entzückten, mit blinkenden Augen und schäumendem Munde.

Es war eine Hitze zum Umkommen, und der Schweiß, der den Runzeln seiner Stirne, der Länge seiner Wange folgte, vermischte sich mit dem Puder seiner Haare, rieselte und befurchte den Oberteil seines Kleides. Was begann er nicht alles! Er weinte, er lachte, er seufzte, blickte zärtlich, ruhig oder wütend. Es war eine Frau, die in Schmerz versinkt, ein Unglücklicher, seiner ganzen Verzweiflung hingegeben, ein Tempel, der sich erhebt, Vögel, die beim Untergang der Sonne sich im Schweigen verlieren. Bald Wasser, die an einem einsamen und kühlen Orte rieseln, oder als Gießbäche von Bergen herabstürzen, ein Gewitter, ein Sturm, die Klage der Umkommenden, vermischt mit dem Gezisch der Winde, dem Lärm des Donners, es war die Nacht mit ihren Finsternissen, es war der Schatten und das Schweigen; denn selbst das Schweigen bezeichnet sich durch Töne. Er war ganz außer sich. Erschöpft von Anstrengung, wie ein Mann, der aus einem tiefen Schlaf oder aus einer langen Zerstreuung hervortritt, blieb er unbeweglich, stumpf, erstaunt. Nun kehrt er seine Blicke um sich her, wie ein verwirrter Mensch, der den Ort, wo er sich befindet, wiederzuerkennen sucht. Er erwartet die Rückkehr seiner Kräfte, seines Bewußtseins, er trocknet maschinenmäßig sein Gesicht. Gleich einem, der beim Erwachen sein Bett von einer großen Menge Personen umgeben fände, so in einem völligen Vergessen, in einem tiefen Unbewußtsein dessen, was er getan hat, ruft er im ersten Augenblick:) Nun, meine Herren, was gibt's, was lacht Ihr? was erstaunt Ihr? was gibt's denn?... (Dann setzte er hinzu:) Das heißt man eine Musik, einen Musiker. Indessen verachte man nicht gewisse Gesänge des Lulli. Die Szene ›J'attendrai l'aurore‹[1] mache man besser, ohne die Worte zu verändern. Ich fordre jedermann auf. Verachte man nicht einige Stellen von Campra, die Violinstücke meines Onkels, seine Gavotten, seine kriegerischen Märsche, seine Priester- und Opferzüge. ›Pâles flambeaux. Nuit plus affreuse que les ténèbres... Dieux du Tartare. Dieu de l'oubli‹[2]...

(Da verstärkte er seine Stimme und hielt die Töne gewaltsam aus. Die Nachbarn steckten die Köpfe durch die Fenster, wir steckten unsre Finger in die Ohren. Er sagte:)

Hier muß man Lungen haben, ein großes Organ, Luft genug. Aber Himmelfahrt ist da, Fasten und Dreikönige sind vorbei, und sie wissen noch nicht, was sie in Musik setzen sollen, und daher auch nicht, was dem Tonkünstler frommt. Die lyrische Poesie soll noch geboren werden, aber sie kommen schon noch dazu, hören sie nur genug den Pergolese, den Sachsen[3], Terradellas[4], Traetta und andre, lesen sie nur Metastasio wiederholt, so kommen sie schon dazu.

1 ›Ich will die Morgenröte abwarten‹ aus Lullis Oper ›Roland‹. 2 ›Fahle Fackeln. Nacht, fürchterlicher als die ewige Finsternis... Götter der Unterwelt. Gott des Vergessens...‹ aus Rameaus Oper ›Castor und Pollux‹. 3 Johann Adolf Hasse, 1699-1783, aus Bergedorf bei Hamburg, Sänger, Opern- und Oratorien-Komponist. 4 Domingo Terradellas, 1711-51, Opernkomponist aus Barcelona.

Ich: Und wie? Hätten Quinault, La Motte, Fontenelle nichts davon verstanden?

Er: Nichts, was wir brauchen könnten. Es sind nicht sechs Verse hintereinander in allen ihren allerliebsten Gedichten, die man in Musik setzen könnte. Es sind geistreiche Sprüche, zärtliche, zarte Madrigale. Aber um zu wissen, wie leer das von Hilfsmitteln für unsre Kunst ist, für die gewaltsamste der Künste, selbst die Kunst des Demosthenes nicht ausgenommen, laßt Euch solche Stücke vorlesen, und sie erscheinen Euch kalt, ohnmächtig, eintönig: denn nichts ist drin, was dem Gesang zur Unterlage dienen könnte. Ebensogern komponierte ich die ›Maximen‹ des Rochefoucauld und die ›Gedanken‹ des Pascal. Der tierische Schrei der Leidenschaft hat die Reihe zu bezeichnen, die uns frommt. Diese Ausdrücke müssen übereinander gedrängt sein, die Phrase muß kurz sein, der Sinn abgeschnitten, schwebend, damit der Musiker über das Ganze sowohl wie über die Teile herrsche, ein Wort auslasse oder wiederhole, eins hinzufüge, das ihm fehlt, das Gedicht wenden und umwenden könne wie einen Polypen, ohne das Gedicht zu zerstören. Das macht die französische lyrische Poesie viel schwerer als in Sprachen, welche Umwendungen zulassen und von selbst diese Bequemlichkeiten darbieten... ›Barbare, cruel, plonge ton poignard dans mon sein; me voilà prête à recevoir le coup fatal; frappe, ose... Ah! je languis, je meurs... Un feu secret s'allume dans mes sens... Cruel amour, que veux-tu de moi? Laisse-moi la douce paix dont j'ai joui... Rends-moi la raison[1]!... Die Leidenschaften müssen stark sein. Die Zärt-

1 ›Barbar, Grausamer, senke deinen Dolch in mein Herz; sieh mich bereit, den Todesstoß zu empfangen; stoß zu, wage es... Ach, ich vergehe, ich sterbe... ein heimliches Feuer entbrennt in meinen Sinnen... Grausame Liebe, was willst du von mir? Laß mir den süßen Frieden, den ich genoß... gib mir die Vernunft zurück...‹ Stellen aus Opernszenen.

lichkeit des lyrischen Poeten und des Musikus muß extrem sein. Die Arie ist fast immer am Schluß einer Szene. Wir brauchen Ausrufungen, Interjektionen, Suspensionen[1], Unterbrechungen, Bejahungen, Verneinungen, wir rufen, wir flehen, wir schreien, wir seufzen, wir weinen, wir lachen von Herzen. Keinen Witz, keine Sinngedichte, keine hübschen Gedanken, das ist zu weit von der einfachen Natur. Und glaubt nur ja nicht, daß das Spiel der Theaterkünstler und ihre Deklamation uns zum Muster dienen könne. Pfui doch! Wir müssen es kräftiger haben, weniger manieriert, wahrer. Einfache Gespräche, die gemeine Stimme der Leidenschaft sind uns um so nötiger, als unsre Sprache monotoner ist und weniger Akzent hat. Der tierische Schrei, der Schrei des leidenschaftlichen Menschen bringt ihn hervor.

(Indessen er so zu mir sprach, hatte sich die Menge verlaufen, die uns erst umgab, entweder weil sie nichts verstand oder wenig teil an seiner Rede nahm – denn gewöhnlich mag das Kind sich lieber unterhalten als sich unterrichten – und so waren sie denn wieder an ihrem Spiel und wir in unserm Winkel allein. Auf einer Bank sitzend, den Kopf wider die Mauer gelehnt, die Arme hängend, die Augen halb geschlossen, sagte er zu mir:)

Ich weiß nicht, wie mir ist; als ich hierher kam, war ich frisch und froh, und nun bin ich zerbrochen und zerschlagen, als wenn ich zehn Meilen gemacht hätte, das hat mich schnell angepackt.

Ich: Wollt Ihr etwas Erfrischungen?

Er: Recht gern. Ich bin heiser, die Kraft entgeht mir, und ich fühle einige Brustschmerzen. Das begegnet mir fast alle Tage so, ohne daß ich weiß warum...

Ich: Was beliebt Euch?

1 Verzögerungen zur Verstärkung der Wirkung.

Er: Was Euch gefällt. Ich bin nicht lecker. Der Mangel hat mich gelehrt, mir alles gefallen zu lassen...

(Man brachte uns Bier und Limonade. Er füllte ein großes Glas, leerte es zwei- oder dreimal. Dann wie ein erquickter Mensch hustet er stark, ruckt sich zusammen und fährt fort:)

Aber meint Ihr nicht auch, Herr Philosoph, ist es nicht ein recht sonderbarer Fall, daß ein Fremder, ein Italiener, ein Duni kommen muß, uns erst zu lehren, wie unsrer Musik ein Ausdruck zu geben sei, wie unser Gesang sich allen Bewegungen, allen Taktarten, allen Pausen, allen Deklamationen fügen könne, und das, ohne die Prosodie zu verletzen. Und es war doch kein Meer auszutrinken. Wer von einem Bettler auf der Straße um Almosen angesprochen wurde, wer einen Mann vom Zorn hingerissen, ein eifersüchtiges rasendes Weib gehört hatte, einen verzweifelten Liebhaber, einen Schmeichler, ja einen Schmeichler, der seinen Ton sanft macht, seine Silben zieht mit einer Honigstimme, genug, jede Leidenschaft, es sei welche es wolle, wenn sie nur durch ihre Kraft verdiente, ein Vorbild des Musikus zu sein – ein solcher hätte zwei Dinge gewahr werden sollen: einmal, daß die langen und kurzen Silben keine bestimmte Dauer haben, nicht einmal einen bestimmten Bezug unter ihrer wechselseitigen Dauer, daß die Leidenschaft mit der Prosodie verfährt fast wie es ihr gefällt, daß sie die größten Intervalle trifft, daß der, welcher im höchsten Schmerze ausruft: Wehe mir Unglücklichen! die ausrufende Silbe auf den höchsten und schärfsten Ton trägt und alsdann in tieferen und schwächeren Tönen herabsteigt in die Oktave oder ein größeres Intervall und einem jeden Ton die Quantität gibt, die der Wendung der Melodie zuspricht, ohne daß das Ohr beleidigt werde, ohne daß die lange oder kurze Silbe die Länge oder Kürze des ruhigen Gesprächs behalten habe. Welchen Weg haben wir nicht gemacht, seitdem wir die Parenthese Armidens: ›Le vainqueur de Renaud (si quelqu'un le peut être)[1]‹, das ›Obéissons sans balancer[2]‹ aus dem ›Galanten Indien[3]‹ als Wunder musikalischer Deklamation anführten? Jetzt zuck' ich bei diesen Wundern die Achseln. Bei dem Schwunge, wie die Kunst vorwärts geht, weiß ich nicht, wohin sie gelangen kann. Indessen, trinken wir eins!

(Er trank zwei-, dreimal, ohne zu wissen, was er tat, und war auf dem Wege, sich zu ersäufen, wie er sich erschöpft hatte, ohne es zu bemerken, hätte ich nicht die Flasche weggesetzt, die er zerstreut am vorigen Orte suchte. Da sagte ich zu ihm:)

Wie kommt's, daß, mit einem so feinen Gefühl, einer so großen Reizbarkeit für die Schönheiten musikalischer Kunst, Ihr so blind gegen sittliche Schönheit sein könnt, so gefühllos für den Reiz der Tugend?

Er: Wahrscheinlich, weil es für diese einen Sinn gibt, den ich nicht habe, eine Fiber, die mir nicht gegeben ist, eine erschlaffte Fiber, die man immer kneipen mag und die nicht schwirrt. Oder habe ich vielleicht immer mit guten Musikern und schlechten Menschen gelebt, und mein Ohr ist dadurch fein, mein Herz aber taub geworden? und sollte nicht auch etwas in der Familie liegen? Das Blut meines Vaters und meines Onkels ist dasselbe Blut, und das meine dasselbe Blut wie meines Vaters. Die väterliche Erbfaser war hart und stumpf, und diese verfluchte erste Grundfaser hat sich alles Übrige angeglichen.

Ich: Liebt Ihr Euer Kind?

Er: Ob ich's liebe? Den kleinen Wilden bis zur Narrheit.

Ich: Und bemüht Ihr Euch nicht ernstlich, bei ihm die Wirkung der verfluchten väterlichen Faser zu hemmen?

1 ›Der Sieger über Renaud (falls einer es vermag).‹ 2 ›Gehorchen wir‹, ohne zu wanken.‹ 3 Ballett Rameaus.

Er: Das würde, deucht mir, eine sehr unnütze Arbeit sein. Ist er bestimmt, ein rechtlicher Mann zu werden, so würde ich nicht schaden; aber wollte die Urfaser, daß er ein Taugenichts würde wie der Vater, so wäre die sämtliche Mühe, ihn zu einem ehrlichen Manne zu machen, ihm sehr schädlich. Indem die Erziehung immer den Hang der Erbfaser durchkreuzt, so würde er, wie durch zwei entgegengesetzte Kräfte gezogen, den Weg des Lebens nur schwankend gehen, wie man deren so viele sieht, die sich gleich linkisch im Guten wie im Bösen benehmen. Das heißen wir Espècen; von allen Spitznamen ist dies der fürchterlichste, denn er bezeichnet die Mittelmäßigkeit und drückt die höchste Stufe der Verachtung aus. Ein großer Taugenichts ist ein großer Taugenichts, aber er ist kein Espèce. Käme ich nun meinem Sohn durch Erziehung die Quere, so verlör' er seine schönsten Jahre, ehe die väterliche Faser sich wieder in ihre Rechte gesetzt und ihn zu der vollkommenen Verworfenheit gebracht hätte, zu der ich gekommen bin. Aber ich tue jetzt nichts, ich lasse ihn gehen, ich betrachte ihn: er ist schon gefräßig, zudringlich, schelmisch, faul, verlogen – ich fürchte, er wird nicht aus der Art schlagen.

Ich: Und Ihr werdet einen Musikus aus ihm machen, damit ja nichts an der Ähnlichkeit fehle?

Er: Einen Musikus, einen Musikus! Manchmal betracht' ich ihn und knirsche mit den Zähnen und sage: Solltest du jemals eine Note kennen, ich glaube, ich drehte dir den Hals um.

Ich: Und warum das, wenn's beliebt?

Er: Das führt zu nichts.

Ich: Das führt zu allem.

Er: Ja, wenn man vortrefflich ist; aber wer kann sich von seinem Kinde versprechen, daß es vortrefflich sein wird? Zehntausend gegen eins, er wird nur ein elender Saitenkratzer werden wie ich. Wißt Ihr, daß vielleicht eher ein Kind zu finden wäre, ein Königreich zu regieren, einen großen König daraus zu machen, als einen großen Violinspieler?

Ich: Mir scheint, daß angenehme Talente, selbst mittelmäßig ausgeübt, bei einem sittenlosen, in Liederlichkeit und Aufwand verlornen Volke einen Menschen sehr geschwind auf dem Wege des Glückes fördern. Ich selbst habe einer Unterredung beigewohnt zwischen einer Espèce von Beschützer und einer Espèce von Beschütztem. Dieser war an jenen als einen gefälligen Mann empfohlen, der ihm wohl dienen könne. – Mein Herr, was versteht Ihr? – Ich verstehe Mathematik so ziemlich. – So unterrichtet in der Mathematik! Und wenn Ihr Euch zehn bis zwölf Jahre auf dem Pflaster von Paris werdet beschmutzt haben, so habt Ihr drei- bis vierhundert Livres Renten erworben. – Ich habe das Recht studiert und bin ziemlich darin bewandert. – Kämen Pufendorf und Grotius auf die Welt zurück, sie stürben vor Hunger an einem Prallstein. – Ich weiß recht gut die Geschichte und Geographie. – Gäbe es Eltern, denen die Erziehung ihrer Kinder am Herzen läge, so wäre Euer Glück gemacht; aber es gibt keine. – Ich bin ein guter Musikus. – Und warum sagtet Ihr das nicht gleich? Und um Euch zu zeigen, was man aus diesem Talente für Vorteil ziehen kann: ich habe eine Tochter, kommt alle Abende von halb sieben bis neun, gebt ihr Unterricht, und ich gebe Euch fünfundzwanzig Louisdor des Jahrs. Ihr frühstückt, speist, nehmt das Vesper- und Abendbrot mit uns. Der Überrest Eures Tags gehört Euch, und Ihr verwendet ihn zu Eurem Vorteil.

Er: Und der Mann, was ist aus ihm geworden?

Ich: Wäre er klug gewesen, so hätte er sein Glück gemacht, das einzige, was Ihr im Auge zu haben scheint.

Er: Freilich! Nur Gold, nur Gold! Gold ist alles, und das übrige ohne Gold ist nichts. Auch hüte ich mich, meinem Knaben den Kopf mit schönen Grundsätzen vollzupfropfen, die er vergessen müßte, wenn er nicht ein Bettler bleiben wollte; dagegen sobald ich einen Louisdor besitze, das mir nicht oft begegnet, stelle ich mich vor ihn hin, ziehe das Goldstück aus meiner Tasche, zeige es ihm mit Verwunderung, hebe die Augen gen Himmel und küsse das Geld; und ihm noch besser begreiflich zu machen, wie wichtig das heilige Stück sei, so lalle ich ihm, so zeige ich mit dem Finger alles, was man sich anschaffen kann, ein hübsches Röckchen, ein hübsches Mützchen, einen guten Biskuit. Dann steck' ich den Louisdor in die Tasche, ich spaziere mit Übermut, ich hebe den Schoß meiner Weste auf, ich schlage mit der Hand auf die Tasche und so mache ich ihm begreiflich, daß diese Sicherheit, die er an mir bemerkt, von dem Louisdor sich herschreibt.

Ich: Man kann's nicht besser. Aber wenn es begegnete, daß er, tief durchdrungen von dem Wert der Goldstücke, gelegentlich eines Tages...

Er: Ich verstehe Euch. Darüber muß man die Augen zudrücken. Es gibt ja auch keinen moralischen Grundsatz, der nicht seine Unbequemlichkeit hätte, und wenn das Schlimmste zum Schlimmen kommt, so ist es eine böse Viertelstunde, und dann ist alles vorbei.

Ich: Auch nach so mutigen und weisen Ansichten bestehe ich noch auf meinem Glauben, daß es gut wäre, ihn zum Musiker zu machen. Ich weiß kein Mittel, sich geschwinder den Großen zu nähern, ihren Lastern zu dienen und aus den seinigen Vorteil zu ziehen.

Er: Es ist wahr. Aber ich habe Projekte, die noch schneller und sicherer guten Erfolg versprechen. Ach, wenn's nur ebensowohl ein Mädchen wäre! Aber da man nicht tun kann, was man will, so muß man nehmen, was kommt, den besten Vorteil daraus ziehen und nicht deshalb auf dumme Weise, wie die meisten Väter, die nichts Schlimmers tun könnten, wenn sie aufs Unglück ihrer Kinder studiert hätten, einem Kinde, das in Paris zu leben bestimmt ist, die lakedämonische Erziehung geben. Ist unsre Erziehung schlimm, so sind die Sitten meiner Nation schuld dran, nicht ich. Verantwort' es, wer kann. Mein Sohn soll glücklich sein oder, was auf eins hinauskommt, geehrt, reich und mächtig. Ich kenne ein wenig die leichtesten Wege, zu diesem Zweck zu gelangen, und ich will ihn früh genug damit bekannt machen. Tadelt Ihr mich, Ihr andern Weisen, so wird die Menge und der Erfolg mich lossprechen. Er wird Gold besitzen, ich sag's Euch, und wenn er genug besitzt, so wird ihm nichts ermangeln, selbst Eure Achtung nicht und Eure Ehrfurcht.

Ich: Ihr könntet Euch irren.

Er: Oder er bekümmert sich nichts drum, wie andere mehr...

(Hierin war nun freilich gar viel von dem, was man denkt, wonach man sich beträgt, aber was man nicht ausspricht; und das ist denn der auffallendste Unterschied zwischen meinem Manne und den meisten Menschen, die uns umgeben. Er bekannte die Laster, die ihm anhingen, die auch andern anhängen; aber er war kein Heuchler; er war nicht abscheulicher als jene, er war nur offener und folgerechter, manchmal profunder in seiner Verderbnis. Ich zitterte, wozu sein Knabe unter einem solchen Lehrer werden könnte; denn gewiß, bei einer Erziehung, die so genau nach unsern Sitten gebildet war, mußte er weit gehn, wenn ihm nicht frühzeitig Einhalt geschah.)

Er: O, fürchtet nichts. Der bedeutende, der schwere Punkt, bei dem ein guter Vater besonders verweilen soll, ist nicht etwa, daß er seinem Knaben die sämtlichen Laster überliefre, die ihn reich machen, die Lächerlichkeiten, wodurch er den Großen unschätzbar wird; das weiß die ganze Welt, wenn nicht systematisch wie ich, doch nach Beispiel und einzelnem Unterricht. Nein, der Hauptpunkt ist, ihm das rechte Maß zu bezeichnen, die Kunst, sich der Schande, der Entehrung, den Gesetzen zu entziehen; das sind Dissonanzen in der gesellschaftlichen Harmonie, diese muß man wissen anzubringen, vorzubereiten, zu retten. Nichts ist so platt als eine Reihe vollkommener Akkorde. Es muß etwas geben, das anrege, das den Strahlenbündel trenne und ihn in Farben zerstreue.

Ich: Sehr gut! Durch diesen Vergleich führt Ihr mich von den Sitten abermals zur Musik, von der ich mich wider meinen Willen entfernt hatte. Ich danke Euch; denn um nichts zu verbergen: ich liebe Euch mehr als Musiker denn als Moralist.

Er: Und doch stehe ich in der Musik sehr untergeordnet und sehr hoch in der Moral.

Ich: Daran zweifle ich; aber wenn es wäre, so bin ich ein einfacher Mann, und Eure Grundsätze sind nicht die meinigen.

Er: Desto schlimmer für Euch. Ach, besäß' ich nur Eure Talente!

Ich: Laßt meine Talente und gedenken wir der Euren.

Er: Ja, wenn ich mich nur ausdrücken könnte wie Ihr. Aber ich spreche einen verteufelten Mischmasch, halb wie Weltleute und Gelehrte und halb wie die Marktweiber.

Ich: Ich rede übel. Ich weiß nur die Wahrheit zu sagen; und das greift nicht immer, wie Ihr wißt.

Er: Es ist auch nicht, um die Wahrheit zu sagen, aber um die Lüge gut zu sagen, daß ich mir Euer Talent wünsche. Wüßt' ich nur zu schreiben, ein Buch zu schnüren, eine Dedikation zu wenden, einen Narren recht von seinem Verdienste trunken zu machen, mich bei den Weibern einzuschmeicheln!

Ich: Das alles wißt Ihr tausendmal besser als ich. Ich wäre nicht einmal wert, Euer Schüler zu sein.

Er: Wieviel große Eigenschaften, deren Preis Ihr nicht erkennt!

Ich: Den Preis, den ich drauflege, erwerbe ich auch.

Er: Wäre das wahr, so trügt Ihr nicht diesen groben Rock, diese Zeugweste, diese baumwollnen Strümpfe, diese schweren Schuhe und diese alte Perücke.

Ich: Ihr habt recht. Man muß sehr ungeschickt sein, wenn man nicht reich ist und sich doch alles erlaubt, um es zu werden. Aber es gibt Leute wie ich, die den Reichtum nicht als das Kostbarste auf der Welt betrachten. Wunderliche Leute!

Er: Sehr wunderliche Leute! Mit dieser Ansicht wird man nicht geboren, man gibt sie sich: denn sie ist nicht in der Natur.

Ich: Des Menschen?

Er: Des Menschen. Alles, was lebt, und so auch der Mensch, sucht sein Wohlsein auf Kosten dessen, der was hergeben kann; und ich bin sicher, wenn ich meinen kleinen Wilden gehn ließe, ohne daß ich ihm irgend etwas sagte, würde er reiche Kleider verlangen, reichliche Nahrung, Wertschätzung der Männer, Liebe der Frauen, alles Glück des Lebens auf sich vereinigt.

Ich: Wäre der kleine Wilde sich selbst überlassen und bewahrte seine ganze Schwäche, vereinigte mit der geringen Vernunft des Kindes in der Wiege die Gewalt der Leidenschaften des Mannes von dreißig Jahren, so bräch' er seinem Vater den Hals und entehrte seine Mutter.

Er: Das zeigt die Notwendigkeit einer guten Erziehung, und wer bestreitet sie? Was ist denn aber eine gute Erziehung, als die zu allen Arten Genuß führt ohne Gefahr und Ungelegenheit?

Ich: Beinahe könnt' ich Euch beipflichten; aber wir wollen uns vor einer Erkältung hüten.

Er: Warum?

Ich: Weil ich fürchte, die Übereinstimmung ist nur scheinbar, und wollten wir bestimmen, was denn für Gefahren und Ungelegenheiten zu vermeiden sind, so verstehn wir uns nicht mehr.

Er: Und was tut's denn?

Ich: Lassen wir das! was ich davon weiß, werde ich Euch nicht lehren, und leichter unterrichtet Ihr mich in dem, was Ihr von der Musik versteht und ich nicht weiß. Lieber Rameau, laßt uns von Musik reden und sagt mir: wie kommt's, daß Ihr mit der Leichtigkeit, die schönsten Stellen der großen Meister zu fühlen, im Gedächtnis zu behalten, sie mit dem Enthusiasmus, den sie Euch einflößen, wiederzugeben und andere wieder zu entzücken – wie kommt's, daß Ihr nichts gemacht habt, das etwas wert sei?

Er: (Anstatt mir zu antworten, zuckte er mit dem Kopf, hob den Finger gen Himmel und rief:)

Und das Gestirn, das Gestirn! Als die Natur Leo, Vinci[1], Pergolese, Duni bildete, da lächelte sie; ein ernsthaftes und gebietrisches Gesicht machte sie, als sie den lieben Onkel Rameau hervorbrachte, den man während zehn Jahren den großen Rameau wird genannt haben und von dem man bald nicht mehr sprechen wird. Als sie aber seinen Vetter zusammenraffte, da schnitt sie eine Fratze und wieder eine Fratze und noch eine Fratze. (Als er das sagte, schnitt er verschiedene Gesichter; es war Verachtung, Geringschätzung, Ironie. Er schien ein Stück Teig zwischen seinen Fingern zu kneten und lächelte über die lächerlichen Formen, die er ihm gab. Hierauf warf er die seltsame Pagode weg und sagte:) So machte sie mich und warf mich neben andre Pagoden, einige mit dicken, wohlgesättigten Bäuchen, kurzen Hälsen, glotzenden, vorlie-

1 Leonardo Leo und Leonardo da Vinci: neapolitanische Komponisten zu Beginn des 18. Jahrhunderts.

genden Augen von apoplektischem Ansehn. Auch krumme Hälse gab's, und dann trockne Figuren, mit lebhaftem Auge und einer Habichtnase. Alle wollten sich zu Tode lachen, indem sie mich sahen, und ich setzte meine Fäuste in die Seiten und wollte mich zu Tode lachen, als ich sie sah. Denn die Toren und Narren haben Freude aneinander, sie suchen sich, sie ziehen sich an. Hätte ich da bei meiner Ankunft nicht das Sprichwort schon fertig gefunden: Das Geld der Narren ist das Erbteil der Gescheiten, mir wäre man's schuldig geworden. Ich fühlte, die Natur hatte mein Erbteil in den Beutel der Pagoden gelegt, und ich versuchte tausend Mittel, um es wieder zu erhaschen.

Ich: Ich kenne diese Mittel. Ihr habt mir davon gesprochen. Ich habe sie sehr bewundert; aber bei so viel Fähigkeiten, warum versuchtet Ihr nicht ein schönes Werk?

Er: Das ist gerade, wie ein Weltmann zum Abbé Le Blanc sagte. Der Abbé sagte: Die Marquise von Pompadour nimmt mich auf die Hand und trägt mich bis an die Schwelle der Akademie; da zieht sie ihre Hand weg, ich falle und breche beide Beine. – Der Weltmann antwortete: Ihr solltet Euch zusammennehmen, Abbé, und die Türe mit dem Kopf einstoßen. – Der Abbé versetzte: Das habe ich eben versucht, und wißt Ihr, was ich davontrug? Eine Beule an der Stirn.

(Nach diesem Geschichtchen ging mein Mann mit hängendem Kopf einher, nachdenklich und niedergeschlagen. Er seufzte, weinte, jammerte, erhub Hände und Augen, schlug den Kopf mit der Faust, daß ich dachte, er würde Stirn oder Finger beschädigen. Dann setzte er hinzu:) Mir scheint, es ist doch was da drinnen. Aber ich mag schlagen und schütteln, wie ich will, nichts kommt heraus. (Dann begann er wieder den Kopf zu schütteln, die Stirn gewaltig zu schlagen und sagte:) Entweder ist niemand drinnen, oder man will mir nicht antworten.

(Nach einem Augenblick zeigte er ein mutiges Ansehn, erhob den Kopf, legte die rechte Hand aufs Herz, ging und sagte:) Ich fühle, ja ich fühle... (Er stellte einen Menschen vor, der böse wird, der sich ärgert, zärtlich wird, befiehlt, bittet, und ohne Vorbereitung sprach er Reden des Zorns, des Mitleidens, des Hasses, der Liebe. Er entwarf die Charaktere der Leidenschaft mit einer Feinheit, einer erstaunenden Wahrheit. Dann setzte er hinzu:) So ist's recht, glaub' ich. Nun kommt's. Da sieht man, was ein Geburtshelfer tut, der die Schmerzen reizt und beschleunigt und eilig das Kind bringt. Bin ich allein und nehm' ich die Feder, will ich schreiben, so zerbeiß' ich mir die Nägel, nütze die Stirn ab. Gehorsamer Diener, guten Abend! der Gott ist abwesend. Ich glaubte Genie zu haben; am Ende der Zeile lese ich, daß ich dumm bin, dumm, dumm. Aber wie will man auch fühlen, sich erheben, denken, mit Stärke malen, wenn man mit Leuten umgeht, wie die sind, denen man aufwarten muß, um zu leben? Wie will man das mitten unter solchen Reden, die man führt und hört, und diesem Gevattergeklatsch: Heute war der ›Boulevard‹ allerliebst. Habt Ihr den kleinen Murmeltierjungen[1] gehört? er spielt charmant. Herr Soundso hat das schönste graugeapfelte Gespann, das man sich nur denken mag. Die schöne Madame N. N. ist auch auf dem Rückweg. Trägt man denn mit fünfundvierzig Jahren noch einen solchen Aufsatz? Die junge Soundso ist mit Diamanten bedeckt, die ihr wenig kosten. – Ihr wollt sagen, die ihr viel kosten. – Nicht doch! – Wo habt Ihr sie gesehen? – Beim ›Verlornen und wiedergefundenen Harlekin‹[2]. Die Szene der Verzweiflung ist gespielt worden wie noch niemals. Der Polichinelle

1 In Favarts Komödie »La Soiree des Boulevards« war die Frau des Autors in der Rolle des Murmeltierjungen beliebt. 2 Übersetzung von Goldonis Stück.

der Foire hat Kehle, aber keine Feinheit, keine Seele. Madame Dieunddie hat auf einmal zwei Kinder gekriegt. So kann doch jeder Vater zu dem seinigen greifen... Und das nun alle Tage zu sagen, wieder zu sagen und zu hören, sollte das erwärmen und zu großen Dingen führen?

Ich: Nein! Man schlösse sich lieber auf sein Dachstübchen, tränke Wasser, speiste trocknes Brot und suchte sich selbst.

Er: Vielleicht. Aber dazu habe ich den Mut nicht. Und sein ganzes Dasein an etwas Ungewisses wagen? Und der Name, den ich führe – Rameau! Rameau zu heißen, das ist unbequem. Es ist nicht mit Talenten wie mit dem Adel, der sich fortpflanzt und dessen Herrlichkeit wächst, indem er vom Großvater zum Vater, vom Vater zum Sohn, vom Sohn zum Enkel übergeht, ohne daß der Ahnherr eine Forderung von Verdienst an seinen Abkömmling mache. Der alte Stamm ästet sich zu einem ungeheuren Narrenbaume; aber was schadet das? Mit dem Talent ist's ganz anders. Um nur den Ruf seines Vaters zu erhalten, muß man geschickter sein als er; man muß von seiner Faser geerbt haben. Die Faser ist mir ausgeblieben, aber das Handgelenk ist geübt, der Bogen rührt sich und der Topf siedet; ist's nicht Ruhm, so ist's Bouillon.

Ich: An Eurer Stelle ließe ich mir's nicht nur gesagt sein, ich versuchte.

Er: Und glaubt Ihr, daß ich nicht versucht habe? Ich war noch nicht vierzehn Jahre alt, als ich mir zum erstenmal sagte: Was hast du, Rameau? Du sinnst? Auf was sinnst du? Du möchtest gern etwas gemacht haben oder machen, woran sich die Welt entzückte... Nun denn! so blase und rühre die Finger; schneide das Rohr zu, so gibt es eine Flöte. Ich ward älter und wiederholte die Reden meiner Kindheit, und noch immer wiederhole ich sie. Aber die Statue Memnons bleibt mein Nachbar.

Ich: Was wollt Ihr mit Eurer Statue Memnons?

Er: Das ist klar, dünkt mich. In der Nachbarschaft von Memnons Bildsäule standen viele andre, gleichfalls von der Sonne beschienen, aber nur die eine gab einen Klang. Voltaire ist ein Poet, und wer noch? Voltaire. Und der dritte? Voltaire. Und der vierte? Voltaire. Musiker sind Rinaldo von Capua[1], Hasse, Pergolese, Alberti, Tartini, Locatelli, Terradeglias, mein Onkel, der kleine Duni, der weder Gesichtsausdruck noch Figur hat, aber der fühlt, bei Gott! der Gesang hat und Ausdruck. Das ist nun wohl eine kleine Zahl Memnons. Das übrige will nicht mehr heißen als ein Paar Ohren an einen Stock genagelt. Auch sind wir übrigen bettelhaft, so bettelhaft, daß es eine Lust ist. Ach, Herr Philosoph, das Elend ist eine schreckliche Sache! Ich sehe es kauernd, mit lechzendem Munde, um einige Tropfen Wasser aufzufangen, die sich aus dem Gefäß der Danaiden verlieren. Ich weiß nicht, ob es den Geist der Philosophen schärft, aber es verkältet teuflisch den Kopf des Poeten. Man singt nicht gut unter dem Fasse, und doch ist der glücklich zu preisen, der einen Platz findet. Ich war so glücklich und habe mich nicht halten können. Ach, ich war schon einmal so ungeschickt! Ich reiste durch Böhmen, Deutschland, die Schweiz, Holland, zum Teufel in alle Welt.

Ich: Unter dem löchrigen Faß?

Er: Unter dem löchrigen Faß. Es war ein reicher verschwenderischer Jude, der die Musik und meine Torheiten liebte. Ich musizierte, wie es Gott gefiel, und spielte den Narren dabei. Mir ging nichts ab. Mein Jude war ein Mann, der das Gesetz kannte, der es streng und schroff beobachtete, manchmal in Gegenwart des Freundes, immer in Gegenwart des Fremden. Er zog sich einen bösen Handel zu, den ich Euch erzählen muß.

In Utrecht fand sich eine allerliebste Dirne; die Christin

1 Opernkomponist.

gefiel ihm. Er schickte ihr einen Kuppler mit einem starken Wechsel. Die wunderliche Kreatur verwarf das Anerbieten, der Jude war in Verzweiflung. Der Mittelsmann sagte: Warum betrübt Ihr Euch so? Wollt Ihr eine hübsche Frau? Nichts ist leichter, und zwar eine noch hübschere als die, nach der Ihr trachtet. Es ist meine Frau, ich trete sie Euch ab für denselbigen Preis. – Gesagt, getan. Der Mittelsmann behält den Wechsel und führt meinen Juden zur Frau. Der Wechsel wird fällig, der Jude läßt ihn protestieren und weigert die Zahlung. Denn der Jude sagte zu sich selbst: Niemals wird dieser Mann sich zu sagen unterstehen, um welchen Preis er meinen Wechsel besitzt; und ich werde ihn nicht bezahlen. Vor Gericht fragte er den Kuppler: Diesen Wechsel, von wem habt Ihr ihn? – Von Euch. – Habt Ihr mir Geld geborgt? – Nein! – Habt Ihr mir Waren geliefert? – Nein! – Habt Ihr mir Dienste geleistet? – Nein! aber davon ist die Rede nicht. Ihr habt den Wechsel unterzeichnet und werdet bezahlen. – Ich habe ihn nicht unterzeichnet. – So wäre ich also ein Verfälscher? – Ihr oder ein andrer, dessen Werkzeug Ihr seid. – Ich bin ein Schuft, aber Ihr seid ein Spitzbube. Glaubt mir und treibt mich nicht aufs Äußerste. Ich gestehe sonst alles. Ich entehre mich, aber Euch richte ich zugrunde... Der Jude verachtete die Drohung, und der Kuppler entdeckte die ganze Geschichte bei der nächsten Sitzung. Sie wurden beide beschimpft und der Jude zu Zahlung des Wechsels verdammt, dessen Summe man zum Besten der Armen verwendete. Da trennte ich mich von ihm und kam hieher.

Was sollte ich tun? denn ich mußte vor Elend umkommen oder etwas vornehmen. Allerlei Vorschläge gingen mir durch den Kopf. Bald wollt' ich mich in eine Landtruppe werfen und taugte weder fürs Theater noch fürs Orchester. Bald wollt' ich mir ein Bild malen lassen, wie man's an der Stange herumträgt und auf einer Kreuzstraße hinpflanzt. Dabei hätt' ich mit lauter Stimme meine Geschichte erzählt: Hier ist die Stadt, wo er geboren ist. Hier nimmt er Abschied von seinem Vater, dem Apotheker, hier kommt er in die Hauptstadt und sucht die Wohnung seines Onkels. Hier liegt er seinem Onkel zu Füßen, der ihn fortjagt. Hier zieht er mit einem Juden herum usw. Den andern Tag stand ich auf, wohl entschlossen, mich mit den Gassensängern zu verbinden; und das würd' ich nicht am schlimmsten gemacht haben. Unsre Übungen hätten wir unter den Fenstern meines lieben Onkels angestellt, der vor Bosheit zerplatzt wäre. Ich ergriff ein anderes Mittel.

(Da hielt er inne und ging nach und nach von der Stellung eines Mannes, der eine Violine hält, auf der er die Töne greift, bis zur Gestalt eines armen Teufels über, dem die Kräfte mangeln, dem die Knie schlottern und der verscheiden würde, wenn man ihm nicht ein Stückchen Brot zuwürfe. Er bezeichnete sein äußerstes Bedürfnis durch die Bewegung des Fingers gegen seinen halb offnen Mund.)

Das versteht man. Man wirft mir eine Kleinigkeit zu, um die wir uns streiten, drei oder vier Hungrige, wie wir sind. Und nun denkt einmal groß, macht schöne Sachen in einem solchen Zustande!

Ich: Das ist schwer.

Er: Von Stufe zu Stufe fiel ich endlich in ein gutes Haus und befand mich köstlich. Nun bin ich verstoßen und muß von neuem die Darmsaiten sägen und auf die Gebärde des Fingers gegen den lechzenden Mund zurückkehren. Nichts ist beständig auf der Welt. Am Glücksrade heute oben, morgen unten. Verfluchte Zufälle führen uns und führen uns sehr schlecht. (Dann trank er einen Schluck, der noch in der Flasche übrig geblieben war. Dann wendete er sich zu seinem Nachbar:)

Mein Herr, ich bitte Euch um eine kleine Prise. Ihr habt da

eine schöne Dose. Ihr seid kein Musikus? – Nein! – Desto besser für Euch. Das sind arme, beklagenswerte Schufte. Das Schicksal hat mich dazu gemacht, mich, indessen zu Montmartre vielleicht in einer Mühle ein Müller, ein Mühlknecht sich befindet, der nichts anders als das Klappern der Mühle hören wird und der vielleicht die schönsten Gesänge gefunden hätte. Rameau, zur Mühle, zur Mühle – dort gehörst du hin!

Ich: Die Natur bestimmte jeden dazu, wozu er sich Mühe geben mag.

Er: Doch vergreift sie sich oft. Was mich betrifft, ich betrachte die irdischen Dinge nicht von solcher Höhe, wo alles einerlei aussieht. Der Mann, der einen Baum mit der Schere reinigt, und die Raupe, die daran das Blatt nagt, können für zwei gleiche Insekten gelten. Jeder hat seine Pflicht. Stellt Euch auf eine Planetenbahn und teilet von dorther, wenn es Euch gefällt, nach Art des Réaumur, das Geschlecht der Fliegen in Nähende, Ackernde, Sichelnde, oder die Menschengattung in Tischler, Zimmerleute, Dachdecker, Tänzer, Sänger – das ist Eure Sache, ich mische mich nicht drein. Ich bin in dieser Welt und bleibe drin; aber wenn es natürlich ist, Appetit zu haben – denn ich komme immer zum Appetit zurück, zu der Empfindung, die mir immer gegenwärtig ist – so finde ich, daß es keine gute Ordnung sei, nicht immer etwas zu essen zu haben. Welche Teufelseinrichtung! Menschen, die alles übervoll haben, indessen andre, eben auch wie sie mit ungestümen Mägen, wie sie mit einem wiederkehrenden Hunger, nichts für ihren Zahn finden. Und dann ist die gezwungene Stellung, in der uns das Bedürfnis hält, das allerschlimmste. Der bedürftige Mensch geht nicht wie ein andrer: er springt, er kriecht, er krümmt sich, er schleppt sich und bringt sein Leben zu, indem er Positionen erdenkt und ausführt.

Ich: Was sind denn Positionen?

Er: Fragt Noverre! Und doch bringt die Welt viel mehr Positionen hervor, als seine Kunst nachahmen kann.

Ich: So versteigt Ihr Euch doch auch in höhere Regionen und betrachtet von da herab die verschiednen Pantomimen der Menschengattung?

Er: Nein, nein! Ich sehe nur um mich her und setze mich in meine Position, oder ich erlustige mich an den Positionen, die ich andre nehmen sehe. Ich verstehe mich trefflich auf Pantomimen; Ihr sollt urteilen.

(Nun lächelt er, spielt den Bewundernden, den Bittenden, den Gefälligen; er setzt den rechten Fuß vor, den linken zurück, den Rücken gebogen, den Kopf in die Höhe, den Blick wie auf andrer Blicke gerichtet, den Mund halb offen, die Arme nach einem Gegenstand ausgestreckt. Er erwartet einen Befehl, er empfängt ihn; fort ist er wie ein Pfeil, er ist wieder da, es ist getan, er gibt Rechenschaft; er ist aufmerksam auf alles; was fällt, hebt er auf; ein Kissen legt er zurecht; einen Schemel schiebt er unter; er hält einen Präsentierteller, er nähert einen Stuhl, er öffnet eine Türe, zieht die Vorhänge zu, bemerkt den Herrn und die Frau, ist unbeweglich mit hängenden Armen, steifen Beinen; er hört, er horcht, er sucht auf den Gesichtern zu lesen, und dann sagt er:) Das ist nun meine Pantomime ungefähr, wie aller Schmeichler, Schmarotzer und Dürftigen.

(Die Torheiten dieses Menschen, die Märchen des Abts Galiani, die Ausschweifungen Rabelais' haben mich manchmal zu tiefem Nachdenken veranlaßt. Das sind drei Kramläden, wo ich mich mit lächerlichen Masken versehe, die ich den ernsthaftesten Personen aufs Gesicht setze. Ich sehe einen Pantalon[1] in einem Prälaten, einen Satyr in einem Präsiden-

1 Alberner Alter aus der italienischen Maskenkomödie. Hatte statt seines ursprünglichen venetianischen Kostüms die überlangen Ärmel und Hosen des neapolitanischen Pulcinella angenommen.

ten, ein Schwein in einem Mönche, einen Strauß in einem Minister, eine Gans in seinem ersten Sekretär.)

Ich: Aber nach Eurer Rechnung (sagte ich zu meinem Manne) gibt es auf dieser Welt viel Dürftige, und ich kenne niemand, der sich nicht zu einigen Schritten Eures Tanzes bequeme.

Er: Ihr habt recht. In einem ganzen Königreiche gibt es nur *einen* Menschen, der grad vor sich hingeht, den Souverän; das übrige alles nimmt Positionen.

Ich: Der Souverän? und dabei ließe sich doch auch noch etwas erinnern. Glaubt Ihr denn nicht, daß sich von Zeit zu Zeit neben ihm ein kleiner Fuß, ein kleiner Chignon, eine kleine Nase befinde, die ihn gleichfalls zu einiger Pantomime veranlassen? Wer einen andern braucht, ist bedürftig und nimmt eine Position an. Vor seiner Geliebten nimmt der König eine Position an, und vor Gott macht er seinen Pantomimenschritt. Der Minister macht den Schritt des Hofmanns, des Schmeichlers, des Bedienten, des Bettlers vor seinem König. Die Menge der Ehrgeizigen tanzt Eure Positionen auf hundert Manieren, eine verworfener als die andern, vor dem Minister. Der vornehme Abbé mit Überschlag und langem Mantel macht wenigstens einmal die Woche vor dem, der die Benefizien auszuteilen hat, seine Männchen. Wahrlich, was Ihr die Pantomime der Bettler nennt, ist der große Hebel der Erde. Jeder hat seine kleine Hus und seinen Bertin.

Er: Das tröstet mich. (Aber indessen ich sprach, stellte er die genannten Leute vor; es war zum Totlachen. Zum Beispiel als kleiner Abbé hielt er den Hut unterm Arm, das Brevier in der linken Hand, mit der rechten trug er den Schweif seines Mantels, den Kopf ein wenig auf die Schulter geneigt ging er einher, mit niedergeschlagenen Augen, und ahmte so völlig den Heuchler nach, daß ich glaubte, den Autor der ›Réfutations‹ vor dem Bischof von Orléans zu sehen[1]. Hinter den Schmeichlern, den Ehrsüchtigen war er gewaltig drein. Es war der leibhafte Bouret bei der Generalkontrolle.)

Ich: Das heißt vortrefflich ausführen. Aber doch gibt es ein Wesen, das von der Pantomime freigesprochen ist: der Philosoph, der nichts hat und nichts verlangt.

Er: Und wo ist denn das Tier? Hat er nichts, so leidet er; bemüht er sich um nichts, so erhält er nichts und wird immer leiden.

Ich: Nein. Diogenes, der über die Bedürfnisse spottete.

Er: Aber man will gekleidet sein!

Ich: Nein. Er ging nackt.

Er: Manchmal war es kalt in Athen.

Ich: Weniger als hier.

Er: Man speiste.

Ich: Ganz gewiß.

Er: Auf wessen Kosten?

Ich: Der Natur. Zu wem wendet sich der Wilde? zur Erde, zu den Tieren, den Fischen, den Bäumen, den Kräutern, den Wurzeln, den Bächen.

Er: Schlechte Tafel.

Ich: Sie ist groß.

Er: Aber übel bedient.

Ich: Und doch deckt man sie ab, um die unsrigen zu besetzen.

Er: Aber bekennt nur, daß die Industrie unsrer Köche, Pastetenbäcker und Zuckerbäcker ein weniges von dem ihrigen hinzutut. Mit einer so strengen Diät mußte Euer Diogenes wohl keine störrischen Organe besitzen?

Ich: Ihr irrt Euch. Des Zynikers Kleid war ehmals, was jetzt

1 Abbé Gauchat erlangte für seine gegen die Enzyklopädisten gerichtete »Analyse et Réfutation (Widerlegung) de divers Ecrits modernes contre la Réligion« vom Bischof von Orléans, La Bruyère, eine ansehnliche Pfründe.

unsre Mönchskleidung, und mit derselben Kraft. Die Zyniker waren die Karmeliter und Kapuziner von Athen.

Er: Da hab' ich Euch! Diogenes hat also auch seine Pantomime getanzt, wenn auch nicht vor Perikles, wenigstens vor Lais oder Phryne.

Ich: Da betrügt Ihr Euch wieder. Andre bezahlten sehr teuer die Schönheit, die sich ihm aus Vergnügen überließ.

Er: Begab sich's aber, daß die Schönheit sonst beschäftigt war und der Zyniker nicht warten konnte –

Ich: So ging er in sein Faß und suchte sie entbehrlich zu finden.

Er: Und Ihr rietet mir, ihn nachzuahmen?

Ich: Ich will sterben, wenn es nicht besser wäre, als zu kriechen, sich wegzuwerfen, sich zu beschimpfen.

Er: Aber ich brauche ein gutes Bett, eine gute Tafel, ein warmes Kleid im Winter, ein kühles Kleid im Sommer und mehr andre Dinge, die ich lieber dem Wohlwollen schuldig sein als durch Arbeit erwerben mag.

Ich: Weil Ihr ein Nichtswürdiger, ein Vielfraß, ein Niederträchtiger seid, eine Kotseele.

Er: Das hab' ich Euch, glaub' ich, schon alles gestanden.

Ich: Ohne Zweifel haben die Dinge des Lebens einen Wert; aber Ihr kennt nicht den Wert des Opfers, das Ihr bringt, um sie zu erlangen. So tanzt Ihr die schlechte Pantomime, Ihr habt sie getanzt und werdet sie tanzen.

Er: Es ist wahr, aber es hat mich wenig gekostet, und deswegen wird mich's künftig nichts kosten; und deshalb tät' ich übel, einen andern Gang anzunehmen, der mir beschwerlich wäre und in dem ich nicht verharren könnte. Aber aus dem, was Ihr mir da sagt, begreif' ich erst, daß meine arme kleine Frau eine Art Philosoph war; sie hatte Mut wie ein Löwe. Manchmal fehlte es uns an Brot, wir hatten keinen Pfennig, und manchmal waren fast alle unsere Kleinigkeiten von Wert verkauft. Ich hatte mich aufs Bett geworfen, da zerbrach ich mir den Kopf, den Mann zu finden, der mir einen Taler liehe, den ich ihm nicht wiedergäbe. Sie, munter wie ein Zeisig, setzte sich ans Klavier, sang und begleitete sich. Das war eine Nachtigallenkehle. Hättet Ihr sie doch nur auch gehört! Wenn ich in einem Konzert spielte, nahm ich sie mit. Unterwegs sagte ich: Frisch, Madame! macht, daß man Euch bewundre! Entwickelt Euer Talent, Eure Reize, entführt, überwindet! – Wir kamen an, sie sang, sie entführte, sie überwand. Ach, ich habe die arme Kleine verloren! Außer ihrem Talent hatte sie ein Mäulchen – kaum ging der kleine Finger hinein; Zähne – eine Reihe Perlen; Augen, eine Haut, Wangen, Brust, Rehfüßchen und Schenkel und alles zum Modellieren. Früh oder später hätte sie einen Generalpächter gewonnen. Das war ein Gang, Hüften, ach Gott, was für Hüften! –

(Und nun machte er den Gang seiner Frau nach, kleine Schritte, den Kopf in der Luft, er spielte mit dem Fächer, er schwänzelte; es war die Karikatur unserer kleinen Koketten, so neckisch und lächerlich als möglich. Dann fuhr er in seinem Gespräche fort:)

Überall führte ich sie hin, in die Tuilerien, ins Palais Royal, auf die Boulevards. Es war unmöglich, daß sie mir bleiben konnte. Morgens, wenn sie über die Straße ging, mit freien Haaren und niedlichem Jäckchen, Ihr wäret stehngeblieben, sie zu besehen, Ihr hättet sie mit vier Fingern umspannt, ohne sie zu zwängen. Kam jemand hinter ihr drein und sah sie mit ihren kleinen Füßchen hintrippeln und betrachtete die breiten Hüftchen, deren Form das leichte Röckchen zeichnete – gewiß, er verdoppelte den Schritt. Sie ließ ihn ankommen, und dann wendete sie schnell ihre großen schwarzen Augen auf ihn los, und jeder blieb betroffen stehn. Denn die Vorderseite der Medaille war wohl die Rückseite wert. Aber ach! ich habe sie verloren, und alle unsre Hoffnungen auf Glück sind mit ihr verschwunden. Ich hatte sie nur darum geheiratet. Ich hatte ihr meine Pläne mitgeteilt, und sie hatte zu viel Einsicht, um nicht ihre Sicherheit zu begreifen, und zu viel Verstand, um sie nicht zu billigen.

(Nun schluchzt er, nun weint er, nun ruft er aus:) Nein, nein! darüber tröst' ich mich niemals. Und darauf hab' ich Umschlag und Käppchen genommen[1].

Ich: Für Schmerz?

Er: Eigentlich, um meinen Napf immer auf dem Kopfe zu haben. Aber seht doch ein wenig, wieviel Uhr es ist. Ich muß in die Oper.

Ich: Was gibt man?

Er: Von d'Auvergne[2]. Es sind schöne Sachen in seiner Musik. Schade, daß er sie nicht zuerst gesagt hat. Unter den Toten gibt's immer einige, die den Lebendigen im Wege sind. Was hilft's! Quisque suos patimur manes[3]. Aber es ist halb sechse. Ich höre die Glocke, die zu der Vesper des Abbé de Canaye läutet[4]. Die ruft mich auch ab. Lebt wohl. Ist's nicht wahr, Herr Philosoph, ich bin immer derselbe?

Ich: Jawohl, unglücklicherweise.

Er: Laßt mich das Unglück noch vierzig Jahre genießen. Der lacht wohl, der zuletzt lacht.

1 mich dem geistlichen Stand zugewandt. 2 Wahrscheinlich ›Hercule mouvant‹. 3 Ein jeder leidet unter seinen Manen (d. h. den Geistern seiner Vorfahren). 4 Dieser gelehrte Freund d'Alemberts war ein so eifriger Besucher der Oper, daß man sie seine Vesper nannte.

DAS PARADOX ÜBER DEN SCHAUSPIELER

Erster Sprecher: Reden wir nicht mehr davon!

Zweiter Sprecher: Warum?

Erster: Es ist die Arbeit Ihres Freundes, dies Buch über ›Garrick oder die englischen Schauspieler‹[1].

Zweiter: Was tut's?

Erster: Sehr viel. Wozu Sie vor die Wahl stellen, entweder sein Talent oder meine Urteilsfähigkeit zu verachten, und die gute Meinung herabsetzen, die Sie von ihm oder von mir haben?

Zweiter: Das wird nicht geschehen, und wenn – dann würde meine Freundschaft für beide, die sich auf ganz andere, viel wesentlichere Qualitäten stützt, nicht darunter leiden.

Erster: Vielleicht.

Zweiter: Ich bin dessen ganz sicher. Wissen Sie, wem Sie in diesem Augenblick ähnlich sind? Einem Schriftsteller, den

1 Der Erste Sprecher: Diderot, hat soeben über dieses sein Werk berichtet.

ich kenne: er bat eine Frau, die er liebte, auf den Knien, nicht zur Premiere von einem seiner Stücke zu kommen.

Erster: Ihr Autor war bescheiden und klug.

Zweiter: Er fürchtete, das zärtliche Gefühl für ihn sei nur eine Folge seines literarischen Ruhmes.

Erster: Das wäre doch auch möglich.

Zweiter: Ein öffentlicher Mißerfolg könne ihn ein wenig in den Augen seiner Geliebten herabsetzen.

Erster: Daß er, wenn er weniger geachtet wäre, auch weniger geliebt würde. Und das erscheint Ihnen lächerlich?

Zweiter: So beurteilte es die Dame. Die Loge wurde gemietet, und er erlebte seinen größten Erfolg: und Gott weiß, wie er umarmt, gefeiert und geliebkost wurde!

Erster: Das wäre ihm noch mehr geschehen, wenn sein Stück ausgepfiffen worden wäre.

Zweiter: Ich zweifle nicht daran.

Erster: Und ich bleibe bei meiner Meinung.

Zweiter: Tun Sie das, ich bin ganz einverstanden. Aber denken Sie daran, ich bin keine Frau, und Sie müssen sich bitte erklären!

Erster: Unbedingt?

Zweiter: Unbedingt!

Erster: Es wäre mir leichter, zu schweigen als meine Gedanken zu verschleiern.

Zweiter: Das glaube ich.

Erster: Ich werde streng sein.

Zweiter: Das eben würde mein Freund von Ihnen verlangen.

Erster: Also gut, wenn es sein muß: seine Arbeit ist gekünstelt, dunkel, geschraubt, schwülstig geschrieben und voller Gemeinplätze. Wenn er sie gelesen hat, wird ein großer Schauspieler nicht besser, ein armseliger Komödiant nicht weniger schlecht sein. Es ist Sache der Natur, den Menschen besondere Fähigkeiten zu geben: Gestalt, Stimme, Urteilskraft, Scharfsinn. Durch das Studium der großen Vorbilder, die Kenntnis des menschlichen Herzens, den Verkehr in der Gesellschaft, unermüdliche Arbeit, Erfahrung, die Gewohnheit des Theaters müssen die Gaben der Natur vervollkommnet werden.

Der nachahmende Schauspieler kann dahin kommen, alles erträglich wiederzugeben: an seinem Spiel ist weder etwas zu loben noch zu tadeln.

Zweiter: Oder alles zu tadeln!

Erster: Wie Sie wollen. Der Naturschauspieler ist oft gräßlich, manchmal ausgezeichnet. Hüten Sie sich in jedem Fall vor der unterstützten und lancierten Mittelmäßigkeit. Mag ein Anfänger noch so streng beurteilt werden: es ist leicht, seine künftigen Erfolge vorauszuahnen. Das Hohngelächter erstickt nur die Unfähigkeit. Und wie sollte die Natur auch ohne Kunst einen großen Schauspieler bilden, da sich auf der Bühne doch nichts ebenso abspielt wie in der Natur und da alle dramatischen Werke nach einem bestimmten Regelsystem geschaffen sind? Und wie soll eine Rolle von zwei verschiedenen Schauspielern auf dieselbe Weise gespielt werden, da selbst bei dem klarsten, eindeutigsten, kraftvollsten Dichter die Worte nur annähernde Zeichen für Gedanken, Gefühle, Ideen sein können; Zeichen, deren Bedeutung durch Geste, Ton, Gesicht, Augen, Umstände ergänzt werden müssen? Wenn Sie die Worte hören:

... Was soll Ihre Hand da?
– Ich fühle Ihr Kleid, der Stoff ist so weich.

Was wissen Sie? Gar nichts! Denken Sie an das, was folgt, und begreifen Sie, wie häufig und leicht es für zwei Gesprächspartner ist, die gleichen Ausdrücke zu brauchen und doch etwas anderes gedacht zu haben und sagen zu wollen.

Das Beispiel, das ich Ihnen geben will, ist eine Art Wunder; es ist die Arbeit Ihres Freundes. Fragen Sie einen französischen Schauspieler, was er darüber denkt: er wird alles für richtig und wahr halten. Stellen Sie die gleiche Frage einem englischen Komödianten, er wird Ihnen schwören by god, daß man keinen Satz daran ändern dürfe, daß es das reine Evangelium der Bühne sei. Dennoch gibt es fast nichts Gemeinsames zwischen der Art, wie Komödie und Tragödie in England geschrieben werden, und der, wie man diese Dichtungen bei uns schreibt, und selbst Garrick meint, wer eine Shakespeareszene vollendet wiederzugeben vermag, kennt deshalb noch nicht im geringsten den Ton und Sprachklang einer Szene von Racine; denn er würde sich durch dessen harmonische Verse wie von ebenso vielen Schlangen umwunden fühlen, deren Windungen ihm Kopf, Füße, Hände, Beine und Arme umklammert hielten, so daß er alle Bewegungsfreiheit verlöre. Daraus folgt, daß sich der französische und der englische Schauspieler, die sich vollkommen einig über die absolute Gültigkeit der Prinzipien ihres Autors sind, gar nicht verstehen und daß in der Fachsprache des Theaters eine weite und so große Ungenauigkeit besteht, daß kluge Menschen mit ganz entgegengesetzter Meinung darin das Licht der Wahrheit erblicken. Halten Sie sich mehr als je an den Grundsatz: ›Erklärt euch nicht, wenn ihr euch verstehen wollt!‹

Zweiter: Sie denken, in jedem Buch, und besonders in diesem hier, liegen zwei verschiedene Bedeutungen, beide beschlossen in den gleichen Zeichen: die eine für London, die andere für Paris.

Erster: Und diese Zeichen enthalten so klar beide Bedeutungen, daß sich Ihr Freund selbst darüber getäuscht hat. Hat er doch die Namen von englischen Schauspielern mit denen von französischen zusamengebracht und ihnen die gleichen Vorschriften gemacht, das gleiche Lob, den gleichen Tadel gespendet. Er hat bestimmt gedacht, was er von dem einen sagt, stimmt auch für den anderen.

Zweiter: Aber danach zu urteilen, hätte kein anderer Autor so viel tatsächliche Widersprüche geschrieben!

Erster: Die gleichen Worte bedeuten am Bussyplatz[1] etwas anderes als im Drury Lane[2], das muß ich zu meinem Bedauern feststellen – im übrigen kann ich mich auch irren. Aber die Hauptsache, über die wir ganz verschiedener Meinung sind, Ihr Autor und ich, das sind die Grundeigenschaften des großen Schauspielers. Ich verlange von ihm sehr viel Urteilskraft; er muß meiner Meinung nach ein kalter, ruhiger Beobachter sein. Darum fordere ich von ihm durchdringenden Verstand und keinerlei Gefühl, die Kunst, alles nachzuahmen, oder, was auf dasselbe herauskommt, eine gleiche Befähigung für alle möglichen Rollen und Charaktere.

Zweiter: Kein Gefühl!

Erster: Keins. Ich habe meine Gründe noch nicht gut aneinandergereiht – und Sie gestatten mir bitte, sie auseinanderzusetzen, wie sie in dem Durcheinander des Buches von Ihrem Freunde kommen.

Wenn der Schauspieler Gefühl hätte, könnte er – Hand aufs Herz! – zweimal hintereinander die gleiche Rolle mit der gleichen Wärme und dem gleichen Erfolg spielen? Bei der ersten Vorstellung wäre er warm, ja heiß, um bei der dritten bereits erschöpft und eiskalt zu sein. Als aufmerksamer Nachahmer und überlegter Schüler der Natur hingegen wird sein Spiel, nachdem er das erstemal auf der Bühne unter dem Namen des Augustus, Cinna, Orosman, Agamemnon, Mahomet[3] als strenger Nachahmer seiner selbst oder seiner Erfah-

1 Platz, an dem in Paris die Comédie française stand. 2 Londoner Theaterplatz. 3 Hauptrollen in Stücken von Racine und Voltaire.

rungen erschienen ist, bei diesem dauernden Beobachten unserer Gefühle, weit entfernt, schwächer zu werden, sich immer mehr entwickeln an den neuen Überlegungen, die er anstellt. Er wird sich stärker erregen oder mäßigen, und ihr werdet immer befriedigter von seiner Leistung sein. Wenn er im Spiel nur er selbst ist, wie soll er je aufhören, er selbst zu sein? Wenn er aufhören will, er selbst zu sein, wie soll er den Punkt finden, an den er sich stellen und aufhören muß?

Was mich in meiner Meinung bestärkt, ist die Ungleichheit der Schauspieler, die mit der Seele spielen. Erwartet von ihnen keinerlei einheitliche Wirkung, ihr Spiel ist abwechselnd stark und schwach, heiß und kalt, platt und erhaben. Sie werden morgen an der Stelle versagen, an der sie heute geglänzt haben, umgekehrt werden sie dort hervorragen, wo sie am Tage vorher danebengegriffen haben. Dagegen bleibt sich der Schauspieler, der mit Überlegung nach dem Studium der Natur in dauernder Nachahmung eines idealen Vorbildes aus der Phantasie, dem Gedächtnis spielt, immer gleich und vollkommen: alles war abgemessen, abgewogen, überlegt, geordnet worden in seinem Kopfe. In seiner Sprache ist weder Monotonie noch Dissonanz. Die Erregung hat ihre Entwicklung, ihre Wellen, ihre Ruhepunkte, ihren Anfang, Mitte und Höhepunkt. Die gleichen Akzente, die gleichen Stellungen, die gleichen Bewegungen: wenn ein Unterschied zwischen einer Vorstellung und der anderen entsteht, so ist es gewöhnlich zum Vorteil der letzten. Er ist nicht veränderlich: er ist ein Spiegel, immer bereit, die Gegenstände wiederzugeben und sie mit der gleichen Präzision, der gleichen Stärke und Wahrheit zu zeigen. Wie der Dichter schöpft er dauernd aus dem unerschöpflichen Brunnen der Natur, während er sehr bald das Ende seines eigenen Reichtums gesehen hätte.

Gibt es ein vollendeteres Spiel als das der Clairon? Dennoch, folgen Sie ihr, studieren Sie sie, und Sie werden zu der

Überzeugung kommen, daß sie bei der sechsten Vorstellung jede Einzelheit ihres Spieles ebenso auswendig weiß wie alle Worte ihrer Rolle. Zweifellos hat sie sich zuerst eine Vorstellung gemacht, der sie sich anzugleichen versucht. – Zweifellos hat sie diese Vorstellung so hoch, groß und vollendet konzipiert, wie es ihr möglich war – aber diese Vorstellung, die sie entweder der Geschichte entlehnt hat oder von ihrer Phantasie als großartiges Phantom geschaffen wurde, ist nicht sie selber: wenn diese Vorstellung nur so groß wäre wie sie selbst, wie schwach und klein wäre ihr Spiel! Wenn sie in intensiver Arbeit sich soweit wie möglich ihrer Idee genähert hat, ist alles fertig. Sich dort zu halten, ist eine reine Angelegenheit der Übung und des Gedächtnisses. Wenn Sie ihren Proben zusähen, wie oft würden Sie ihr sagen: ›Jetzt haben Sie es!‹ Es ist wie bei Duquesnoy[1], den sein Freund am Arm ergriff und rief: ›Halt ein! Das Bessere ist der Feind des Guten! Du wirst alles verderben...‹ – ›Du siehst, was ich gemacht habe‹, antwortete der Künstler keuchend dem entzückten Kenner, ›aber du siehst nicht, was ich in mir habe und schaffen will.‹

Ich zweifle nicht, daß die Clairon bei ihren ersten Versuchen dieselbe Qual empfindet wie Duquesnoy – aber wenn der Kampf vorüber ist, wenn sie sich einmal bis zur Höhe ihrer Vorstellung erhoben hat, dann hat sie sich in der Gewalt, dann wiederholt sie sich ohne innere Bewegung. Wie es uns gelegentlich im Traume geht, berührt ihr Haupt die Wolken, ihre Hände suchen die beiden Enden des Himmels. Sie ist die Seele einer großen Puppe, mit der sie sich umgeben hat, ihre Probenarbeit hat sie dazu gemacht. Sie kann lässig auf dem Faulbett liegen, unbeweglich, und ihrem Traum folgen, dann wird sie sich hören, sich sehen, sich beurteilen und den Eindruck beurteilen, den sie hervorruft. In diesem

1 François Duquesnoy, 1594-1646, niederländischer Bildhauer.

Augenblick ist sie doppelt: die kleine Clairon und die große Agrippina.

Zweiter: Wenn man Sie hört, dann gleicht dem Schauspieler auf der Bühne oder bei seiner Probe nichts so sehr wie die Kinder, die nachts auf dem Friedhof Gespenster spielen, indem sie ein großes weißes Tuch an einer Stange über ihre Köpfe heben und unter diesem Leichengerüst hervor mit dumpfer Stimme die Vorübergehenden erschrecken.

Erster: Sie haben recht! Bei der Dumesnil ist es nicht wie bei der Clairon. Sie steigt auf die Bretter, ohne zu wissen, was sie sagen wird. – Die halbe Zeit weiß sie nicht, was sie sagt; aber dann kommt ein großartiger Augenblick. Und warum sollte der Schauspieler sich vom Dichter, Maler, Redner, Musiker unterscheiden? Nicht in der Hitze des ersten Entwurfes findet man die charakteristischen Züge, sondern erst in ruhigen, kalten Momenten, in ganz unerwarteten Augenblikken. Man weiß nicht, woher sie kommen, sie sind eine Art Eingebung. Zwischen der Natur und ihrer Skizze schwebend, blicken diese Genies aufmerksam auf die eine und die andere. Die Schönheiten der Eingebung, die unerwarteten Züge, die durch sie in ihre Arbeiten kommen und deren plötzliches Auftreten sie selbst in Erstaunen setzt, haben eine viel sicherere Wirkung und einen größeren Erfolg als das, was sie im ersten Augenblick hineingeworfen haben. Kühle Überlegung muß das Fieber der Begeisterung dämpfen.

Nicht der erregte Mensch, der außer sich ist, kann uns mitreißen; das ist das Vorrecht des Menschen, der sich in der Gewalt hat. Vor allem die großen dramatischen Dichter sind aufmerksamste Zuschauer dessen, was um sie herum in der physischen und moralischen Welt geschieht.

Zweiter: Die nur eine einzige ist.

Erster: Sie ergreifen alles, was ihnen ins Auge fällt, sie sammeln es. Und aus diesem unbewußt im Innern gesammelten Reichtum dringen so viele seltene Erscheinungen in ihre Werke. Die Heißblütigen, Heftigen, Gefühlsmenschen sind auf der Bühne, sie geben ein Schauspiel, aber sie genießen es nicht. Nach ihnen eben schafft das Genie das Abbild. Die großen Dichter, Schauspieler und vielleicht ganz allgemein alle großen Nachahmer der Natur, wer sie auch seien, sind begabt mit einer schönen Phantasie, viel Urteilskraft, einem ausgeprägten Taktgefühl, einem sehr sicheren Geschmack, aber sie sind die denkbar gefühllosesten Menschen. Sie sind zu allem in gleicher Weise befähigt. Sie sind allzu beschäftigt mit Schauen, Erkennen und Nachahmen, um in ihrem Innern heftig ergriffen zu werden. Ich sehe sie immer mit dem Skizzenheft auf den Knien und dem Bleistift in der Hand. Wir, wir fühlen, sie beobachten, studieren und malen. Soll ich es sagen? ... Warum eigentlich nicht? Gefühl ist nicht die Eigenschaft des großen Genies. Es liebt die Gerechtigkeit, aber es übt diese Tugend aus, ohne ihre Süßigkeit zu genießen. Nicht sein Herz, sondern sein Kopf tut alles. Auch der geringste, unerwartete Umstand ist für den Gefühlsmenschen verloren. Er wird weder ein großer König, noch ein großer Minister, noch ein großer Feldherr, ein großer Advokat, ein großer Arzt sein. Füllt mir das Theater mit diesen Heulern, aber bringt mir keinen auf die Bühne. Seht euch die Frauen an! Sie überbieten uns zweifellos bei weitem an Gefühl: welcher Unterschied zwischen ihnen und uns in den Augenblicken der Leidenschaft! Aber soweit wir ihnen nachstehen, wenn wir handeln, so weit bleiben sie hinter uns zurück, wenn sie nachahmen. Das Gefühl ist undenkbar ohne eine gewisse Schwäche. Die Träne, die einem wirklich männlichen Mann entrinnt, rührt uns mehr als alle Frauentränen. In der großen Komödie, der Komödie der Gesellschaft, auf die ich immer zurückkomme, sind alle heißen Seelen auf der Bühne, alle genialen Leute sitzen im Parkett. Die ersten heißen Verrückte, die zweiten, die sich damit beschäftigen, ihre Verrücktheiten zu kopieren, heißen Weise. Das Auge des Weisen erfaßt die Lächerlichkeiten so vieler verschiedener Gestalten, die er malt, und damit bringt er euch zum Lachen über die unerfreulichen Originale, deren Opfer ihr geworden seid, und über euch selbst. Er hat euch beobachtet, er hat das komische Abbild des Lästigen und eurer Qual gezeichnet.

Man kann diese Wahrheiten beweisen, die großen Schauspieler werden sie nie zugeben, sie sind ihr Geheimnis. Die mittelmäßigen Schauspieler und Anfänger sind dazu geschaffen, sie zu verwerfen, und von einigen anderen könnte man sagen, daß sie zu fühlen glauben, wie man vom Abergläubigen gesagt hat, daß er sich einbildet, zu glauben, und daß es ohne den Glauben für diesen und das Gefühl für jenen kein Heil gibt.

Aber wie? Will man behaupten, die schmerzlichen Klagelaute, die jene Mutter aus ihrem Innersten stößt und von denen ich im tiefsten Innern so heftig erschüttert bin, seien nicht geboren aus einem augenblicklichen Gefühl, es sei nicht Verzweiflung, die sie eingibt? Keineswegs. Und der Beweis? Sie sind abgemessen, sie sind Teil eines sprachlichen Aufbaus; wenn sie um ein Zwanzigstel eines Vierteltones leiser oder schärfer wären, klängen sie falsch. Sie sind einem Gesetz der Einheit unterworfen, sie werden, wie in der Harmonie, vorbereitet und aufgelöst. Sie genügen allen Anforderungen erst nach langem Studium. Sie tragen mit bei zur Lösung einer gestellten Aufgabe. Um richtig ausgestoßen zu werden, sind sie hundertmal wiederholt worden, und trotz der häufigen Wiederholungen macht man sie noch falsch. Ehe er sagt:

›Zaire, Sie weinen!‹ oder

›Es wird gelingen, meine Tochter!‹

hat der Schauspieler sich lange selbst zugehört. Er hört sich zu, während er euch bewegt, und sein ganzes Talent besteht nicht, wie ihr annehmt, im Fühlen, sondern in der Fähigkeit, die äußeren Zeichen des Gefühls so gewissenhaft wiederzugeben, daß ihr euch täuschen laßt. Die Schmerzensschreie hat er in seinem Ohr notiert. Die Gesten seiner Verzweiflung kommen aus dem Gedächtnis und sind vorm Spiegel ausprobiert worden. Er weiß den genauen Augenblick im voraus, in dem er sein Taschentuch ziehen muß und die Tränen fließen, erwartet sie bei diesem Wort, bei dieser Silbe, nicht früher und nicht später. Das Beben der Stimme, die abgehackten Worte, die erstickten oder gedehnten Laute, das Zittern der Glieder, das Wanken der Knie, die Ohnmachten, die Raserei – reinste Nachahmung! Vorausgelernte Lektion! Pathetische Grimasse! Erhabene Äfferei, deren Erinnerung der Schauspieler noch lange behält, nachdem er sie studiert hat, die ihm klar bewußt war in dem Augenblick, als er sie ausführte, die ihm, zum Glück für den Dichter, den Zuschauer und ihn selbst, die ganze Freiheit seines Geistes läßt und ihn, wie alle anderen Anstrengungen, nur Körperkräfte kostet. Sobald der Sokkus oder der Kothurn abgelegt ist, verlischt seine Stimme. Er fühlt sich außerordentlich abgespannt, wechselt seine Wäsche und geht schlafen. Aber es bleibt ihm weder Verwirrung, noch Schmerz, noch Melancholie, noch seelische Niedergeschlagenheit. Diese Gefühlseindrücke nehmt ihr mit euch fort. Der Schauspieler ist müde, ihr seid traurig. Es liegt daran, daß er sich bewegt hat, ohne zu fühlen, und ihr gefühlt habt, ohne euch zu bewegen. Wenn es anders wäre, dann wäre der Beruf des Schauspielers der unglücklichste von allen Berufen – aber er ist nicht die Gestalt, er spielt sie und spielt sie so gut, daß ihr ihn dafür haltet: die Illusion ist euer; er weiß genau, daß er sie nicht ist.

Verschiedene Gefühle sollten sich vereinen, um die größtmögliche Wirkung zu erzielen, sich aufeinander abstimmen, sich mildern oder verstärken, sich gegenseitig nuancieren, um ein einheitliches Ganzes zu schaffen! Diese Vorstellung bringt mich zum Lachen. Ich betone es also nochmals und sage: Übertriebenes Gefühl macht mittelmäßige Schauspieler, mittelmäßiges Gefühl macht die Masse der schlechten Schauspieler, und der absolute Mangel an Gefühl ist die Voraussetzung für erhabene Schauspieler. Die Tränen des Schauspielers kommen aus seinem Gehirn herab, die des Gefühlsmenschen steigen aus dem Herzen herauf: die Eingeweide verwirren den Kopf des Gefühlsmenschen maßlos. Der Kopf des Schauspielers trägt manchmal eine vorübergehende Verwirrung in sein Inneres. Er weint wie ein ungläubiger Priester, der über die Leidensgeschichte predigt, wie ein Verführer zu Füßen einer Frau, die er betrügen will, wie ein Bettler auf der Straße oder an der Kirchentür, der euch beschimpft, wenn er keine Möglichkeit sieht, euch zu rühren, oder wie eine Dirne, die nichts fühlt, aber in euren Armen ohnmächtig wird.

Haben Sie jemals über den Unterschied zwischen den Tränen, die durch ein tragisches Ereignis, und denen, die durch eine traurige Erzählung hervorgerufen werden, nachgedacht? Man hört etwas Schönes erzählen: allmählich verwirrt sich der Kopf, die Seele wird bewegt, und die Tränen fließen. Beim Anblick eines tragischen Ereignisses dagegen berühren sich der Gegenstand, die Empfindung und die Wirkung: in einem Augenblick wird die Seele bewegt, man stößt einen Schrei aus, verliert den Kopf, und die Tränen fließen. In diesem Fall kommen sie plötzlich, im anderen wurden sie herbeigeführt. Das ist der Vorteil eines natürlichen und wahren Theatercoups auf einer wortreichen Bühne. Er bewirkt plötzlich, was die Bühne allmählich bringt. Aber die Illusion davon ist viel schwerer zu erzeugen. Ein einziger falscher oder nur schlecht wiedergegebener Umstand zerstört sie. Akzente lassen sich besser nachahmen als Bewegungen, aber die Bewegungen berühren stärker – das ist die Begründung für ein Gesetz, das meiner Meinung nach keine Ausnahme kennt: es kommt darauf an, den Knoten durch Handlung zu lösen, nicht durch Erzählung, wenn man nicht kalt lassen will.

Nun, haben Sie mir nichts zu erwidern? Ich verstehe. Sie erzählen eine Geschichte in einer Gesellschaft; Sie sind im tiefsten Innern bewegt, die Stimme versagt Ihnen, Sie weinen. Sie haben, sagen Sie, gefühlt, und sehr intensiv gefühlt. Das gebe ich zu. Aber haben Sie sich darauf vorbereitet? Nein. Haben Sie in Versen gesprochen? Nein. Dennoch haben Sie mitgerissen, gerührt, eine große Wirkung erzielt. Das ist wahr. Aber übertragen Sie Ihren privaten Ton, Ihren einfachen Ausdruck, Ihre alltägliche Haltung, Ihre natürliche Geste auf die Bühne, und Sie werden sehen, wie arm und schwach Sie sind. Sie können noch so viel Tränen vergießen, Sie werden lächerlich wirken, man wird lachen. Sie spielen dann keine Tragödie, sondern eine tragische Parade. Glauben Sie, daß die Szenen von Corneille, Racine, Voltaire, ja selbst von Shakespeare mit Ihrer Unterhaltungsstimme und dem Ton Ihrer Kaminecke gesprochen werden könnten? Ebensowenig wie eine Geschichte von Ihrem Kamin mit der Emphase und dem weitgeöffneten Munde des Theaters.

Zweiter: Das liegt vielleicht daran, daß Racine und Corneille, so groß sie auch waren, nichts wirklich Wertvolles geschaffen haben.

Erster: Wer wird es wagen, eine solche Lästerung auszusprechen? Wer wagt, ihr zuzustimmen? Selbst die familiärsten Dinge bei Corneille kann man nicht im familiären Ton sagen.

Aber eine Erfahrung, die Sie hundertmal gemacht haben werden: Am Ende Ihrer Erzählung, mitten in die Verwirrung und Erregung, in die Sie Ihr kleines Auditorium im Salon gebracht haben, tritt ein Mensch, dessen Neugier Sie befriedigen müssen. Sie können es nicht mehr, Ihre Seele ist ausgepumpt, Sie haben weder Gefühl noch Wärme noch Tränen mehr. Warum empfindet der Schauspieler nicht die gleiche Erschlaffung? Es ist eben ein großer Unterschied zwischen dem Interesse, das er an einer bloßen Dichtung nimmt, und dem Interesse, das Ihnen das Unglück Ihres Nachbarn einflößt. Sind Sie Cinna, sind Sie je Meropa, Agrippina gewesen? Was sind Ihnen diese Leute? Sind Kleopatra, Meropa, Agrippina, Cinna auf dem Theater überhaupt auch nur historische Gestalten? Nein, es sind die bildlichen Vorstellungen der Dichtkunst. Das ist noch zu viel gesagt. Es sind die speziellen Schemen dieses oder jenes Dichters. Lassen Sie diese Sorte Flügelrösser auf dem Theater mit ihren Bewegungen, ihrer großartigen Haltung, ihren Schreien. Sie würden sich schlecht ausnehmen in der Geschichte. In einem Zirkel oder einer anderen Gesellschaft würden sie schallendes Gelächter hervorrufen. Man würde sich ins Ohr flüstern: ›Ist der verrückt? Woher kommt dieser Don Quichote? Was sollen uns diese Geschichten? Wo ist der Stern, auf dem man so redet?‹

Zweiter: Aber warum widerstreben sie uns nicht im Theater?

Erster: Weil sie dort hingehören, aus Konvention. Die Formel dafür hat schon der alte Äschylus gegeben. Die Etikette besteht seit dreitausend Jahren.

Zweiter: Und wird diese Etikette noch lange leben?

Erster: Ich weiß nicht. Ich weiß nur, daß man sich um so mehr davon entfernt, je mehr man sich seinem eigenen Jahrhundert und dem eigenen Lande nähert.

Können Sie sich eine Situation denken, die der Agamemnons in der ersten Szene der ›Iphigenie‹ mehr entspricht als die Situation Heinrichs IV., als er, von nur allzu berechtigtem Entsetzen gepackt, zu seinem Vertrauten sagte: ›Sie werden mich töten, das ist sicher, sie werden mich töten...‹ Stellen Sie sich vor, dieser hervorragende Mensch, der große, unglückliche König, steht nachts auf, gequält von der furchtbaren Ahnung, und pocht an Sullys, seines Ministers und Freundes Tür. Glauben Sie, daß ein Dichter töricht genug wäre, Heinrich sagen zu lassen:

Ja, Heinrich ist's, dein König, der dich weckt.
Komm und erkenn die Stimme, die dich ruft...

und Sully antworten zu lassen:

Seid Ihr es, Herr!? Welch wichtiges Geschäft
Trieb lange vor Aurora Euch vom Lager?
Ein schwacher Schein nur leuchtet Euch und mir,
Nur Eure Augen und die meinen wachen!...

Zweiter: Vielleicht ist das wirklich die Sprache Agamemnons gewesen?

Erster: Ebensowenig wie die Heinrichs IV. Es ist die Sprache Homers, Racines, die Sprache der Poesie. Und diese prunkvolle Sprache kann nur von unbekannten Wesen benutzt werden; sie darf nur von einem poetischen Munde in poetischem Tone gesprochen werden.

Überlegen Sie einen Augenblick, was es auf dem Theater heißt: *Wahr-Sein.* Heißt das die Dinge so zeigen, wie sie in der Natur sind? Keineswegs! Das Wahre in diesem Sinne wäre nur das Alltägliche. Was ist also das Wahre auf der Bühne? Es ist die Übereinstimmung der Handlungen, Reden, der Gestalt, der Stimme, der Haltung, der Geste mit einem vom Dichter erfundenen Idealbild, das oft vom Schauspieler noch überbetont wird. Das ist das Wunderbare. Das Ideal beeinflußt nicht nur den Ton; es verändert sogar den Gang, ja die Haltung. Daher kommt es, daß der Schauspieler auf der Straße und auf der Bühne zwei so verschiedene Persönlichkeiten zeigt, daß man Mühe hat, ihn zu erkennen. Als ich Fräulein Clairon das erstemal zu Hause sah, rief ich ganz impulsiv: ›Ach, gnädiges Fräulein, ich dachte, Sie seien einen Kopf größer!‹

Eine unglückliche Frau, und zwar eine wirklich unglückliche, weint und rührt Sie nicht; schlimmer: ein leichter Zug, der sie entstellt, reizt Sie zum Lachen. Eine ihrer Eigenheiten klingt falsch in Ihrem Ohr und verletzt Sie. Eine Bewegung, die ihr ganz natürlich ist, zeigt Ihnen das Unedle und Kleinliche in ihrem Schmerz. Maßlose Leidenschaften zeigen sich fast immer in Verzerrungen, die der Künstler ohne Geschmack sklavisch nachahmt, während sie der große Künstler vermeidet. Wir wollen, daß der Mensch im tiefsten Leiden noch seinen Menschencharakter, die Würde seiner Gattung bewahrt. Was ist die Folge dieser heldenhaften Anstrengung? Uns vom Schmerz zu distanzieren und ihn zu mäßigen. Wir wollen, daß jene Frau mit Anstand und Anmut zusammenbricht und daß jener Held wie ein antiker Gladiator mitten in der Arena stirbt unter dem Beifall des Amphitheaters, mit Anmut und Würde in einer edlen und malerischen Haltung. Wer wird Ihre Erwartungen erfüllen? Etwa der Kraftprotz, den der Schmerz bezwingt und das Gefühl übermannt? Oder der geschulte Athlet, der sich beherrscht und die Gesetze der Gymnastik befolgt, während er seinen letzten Seufzer ausstößt? Der antike Gladiator ebenso wie der große Schauspieler, und der große Schauspieler genau wie der antike Gladiator sterben nicht, wie man im Bett stirbt, sondern sind gehalten, uns einen anderen Tod vorzuspielen, um uns zu gefallen. Und der sensible Zuschauer würde empfinden, daß die nackte Wahrheit, die aller Kunst entkleidete Handlung, kleinlich wäre und zur Poesie des übrigen in Widerspruch stünde.

Das heißt nicht, daß die reine Natur nicht auch ihre erhabenen Momente hätte, aber ich glaube, wenn einer sie bestimmt erfassen und in ihrer Erhabenheit erhalten kann, so derjenige, der sie in der Phantasie oder aus Genialität vorausgefühlt hat und kaltblütig wiederzugeben weiß.

Dennoch leugne ich nicht, daß eine Art erworbener oder künstlicher Beweglichkeit des Inneren mit im Spiele ist. Aber wenn Sie meinen Rat hören wollen, ich halte sie fast für ebenso gefährlich wie das natürliche Gefühl. Sie muß den Schauspieler nach und nach zu Manieriertheit und Einförmigkeit führen. Es ist ein der Vielgestaltigkeit der Funktionen des großen Komödianten entgegenwirkender Faktor. Er ist oft gezwungen, sich davon zu befreien, und diese Selbstverleugnung ist nur einem ehernen Kopf möglich. Zur Erleichterung der Studien und Proben, der Universalität des Talents und der Vollendung des Spiels wäre es besser, die unbegreifliche Spaltung des Ich wäre nicht nötig; denn ihre außerordentliche Schwierigkeit bindet schließlich doch jeden Schauspieler an eine einzige Rolle, zwingt die Truppen, sehr zahlreich zu sein, oder fast alle Stücke werden notwendig schlecht gespielt, es sei denn, man stelle die Ordnung der Dinge auf den Kopf und mache die Stücke für die Schauspieler. Mir scheint jedoch, sie sollten umgekehrt für die Stücke gemacht werden.

Zweiter: Aber wenn eine Menschenmasse auf der Straße plötzlich durch irgendeine Katastrophe dazu gebracht wird, daß jeder auf seine Weise sein natürliches Gefühl ausdrückt, so werden sie, ohne sich verständigt zu haben, ein wundervolles Schauspiel schaffen, tausend kostbare Beispiele für die Skulptur, die Malerei, die Musik und die Dichtkunst.

Erster: Das ist richtig. Aber ist dieses Schauspiel vergleichbar einem, das aus einer wohlverstandenen Übereinstimmung entsteht, aus jener Harmonie, die der Künstler hineinbringt, wenn er es von der Straßenecke auf die Bühne oder die Leinwand trägt? Wenn Sie das glauben, was wäre, frage ich

Sie, die vielgerühmte Magie der Kunst, wenn sie sich darauf beschränkt, das zu verderben, was die rohe Natur und ein zufälliges Zusammentreffen besser hervorgebracht haben als sie? Leugnen Sie, daß man die Natur verschönern kann? Haben Sie nie eine Frau gepriesen, indem Sie sagten, sie sei schön wie eine Raffaelsche Madonna? Haben Sie nicht manchmal beim Anblick einer schönen Landschaft aufgeschrien, sie sei romantisch? Im übrigen reden Sie von einer Realität, und ich spreche von einer Vorstellung. Sie sprechen von einem vergänglichen Augenblick der Natur, und ich spreche von einem geplanten, folgerichtigen Kunstwerk, das seine Entwicklung und seine Dauer hat. Nehmen Sie jeden einzelnen der Schauspieler, lassen Sie die Szene auf der Straße wie die auf der Bühne sich wandeln und zeigen Sie mir Ihre Personen nacheinander einzeln, zu zweit, zu dritt. Überlassen Sie sie ihren eigenen Bewegungen, lassen Sie sie absolute Herren über ihre Handlungen sein, und Sie werden sehen, welch merkwürdig mißtönendes Geschrei herauskommt. Um diesem Fehler zu entgehen, lassen Sie sie zusammen probieren? Dann ist's aus mit dem natürlichen Gefühl bei ihnen, und um so besser!

Es ist mit dem Schauspiel wie mit einer wohlgeordneten Gesellschaft, wo jeder etwas von seinen Rechten opfert für das Wohl der Gemeinschaft und des Ganzen. Wer wird am besten das Maß dieses Opfers abschätzen? der Enthusiast, der Fanatiker – gewiß nicht! In der Gesellschaft ist es der gerechte Mensch. Im Theater der Schauspieler mit kühlem Kopf. Ihre Straßenszene verhält sich zur dramatischen Szene wie eine Horde Wilder zu einer Versammlung zivilisierter Menschen.

Hier ist der Ort, Ihnen von dem niederträchtigen Einfluß eines mittelmäßigen Partners auf einen ausgezeichneten Schauspieler zu sprechen. Er hat großartig konzipiert, ist aber gezwungen, seinem idealen Vorbild zu entsagen, um sich auf das Niveau des armen Teufels zu stellen, mit dem er auf der Bühne steht. Er hört also auf, ernsthaft zu probieren und zu urteilen: was unwillkürlich beim Spaziergang oder am Kamin geschieht, wiederholt sich hier: derjenige, der spricht, setzt den Ton seines Partners herunter. Oder wenn Sie einen anderen Vergleich lieber wollen, es ist wie beim Whist, wo Sie einen Teil ihres Könnens verlieren, wenn Sie auf Ihren Partner nicht zählen können. Es geht noch weiter: die Clairon würde Ihnen sagen, wenn Sie wollen, Le Kain habe sie aus Bosheit schlecht oder mittelmäßig gemacht, wenn es ihm einfiel, und sie habe ihn dagegen einige Male dem Pfeifen des Publikums ausgesetzt. Was sind zwei Schauspieler, die sich gegenseitig unterstützen? Zwei Gestalten, deren Vorbilder den Proportionen entsprechen – entweder gleich stark oder einander untergeordnet sind, wie es den Umständen entspricht, in die sie der Dichter gestellt hat. Andernfalls wird der eine zu stark oder zu schwach, und um dieses Mißverhältnis zu verringern, wird der Starke selten den Schwachen zu seiner Höhe heraufziehen, sondern sich aus Überlegung seinem Niveau anpassen. Kennen Sie den Zweck der häufigen Proben? Sie sollen einen Ausgleich zwischen den verschiedenen Talenten der Schauspieler herstellen, damit eine allgemeine einheitliche Handlung entsteht, und wenn sich der Stolz und die Eitelkeit eines einzelnen gegen diesen Ausgleich stellt, so ist das immer zum Nachteil der Vollkommenheit des Ganzen und geht auf Kosten unseres Genusses: denn es ist kaum möglich, daß die ausgezeichnete Leistung eines einzelnen uns für die Mittelmäßigkeit eines anderen entschädigt, die sie erst recht sichtbar gemacht hat. Ich habe gelegentlich die Persönlichkeit eines großen Schauspielers bestraft gesehen. Das geschah, wenn das Publikum in seiner Einfalt erklärte, er sei übertrieben, statt zu empfinden, daß sein Partner schwach war.

Sie sind Dichter. Sie wollen ein eigenes Stück spielen lassen. Ich lasse Ihnen die Wahl zwischen Schauspielern mit ausgezeichneter Urteilskraft und kühlem Kopf und Gefühlsschauspielern. Aber ehe Sie sich entscheiden, gestatten Sie mir eine Frage: In welchem Alter ist man ein großer Schauspieler? Etwa in dem Alter, in dem man voll Feuer ist, da das Blut in den Adern kocht, da der geringste Anstoß Verwirrung in die Seele bringt, da der Geist sich am kleinsten Funken entzündet? Ich glaube nicht. Derjenige, den die Natur zum Schauspieler berufen hat, ragt in seiner Kunst erst hervor, wenn er eine lange Erfahrung gesammelt hat, wenn der Sturm der Leidenschaften sich gelegt hat, wenn der Kopf ruhig und die Seele maßvoll geworden ist. Der beste Wein ist herb und schäumend, wenn er gärt; erst wenn er lange in der Tonne gelagert hat, wird er süffig. Cicero, Seneca und Plutarch verkörpern für mich die drei Lebensalter des Schriftstellers: Cicero ist oft nur ein Strohfeuer, das meine Augen erfreut, Seneca ein Holzfeuer, das sie brennt, wenn ich dagegen die Asche des alten Plutarch aufrühre, entdecke ich darunter die großen Kohlen eines Herdes, der mich wohltuend erwärmt.

Baron spielte, als er die sechzig schon überschritten hatte, den Grafen Essex, Xipharés, Britannicus – und spielte sie gut. Die Gaussin entzückte mit fünfzig Jahren noch im ›Orakel‹ und im ›Mündel‹.

Zweiter: Sie hatte doch nicht mehr das Gesicht für ihre Rolle.

Erster: Das ist wahr. Und das ist vielleicht eins der unübersteigbaren Hindernisse für die Vollendung eines Schauspielers. Man muß lange Jahre über die Bretter gegangen sein, und die Rolle erfordert manchmal die erste Jugend. Wenn es eine siebzehnjährige Schauspielerin gegeben hat, die fähig war, die Rolle der Monine, der Dido, der Pulchérie, der Hermione zu spielen, so war das ein Wunder, das man nicht wieder erleben wird[1]. Dabei ist ein alter Schauspieler nur lächerlich, wenn ihn seine Kräfte gänzlich verlassen haben oder wenn die Überlegenheit seines Spiels nicht den Kontrast zwischen seinem Alter und seiner Rolle ausgleicht. Es ist auf dem Theater wie in der Gesellschaft, wo man einer Frau ihre Galanterie erst dann vorwirft, wenn sie weder genügend Talente noch genügend andere Tugenden besitzt, um eine Schwäche zu verdecken.

In unseren Tagen haben die Clairon und Monet, als sie anfingen, gespielt wie die Automaten. Erst später haben sie sich zu wahren Schauspielern entwickelt. Wie ist das gekommen? Sind ihnen Seele, Gefühl, innere Kräfte gewachsen im Laufe der Jahre? Vor kurzem erst wollte die Clairon nach zehn Jahren Unterbrechung wieder auf dem Theater erscheinen. Wenn sie mittelmäßig spielte, lag es etwa daran, daß sie ihre Seele, ihr Gefühl, ihre inneren Kräfte verloren hatte? Keineswegs, sondern die Erinnerung an ihre Rollen. Die Zukunft wird es beweisen.

Zweiter: Wie, Sie glauben, daß sie wiederkommt?

Erster: Sonst stirbt sie vor Langweile. Denn was soll man an die Stelle von öffentlichem Beifall und einer großen Leidenschaft setzen? Wenn der Schauspieler, die Schauspielerin zutiefst erschüttert wären, wie man annimmt, wie käme einer darauf, einen Blick auf die Logen zu werfen, ein anderer, ein Lächeln in die Kulisse zu schicken, fast alle, ins Parkett hineinzusprechen, und wie könnte man in die Garderobe gehen, das unmäßige Lachen eines Dritten unterbrechen und ihm sagen, es sei Zeit, auf die Bühne zu kommen, um sich zu erstechen?

1 Hier sind die ersten Vorstellungen der (damals in Wahrheit neunzehnjährigen) Schauspielerin Frl. Raucourt gemeint, die 1772 außerordentliches Aufsehen erregten.

Aber es reizt mich, Ihnen eine Szene zu skizzieren zwischen einem Schauspieler und seiner Frau, die sich haßten, eine Szene zwischen einem zärtlichen, leidenschaftlichen Liebespaar, eine Szene, die öffentlich auf den Brettern gespielt worden ist, so, wie ich sie Ihnen erzähle, nur etwas besser, eine Szene, in der beide Schauspieler niemals unmittelbarer in ihrer Rolle zu stehen schienen, eine Szene, in der sie in Parkett und Loge dauernd begeisterten Beifall fanden, unser Händeklatschen und unsere Bewunderungsschreie unterbrachen die Szene zehnmal. Es handelt sich um die dritte Szene im vierten Akt des ›Liebesstreits‹ von Molière. Es war ihr größter Erfolg des Abends.

Der Schauspieler Eraste, Liebhaber der Lucile
Die Schauspielerin Lucile, Geliebte des Eraste und Frau des Schauspielers

Eraste: Nein, nein, mein Fräulein, glaubet nicht,
Daß ich Euch noch von meiner Liebe spreche.
(Schauspielerin: Das möchte ich dir auch nicht geraten haben.)
Das ist vorbei.
(Schauspielerin: Das hoffe ich.)
Ich will genesen, und ich weiß,
Wie wenig Ihr von Eurem Herzen mir geschenkt.
(Schauspielerin: Mehr als du je verdient hast.)
Ihr zürnt, als hätt' ich Euch beleidigt,
(Schauspielerin: Du mich beleidigen? Das wär' zuviel Ehre für dich.)
Und zeigt mir so, wie wenig Ihr mich liebt,
So wißt denn, daß die Pfeile der Verachtung
(Schauspielerin: der allertiefsten.)
Am tiefsten doch die edlen Seelen treffen.

(*Schauspielerin:* Ja, ja, die edlen.)
Gesteh ich's denn, ich sah in Euren Augen
Den Zauber, den ich sonst bei keiner fand.
(*Schauspielerin:* Bestimmt nicht darum, weil du nicht hingesehen hättest!)
Ich war beglückt in meinen Liebesbanden
Und hätte sie getauscht nicht gegen einen Thron.
(*Schauspielerin:* Du hast's billiger gemacht.)
Ich lebte nur in dir,
(*Schauspielerin:* Das ist nicht wahr, du hast mich immer belogen.)
Und ich gesteh's,
Wenn du mich auch in tiefster Seele kränktest,
Es schmerzt mich tief, mich ganz von dir zu lösen.
(*Schauspielerin:* Das tut mir leid.)
Trotz allem, was sie tut, dich eilig zu vergessen,
Wird meine Seel' noch lang aus dieser Wunde bluten.
(*Schauspielerin:* Keine Angst, da ist der Brand schon drin.)
Und bin ich erst befreit vom Joch, das mich beglückt,
Dann muß ich ewig nur ganz ohne Liebe sein.
(*Schauspielerin:* Es wird sich schon wieder was finden.)
Doch jetzt ist alles gleich, – und will es denn dein Haß,
Daß er ein Herz vertreibt, das Lieb' dir stets gebracht,
So sollst du heut' zum letzten Mal mein lästig Werben,
Das dir so sehr mißfiel, zum letzten Male hören.
Lucile: Sie setzten Ihrer Güte noch die Krone auf,
Wenn Sie uns dieses letzte Mal noch sparten.
(*Schauspieler:* Mein Herz, du bist ein ganz unverschämtes Weib und wirst das noch bereuen.)
Eraste: Es sei, Ihr sollt mit mir zufrieden sein.
Ich breche jetzt mit Ihnen immerdar.
Sie wollen es: mein Leben sei verwirkt,
Wenn je ich such', mich Ihnen nur zu nah'n.

Lucile: Recht so, ich dank' Euch!
Eraste: Nein doch, fürchtet nicht,
(*Schauspielerin:* Vor dir hab' ich doch keine Angst.)
Daß ich mein Wort Euch breche, wär' mein Herz
Zu schwach, dies Bild in seinem Schrein zu löschen,
So soll Euch nimmermehr die Freude werden,
(*Schauspielerin:* Der Kummer wolltest du sagen.)
Daß ich Euch wiederseh'.
Lucile: Es wär' umsonst.
(*Schauspieler:* Meine Liebe, du bist ein ganz abgefeimtes Biest. Ich werde dir das Reden noch versalzen.)
Eraste: Mit tausend Dolchen würd' ich mich verwunden,
(*Schauspielerin:* Da sei Gott vor!)
Könnt ich mich je so tief erniedern.
(*Schauspielerin:* Warum denn nicht, nach soviel anderem.)
Euch noch einmal zu sehn, die mich verstößt.
Lucile: Gut, sprechen wir nicht mehr davon.

Und so weiter. Nach dieser doppelten Szene, einmal des Liebespaares, zum andern der Ehegatten, führte Eraste seine Herrin Lucile in die Kulisse zurück und kniff seine liebe Frau so heftig in den Arm, als wollte er ihr die Haut abreißen, und antwortete auf ihre Schmerzensschreie mit höchst beleidigenden und bitteren Reden.

Zweiter: Wenn ich diese beiden gleichzeitigen Szenen gehört hätte, würde ich, glaube ich, nie wieder einen Fuß ins Theater gesetzt haben.

Erster: Wenn Sie behaupten wollen, daß der Schauspieler und die Schauspielerin mit dem Gefühl dabei waren, dann frage ich Sie, ob bei der Szene der Liebhaber oder der der Ehegatten oder bei beiden? Aber hören Sie noch eine Szene zwischen der gleichen Schauspielerin und einem anderen Schauspieler, ihrem Liebhaber.

Während der Liebhaber spricht, sagte die Komödiantin von ihrem Gatten: ›Er ist ein gemeiner Lump. Er hat mich beschimpft... ich wage es Ihnen nicht zu wiederholen.‹ Während sie spricht, antwortet ihr der Liebhaber: ›Sind Sie nicht dazu geschaffen?...‹ Und so geht es von Couplet zu Couplet weiter.

›Essen wir nicht heute abend zusammen? – Ich möchte gern, aber wie soll ich ihm entwischen? – Das ist Ihre Sache. – Wenn er es doch erfährt? – Er wird darum nicht besser oder schlechter sein als bisher, und wir haben wenigstens einen angenehmen Abend. – Wer soll mitkommen? – Bestimmen Sie. Vor allen Dingen der Ritter, der gehört unbedingt dazu. – Der Ritter! Wissen Sie, daß es nur auf mich ankäme, eifersüchtig auf ihn zu sein? – Und auf mich, daß Sie Grund dazu hätten.‹

So schienen Ihnen diese außerordentlich sensiblen Wesen ganz und gar bei der großen Szene zu sein, die Sie hörten, während sie in Wirklichkeit nur bei der kleinen Szene waren, die Sie nicht gehört hatten. Und Sie würden ausrufen: ›Diese Frau ist doch eine reizende Schauspielerin, sie versteht es ausgezeichnet, zuzuhören, und spielt so klug, anmutig und aufmerksam, zart und gefühlvoll, wie man es ganz selten beieinander findet.‹ ... Und ich würde über Ihre Begeisterungsausbrüche nur schallend lachen.

Dabei betrügt die Schauspielerin ihren Mann mit einem anderen Schauspieler, den Schauspieler mit dem Ritter, den Ritter mit einem dritten, den er in ihren Armen ertappt. Er brütet schwere Rache. Er will sich in die Proszeniumsloge auf den vordersten Platz setzen, ganz dicht an der Bühne (damals hatte der Graf von Lauraguais unsere Bühnen noch nicht davon freigemacht). Er nahm sich vor, von da aus durch seine Gegenwart und verächtlichen Blicke die Treulose zu verwirren, sie aus dem Konzept zu bringen und dem Gelächter des

Parketts preiszugeben. Das Stück beginnt. Die Verräterin erscheint. Sie bemerkt den Ritter, und ohne sich in ihrem Spiel erschüttern zu lassen, sagt sie lächelnd zu ihm: ›Pfui, so ein häßlicher Schmoller, der sich für nichts und wieder nichts aufregt.‹ Der Ritter lächelt seinerseits. Sie fährt fort. ›Kommen Sie heute abend?‹ Er schweigt. Sie fügt hinzu: ›Lassen wir diesen lächerlichen Streit! Schicken Sie mir Ihren Wagen...‹

Und wissen Sie, in welcher Szene das eingefügt wurde? In einer der rührendsten Szenen von La Chaussée, wo die Schauspielerin schluchzte und uns heiße Tränen entlockte. Das setzt Sie in Verwirrung! Dennoch ist es die reine Wahrheit.

Zweiter: Das könnte mir das Theater verleiden.

Erster: Warum eigentlich? Wenn diese Leute nicht zu derartigen Kraftstückchen fähig sind, dann brauchte man gar nicht hinzugehen. Was ich Ihnen jetzt erzähle, habe ich gesehen. Garrick steckt seinen Kopf durch einen Türspalt und im Laufe von vier bis fünf Sekunden verändert sich sein Gesichtsausdruck von wilder Freude über gemäßigte Freude zur Ruhe, von der Ruhe zur Überraschung, von der Überraschung zum Erstaunen, vom Erstaunen zur Trauer, von der Trauer zur Niedergeschlagenheit, von der Niedergeschlagenheit zum Schrecken, vom Schrecken zum Entsetzen, vom Entsetzen zur Verzweiflung. Von dieser letzten Stufe steigt er wieder bis an den Ausgangspunkt. Kann seine Seele all diese Gefühle empfinden und diese ganze Skala in Übereinstimmung mit dem Gesicht? Ich glaube es nicht. Und Sie auch nicht. Wenn Sie diesen berühmten Mann fragten, der allein schon wert ist, daß man nach England reist, wie die Ruinen Roms eine Italienfahrt lohnen; wenn Sie, sage ich, ihn baten, die Szene des kleinen Kuchenjungen zu spielen, spielte er sie Ihnen. Wenn Sie ihn gleich darauf um die Hamlet-Szene baten, spielte er sie ebenfalls – gleich bereit, über die heruntergefallenen Pasteten zu weinen und in der Luft dem Weg des Dolches zu folgen. Kann man nach Wunsch lachen oder weinen? Man macht die mehr oder weniger genaue Grimasse, mehr oder weniger täuschend, je nachdem, ob man ein Garrick ist oder nicht. Ich imitiere manchmal, und sogar ziemlich wahrheitsgetreu, um sehr kluge Weltleute zu beeindrucken. Wenn ich verzweifelt bin bei dem gespielten Tode meiner Schwester in der Szene mit dem Advokaten aus der Niedernormandie, wenn ich mich in der Szene mit dem ersten Marinekommis anklage, der Frau eines Schiffskapitäns ein Kind beigebracht zu haben, dann sehe ich aus, als ob ich Schmerz beziehungsweise Scham empfinde. Aber bin ich wirklich traurig? schäme ich mich? ebensowenig in meiner kleinen Komödie wie in der Gesellschaft, wo ich diese beiden Rollen gespielt hatte, ehe ich sie in ein Theaterstück einfügte. Was ist denn ein großer Schauspieler? Ein großer tragischer oder komischer Imitator, dem der Dichter vorschreibt, was er zu sagen hat.

Sedaine gibt seinen ›Philosophen ohne es zu wissen‹. Ich interessierte mich mehr für den Erfolg des Stückes als er. Konkurrenzneid ist ein Fehler, den ich nicht kenne. Ich habe ohnedies genug andere: Ich rufe alle meine literarischen Kollegen als Zeugen auf, ob ich, wenn sie mir die Ehre gaben, mich bei ihren Arbeiten um Rat zu fragen, nicht immer alles getan habe, was in meiner Macht stand, um würdig auf diese außerordentlichen Zeichen ihrer Achtung zu antworten? – Der ›Philosoph ohne es zu wissen‹ wackelt in der ersten, in der zweiten Vorstellung – und ich bin sehr traurig darüber –, in der dritten wird es ein Riesenerfolg. Ich bin außer mir vor Freude. Am nächsten Morgen werfe ich mich in eine Droschke und suche Sedaine – es war Winter und fürchterlich kalt – ich fahre überall herum, wo ich hoffen kann, ihn zu finden. Ich höre, daß er irgendwo im Faubourg St. Antoine ist und lasse mich hinfahren. Ich gehe auf ihn zu, werfe meine Arme um seinen Hals, die Stimme versagt mir, und Tränen rinnen über mein Gesicht. Das ist der mittelmäßige Gefühlsmensch. Sedaine blickt mich unbeweglich und kalt an und sagt: ›Ach, Herr Diderot, sind Sie aber schön!‹ Das ist der Beobachter und geniale Mensch.

Das erzählte ich eines Tages bei Tische bei einem Manne, dessen überragende Fähigkeiten ihn dazu bestimmten, eine der bedeutendsten Stellen im Staate einzunehmen, Monsieur Necker[1]. Es waren viele Literaten anwesend, unter ihnen Marmontel, den ich sehr schätze und der mich ebenfalls schätzt. Er sagte spöttisch: ›Sie werden noch feststellen, daß, wenn Voltaire aus der Fassung kommt bei dem einfachen Bericht irgendeines rührenden Ereignisses und Sedaine seine Kaltblütigkeit behält beim Anblick eines Freundes, der in Tränen ausbricht, daß Voltaire der Durchschnittsmensch ist und Sedaine das Genie!‹ Dieser Anwurf bringt mich aus der Fassung und zum Schweigen, weil ein Gefühlsmensch wie ich ganz und gar bei dem ist, was man ihm entgegnet, den Kopf verliert und sich erst unten auf der Treppe wiederfindet. Ein anderer, der kalt und Herr seiner selbst gewesen wäre, hätte Marmontel geantwortet: ›Ihre Bemerkung würde sich in jedem anderen Munde besser ausnehmen als in Ihrem; denn Sie fühlen nicht mehr als Sedaine und machen auch sehr gute Sachen, und da Sie hinter demselben Strauch sitzen wie er, konnten Sie es ruhig Ihrem Nachbarn überlassen, sein Verdienst unpartaiisch zu würdigen. Aber ohne Sedaine Voltaire noch Voltaire Sedaine vorziehen zu wollen, können Sie mir sagen, was aus dem Kopf des Verfassers vom ›Philosophen ohne es zu wissen‹, vom ›Deserteur‹ und ›Geretteten Paris‹

1 War 1777 Directeur général des finances.

herausgekommen wäre, wenn er, statt fünfunddreißig Jahre seines Lebens damit zu vergeuden, Gips einzurühren und Steine zu behauen, seine Zeit dazu verwendet hätte, wie Voltaire, Sie und ich, Homer, Virgil, Tasso, Demosthenes und Tacitus zu lesen und zu durchdenken. Wir werden niemals lernen, zu sehen wie er, und er hätte gelernt, wie wir zu sprechen. Ich sehe in ihm einen Urenkel Shakespeares, jenes Shakespeare, den ich weder mit dem Apoll von Belvedere noch mit dem sterbenden Fechter noch mit Antinous noch dem Herkules des Glykon vergleichen würde, wohl aber mit dem heiligen Christophorus von Notre Dame, dem unförmigen, grobbehauenen Koloß, zwischen dessen Beinen wir alle hindurchgehen könnten, ohne daß unser Scheitel seine Scham berührt.‹

Aber mit einer anderen Geschichte will ich Ihnen zeigen, wie ein Mensch in einem Augenblick einfältig erscheint durch sein Gefühl und im nächsten erhaben wirkt durch die Kaltblütigkeit, die auf das bezwungene Gefühl folgt. Hören Sie:

Ein Schriftsteller, dessen Namen ich verschweigen will, war in äußerste Not geraten. Er hatte einen Bruder, der Geistlicher war und sehr reich. Ich fragte den Armen, warum ihm sein Bruder nicht helfe. ›Ich habe ihm großes Unrecht getan‹, antwortete er. Ich erhielt von ihm die Erlaubnis, den Herrn Theologen aufzusuchen. Ich gehe hin, werde gemeldet, trete ein. Ich sage dem Theologen, daß ich mit ihm über seinen Bruder sprechen möchte. Er nimmt mich unvermittelt bei der Hand, bittet mich, Platz zu nehmen, und gibt mir zu bedenken, daß ein kluger Mensch zuerst denjenigen kennen muß, dessen Sache er vertreten will. Dann fuhr er auf mich los: ›Kennen Sie meinen Bruder?‹ – ›Ich glaube.‹ – ›Sie glauben? Sie wissen also...‹ – Und damit zählt mir mein Theologe mit überraschender Geschwindigkeit und Heftigkeit eine Reihe Untaten auf, von denen eine immer entsetzlicher und empörender als die andere ist. Mir schwirrt der Kopf. Ich bin erschlagen. Ich verliere den Mut, ein so fürchterliches Ungeheuer, wie es mir geschildert wird, zu verteidigen. Glücklicherweise läßt mir mein Theologe, der in seiner Philippika etwas weitschweifig ist, Zeit, mich zu erholen. Allmählich macht der Gefühlsmensch dem redegewandten Menschen Platz; denn ich wage zu behaupten, daß ich es bei dieser Gelegenheit war. ›Ihr Bruder hat noch Schlimmeres getan‹, sagte ich kalt zu dem Theologen, ›und ich muß Sie loben, daß Sie mir das schlimmste seiner Verbrechen verschweigen.‹ – ›Ich verschweige nichts.‹ – ›Sie hätten noch sagen können, nach allem, was Sie schon gesagt haben, daß er Sie eines Nachts, als Sie zur Frühmesse gingen, bei der Gurgel gepackt habe, ein in den Kleidern verborgenes Messer zog und es Ihnen in die Brust stoßen wollte.‹ – ›Er ist dessen fähig. Aber ich habe ihn dessen nicht angeklagt; denn es ist nicht wahr...‹ – Da erhob ich mich plötzlich, richtete einen festen und strengen Blick auf meinen Theologen und rief mit Donnerstimme, mit der ganzen Heftigkeit und Emphase der Empörung: ›Und wenn es wahr wäre, muß man nicht dennoch seinem Bruder das Brot geben?‹ Der Theologe war erschlagen, niedergeschmettert, überwunden. Er schwieg, lief umher, trat zu mir und sagte mir eine Jahrespension für seinen Bruder zu.

Werden Sie in dem Augenblick, in dem Sie Ihren Freund oder Ihre Geliebte verloren haben, ein Gedicht über ihren Tod machen? Nein. Wehe dem, der in diesem Augenblick sein Talent brauchen kann! Erst wenn der große Schmerz vorüber, das starke Gefühl abgestumpft ist, wenn man Abstand gewonnen hat von der Katastrophe, die Seele ruhig ist, wenn man sich des vergangenen Glücks erinnert, fähig ist, den Verlust zu begreifen, wenn sich die Erinnerung mit der Phantasie verbindet, die eine, um die Freuden der Vergangenheit widerzuspiegeln, die andere, um sie zu vergrößern, dann erst hat man sich in der Gewalt und vermag gut darüber zu sprechen. Man sagt, daß man weint, aber man weint nicht, wenn man einen kräftigen Ausdruck sucht, der einem fehlt. Man sagt, daß man weint, aber man weint nicht, wenn man sich darum bemüht, einem Vers Harmonie zu geben: oder wenn die Tränen fließen, entfällt die Feder den Händen. Man gibt sich seinem Gefühl hin und hört auf, zu gestalten.

Dabei ist es mit den heftigen Freuden ebenso wie mit dem tiefen Schmerz: sie sind stumm. Ein zärtlicher und gefühlvoller Freund sieht einen Freund wieder, von dem er lange getrennt war – er kommt in einem unerwarteten Augenblick, und sogleich ist das Herz des ersten verwirrt: er eilt herbei, umarmt ihn, will sprechen – er kann es nicht: er stottert abgehackte Worte, weiß nicht, was er sagt, begreift nicht, was der andere antwortet. Wenn er bemerkte, daß seine große Erregung nicht erwidert wird, wie unglücklich wäre er! Urteilen Sie nach der Wahrheit dieser Schilderung über die Unwahrheit der theatralischen Begegnungen, in denen zwei Freunde so viel Geist verspritzen und sich so völlig in der Gewalt haben. Was könnte ich Ihnen nicht alles sagen über die idiotischen und beredten Auseinandersetzungen darüber, wer sterben soll, oder besser, wer nicht sterben soll, wenn uns dieser Punkt, über den ich gar kein Ende finden würde, nicht zu weit von unserem Thema entfernte. Es genügt auch für Menschen mit wirklichem und echtem Geschmack – die anderen würden auch aus dem, was ich noch dazu sagen könnte, nichts lernen. Aber wer rettet uns vor den so häufigen Unsinnigkeiten im Theater? Der Schauspieler. Und welcher Schauspieler? Bei tausend Gelegenheiten ist das Gefühl in der Gesellschaft ebenso schädlich wie auf der Bühne. Stellen Sie sich zwei Liebhaber vor, die beide eine Erklärung machen wollen. Welcher wird sich besser aus der Affäre ziehen? Ich bestimmt nicht. Ich erinnere mich, daß ich mich dem geliebten Wesen immer nur zitternd genaht habe – mir schlug das Herz, meine Gedanken verwirrten sich, die Stimme erstickte, ich verdarb alles, was ich sagen wollte – ich antwortete mit nein, wenn es ja hätte heißen sollen – ich war linkisch und ungeschickt, lächerlich vom Scheitel bis zur Sohle, bemerkte es und wurde dadurch immer nur lächerlicher. Dagegen verstand es ein heiterer, lustiger und gewandter Rivale, der sich voll in der Gewalt und an sich selber Freude hatte, unter meinen Augen keine Gelegenheit vorübergehen zu lassen, seine Verehrung auszusprechen, und zwar in feiner, geistreicher Weise; er unterhielt, gefiel und hatte Erfolg. Er bat um ein Händchen, das man ihm überließ, er ergriff es manchmal, ohne darum gebeten zu haben, küßte es, küßte es wieder, und ich saß in einer Ecke und bemühte mich, die Augen von einem Schauspiel abzuwenden, das mich in Wallung brachte, erstickte meine Seufzer, preßte meine Fäuste, bis die Gelenke knackten, versank in Schwermut und konnte, von kaltem Schweiß bedeckt, meinen Kummer weder zeigen noch verbergen. Man sagt, die Liebe raubt denen den Verstand, die welchen haben, und gibt ihn jenen, die keinen haben, das heißt auf gut deutsch, sie macht die einen gefühlvoll und albern und die andern kalt und unternehmungslustig.

Der Gefühlsmensch folgt den natürlichen Impulsen und vermag nur, den Schrei seines Herzens genau wiederzugeben – in dem Augenblick, da er diesen Aufschrei mildert oder verstärkt, ist er es nicht mehr selbst, er ist ein Schauspieler, der eine Rolle spielt.

Der große Schauspieler beobachtet die Erscheinungen: der Gefühlsmensch dient ihm als Modell, er denkt über ihn nach und findet aus der Überlegung, was er um der besseren Wirkung willen hinzufügen oder weglassen muß. Und nun nochmals Tatsachen zum Beweis:

Bei der ersten Vorstellung von ›Ines de Castro‹ fing das Parkett an der Stelle, wo die Kinder auftreten, an zu lachen. Die Duclos, die die Ines spielte, war empört und rief ins Parkett: ›Lacht nur, ihr Dummköpfe, an der schönsten Stelle des Stückes!‹ Das Parkett hörte sie, beherrschte sich, die Schauspielerin nahm ihre Rolle wieder auf, ihre Tränen flossen mit denen der Zuschauer. Wie, meinen Sie, kann man so von einem tiefen Gefühl ins andere umschlagen? Vom Schmerz zur Empörung, von der Empörung zum Schmerz? Das kann ich mir nicht denken. Aber was ich mir sehr gut denken kann, ist, daß die Empörung der Duclos echt war, ihr Schmerz dagegen gespielt.

Quinault-Dufresne spielte die Rolle des Severus in ›Polyeucte‹. Er wird vom Kaiser Decius gesandt, um die Christen zu verfolgen. Er vertraut seine geheimen Gedanken über die verleumdete Sekte seinem Freunde an. Der gesunde Menschenverstand forderte, daß diese vertrauliche Mitteilung, die ihn die Gunst des Fürsten, seine Würde, sein Vermögen, die Freiheit, vielleicht sogar das Leben kosten konnte, mit leiser Stimme gemacht wird. Das Parkett rief: ›Lauter!‹ Er antwortete: ›Und Sie, meine Herren, etwas leiser!‹ Hätte er, wenn er wirklich Severus gewesen wäre, so schnell wieder zu Quinault werden können? Nein, sage ich Ihnen, nein. Nur ein Mensch, der sich ganz in der Gewalt hat, so wie er, dieser seltene Schauspieler, der ausgezeichnete Komödiant, sich zweifellos in der Gewalt hatte, kann in dieser Weise seine Maske ab- und wieder aufsetzen.

Le Kain steigt als Ninias in die Gruft seines Vaters hinunter und erdrosselt dort seine Mutter. Er kommt mit blutigen Händen wieder herauf, voll Entsetzen, seine Glieder zittern, die Augen sind irr, das Haar scheint sich auf seinem Kopf zu sträuben. Sie fühlen sich erschauern, Entsetzen ergreift Sie,

Sie sind ebenso bestürzt wie er. Indessen stößt Le Kain-Ninias mit dem Fuß ein diamantbesetztes Ohrgehänge, das sich von dem Ohr einer Schauspielerin gelöst hatte, in die Kulisse. Und dieser Schauspieler sollte fühlen? Das kann nicht sein. Wollen Sie sagen, daß er ein schlechter Schauspieler ist? Ich glaube es nicht. Was ist also Le Kain-Ninias? Er ist ein kalter Mensch, der nichts fühlt, aber hervorragend das Gefühl darstellt. Er hat gut schreien: ›Wo bin ich?‹ Ich antworte ihm: ›Wo du bist? Du weißt es recht gut: du bist auf den Brettern und stößt mit dem Fuße ein Ohrgehänge in die Kulisse.‹

Ein Schauspieler ist leidenschaftlich verliebt in eine Schauspielerin. In einem Stück werden sie sich zufällig in einer Eifersuchtsszene gegenübergestellt. Die Szene wird dadurch gewinnen, wenn der Schauspieler mittelmäßig, sie wird dabei verlieren, wenn er ein echter Komödiant ist; denn dann wird der große Komödiant er selbst und ist nicht mehr die erhabene und ideale Vorstellung, die er sich vom Eifersüchtigen gemacht hat. Ein Beweis, daß Schauspieler und Schauspielerin dann beide in das alltägliche Leben herabsteigen, ist, daß sie sich gegenseitig ins Gesicht lachen würden, wenn sie nicht von ihrem Kothurn heruntersstiegen. Die schwülstige, tragische Eifersucht erschiene ihnen nur wie eine Schaustellung ihrer eigenen.

Zweiter: Dennoch gibt es doch Naturwahrheiten.

Erster: Genau so wie in der Statue des Bildhauers, der ein schlechtes Modell getreulich wiedergegeben hat. Man bewundert diese Wahrheiten, aber man findet sie armselig und unbedeutend.

Ich behaupte noch mehr: um klein oder kleinlich zu spielen, braucht man nur seinen eigenen Charakter spielen zu müssen. Wenn Sie ein Tartuffe, ein Geiziger, ein Misanthrop sind, werden Sie ihn gut spielen; aber Sie werden nicht das tun, was der Dichter getan hat, denn er hat *den* Tartuffe, *den* Misanthrop geschaffen.

Zweiter: Was machen Sie für einen Unterschied zwischen einem Tartuffe und *dem* Tartuffe?

Erster: Der Geschäftsmann Billard ist ein Tartuffe[1]. Der Abbé Grizel[2] ist auch ein Tartuffe, aber sie sind nicht *der* Tartuffe. Der Financier Toinard ist ein Geiziger, aber er ist nicht *der* Geizige. *Der* Geizige und *der* Tartuffe sind nach allen Toinards und Grizels der Welt geschaffen. Sie enthalten die allgemeinsten und hervorstechendsten Züge von allen, aber sie sind nicht das genaue Porträt eines bestimmten. So erkennt sich auch keiner absolut in ihnen wieder.

Das Lustspiel und selbst die Charakterkomödie übertreiben. Der Scherz in der Gesellschaft ist ein leichter Schaum, der auf der Bühne verfliegt, der Scherz der Bühne ist eine scharfe Waffe, die in der Gesellschaft verletzen würde. Erdachten Wesen bezeigt man nicht die Schonung, die man wirklichen schuldig ist.

Die Satire behandelt *einen* Tartuffe, die Komödie *den* Tartuffe. Die Satire verfolgt *einen Lasterhaften*, die Komödie *ein Laster.* Wenn es nur ein oder zwei lächerliche Preziöse gegeben hätte, hätte man eine Satire auf sie machen können, aber keine Komödie.

Gehen Sie zu Lagrenée, bestellen Sie bei ihm *die* Malerei. Er glaubt, Sie zu befriedigen, wenn er auf die Leinwand eine Frau vor einer Staffelei malt, ihren Daumen in der Palette, mit dem Pinsel in der Hand. Bestellen Sie *die* Philosophie, er glaubt, sie dargestellt zu haben in einer leichtbekleideten Frau mit offenem Haar, die sinnend liest oder nachdenkt, einen Arm auf den Tisch gestützt, beschienen von einer nächtlichen

1 Schatzmeister (caissier général) der Post, machte 1769 einen betrügerischen Bankrott von mehreren Millionen. 2 Beichtvater des Erzbischofs, in den Prozeß Billard verwickelt.

Lampe. Verlangen Sie von ihm *die* Poesie, so malt er dieselbe Frau, das Haupt bekränzt mit Lorbeer, und gibt ihr eine Pergamentrolle in die Hand. *Die* Musik ist noch einmal dieselbe Frau mit einer Leier statt der Rolle, verlangen Sie von ihm *die* Schönheit, und verlangen Sie dieselbe Gestalt von einem Geschickteren als ihm, ich müßte mich sehr täuschen, wenn auch dieser nicht überzeugt wäre, daß Sie von seiner Kunst nichts weiter als die Gestalt einer schönen Frau verlangen. Ihr Schauspieler und dieser Maler verfallen beide in den gleichen Fehler, und ich würde Ihnen sagen: ›Euer Bild, euer Spiel sind Porträts von Individuen, die weit unter der allgemeinen Idee liegen, die der Dichter geschaffen hat, und weit unter der vollendeten Vorstellung, deren Nachahmung ich mir versprach. Ihre Nachbarin ist schön, sehr schön. Einverstanden. Aber sie ist nicht die Schönheit. Es ist ebenso weit von eurem Werk zu eurem Modell wie von eurem Modell zur idealen Vorstellung.‹

Zweiter: Aber ist diese ideale Vorstellung nicht eine Schimäre?

Erster: Nein.

Zweiter: Aber wenn es etwas Ideales ist, existiert es doch nicht: es ist aber nichts in unserem Bewußtsein, das nicht zuerst eine sinnliche Wahrnehmung gewesen wäre.

Erster: Das ist wahr. Aber nehmen wir eine Kunst bei ihrem Ursprung; die Bildhauerei zum Beispiel! Sie kopierte das erste Modell, das sich ihr bot. Sie sah dann, daß es weniger unvollkommene Modelle gab, und zog sie vor. Sie korrigierte die gröbsten Fehler, dann die weniger groben, bis sie nach langer Arbeit eine Gestalt schuf, die nicht mehr die Natur war.

Zweiter: Und warum das?

Erster: Weil es unmöglich ist, daß sich eine so komplizierte Maschine wie der tierische Körper ganz regelmäßig entwikkelt. Gehen Sie an einem schönen Feiertage in die Tuilerien oder die Champs Elysées, betrachten Sie alle Frauen, die durch die Alleen wandeln, Sie werden nicht eine einzige darunter finden, bei der beide Mundwinkel absolut gleich sind. Die Danae von Tizian ist ein Porträt, der Amor zu Füßen ihres Lagers ist ein Idealbild. Auf dem Bilde von Raffael, das aus der Galerie von Herrn von Thiers in die Katharinas II. gebracht wurde, ist der heilige Joseph eine alltägliche Gestalt, die Heilige Jungfrau eine schöne wirkliche Frau, das Jesuskind ein Idealbild. Aber wenn Sie mehr wissen wollen über diese theoretischen Grundsätze der Kunst, dann will ich Ihnen meine ›Salons‹ geben.

Zweiter: Ich habe davon voller Lob erzählen hören von einem Mann mit feinem Geschmack und sensiblem Geist.

Erster: Herrn Suard.

Zweiter: Und von einer Frau, die alles besitzt, was die Reinheit einer engelreinen Seele einem vollendeten Geschmack noch hinzufügen kann.

Erster: Frau Necker.

Zweiter: Aber zurück zu unserem Thema.

Erster: Einverstanden. Obgleich ich lieber die Tugend lobe, als daß ich reichlich müßige Fragen diskutiere.

Zweiter: Quinault-Dufresne, von Charakter ein Großsprecher, spielte den Großsprecher wundervoll.

Erster: Das ist wahr. Aber woher wissen Sie, daß er sich selber spielte? Oder warum sollte die Natur nicht aus ihm einen Großsprecher gemacht haben, der hart an der Grenze lag, die die reale Schönheit von der idealen Schönheit trennt, die Grenze, auf der sich die verschiedenen Schulen bewegen.

Zweiter: Ich verstehe Sie nicht.

Erster: In meinen ›Salons‹ bin ich klarer und empfehle Ihnen dort das Stück über die Schönheit im allgemeinen zu lesen. Indessen sagen Sie mir, ist Quinault-Dufresne Orosman? Nein. Dennoch. Wer hat ihn, wer wird ihn je in dieser Rolle ersetzen können? War er der Mann des ›Modischen Vorurteils‹? Nein. Dennoch, wie wahr er es spielte!

Zweiter: Wenn man Sie hört, ist der große Komödiant alles oder nichts.

Erster: Und vielleicht gerade, weil er absolut nichts ist, kann er alles so vorzüglich sein. Seine besondere Gestalt stört niemals die fremden Gestalten, die er annehmen muß. Unter allen, die je das nützliche und schöne Handwerk des Schauspielers oder Laienpredigers ausgeübt haben, war einer der anständigsten Männer, einer von denen, die am meisten die Züge, den Ton und die Haltung dafür hatten, der Bruder des hinkenden Teufels, des Gil Blas, des Studenten von Salamanca. – Montménil...

Zweiter: Der Sohn von Lesage, dem gemeinsamen Vater dieser ganzen lustigen Familie...

Erster: Er spielte mit gleichem Erfolg den Ariste im ›Mündel‹, den Tartuffe in der Komödie des gleichen Namens, den Mascarille in den ›Betrügereien Scapins‹, den Advokaten oder Monsieur Guillaume in dem Schwank ›Pathelin‹.

Zweiter: Ich habe ihn gesehen.

Erster: Und zu Ihrer großen Überraschung trug er jeweils die Maske dieser verschiedenen Gesichter. Das war nicht natürlich; denn die Natur hatte ihm nur sein eigenes gegeben, die übrigen erhielt er demnach durch seine Kunst. Gibt es ein künstliches Gefühl? Aber ob künstlich oder angeboren, Gefühl gehört nicht zur Wiedergabe irgendeiner Rolle. Welches ist also die errungene oder natürliche Eigenschaft, die den großen Darsteller ausmacht beim ›Geizigen‹, dem ›Spieler‹, dem ›Schmeichler‹, dem ›Zänkischen‹, dem ›Arzt wider Willen‹, dieser gefühllosesten und amoralischsten Gestalt, die die Dichtung erfunden hat, dem ›Bürger als Edelmann‹, dem ›Kranken und dem Hahnrei in der Einbildung‹, bei Nero,

Mithridates, Atreus, Phokas, Sertorius und all den anderen tragischen oder komischen Charakteren, bei denen das Gefühl im äußersten Gegensatz zum Wesen der Rolle steht? Die Fähigkeit, alle Natur zu erkennen und nachzuahmen. Glauben Sie mir, wir wollen nicht die Gründe vermehren, wenn einer genügt, um alle Erscheinungen zu erklären.

Manchmal hat der Dichter stärker empfunden als der Komödiant, manchmal, und vielleicht häufiger, ist die Konzeption des Komödianten stärker als die des Dichters, und nichts entspricht der Wahrheit mehr als der Ausspruch Voltaires, als er die Clairon in einem seiner Stücke sah: ›Habe ich das wirklich gemacht?‹ Weiß die Clairon wirklich mehr darüber als Voltaire? In diesem Augenblick wenigstens war ihre ideale Vorstellung beim Sprechen weit höher als die ideale Vorstellung, die sich der Dichter beim Schreiben gemacht hatte, aber diese ideale Vorstellung war nicht sie selbst. Wie also war ihr Talent? Sie vermochte eine große Vorstellung genial nachzuahmen. Sie ahmte die Bewegungen, die Handlungen, die Gesten, den ganzen Ausdruck eines Wesens nach, das weit über ihr stand. Sie hatte das gefunden, was Äschines niemals wiedergeben konnte, wenn er eine Rede von Demosthenes vortrug, nämlich das Brüllen des Löwen. Er sagte zu seinen Schülern: ›Wenn euch das schon so sehr packt, was wäre erst geschehen, wenn ihr den Löwen hättet brüllen hören?‹ Der Dichter hatte das furchtbare Tier geboren, die Clairon ließ es brüllen.

Es wäre ein merkwürdiger Mißbrauch des Wortes, wenn man diese Fähigkeit, alle Naturen wiederzugeben, selbst die grausamen und wilden, mit Gefühl bezeichnen wollte. Das Gefühl ist in der einzigen Bedeutung, die man bisher diesem Wort gegeben hat, wie mir scheint, Begleiterin der körperlichen Schwäche, Folge der Beweglichkeit des Zwerchfelles, der Lebhaftigkeit der Phantasie, der Empfindlichkeit der

Nerven, die mitfühlt, erschauert, bewundert, fürchtet, sich verwirrt, weint, ohnmächtig wird, hilft, flüchtet, schreit, den Verstand verliert, übertreibt, verschmäht, verachtet, keine klare Vorstellung vom Wahren, Guten und Schönen hat, ungerecht ist, zum Verrücktwerden neigt. Vermehrt die gefühlvollen Seelen, so werdet ihr im gleichen Maße die guten und bösen Taten jeder Art, Übertreibungen in Lob und Tadel vervielfachen.

Dichter, so ihr für ein zartfühlendes, leidendes und gefühlvolles Volk arbeitet, hüllt euch in die harmonischen, zärtlichen und rührenden Elegien Racines, es wird davonlaufen vor Shakespearischen Schlächtereien: diese schwachen Seelen sind unfähig, heftige Erschütterungen zu ertragen! Hütet euch, ihnen zu starke Bilder vorzusetzen. Zeigt ihnen, wenn ihr wollt,

den Sohn, bluttriefend noch vom Vatermord,
Im Arm des Toten Haupt, Belohnung fordernd,

aber geht nicht darüber hinaus! Wenn ihr ihnen mit Homer zu sagen wagtet: ›Wohin gehst du, Unglücklicher? Weißt du nicht, daß das Schicksal die Kinder der unglücklichen Väter zu mir schickt? Du wirst den letzten Segen deiner Mutter nicht empfangen. – Schon sehe ich dich am Boden liegen, schon sehe ich die Raubvögel über deinem Leichnam, wie sie dir die Augen aushacken und vor Gier mit den Flügeln schlagen‹, dann würden alle unsere Frauen aufscheien und das Gesicht abwenden: ›Entsetzlich!‹ und es wäre noch viel schlimmer, wenn diese Rede von einem großen Komödianten in vollendeter Weise gesprochen würde.

Zweiter: Ich möchte Sie unterbrechen und Sie fragen, was Sie von der Gabrielle de Vergy überreichten Schale denken, in der sie das blutende Herz ihres Geliebten entdeckt.

Erster: Ich sage, daß man konsequent sein muß, und wenn man sich gegen dieses Schauspiel empört, dann darf man auch nicht gestatten, daß Ödipus geblendet auf der Bühne erscheint, dann muß man den qualvoll an seinen Wunden leidenden Philoktet von der Bühne jagen, der noch dazu seinen Schmerz in unartikulierten Lauten hinausschreit. Mir scheint, die Alten hatten einen anderen Begriff von der Tragödie als wir. Und diese Alten waren Griechen, waren Athener, das zartfühlende Volk, das uns auf allen Gebieten Vorbilder hinterlassen hat, die kein anderes Volk noch erreichte. Äschylus, Sophokles, Euripides haben nicht jahrelang gewacht, um dann kleine, vorübergehende Eindrücke zu schaffen, die bei einem heiteren Souper wieder verfliegen. Sie wollten zutiefst ergreifen durch das Schicksal der Unglücklichen, sie wollten ihre Mitbürger nicht nur erheitern und zerstreuen, sondern sie bessern. Hatten sie unrecht damit? Hatten sie recht? Zu diesem Zweck ließen sie die Eumeniden über die Bühne rasen auf den Spuren des Vatermörders und seinem Blutgeruch folgen. Sie hatten ein zu gutes Urteil, als daß sie Verwechslungen und dem Verschwinden von Dolchen ihren Beifall gezollt hätten, die allenfalls für Kinder gut genug sind. Eine Tragödie ist meiner Meinung nach nur eine schöne Seite der Geschichte, die sich in eine bestimmte Anzahl von Ruhepunkten aufteilt. Man erwartet den Scherif[1]. Er kommt. Er verhört den Herrn des Dorfes, er fordert ihn auf, seinen Glauben abzuschwören. Der weigert sich. Er verurteilt ihn zum Tode. Er schickt ihn ins Gefängnis. Die Tochter kommt und bittet um Gnade für ihren Vater. Der Scherif gewährt sie ihr unter einer empörenden Bedingung. Der Herr des Dorfes wird hingerichtet. Die Einwohner verfolgen den Scherif. Er flieht vor ihnen. Der Geliebte der

1 »Der Scherif«, ein dramatisches Fragment Diderots.

Tochter des Herrn tötet ihn durch einen Dolchstoß, und der grausame Fanatiker stirbt unter den grausamsten Verwünschungen. Mehr braucht es nicht für einen Dichter, um ein großes Werk zu schaffen. Das Mädchen geht zum Grabe der Mutter, um zu hören, was sie dem schuldig ist, der ihr das Leben gegeben hat. Sie weiß nicht, ob sie das Opfer ihrer Ehre bringen soll, das man von ihr fordert. In dieser Unsicherheit hält sie sich ihrem Geliebten fern und weigert sich, seine Liebesbeteuerungen anzuhören. Sie erhält die Erlaubnis, ihren Vater im Gefängnis zu besuchen. Der Vater will sie mit ihrem Geliebten vereinigen. Sie weigert sich. Sie prostituiert sich. Während sie sich hingibt, wird ihr Vater hingerichtet. Wir erfahren von dieser Prostitution erst, als der Geliebte zu der Untröstlichen kommt, um ihr den Tod ihres Vaters zu berichten, wobei er das Opfer erfährt, das sie gebracht hat, ihn zu retten. Da erscheint der Scherif, verfolgt vom Volke, und wird von dem Geliebten getötet. Das sind einige Details zu einem derartigen Thema.

Zweiter: Einige?

Erster: Ja, einige. Werden die jungen Leute den Herrn des Dorfes nicht drängen, sich zu retten? Werden die Dorfbewohner ihn nicht auffordern, den Scherif und seine Begleiter umzubringen? Wird da nicht ein Priester als Verfechter der Toleranz auftreten? Wird der Liebhaber an diesem Trauertage untätig bleiben? Muß man nicht Bindungen zwischen diesen einzelnen Gestalten annehmen? Lassen sich aus diesen Bindungen nicht irgendwelche Möglichkeiten ableiten? Könnte zum Beispiel der Scherif nicht einmal der Liebhaber der Tochter des Herrn gewesen sein? Kommt er nicht zurück, voller Rachedurst gegen den Vater, der ihn aus dem Ort vertrieben hat, und gegen die Tochter, die ihn verschmähte? Wieviel wichtige Einzelheiten kann man so aus dem einfachsten Vorwurf ableiten, wenn man genügend Geduld hat, darüber nachzudenken! Wieviel Farbe kann man ihnen geben, wenn man Herr über die Sprache ist! Man kann nicht dramatischer Dichter sein, ohne Herr über die Sprache zu sein. Und glauben Sie, daß es mir an großen Szenen fehlen wird? Das Verhör wird in seinem ganzen Pomp dargestellt. Lassen Sie mich meine Bühne ausnützen, und damit Schluß mit dieser Abschweifung!

Ich rufe dich zum Zeugen an, englischer Roscius, berühmter Garrick, der du nach dem übereinstimmenden Urteil aller lebenden Völker für den größten Schauspieler giltst, den sie gesehen haben, gib der Wahrheit die Ehre! Hast du mir nicht gesagt, daß, obgleich du starker Gefühle fähig bist, dein Spiel schwach wäre, wenn du bei irgendeiner Leidenschaft oder einem Charakter, den du darstellst, dich nicht durch das Denken zu erheben vermöchtest bis zur Höhe einer homerischen Vorstellung, mit der du dich zu identifizieren versuchst? Als ich einwarf, daß du also nicht dich selbst spieltest, antwortetest du mir – leugne es nicht: daß du dich wohl davor hütest und daß du auf der Bühne nur so erstaunlich groß erscheinst, weil du im Theater dauernd erdachte Wesen darstellst, die nicht du selber sind?[1]

Zweiter: Die Seele des großen Schauspielers besteht aus jenem feinen Stoff, mit dem unser Philosoph[2] den unendlichen Raum erfüllte, der weder kalt noch warm, weder schwer noch leicht ist, der keine feste Form annimmt, der jede Gestalt annehmen kann, aber keine behält.

Erster: Ein großer Schauspieler ist weder ein Klavier, noch eine Harfe, noch ein Cembalo, noch eine Geige, noch ein Cello, er hat keinen ihm eigenen Akkord, aber er nimmt den Akkord und Ton an, der seiner Rolle entspricht, und versteht es, sich an jeden hinzugeben. Ich habe eine hohe Meinung

1 Im Winter 1764–65 spielte Garrick sechs Monate in Paris. 2 Epikur.

vom Talent eines großen Schauspielers: es ist selten, ebenso, vielleicht noch seltener als das des großen Dichters.

Wer sich in der Gesellschaft vornimmt, allen zu gefallen, und vielleicht sogar das unglückliche Talent dazu hat, ist nichts, besitzt nichts, was ihm eigen ist, was ihn auszeichnet, wofür sich die einen begeistern und was die anderen langweilt. Er redet immer und immer gut als ein berufsmäßiger Bewunderer, ein großer Höfling, ein großer Komödiant.

Zweiter: Ein großer Höfling, der, seit er atmet, an die Rolle des wunderbaren Hampelmanns gewöhnt ist, nimmt alle Arten von Gestalten an, je nach den Fäden, die sein Herr in den Händen hält.

Erster: Ein großer Komödiant ist auch ein bewundernswerter Hampelmann, dessen Fäden der Dichter hält und mit jeder Zeile die richtige Form vorschreibt, die er annehmen muß.

Zweiter: So sind ein Höfling, ein Komödiant, die nur eine einzige Gestalt annehmen können, so schön und interessant diese auch sein mag, schlechte Hampelmänner.

Erster: Es ist nicht meine Absicht, einen Beruf zu verleumden, den ich liebe und achte, ich meine den des Komödianten. Ich wäre untröstlich, wenn meine Betrachtungen falsch ausgelegt würden und auch nur einen Schatten von Verachtung auf Menschen mit seltener Begabung würfen, denn sie sind wahrhaft nützlich, diese Geißeln der Lächerlichkeit und des Lasters, die gewaltigsten Prediger der Ehrlichkeit und der Tugend, diese Geißeln, deren sich das Genie bedient, um die Bösen und Tollen zu strafen. Aber blicken Sie um sich, so werden Sie sehen, daß die Menschen von anerkannter Lustigkeit weder große Fehler noch große Vorzüge haben: die berufsmäßigen Lustigmacher sind frivole Menschen ohne feste Grundsätze, und wer, wie gewisse Leute, die sich in unseren Gesellschaften herumtreiben, keinen Charakter hat, ist vorzüglich geeignet, alle zu spielen.

Hat ein Schauspieler nicht Vater, Mutter, Frau, Kinder, Brüder, Schwestern, Bekannte, Freunde, eine Geliebte? Wäre er begabt mit jener außerordentlichen Gefühlskraft, die man für die Haupteigenschaft seines Berufes hält, würde er wie wir verfolgt und berührt von einer Unmasse sich gegenseitig ablösender Leiden, die unsere Seelen bald verletzen, bald zerreißen, wieviel Tage blieben ihm, uns zu zerstreuen? Sehr wenige. Der Kammerherr würde seine Macht vergeblich einsetzen, denn der Schauspieler wäre oft gezwungen, ihm zu antworten: ›Gnädiger Herr, ich kann heute nicht lachen‹, oder ›ich muß über ganz anderes weinen als um Agamemnons Nöte.‹ Dennoch bemerken wir nicht, daß die Kümmernisse des Lebens, die für sie ebenso häufig sind wie für uns und der freien Betätigung ihrer Fähigkeiten vielmehr entgegenwirken, sie oft am Spiel hindern.

In Gesellschaft finde ich sie, soweit sie nicht Spaßmacher sind, höflich, beißend und kalt, eitel, vergnügungssüchtig, verschwenderisch, auf ihren Vorteil bedacht, stärker angesprochen von unseren Lächerlichkeiten als gerührt von unseren Leiden, ziemlich ausgeglichenen Geistes beim Anblick eines unangenehmen Vorkommnisses oder bei der Erzählung einer traurigen Begebenheit – einsame Vagabunden im Dienste der Großen – wenig Sitten, keine Freunde, fast keine jener heiligen und zarten Bindungen, die uns mit den Leiden und Freuden eines anderen vereinigen. Ich habe oft Schauspieler außerhalb der Bühne lachen sehen, aber ich kann mich nicht entsinnen, je einen weinen gesehen zu haben. Was tun sie also mit dem Gefühl, das sie sich anmaßen und das man ihnen zuspricht? Lassen sie es auf den Brettern zurück, wenn sie herunterkommen, um es wieder aufzunehmen, wenn sie wieder hinaufgehen?

Was ist es, das sie auf den Sokkus oder auf den Kothurn bringt? Mangel an Erziehung, Elend und liederliches Leben.

Das Theater ist ein Ausweg, niemals freie Wahl. Noch nie ist einer Schauspieler geworden aus Liebe zur Tugend, aus dem Wunsche, der Gesellschaft nützlich zu sein und seinem Vaterlande oder seiner Familie zu dienen oder irgendeinem ehrenhaften Motiv, das einen ehrlichen Kopf, ein heißes Herz, eine gefühlvolle Seele zu einem so schönen Beruf hinziehen könnte.

Ich selbst habe als junger Mensch zwischen der Sorbonne und der Komödie geschwankt. Ich lief in den kältesten Wintertagen durch die einsamen Alleen des Luxembourg und sprach mit lauter Stimme die Rollen von Molière und Corneille. Was war mein Ziel? Beifall zu finden? Vielleicht. In enger Gemeinschaft mit den Frauen des Theaters zu leben, die ich unendlich liebenswürdig fand und sehr zugänglich wußte? Sicher. Ich weiß nicht, was ich getan hätte, um der Gaussin zu gefallen, die damals Anfängerin war und zugleich die Schönheit in Person, oder der Dangeville, die auf der Bühne so viele Reize hatte.

Man hat gesagt, daß die Schauspieler keinen Charakter hätten, weil sie alle spielen und dabei den verlieren müssen, den ihnen die Natur gegeben hat, daß sie falsch würden, wie der Arzt, der Chirurg und der Fleischer hart werden. Ich glaube, man hat dabei die Ursache für die Wirkung genommen, daß sie vielmehr fähig sind, alle zu spielen, weil sie keinen haben.

Zweiter: Man wird nicht grausam, weil man Scharfrichter ist, sondern man wird Scharfrichter, weil man grausam ist.

Erster: Ich kann diese Leute immer wieder studieren. Ich finde nichts, was sie von den übrigen Bürgern unterscheidet, wenn nicht eine Eitelkeit, die man Unverschämtheit nennen könnte, einen Neid, die ihre Gemeinschaft mit Zwietracht und Haß erfüllen. Unter allen Vereinigungen gibt es vielleicht keine, wo das gemeinsame Interesse aller und das der Öffentlichkeit öfter und offensichtlicher jämmerlichen, kleinlichen Anmaßungen aufgeopfert wird. Der Neid ist unter ihnen noch schlimmer als unter den Autoren. Das will viel sagen, aber es ist wahr. Ein Dichter verzeiht einem anderen Dichter leichter den Erfolg eines Stückes, als eine Schauspielerin einer anderen Schauspielerin den Beifall, durch den irgendein bekannter, reicher Wüstling auf sie aufmerksam wird. Sie sehen sie groß auf der Bühne, weil sie Seele haben, sagen Sie; ich dagegen sehe sie klein und niedrig in der Gesellschaft, weil sie keine haben: Mit den Reden und dem Ton des Camillus oder des alten Horatius[1] haben sie immer die Sitten von Frosine und Sganarelle[2]. Soll ich mich um das Herz zu beurteilen, auf geborgte Reden stützen, die einer wundervoll wiederzugeben versteht, oder auf die Handlungen und die Lebenshaltung?

Zweiter: Aber da waren Molière, Quinault, Montménil, da sind heute Brizard und Caillot, die gleich gerngesehen sind bei großen und kleinen Leuten, denen Sie ohne Sorge Ihre Geheimnisse und Ihre Börse anvertrauen würden, bei denen Sie die Ehre Ihrer Frau und die Unschuld Ihrer Tochter weit mehr in Sicherheit wüßten als bei irgendeinem großen Herrn bei Hofe oder einem ehrenwerten Diener der Kirche...

Erster: Das Lob ist nicht übertrieben: mich ärgert nur, nicht eine viel größere Anzahl Schauspieler nennen zu hören, die es verdient haben und noch verdienen. Mich ärgert, daß unter all diesen Menschen, deren Beruf eine Eigenschaft erfordert, die zur kostbaren und fruchtbaren Quelle vieler anderer wird, ein Schauspieler und zugleich Ehrenmann, eine Schauspielerin und zugleich anständige Frau, so seltene Erscheinungen sind.

Wir müssen daraus schließen, daß es falsch ist, zu behaup-

1 Edle Gestalten der klassischen französischen Tragödie. 2 Lockere, zynische Figuren der Komödie.

ten, es sei ihr ganz ausschließliches Vorrecht, und das Gefühl, das sie in der Gesellschaft und auf der Bühne beherrscht, wenn sie es überhaupt besitzen, ist weder die Grundlage ihres Charakters noch die Ursache ihres Erfolgs – es gehört zu ihrem Beruf weder mehr noch weniger als zu jedem anderen. Und wenn es so wenig große Schauspieler gibt, dann liegt es daran, daß die Eltern ihre Kinder nicht für das Theater bestimmen – daß man sich nicht darauf vorbereitet durch eine in der Jugend begonnene Ausbildung. Und obgleich unsere Nation der Aufgabe, Volksmassen anzusprechen, um sie zu belehren, zu erheitern und zu bessern, die Bedeutung, die Ehren und Belohnungen zugestehen müßte, die sie verdient, sind unsere Theatertruppen nicht einmal feste Gemeinschaften, wie es nötig wäre und in allen anderen Berufen der Fall ist, wo die Mitglieder aus allen Teilen und Schichten der Bevölkerung zusammengezogen werden. Man müßte sie auf die Bühne vorbereiten wie auf den Dienst beim Militär, beim Gericht und in der Kirche, auf Grund von Wahl und persönlicher Neigung und mit Zustimmung ihrer natürlichen Erzieher.

Zweiter: Die Verachtung der modernen Schauspieler scheint mir eine unglückliche Erbschaft zu sein, die ihnen die alten Komödianten hinterlassen haben.

Erster: Das glaube ich auch.

Zweiter: Wenn das Theater heute entstünde, wo wir viel richtigere Vorstellungen von den Dingen haben, vielleicht... Aber Sie hören mir gar nicht mehr zu! Woran denken Sie?

Erster: Ich bin bei meinem ursprünglichen Gedankengang und überlege, welches der Einfluß des Schauspiels auf den Geschmack und die Sitten sein könnte, wenn die Komödianten ehrenwerte Leute wären und ihr Beruf Achtung genösse. Welcher Dichter würde es wagen, wohlgeborenen Leuten zuzumuten, öffentlich platte und grobe Reden zu wiederholen, ungefähr so anständigen Frauen wie unseren eigenen vor einer Masse Zuhörer freche Reden an den Kopf zu werfen, die sie in der Stille an ihrem eigenen Herd nicht ohne zu erröten hören könnten? Unsere Dramatiker würden bald eine Reinheit, Zartheit und Formvollendung erreichen, von der sie weiter entfernt sind, als sie ahnen. Zweifeln Sie etwa daran, daß das Volksempfinden es nicht spürt?

Zweiter: Man könnte Ihnen vielleicht entgegenhalten, daß wir gerade heute die alten und neuen Stücke in der Gesellschaft spielen, die Ihre anständigen Schauspieler aus ihrem Repertoire ausschließen würden.

Erster: Was schadet's: wenn sich unsere Mitbürger auch bis zum Niveau des schlechtesten Mimen erniedrigen, wäre es darum weniger nützlich, weniger wünschenswert, daß sich unsere Schauspieler zum Niveau der ehrenwertesten Bürger erhöben?

Zweiter: Die Wandlung ist nicht leicht.

Erster: Als ich den ›Familienvater‹ gab, forderte mich der Polizeichef[1] auf, in dieser Weise fortzufahren.

Zweiter: Warum taten Sie es nicht?

Erster: Weil ich nicht den Erfolg fand, den ich mir versprochen hatte; und da ich mir nicht schmeicheln konnte, es viel besser zu machen, verlor ich die Lust an einer Laufbahn, für die ich nicht genügend Talent zu haben glaubte.

Zweiter: Und warum wurde dieses Stück, bei dem das Theater heute bereits vor einhalb fünf Uhr überfüllt ist und das die Schauspieler jedesmal ansetzen, wenn sie tausend Taler brauchen, anfangs so lau aufgenommen?

Erster: Manche behaupteten, unsere Sitten seien zu künstlich, um sich mit einer so einfachen Kunstgattung zu begnügen, zu verdorben, um eine so saubere Art zu genießen.

1 De Sartine.

Zweiter: Das klingt durchaus wahrscheinlich.

Erster: Aber die Erfahrung hat bewiesen, daß es nicht stimmte; denn wir sind nicht besser geworden. Im übrigen hat die Wahrheit, die Ehrenhaftigkeit so starken Einfluß auf uns, daß, wenn das Werk eines Dichters diese beiden Eigenschaften und der Dichter Genie hat, sein Erfolg nur um so sicherer ist. Gerade wenn alles falsch ist, liebt man das Wahre, gerade wenn alles verderbt ist, ist das Schauspiel am saubersten. Der Bürger läßt am Theatereingang all seine Laster zurück, um sie wieder aufzunehmen, wenn er herauskommt. Im Theater ist er gerecht und billig, guter Vater, guter Freund, Freund der Tugend. Ich habe oft neben mir böse Menschen zutiefst empört gesehen über Handlungen, die sie unter den Umständen, in die der Dichter die von ihnen verabscheuten Gestalten gebracht hatte, unweigerlich getan hätten. Wenn ich zuerst keinen Erfolg hatte, so lag es daran, daß diese Art den Zuschauern und Schauspielern fremd war. Es bestand und besteht noch ein Vorurteil gegen das, was man Tränenkomödie[1] nennt. Es lag daran, daß ich eine Menge Feinde bei Hofe, in der Stadt, bei den Gerichten, in der Kirche und bei den Literaten hatte.

Zweiter: Und wie hatten Sie all diesen Haß auf sich gezogen?

Erster: Das weiß ich nicht; denn ich habe niemals gegen die Großen oder die Kleinen Satiren geschrieben. Ich bin niemandem in den Weg gekommen, wenn es um Geld oder Ehren ging. Freilich gehörte ich zu den sogenannten ›Philosophen‹. Sie galten damals als gefährlichste Bürger, gegen die das Ministerium zwei oder drei subalterne Kreaturen losgelassen hatte, ohne Anstand, ohne Bildung... und, was schlimmer ist, ohne alle Geistesgaben. Aber lassen wir das!

1 Bürgerliches Drama.

Zweiter: Dazu kommt, daß die Philosophen die Aufgaben der Dichter und Literaten im allgemeinen erschwert hatten. Es genügte nicht mehr, ein Madrigal oder ein schmutziges Couplet schmieden zu können, um berühmt zu werden.

Erster: Das kann sein. Statt fleißig im Atelier des Malers, Bildhauers, kurz, des Künstlers, der ihn angenommen hat, zu arbeiten, verliert ein junger Taugenichts die kostbarsten Jahre seines Lebens und steht mit zwanzig Jahren ohne Mittel und ohne Talent da. Was soll aus ihm werden? Soldat oder Komödiant? Er schließt sich einer Schmiere an. Er zieht umher, bis er sich zutraut, in der Hauptstadt aufzutreten. – Ein unglückliches Geschöpf hat im Sumpf der Ausschweifungen gesteckt, sie ist des unwürdigen Dirnenlebens müde, da lernt sie einige Rollen auswendig, geht eines Tages zur Clairon wie der antike Sklave zum Ädilen oder Prätor. Diese nimmt sie bei der Hand, läßt sie eine Pirouette drehen, berührt sie mit ihrem Zauberstab und sagt: ›Geh und bring die Maulaffen zum Lachen und zum Weinen!‹

Sie sind ausgestoßen. Das Publikum, das sie nicht entbehren kann, verachtet sie. Sie sind Sklaven und dauernd unter der Geißel eines anderen Sklaven. Glauben Sie, daß die Male einer solchen dauernden Erniedrigung wirkungslos bleiben können und daß unter der Last der Schande eine Seele stark genug ist, sich auf der Höhe eines Corneille zu halten?

Den despotischen Druck, der auf ihnen lastet, üben sie auf die Schriftsteller aus, ich weiß nicht, welcher von beiden gemeiner ist, der unverschämte Komödiant oder der Schriftsteller, der ihn erträgt.

Zweiter: Sie wollen aufgeführt werden.

Erster: Unter allen Umständen. Um jeden Preis.

Zweiter: Sie sind alle ihres Handwerks müde. Zahlt euer Geld an der Türe, und sie werden bald genug haben von eurer Anwesenheit und eurem Beifall. Als sie genug Geld aus den

Logen zogen, waren sie drauf und dran zu erklären, daß der Schriftsteller entweder auf sein Honorar verzichten müßte oder sein Stück nicht aufgeführt würde.

Aber dieser Plan bedeutete ja nichts Geringeres als das Auslöschen der dramatischen Kunst.

Erster: Was kümmert sie das?

Zweiter: Ich glaube, jetzt bleibt Ihnen nicht mehr viel zu sagen.

Erster: Sie irren sich. Jetzt muß ich Sie bei der Hand nehmen und bei der Clairon einführen, dieser unvergleichlichen Zauberin.

Zweiter: Sie wenigstens wird doch stolz auf ihren Beruf sein.

Erster: Wie alle, die darin Hervorragendes geleistet haben. Das Theater wird nur von den Schauspielern verachtet, die hinausgepfiffen worden sind. Ich muß Ihnen die Clairon in ihren wirklichen Zornesausbrüchen zeigen. Wenn sie zufällig dabei ihre Haltung, ihre Akzente, ihre theatralische Handlungsweise mit all ihrem Pomp beibehielte, mit aller Emphase, würden Sie nicht die Hände in die Hüften stemmen? Könnten Sie sich das Lachen verbeißen? Was sagen Sie mir damit? Erklären Sie damit nicht ganz deutlich, daß das echte und das gespielte Gefühl zwei ganz verschiedene Dinge sind? Sie lachen über das, was Sie im Theater bewundert hätten? Und warum, bitte ich Sie? Weil der echte Zorn der Clairon dem gespielten Zorn gleich wäre und Sie ganz genau unterscheiden könnten zwischen der Maske der Leidenschaft und ihrer Person. Die Abbilder der Leidenschaft im Theater sind also nicht die genauen Abbilder, es sind nur übertriebene Bilder, große Karikaturen, die einer konventionellen Regel unterliegen. Fragen Sie sich selbst, welcher Künstler sich wohl am engsten an die gegebenen Regeln halten wird? Welcher Schauspieler wird am besten den vorgeschriebenen

Schwulst erfassen, ein Mensch, der von seinem eigenen Charakter beherrscht wird, oder einer, der ohne Charakter geboren ist, oder gar der Mensch, der sich seines Charakters entledigt, um einen größeren, edleren, heftigeren, erhabeneren anzunehmen? Von Natur ist der Mensch er selbst, in der Nachahmung ist er ein anderer. Das Herz, das man zu haben glaubt, ist nicht das, was man hat. Was ist denn das wahre Talent? Die äußeren Erscheinungsformen der erborgten Seele genau zu kennen, sich an die Sinne derer zu wenden, die uns hören und sehen und sie durch die Nachahmung der Erscheinungsformen zu täuschen, durch eine Nachahmung, die alles in ihren Köpfen vergrößert und der Maßstab für ihr Urteil wird. Denn es ist unmöglich, auf andere Weise das zu ermessen, was in uns vorgeht. Und was liegt schließlich daran, ob sie fühlen oder nicht fühlen, wenn wir es nur nicht merken?

Wer also am besten die äußeren Zeichen kennt und sie am vollendetsten wiedergibt nach dem besten und höchsten Vorbild, der ist der größte Schauspieler.

Zweiter: Wer dem großen Schauspieler am wenigsten zu erfinden übrigläßt, ist der größte Dichter.

Erster: Das wollte ich eben sagen. Wenn man auf Grund einer langen Theaterpraxis in der Gesellschaft den theatralischen Pomp beibehält und als Brutus, Cinna, Mithridates, Cornelia, Meropa, Pompejus einherschreitet, wissen Sie, was man da tut? Man verbindet mit einer kleinen oder großen Seele, je nach dem genauen Maß, das ihr die Natur gegeben hat, die äußeren Zeichen einer übersteigerten und riesenhaften Seele, die man nicht hat: und daraus entsteht das Lächerliche.

Zweiter: Sie machen da, bewußt oder unbewußt, eine grausame Satire der Schauspieler und Dichter!

Erster: Wieso?

Zweiter: Ich glaube, es ist jedem erlaubt, eine starke und große Seele zu haben. Ich glaube auch, es ist jedem erlaubt, die Haltung, den Ausdruck und die Handlungsweise seiner Seele zu haben, und ich glaube, das Abbild wirklicher Größe kann niemals lächerlich sein.

Erster: Was folgt daraus?

Zweiter: Feigling! Sie wagen es nicht zu sagen, ich muß mich der allgemeinen Entrüstung aussetzen. Es bedeutet, daß die wahre Tragödie noch gefunden werden muß und daß die Alten mit all ihren Fehlern ihr vielleicht näher waren als wir.

Erster: Das stimmt. Mich begeistert immer, wie einfach und stark Philoktet zu Neoptolemos spricht, als der ihm die Pfeile des Herkules, die er ihm auf Anstiften des Odysseus gestohlen hatte, wiedergibt: ›Sieh, was du getan hast: ohne es zu wissen, hast du einen Unglücklichen verurteilt, vor Schmerz und Kummer zu sterben. Dein Raub ist das Verbrechen eines anderen, deine Reue ist dein eigen. Nie hättest du daran gedacht, eine solche Schlechtigkeit zu begehen, wenn du allein gewesen wärst. Begreife also, mein Sohn, wie wichtig es ist, in deinem Alter nur mit anständigen Menschen zu verkehren. Was hast du gewonnen in der Gesellschaft eines Scheusals? Und warum verbindest du dich auch mit einem solchen schlechten Charakter? Hätte ihn dein Vater zum Gefährten und Freund gewählt? Der edle Vater, der nur die größten Helden des Heeres an sich herankommen läßt, was würde er sagen, wenn er dich mit einem Odysseus zusammen sähe?...‹[1] Ist in dieser Rede irgend etwas, was Sie nicht meinem Sohn sagen würden, was ich nicht zu dem Ihrigen sagen könnte?

Zweiter: Nein.

Erster: Dennoch ist es schön.

1 Szene aus der Tragödie »Philoktet« von Sophokles.

Zweiter: Gewiß.

Erster: Wenn diese Rede auf der Bühne gesprochen würde, klänge sie anders, als wenn man sie im Leben spricht?

Zweiter: Ich glaube nicht.

Erster: Und wäre dieser Ton im Leben lächerlich?

Zweiter: Keineswegs.

Erster: Je stärker die Handlung und je einfacher die Rede ist, um so mehr bewundere ich sie. Ich fürchte sehr, wir haben hundert Jahre hindurch die Großsprechereien von Madrid für römisches Heldentum gehalten und den Ton der tragischen Muse mit der Sprache der epischen Muse verwechselt.

Zweiter: Unser Alexandriner ist zu wortreich und zu hochtrabend für den Dialog.

Erster: Und unser Zehnsilber zu belanglos und leicht! Wie es auch sei, ich wünschte, Sie gingen zu einer Aufführung irgendeines Römerstückes von Corneille nur nach der Lektüre der Briefe Ciceros an Atticus. Wie schwülstig sind da unsere Dramatiker! Ihre Deklamationen widern mich an, wenn ich an die Einfachheit und die Kraft der Rede des Regulus denke, als er den Senat und das römische Volk vom Austausch der Gefangenen abbringt! In einer Ode, einem Gedicht, das viel mehr Wärme, Schwung und Übertreibung enthält als ein tragischer Monolog, drückt er sich folgendermaßen aus:

›Ich sah unsere Feldzeichen in den Tempeln Carthagos. Ich sah den römischen Soldaten seiner Waffen beraubt, die von keinem Tropfen Blut gerötet waren. Ich sah, wie die Freiheit vergessen wurde, sah Bürger mit auf dem Rücken gefesselten Armen. Ich sah die Tore der Städte offen, und Ernten bedeckten die Felder, die wir verwüstet hatten. Und ihr glaubt, daß sie mutiger zurückkehren, wenn wir sie mit Geld zurückkaufen? Ihr fügt den Verlust zur Schande. Wenn einmal die Tugend aus einem entwürdigten Herzen vertrieben ist, kehrt sie nicht dahin zurück. Erwartet nichts von einem, der hätte sterben können und sich hat gefangennehmen lassen.

O Carthago, wie groß und stolz bist du durch unsere Schande!...‹

So seine Rede und seine Haltung. Er entzieht sich den Umarmungen seiner Frau und seiner Kinder, er glaubt sich ihrer unwürdig wie ein niedriger Sklave. Er hält seinen scheuen Blick zur Erde gesenkt, verachtet die Tränen seiner Freunde, bis er die Senatoren zur Annahme eines Rates gebracht hat, den er allein zu geben fähig war, und ihm erlaubt wurde, in seine Verbannung zurückzukehren.

Zweiter: Das ist einfach und schön. Aber der Held zeigt sich erst im nächsten Augenblick.

Erster: Sie haben recht.

Zweiter: Er wußte, welche Martern ihm ein grausamer Feind bereitete, dennoch findet er seine heitere Gelassenheit wieder, befreit sich von seinen Nächsten, die den Abschied hinausschieben möchten, mit derselben Freiheit wie er sich vorher von der Masse seiner Klienten befreit hatte, um sich auszuruhen von den Anstrengungen der Arbeit auf den Feldern von Venafra oder seinem Feldzug nach Tarent.

Erster: Sehr gut. Und jetzt, Hand aufs Herz: sagen Sie mir, ob es bei unseren Dichtern viele Stellen gibt, deren Ton einer so hohen Tugend angemessen ist? So einfach und natürlich – und wie Ihnen in diesem Munde unsere weichlichen Klagelieder oder die Mehrzahl der Großsprechereien Corneilles erscheinen würden.

Wie viele Dinge, die ich nur Ihnen anzuvertrauen wage! Ich würde auf den Straßen gesteinigt, wenn man von diesen meinen Lästerungen wüßte, und ich habe nicht den Ehrgeiz, die Palme irgendeines Martyriums zu erringen.

Wenn eines Tages ein Genie kommen sollte, das wagt,

diesen Gestalten den einfachen Ton des antiken Heldentums zu geben, dann wird die Kunst des Schauspielers noch schwieriger; denn die Deklamation muß dann aufhören, eine Art Gesang zu sein.

Wenn ich übrigens erklärt habe, daß das Gefühl das Charakteristikum der Seelengüte und zugleich der Mittelmäßigkeit beim Genie ist, dann habe ich ein nicht alltägliches Geständnis abgelegt; denn wenn die Natur je eine sensible Seele geschaffen hat, dann ist es die meine.

Der Gefühlsmensch ist allzu sehr von seinem Zwerchfell abhängig, als daß er ein großer König, großer Politiker, großer Richter, ein gerechter Mensch, ein gründlicher Beobachter und demzufolge ein großartiger Nachahmer der Natur sein könnte, es sei denn, er vermöchte sich selbst zu vergessen und zu verleugnen und mit Hilfe einer starken Phantasie zu schaffen und mit gutem Gedächtnis seine Aufmerksamkeit auf die Gestalten zu richten, die ihm als Vorbilder dienen – aber dann ist er es nicht mehr, der handelt, sondern der Geist eines anderen, der ihn beherrscht.

Hier sollte ich schließen, aber Sie werden mir einen frechen Gedanken eher verzeihen als einen verschwiegenen. Sie haben sicher selbst schon die Erfahrung gemacht, wenn Sie von einem Anfänger oder einer Anfängerin zu einer kleinen Gesellschaft in deren Haus gebeten wurden, um über ihr Talent zu urteilen, daß Sie ihr Seele, Gefühl, Triebhaftigkeit zuerkannten und sie mit Lob überschütteten und beim Weggehen in der Hoffnung auf großen Erfolg zurückließen. Was aber geschieht? Sie tritt auf, sie wird ausgepfiffen, und Sie müssen sich selbst zugeben, daß das Publikum recht hat. Woher kommt das? Hat sie ihre Seele, ihr Gefühl, ihre triebhafte Kraft vom Morgen zum Abend verloren? Nein, – aber in ihrer Wohnung waren Sie auf gleicher Ebene mit ihr, Sie hörten ihr zu, ohne sich an die Konventionen des Theaters zu halten, sie saß Ihnen gegenüber, es stand zwischen Ihnen kein Vorbild zum Vergleich. Sie waren zufrieden mit ihrer Stimme, ihren Bewegungen, ihrem Ausdruck, ihrer Haltung, alles war in richtigem Verhältnis zu den Zuhörern und dem Raum, nichts verlangte Übertreibung. Auf den Brettern ist alles anders: hierher gehört eine andere Gestalt; denn alles ist größer.

Auf einem Privattheater, in einem Salon, wo der Zuschauer fast auf derselben Ebene wie der Schauspieler ist, würde Ihnen die wahrhaft dramatische Persönlichkeit ungeheuerlich, riesenhaft erschienen sein und nach der Vorstellung hätten Sie zu Ihrem Freund im Vertrauen gesagt: ›Sie wird keinen Erfolg haben, sie ist übertrieben.‹ Und ihr Erfolg auf dem Theater hätte Sie in Erstaunen versetzt. Nochmals: einerlei, ob es gut oder schlecht ist, der Schauspieler sagt und tut nichts in der Gesellschaft in der gleichen Weise wie auf der Bühne. Das ist eine andere Welt.

Aber ein glaubwürdiger Mann mit einem originellen und scharfen Geist, der Abbé Galiani, hat mir eine bedeutsame Tatsache erzählt, die mir später ein anderer glaubwürdiger Mann mit einem ebenfalls originellen und scharfen Geist, Herr Marquis von Caraccioli, der neapolitanische Gesandte in Paris, bestätigt hat, daß in ihrer beider Heimat Neapel ein Dramatiker lebt, dessen Hauptsorge nicht darin besteht, sein Stück aufzubauen.

Zweiter: Ihr ›Familienvater‹ hat aber großen Erfolg dort gehabt.

Erster: Man hat vier Vorstellungen hintereinander vor dem König gegeben entgegen der Hofetikette, die für jeden Tag ein anderes Stück vorschreibt, und das Publikum war jedesmal begeistert[1]. Die Hauptsorge des neapolitanischen Dichters ist aber, in der Gesellschaft Personen zu finden, die das

1 Im Januar 1773.

Alter, die Gestalt, die Stimme und den Charakter genau für seine Rollen mitbringen. Niemand wagt sich ihm zu widersetzen, da es sich um ein Vergnügen des Herrschers handelt. Der Dichter arbeitet mit seinen Schauspielern sechs Monate lang, zusammen und einzeln. Und wann, glauben Sie, daß die Truppe zu spielen anfängt, sich zu verstehen und sich dem Grad der Vollendung zu nähern beginnt, den er fordert?

Wenn die Schauspieler erschöpft sind von den vielen Proben, wir würden sagen: abgestumpft. Von diesem Augenblick an sind die Fortschritte überraschend, jeder identifiziert sich mit seiner Rolle, und nach dieser mühsamen Vorbereitung beginnen die Vorstellungen und werden sechs Monate hindurch weitergeführt, und der Herrscher und seine Untertanen genießen das größte Vergnügen, das man durch die theatralische Illusion empfangen kann. Die theatralische Illusion ist bei der letzten Vorstellung ebenso stark und vollendet wie bei der ersten. Glauben Sie nun, daß sie die Folge des Gefühls ist?

Übrigens ist diese Frage, die ich hier vertiefe, schon früher erörtert worden zwischen einem mittelmäßigen Schriftsteller, Rémond de Saint-Albine, und einem großen Schauspieler, Riccoboni. Der Schriftsteller vertrat die Sache des Gefühls, der Komödiant die meine. Ich kannte diese Anekdote noch nicht, ich habe sie erst vor kurzem gehört.

Ich habe gesprochen. Sie haben mich gehört. Jetzt bitte ich Sie zu sagen, was Sie denken.

Zweiter: Ich denke, daß der kleine, anmaßende, entschlossene, trockene und harte Mann, dem man eine ganz ordentliche Dosis Menschenverachtung zusprechen muß, wenn er nur ein Viertel soviel davon hat, wie ihm die freigebige Natur Überheblichkeit geschenkt hat, etwas zurückhaltender in seinem Urteil gewesen wäre, wenn Sie die Liebenswürdigkeit gehabt hätten, ihm Ihre Gründe auseinanderzusetzen, und er die nötige Geduld, Ihnen zuzuhören. Aber unglücklicherweise weiß er alles, und als Universalgenie glaubt er sich frei von der Verpflichtung, zuzuhören und zu lernen.

Erster: Das Publikum zahlt es ihm reichlich zurück. Kennen Sie Madame Riccoboni?

Zweiter: Wer sollte die Verfasserin so vieler genialer, anständiger, zarter, anmutiger, reizender Bücher nicht kennen?

Erster: Glauben Sie, daß diese Frau Gefühl hatte?

Zweiter: Das beweisen nicht nur ihre Bücher, sondern auch ihre Haltung. Es gibt in ihrem Leben ein Ereignis, das sie an den Rand des Grabes gebracht hat[1]. Nach zwanzig Jahren sind ihre Tränen noch nicht versiegt, die Quelle ihrer Tränen nicht erschöpft.

Erster: Nun, diese Frau, eine der gefühlsreichsten, die die Natur geschaffen hat, war eine der schlechtesten Schauspielerinnen, die je auf die Bühne getreten sind. Niemand spricht besser über die Kunst, niemand spielt schlechter.

Zweiter: Ich möchte hinzufügen, daß sie das zugibt und daß sie niemals das Publikum ungerecht genannt hat, wenn es sie auspfiff. Und warum ist die Riccoboni mit ihrer außerordentlichen Gefühlskraft, der Haupteigenschaft des Schauspielers nach Ihrer Meinung, so schlecht?

Zweiter: Offensichtlich, weil ihr die anderen Eigenschaften, die dazugehören, so sehr fehlen, daß sie den Mangel nicht ausgleichen können.

Erster: Sie hat aber keine schlechte Figur, sie hat Geist, eine gute Haltung, ihre Stimme hat nichts Unangenehmes, alles, was einem Erziehung geben kann, besitzt sie, sie hat gar nichts

1 Ihr erster Liebhaber verließ sie, als ihre Eltern ihr Vermögen in der Bank des berüchtigten Finanzmannes John Law verloren hatten; bald Waise, erlitt sie die Untreue ihres Gatten. Schrieb: »Lettres de mistress Fanny Butler à milord Charles-Alfred de Caitonbridge«, 1756.

Abstoßendes in der Gesellschaft, man kann ohne weiteres mit ihr auskommen und hört ihr sehr gern zu.

Zweiter: Ich verstehe nichts mehr, ich weiß nur, daß sich das Publikum nie mit ihr hat abfinden können und daß sie zwanzig Jahre lang das Opfer ihres Berufes war.

Erster: Und ihres Gefühls, über das sie sich nie hat erheben können. Und eben, weil sie dauernd sie selbst geblieben ist, hat das Publikum sie dauernd mißachtet.

Zweiter: Kennen Sie Caillot?

Erster: Sehr gut.

Zweiter: Haben Sie mit ihm schon darüber gesprochen?

Erster: Nein.

Zweiter: An Ihrer Stelle wäre ich begierig, seine Meinung zu hören.

Erster: Ich kenne sie.

Zweiter: Und wie ist sie?

Erster: Die Ihre und auch die Ihres Freundes.

Zweiter: Das ist eine furchtbare Autorität gegen Sie.

Erster: Das gebe ich zu.

Zweiter: Und wie haben Sie von dem Gefühl Caillots erfahren?

Erster: Durch eine geistreiche und kluge Frau, die Prinzessin Galitzin. Caillot hatte den Deserteur gespielt. Er war noch an dem Ort, wo er eben alle Verzweiflung eines Unglücklichen empfunden hatte, der daran ist, seine Geliebte und das Leben zu verlieren, und sie hatte es an seiner Seite mit ihm geteilt. Caillot trat an ihre Loge und sagte ihr mit dem lachenden Gesicht, das wir an ihm kennen, einige heitere, ehrerbietige und höfliche Sätze. Die Fürstin war überrascht und sagte: Wie, Sie sind nicht tot?! Ich war nur Zuschauerin Ihrer Ängste und habe mich noch nicht von ihnen erholt. – Nein, gnädige Frau, ich bin nicht tot. Ich wäre zu sehr zu bedauern, wenn ich so oft sterben müßte. – Sie fühlen also nichts? – Verzeihen Sie… – Und damit waren sie mitten in einer lebhaften Diskussion, die ebenso endete wie unsere: Ich werde bei meiner Meinung bleiben und Sie bei Ihrer. Die Fürstin erinnerte sich nicht an die Ansichten Caillots, aber sie hatte beobachtet, wie der große Nachahmer der Natur im Augenblick seines Todeskampfes, als man ihn zur Hinrichtung führte, bemerkte, daß der Stuhl, auf den er die ohnmächtige Luise gleiten lassen mußte, ungünstig stand, er rückte ihn zurecht, während er mit ersterbender Stimme sang: ›Luise kommt nicht, und meine Stunde naht.‹ … – Aber Sie sind zerstreut? Woran denken Sie?

Zweiter: Ich denke daran, Ihnen einen Vergleich vorzuschlagen: dem natürlichen Gefühl des Schauspielers jene seltenen Momente zuzusprechen, da er seine Überlegung verliert, das Theater nicht mehr sieht, da er vergißt, daß er auf der Bühne steht, sich selbst vergißt, da er in Argos, in Mykene ist, da er die Person wird, die er spielt. Er weint.

Erster: Im Versmaß?

Zweiter: Im Versmaß. Er schreit.

Erster: Richtig?

Zweiter: Richtig. Er erregt sich, empört sich, verzweifelt, zeigt meinen Augen das wahre Bild, meinem Ohre und meinem Herzen den wahrhaftigen Akzent der Leidenschaft, die ihn so sehr bewegt, daß er mich mitreißt, daß ich mich selbst vergesse, daß ich nicht mehr Brizard noch Le Kain höre, sondern Agamemnon, Nero sehe… und so weiter. Alle anderen Augenblicke mögen der Kunst gehören… dann ist es vielleicht, glaube ich, mit der Natur wie mit dem Sklaven, der sich frei bewegen lernt an seiner Kette, die Gewohnheit läßt ihn die Last und den Zwang nicht mehr empfinden.

Erster: Ein Gefühlsschauspieler hat vielleicht in seiner Rolle ein oder zwei solche Momente des Wahnsinns, die mit dem

Übrigen einen um so größeren Mißklang bilden, je schöner sie sind. Aber sagen Sie mir, hört das Theater in diesem Augenblick nicht auf, ein Vergnügen zu sein, und wird eine Qual für Sie?

Zweiter: O nein!

Erster: Und ist das erfundene Leiden nicht eindrucksvoller als der häusliche reale Anblick einer trauernden Familie am Sterbebett eines geliebten Vaters oder einer angebeteten Mutter?

Zweiter: O nein!

Erster: Weder Sie noch der Schauspieler haben sich so vollständig vergessen...

Zweiter: Sie haben mich schon so oft in Verwirrung gebracht, und ich zweifle nicht, daß Sie mich auch weiterhin in Verwirrung setzen können. Aber ich glaube, ich kann Sie erschüttern, wenn Sie mir erlauben, mir einen Bundesgenossen zu holen. Es ist einhalb fünf Uhr. Sie spielen ›Dido‹. Sehen wir uns Mademoiselle Raucourt an. Sie wird Ihnen besser antworten als ich.

Erster: Ich wünsche es Ihnen, aber ich hoffe es nicht. Denken Sie, daß sie das tut, was weder die Le Couvreur, noch die Duclos, noch die de Seine, noch die Balincourt, noch die Clairon, noch die Dumesnil konnten? Ich wage Ihnen zu versichern: wenn unsere junge Anfängerin noch weit von der Vollendung entfernt ist, so liegt es daran, daß sie noch zu neu ist, um nichts zu fühlen, und ich sage Ihnen im voraus: wenn sie weiter fühlt, weiter sie selbst bleibt und die begrenzten Anlagen der Natur dem unendlichen Studium der Kunst vorzieht, so wird sie sich nie zur Höhe der Schauspielerinnen erheben, die ich Ihnen genannt habe. Sie wird schöne Momente haben, aber sie wird nicht schön sein. Es wird mit ihr werden wie mit der Gaussin und einigen anderen, die ihr Leben lang geziert, schwach und eintönig waren, nur weil sie niemals aus dem engen Kreis ihres angeborenen Gefühls herauskamen. Wollen Sie mir immer noch Mademoiselle Raucourt entgegenstellen?

Zweiter: Sicher.

Erster: Auf dem Wege werde ich Ihnen eine Begebenheit erzählen, die zu unserer Unterhaltung paßt. Ich kannte Pigalle, ich verkehrte bei ihm. Eines Morgens ging ich zu ihm. Ich klopfe. Der Künstler öffnet mit dem Bossierholz in der Hand. Er hält mich auf der Schwelle zum Atelier an und sagt: ›Ehe ich Sie durchlasse, schwören Sie mir, daß Sie keine Angst haben vor einer schönen, völlig nackten Frau...‹ Ich lächelte... trat ein. Er arbeitete damals an seinem Denkmal des Marschalls von Sachsen, und eine sehr schöne Dirne diente ihm als Modell für die allegorische Gestalt Frankreichs. Aber was denken Sie, wie sie mir vorkam inmitten der Riesengestalten, die sie umgaben? Armselig, klein, dürftig, wie ein Frosch. Sie wurde erdrückt, und ich hätte diesen Frosch auf das Wort des Künstlers hin für eine schöne Frau gehalten, wenn ich nicht bis zum Ende der Sitzung geblieben wäre und sie dann nicht von ihrem Podest heruntergestiegen wäre, so daß sie auf gleicher Ebene, mit dem Rücken zu den Riesengestalten, stand und durch sie zu einem Nichts wurde. Ich überlasse es Ihnen, diese eigenartige Erscheinung auf die Gaussin, die Riccoboni anzuwenden und auf alle, die auf der Bühne über sich hinauszuwachsen vermögen. Wenn das Unmögliche geschähe, daß eine Schauspielerin Gefühl mitbekommen hätte bis zu einem so hohen Grade, wie es die Kunst in letzter Vollendung vortäuschen kann, dann verlangt das Theater wiederum so viel verschiedenartige Charaktere, und eine einzelne große Rolle enthält so viele sich widersprechende Situationen, daß das seltene Klageweib unfähig wäre, zwei verschiedene Rollen zu spielen, und kaum an einigen

Stellen einer Rolle wirklich hervorragend wäre. Sie wäre die ungleichmäßigste, begrenzteste und unbegabteste Komödiantin, die man sich denken kann, wenn sie sich aufschwingen wollte, würde es nicht lange dauern, bis ihr alles beherrschendes Gefühl sie zur Mittelmäßigkeit zurückgeführt hätte. Sie würde weniger einem kraftvollen galoppierenden Renner gleichen als vielmehr einem schwachen Zelter, der auf seine Zügel beißt. Der vorübergehende, plötzliche, unvermittelte, unvorbereitete, uneinheitliche Moment der Energie würde Ihnen wie ein Wahnsinnsanfall erscheinen.

Tatsächlich ist das Gefühl verbunden mit Schmerz und Schwäche. Nun sagen Sie mir, ob eine zarte, schwache, gefühlvolle Kreatur geeignet ist, die Kaltblütigkeit Léontines, die Eifersuchtsausbrüche Hermiones, den Zorn Camillas, die mütterliche Zärtlichkeit Meropas, die Raserei und Reue Phädras, den tyrannischen Stolz Agrippinas, die Leidenschaft Klytämnestras zu erfassen und wiederzugeben. Lassen Sie Ihrem ewigen Klageweib einige unserer elegischen Rollen und damit genug.

Gefühlvoll sein ist etwas anderes als fühlen. Das eine ist eine Angelegenheit der Seele, das andere der Urteilskraft. Man fühlt mit Macht, aber man kann das nicht wiedergeben. Es geht allenfalls noch, wenn man allein ist, in kleiner Gesellschaft, am Kamin, für einige wenige Zuhörer oder Zuschauer, so zu lesen und zu spielen, aber auf der Bühne gelingt auf diese Weise nichts Starkes – denn auf der Bühne gibt man mit dem, was wir Gefühl, Seele, Trieb nennen, ein oder zwei Tiraden gut wieder, das übrige gelingt nicht. Die ganze Spannweite einer großen Rolle zu umfassen, das Hell und Dunkel abzustimmen, das Weiche und Schwache, gleichstark zu sein an ruhigen und an bewegten Stellen, farbig zu sein in den Einzelheiten, harmonisch und geschlossen im Ganzen, sich ein durchgehendes System des Sprachklangs zu schaffen, das selbst die Launen und Schwächen des Dichters überbrückt, das ist die Leistung eines kühlen Kopfes, klaren Verstandes, ausgezeichneten Geschmacks, eines genauen Studiums, langer Erfahrung und eines vorzüglichen Gedächtnisses, das nicht alltäglich ist; denn die für den Dichter bindende Regel: qualis ab inscepto processerit et sibi constet[1], gilt bis ins Kleinste und Nebensächlichste für den Schauspieler. Wer aus der Kulisse tritt, ohne sein Spiel klar vor Augen und seine Rolle parat zu haben, wird sich sein ganzes Leben als Anfänger fühlen, und wenn er, mit Kühnheit, Anmaßung und Schwung begabt, auf seine Geistesgegenwart und Routine zählt, dann wird dieser Mensch imponieren durch seine Wärme und Trunkenheit, und Sie werden seinem Spiel Beifall zollen, wie der Kenner der Malerei eine freche Skizze bewundert, in der alles angedeutet und nichts ausgeführt ist. Dieses Wunder hat man gelegentlich auf dem Jahrmarkt oder bei Nicolet gesehen, diese Verrückten tun vielleicht gut, zu bleiben, was sie sind: geborene aber unfertige Komödianten. Intensives Studium würde ihnen nicht das geben, was ihnen fehlt, wohl aber das nehmen, was sie haben. Nehmen Sie sie als das, was sie sind, aber stellen Sie sie nicht neben ein vollendetes Bild.

Zweiter: Jetzt bleibt nur noch eine Frage offen.

Erster: Sprechen Sie!

Zweiter: Haben Sie je ein ganzes Stück vollendet gespielt gesehen?

Erster: Nicht daß ich wüßte... aber halt... ja, manchmal ein mittelmäßiges Stück von mittelmäßigen Schauspielern...

Unsere beiden gingen ins Theater, bekamen aber keinen Platz mehr und gingen deshalb in die Tuilerien. Sie liefen einige Zeit schweigend umher. Sie schienen einander verges-

1 Man muß ein Kunstwerk von Anfang an nach einem klaren Plan organisch bis in die letzten Einzelheiten entwickeln und gestalten.

sen zu haben, jeder sprach mit sich selbst, als sei er allein, der eine laut, der andere so leise, daß man ihn nicht hörte, wobei ihm ab und zu einige abgerissene, aber deutliche Worte entschlüpften, aus denen man leicht schließen konnte, daß er sich nicht für geschlagen hielt. Ich kann nur die Gedankengänge des Mannes mit dem Paradox wiedergeben. Ich bringe sie so abgerissen, wie sie erscheinen müssen, wenn man in einem Selbstgespräch die Übergänge zwischen den einzelnen Gedanken wegläßt. Er sagte:

»Setzen wir einen Gefühlsschauspieler an seine Stelle, wir werden sehen, wie er sich aus der Affäre zieht. Was tut er dagegen? Er setzt seinen Fuß auf die Balustrade, macht sein Strumpfband fest und antwortet dem Höfling, den er verachtet, über die Schulter weg. So wird dieser Zufall, der jeden anderen als diesen kalten und vollendeten Schauspieler verwirrt hätte, unmittelbar dem Spiel eingefügt und zu einer genialen Pointe.

(Er sprach, glaube ich, von Baron in der Tragödie vom Grafen Essex. Lächelnd fuhr er fort:)

Ja, er glaubt, sie fühlt, wenn sie dem Tode nahe an die Brust ihrer Vertrauten sinkt, dabei wendet sie ihre Augen zum dritten Rang und bemerkt dort einen alten, in Tränen aufgelösten Prokurator, der in seinem Schmerz ganz komische Grimassen schneidet, und sagt: Sieh mal da oben! Das ist auch ein Gesicht... Sie murmelt diese Worte am Busen der anderen, als seien sie die Folge einer unartikulierten Klage... Possen, Possen! Wenn ich mich recht entsinne, ist das der Gaussin in ›Zaïre‹ passiert.

Und der Dritte mit dem tragischen Ende[1] – ich habe ihn gekannt, ich kannte seinen Vater, der lud mich manchmal ein, daß ich ihm etwas in sein Hörrohr sagte[2].

1 Der Schauspieler Montménil starb plötzlich 1743. 2 Montménils Vater war der Romancier Lesage, gest. 1747.

(Zweifellos war hier die Rede von dem weisen Montménil.) Er war die Aufrichtigkeit und Anständigkeit in Person. Was hatte sein angeborener Charakter mit Tartuffe gemein, den er großartig spielte? Nichts. Wo nahm er den schiefen Hals, das merkwürdige Augenrollen, den schmierigen Ton und all die anderen Feinheiten der Rolle des Heuchlers her? Passen Sie auf, was Sie antworten! Jetzt habe ich Sie! – aus einer gründlichen Nachahmung der Natur. – Aus einer gründlichen Nachahmung der Natur? Und Sie werden sehen, daß die äußeren Anzeichen, die am stärksten die Gefühlsmomente der Seele bezeichnen, nicht so in der Natur zu finden sind wie die äußeren Anzeichen der Heuchelei. Man kann sie nicht so studieren, und ein sehr begabter Schauspieler hat größere Schwierigkeiten, sie zu erfassen und nachzuahmen als die des Heuchlers! Und wenn ich behauptete, daß unter allen Eigenschaften der Seele das Gefühl diejenige ist, die man am leichtesten nachahmen kann, so deshalb, weil es wohl keinen Menschen gibt, der so grausam und unmenschlich wäre, daß er nicht einen Keim davon im Herzen trüge, – was man nicht so ohne weiteres behaupten kann von allen anderen Leidenschaften wie Geiz, Mißtrauen. Ein ausgezeichnetes Instrument?... – Ich verstehe. Es ist immer noch zwischen dem, der das Gefühl spielt, und dem, der fühlt, der Unterschied von Nachahmung und Wirklichkeit. – Um so besser, sage ich Ihnen, um so besser. Im ersten Fall hat es der Schauspieler nicht nötig, sich von sich selbst abzuspalten. Er springt plötzlich auf die Höhe seines großen Vorbildes. – Springt plötzlich! – Das ist jetzt Haarspalterei. Ich meine, wenn er sich nie mit dem kleinen Vorbild, das in ihm selbst liegt, begnügt, dann wird er ein ebenso großer, erstaunlicher, vollendeter Nachahmer des Gefühls sein wie des Geizes, der Heuchelei, der Falschheit und jedes anderen Charakters, der er nicht ist, und jeder anderen Leidenschaft, die er nicht hat.

Die Wirklichkeit, die mir ein geborener Gefühlsmensch zeigt, ist klein. Die Nachahmung des anderen ist stark. Wenn es wirklich vorkäme, daß beider Nachahmungen gleich stark wären, was ich Ihnen nicht zugestehe, keineswegs, dann wäre der eine immer noch absolut Herr seiner selbst und spielte auf Grund seiner Beobachtungen und mit Überlegung, er wäre, wie ihn die tägliche Erfahrung zeigt, und dazu noch einer, der halb aus dem natürlichen Empfinden, halb aus der Beobachtung spielt, halb nach einem Vorbild und halb nach sich selbst. – Wenn ein vollendeter Schauspieler aufhört, mit dem Verstand zu spielen, wenn er sich vergißt, wenn sich sein Herz verwirrt, wenn ihn sein Gefühl übermannt und er sich ihm hingibt: dann wird er Sie überwältigen. Vielleicht. Er wird uns zur Bewunderung fortreißen. – Das ist unmöglich. Das geht nur unter der Bedingung, daß er nicht von seinem sprachlichen System abweicht, daß die Einheitlichkeit nicht verschwindet, andernfalls werden Sie erklären, daß er verrückt geworden ist... Ja, bei dieser Annahme gewinnen Sie einen guten Moment. Aber ist Ihnen ein guter Moment lieber als eine schöne Rolle? Wenn Sie das vorziehen – ich tu es nicht.«

Hier schwieg der Mann des Paradoxes. Er ging mit großen Schritten, ohne zu wissen, wohin. Er hätte die Menschen, die ihm entgegenkamen, rechts und links angestoßen, wenn sie ihm nicht ausgewichen wären. Dann hielt er plötzlich an, ergriff seinen Gegner heftig am Arm und sagte ruhig und bestimmt zu ihm: »Mein Lieber, es gibt drei Vorbilder, den Menschen der Wirklichkeit, den Menschen des Dichters, den Menschen des Schauspielers. Der der Wirklichkeit ist weniger groß als der des Dichters, und dieser wieder weniger groß als der des großen Schauspielers, der der übersteigertste von allen ist. Er steigt auf die Schulter des Vorhergehenden, steckt sich in eine Rohrpuppe, deren Seele er ist. Er bewegt diese Puppe auf erschreckende Weise, selbst der Dichter erkennt sie nicht wieder. Er erfüllt uns mit Entsetzen, wie Sie sehr richtig sagten, so wie sich die Kinder gegenseitig erschrecken, wenn sie ihre kurzen Röckchen über den Kopf ziehen und schwenken und, so gut sie können, heisere und hohle Stimmen vortäuschen beim Gespensterspielen. Aber haben Sie nicht zufällig Kinderspiele auf Kupferstichen gesehen? Haben Sie da nicht ein Kind gesehen, das sich von Kopf bis Fuß in einer häßlichen Greisenmaske verbirgt, es lacht unter dieser Maske, während seine kleinen Freunde vor Entsetzen davonlaufen. Dieses Kind ist das wahre Symbol des Schauspielers. Seine Freunde sind das Symbol des Zuschauers. Wenn der Schauspieler nur mit mittelmäßigem Gefühl begabt ist, und wenn das sein ganzes Verdienst ist, werden Sie ihn nicht für einen mittelmäßigen Menschen halten? Nehmen Sie sich in acht, das ist nochmals eine Falle. – Und wenn er mit einem außerordentlichen Gefühl begabt ist, was geschieht dann? – Was geschieht? Er wird überhaupt nicht spielen – oder lächerlich spielen. Ja, lächerlich. Und der Beweis, den können Sie in mir sehen, wenn Sie wollen. Sobald ich eine einigermaßen gefühlvolle Rede zu halten habe, verwirren sich mir Herz und Kopf. Meine Zunge versagt, es verschlägt mir die Stimme, meine Gedanken geraten durcheinander, meine Rede stockt, ich stottere, ich bemerke es, die Tränen rinnen mir über die Wangen, ich verstumme. – Aber Sie haben Erfolg damit. – In der Gesellschaft, im Theater würden sie mich auspfeifen. – Warum? – Weil man nicht dahin kommt, um Tränen zu sehen, sondern um eine Rede zu hören, die sie hervorruft; denn diese Wahrheit der Natur stimmt nicht überein mit der Wahrheit der Konvention. Ich will mich deutlicher ausdrücken. Ich meine, daß weder das dramatische System, noch die Handlung, noch die Rede des Dichters sich mit meiner erstickten, abgerissenen, zerschluchzten Deklamation vereinen ließe. Sie sehen, es ist also nicht einmal erlaubt, die Wirklichkeit nachzuahmen, selbst die schöne Wirklichkeit, die Wahrheit aus nächster Nähe, es gibt Grenzen, in denen man sich halten muß. – Und wer hat diese Grenzen gesetzt? Der gesunde Menschenverstand, der nicht will, daß ein Talent das andere beeinträchtigt. Manchmal muß sich der Schauspieler dem Dichter aufopfern. – Aber wenn es ihm das Werk des Dichters erlaubte? Dann hätten Sie eine durchaus andere Art Tragödie, als wir haben. – Und was schadete das? – Ich weiß nicht, was Sie dabei gewinnen wollten, aber ich weiß sehr genau, was wir dabei verlieren würden.«

Hier näherte sich der Paradoxe zum zweiten oder dritten Male seinem Gegner und sagte:

»Der Ausspruch ist nicht sehr geschmackvoll, aber lustig, er stammt von einer Schauspielerin, über deren Talent es nur *eine* Meinung gibt. Es ist das Gegenstück zu der Situation und dem Ausspruch der Gaussin. Sie liegt in den Armen von Pillot-Pollux. Sie stirbt – ich glaube es wenigstens – und stottert ihm ganz leise zu: ›Huh! Pillot! Du stinkst!‹

Das ist der Arnould passiert, als sie die Télaire spielte. War die Arnould in diesem Augenblick wirklich Télaire? Nein, sie ist die Arnould, immer die Arnould. Sie werden mich niemals dazu bringen, die mittleren Stufen einer Eigenschaft zu loben, die in ihrem höchsten Grade alles verderben würde, wenn sich der Schauspieler von ihr beherrschen ließe. Aber ich nehme an, wenn der Dichter seine Szene geschrieben hätte, damit sie im Theater ebenso gesprochen würde wie in der Gesellschaft, wer würde dann die Szene noch spielen wollen? Niemand, nein, niemand. Nicht einmal der Schauspieler, der absolut Herr seines Spiels ist. Wenn sie ihm einmal gelänge, so würde sie ihm tausendmal mißglücken. Der Erfolg hängt von so viel Kleinigkeiten ab!...

Dieses letzte Argument scheint Ihnen wenig stichhaltig? Gut, aber ich schließe dennoch daraus, daß man ein wenig in unsere Ballons stechen muß, unsere Stelzen ein wenig absägen möchte und die Dinge im übrigen so lassen muß, wie sie sind. Dem genialen Dichter, der die wundervolle Wahrheit der Natur erreichte, erhöbe sich ein ganzer Schwarm idiotischer Nachahmer. Bei Strafe, blöd, langweilig, widerwärtig zu sein, ist es verboten, auch nur *eine* Linie unter die Einfachheit der Natur zu geraten. Meinen Sie nicht?«

Zweiter: Ich meine gar nichts. Ich habe Ihnen nicht zugehört.

Erster: Wie, haben wir nicht weiter diskutiert?

Zweiter: Nein.

Erster: Was, zum Teufel, haben Sie denn getan?

Zweiter: Ich habe geträumt.

Erster: Was haben Sie geträumt?

Zweiter: Da war einmal ein englischer Schauspieler, ich glaube, er hieß Macklin (ich war an dem Tag im Theater), der mußte sich beim Publikum entschuldigen wegen seiner Kühnheit, nach Garrick ich weiß nicht welche Rolle in Shakespeares ›Macbeth‹ zu spielen – und sagte unter anderem, daß die Eindrücke, die den Schauspieler beherrschten und ihn dem Genius und der Inspiration des Dichters unterwarfen, sehr geschadet haben. Ich weiß nicht mehr, welche Gründe er anführte, aber sie waren sehr geistreich und wurden begeistert aufgenommen und beklatscht. Wenn Sie sich im übrigen dafür interessieren, so finden Sie sie in einem Brief in ›Saint-James-Chronicle‹ unter dem Namen Quintilian.

Erster: Ich habe also die ganze Zeit allein geredet?

Zweiter: Möglich, solange wie ich allein geträumt habe. Sie wissen doch, daß die Schauspieler ursprünglich auch die Frauenrollen spielten?

Erster: Ich weiß.

Zweiter: Aulus-Gellius erzählt in seinen ›Attischen Nächten‹[1], daß ein gewisser Paulus, in die düsteren Kleider Elektras gehüllt, auf der Bühne statt mit der Urne Orests mit einer Urne erschien, in der die Asche seines eben gestorbenen eigenen Sohnes war, und daß dies kein eitles Theater, kein kleiner Theaterschmerz war, sondern das Amphitheater widerhallte von Schreien und echten Seufzern.

Erster: Und Sie glauben, Paulus sprach in diesem Augenblick auf der Bühne, wie er bei sich zu Hause gesprochen hätte? Nein, nein. Diese wundervolle Wirkung, an der ich nicht zweifle, lag nicht an den Versen des Euripides, auch nicht an der Sprechkunst des Schauspielers, sondern am Anblick eines verzweifelten Vaters, der die Urne seines eigenen Sohnes mit seinen Tränen benetzte. Dieser Paulus war vielleicht ein mittelmäßiger Schauspieler. Nicht mehr als jener Äsop, von dem Plutarch[2] erzählt, daß er eines Tages im Theater die Rolle des Atreus spielte und sich überlegte, wie er sich an seinem Bruder Thyest rächen könnte. Da habe zufällig ein Diener plötzlich vor ihm vorbeilaufen wollen. – Äsop war schon außer sich durch die Erregung und Glut, in der er die Leidenschaft des Königs Atreus darstellen mußte, und versetzte ihm mit seinem Zepter einen derartigen Schlag auf den Kopf, daß er ihn auf der Stelle tötete... Das war ein Verrückter, den der Tribun augenblicklich auf den tarpejischen Felsen hätte schicken müssen.

Zweiter: Was er sicher getan hat.

Erster: Ich zweifle daran. Den Römern war das Leben eines großen Schauspielers so wichtig und das Leben eines Sklaven nichts.

Aber, wird man sagen, ein Redner ist besser, wenn er sich erhitzt, wenn er in Zorn gerät. Ich leugne das. Vielmehr wenn

1 Buch 7 Kapitel 5. 2 Leben Ciceros.

er den Zorn nachahmt. Schauspieler machen nicht Eindruck auf das Publikum, wenn sie wütend sind, sondern wenn sie die Wut spielen. Bei Gericht, in Versammlungen, überall, wo man die Menschen beherrschen will, spielt man bald Zorn, bald Furcht, bald Mitleid, um in den anderen alle diese Gefühle zu wecken. Was die Leidenschaft selbst nicht hat tun können, das leistet die gut nachgeahmte Leidenschaft.

Sagt man nicht in der Gesellschaft von manchem Menschen, daß er ein großer Komödiant ist? Man versteht darunter nicht, daß er fühlt, sondern im Gegenteil, daß er hervorragend Gefühle vortäuscht: diese Rolle ist weit schwerer als die des Schauspielers; denn dieser Mensch muß auch seine Reden selbst erfinden, er hat also zwei Funktionen auf einmal zu erfüllen, die des Dichters und die des Schauspielers. Der Dichter kann auf der Bühne vielleicht geschickter sein als der Komödiant in der Gesellschaft, aber glaubt man wirklich, daß der Schauspieler auf der Bühne eindringlicher und geschickter Freude, Trauer, Gefühl, Bewunderung, Zärtlichkeit heucheln kann als ein alter Höfling?

Aber es wird spät. Gehn wir zum Abendessen.

empfindenden Wesen länger ist als der Weg von einem empfindenden Wesen zu einem denkenden.

D'Alembert: Das gebe ich zu. Trotzdem ist das empfindende Wesen noch nicht das denkende.

Diderot: Ehe wir einen Schritt weitergehen, gestatten Sie mir, Ihnen die Geschichte eines der größten europäischen Mathematiker[1] zu erzählen. Aber zuerst: was ist eigentlich dieses wunderbare Wesen ursprünglich? Nichts.

D'Alembert: Wieso nichts! Aus nichts wird nichts.

Diderot: Sie nehmen das alles zu wörtlich. Ich meine, ehe seine Mutter, die schöne und ruchlose Stiftsdame Tencin das Pubertätsalter erreicht hatte, ehe der Offizier La Touche zum Jüngling gereift war, waren die Moleküle, die die ersten Rudimente meines Mathematikers bilden sollten, in den jungen, zarten Maschinen beider verstreut, sie sonderten sich aus mit der Lymphe, zikulierten mit dem Blut, bis sie endlich in die Organe gelangten, die zu ihrer Vereinigung bestimmt waren: die Geschlechtsorgane des Vaters und der Mutter. Damit ist dieser seltene Same gebildet. Er kommt nach der allgemeinen Meinung durch die Muttertrompete in die Gebärmutter, dann wird er mit einer langen Schnur an der Gebärmutter befestigt. Er wächst sich allmählich aus bis zum Fötus. Dann kommt der Augenblick, da er das dunkle Gefängnis verläßt. Er wird geboren, und auf den Stufen von Saint Jean le Rond ausgesetzt, der ihm den Namen gab. Er wird aus dem Findelhaus geholt und an die Brust der guten Glasersfrau, Madame Rousseau, gelegt. Er wird genährt und wächst an Körper und Geist zum Literaten, Physiker und Mathematiker heran. Wie ist das geschehen? Durch Essen und andere rein mechanische Handlungen: da haben Sie in vier Worten die allgemeine Formel: Essen, Verdauen, Destil-

1 D'Alemberts selbst.

lieren in vasi licito, et fiat homo secundum artem[1]. Wer in der Akademie die einzelnen Stufen der Entwicklung eines Menschen oder eines Tieres darstellen wollte, würde auch nur materielle Faktoren anführen, deren aufeinanderfolgende Resultate ein fühlloses Wesen ergäben, ein fühlendes Wesen, ein denkendes Wesen, ein Wesen, das das Problem des Vorrückens der Nachtgleichen löst, ein erhabenes Wesen, ein wunderbares Wesen, ein alterndes, verfallendes, sterbendes Wesen, das sich auflöst und der vegetabilen Erde zurückgegeben wird.

D'Alembert: Sie glauben also nicht an eine Präexistenz der Keime?

Diderot: Nein.

D'Alembert: Das freut mich!

Diderot: Es ist gegen die Erfahrung und die Verkunft: gegen die Erfahrung, die ohne Erfolg diese Keime im Ei suchen würde und in den meisten Tieren vor einem bestimmten Alter – gegen die Vernunft, die uns lehrt, daß die Teilbarkeit der Materie in der Natur eine Grenze hat, wenn sie auch im Verstand keine findet, außerdem sträubt sich unsere Vernunft, einen ausgebildeten Elefanten in einem Atom anzunehmen, und in diesem Atom wieder einen fertigen Elefanten und so fort bis ins Unendliche.

D'Alembert: Aber ohne diese vorher existierenden Keime kann man sich die erste Tiergeneration nicht vorstellen.

Diderot: Wenn Sie die Frage der Priorität des Eies vor der Henne oder der Henne vor dem Ei beunruhigt, dann nehmen Sie an, daß die Tiere ursprünglich das gewesen sind, was sie heute sind. Welch ein Unsinn! Wir wissen ebenso wenig, was sie gewesen sind, wie das, was sie werden können. Das unsichtbare Würmchen, das im Schlamm kriecht, wird viel-

1 im erlaubten Gefäß, und es werde der Mensch nach den Regeln der Kunst.

leicht eines Tages ein großes Tier – das ungeheure Tier, das uns durch seine Größe erschreckt, entwickelt sich vielleicht eines Tages zum winzigen Wurm, ist vielleicht ein besonderes, augenblickliches Produkt dieses Planeten.

D'Alembert: Wie meinen Sie das?

Diderot: Ich sagte... Aber das bringt uns ab von unserem ersten Thema.

D'Alembert: Das tut nichts. Wir kommen wieder darauf zurück oder auch nicht.

Diderot: Gestatten Sie mir, unserer Zeit einige tausend Jahre vorauszueilen?

D'Alembert: Warum nicht? Die Zeit bedeutet für die Natur nichts.

Diderot: Sie erlauben also, daß ich unsere Sonne auslösche.

D'Alembert: Um so lieber, als es nicht die erste ist, die verlischt.

Diderot: Wenn die Sonne verlischt, was geschieht? Pflanzen und Tiere sterben, die Erde wird einsam und stumm. Zünden Sie das Gestirn wieder an – damit stellen Sie sogleich die notwendige Voraussetzung für eine Unendlichkeit neuer Generationen wieder her, unter denen ich erst am Ende von Jahrhunderten unsere heutigen Pflanzen und Tiere wieder anzunehmen wage. Vielleicht aber entstehen sie auch nicht wieder.

D'Alembert: Warum sollten, wenn sich die gleichen verstreuten Elemente zusammenfinden, nicht die gleichen Resultate erzielt werden?

Diderot: Weil alles in der Natur voneinander abhängt, und wer ein neues Phänomen annimmt oder einen vergangenen Zustand wiederherstellt, der schafft eine neue Welt.

D'Alembert: Das kann ein gründlicher Denker nicht leugnen. Aber, um auf den Menschen zurückzukommen: da das allgemeine Gesetz gewollt hat, daß er wurde: erinnern Sie sich, Sie ließen mich bei dem Übergang vom fühlenden zum denkenden Menschen!

Diderot: Ich erinnere mich.

D'Alembert: Offen gestanden, ich wäre Ihnen sehr verbunden, wenn Sie mir da heraushelfen würden. Es drängt mich sehr, zu denken.

Diderot: Wenn ich damit auch nicht zum Ziele käme, was besagte das gegen die Verkettung unbestreitbarer Tatsachen?

D'Alembert: Nichts. Außer, daß wir an dieser Stelle nicht weiterkommen.

Diderot: Um weiterzukommen, wäre es uns erlaubt, ein in seinen Eigenschaften widerspruchsvolles Wesen zu erfinden, ein Wort ohne Sinn, unbegreiflich?

D'Alembert: Nein.

Diderot: Können Sie mir sagen, worin die Existenz eines fühlenden Wesens in bezug auf sich selbst besteht?

D'Alembert: Es ist das Wissen, es selbst gewesen zu sein, vom ersten Augenblick seines Denkens an bis zum gegenwärtigen.

Diderot: Und worauf gründet sich dieses Wissen?

D'Alembert: Auf die Erinnerung an sein Handeln.

Diderot: Und ohne diese Erinnerung?

D'Alembert: Ohne diese Erinnerung wüßte es nichts von sich; denn da es seine Existenz nur im Augenblick eines äußeren Eindrucks empfindet, besäße es keinerlei Geschichte seines Lebens. Sein Leben wäre eine unterbrochene Folge von Sinnesempfindungen, die durch nichts verbunden wären.

Diderot: Sehr gut. Und was ist die Erinnerung? Woher kommt sie?

D'Alembert: Aus einer bestimmten Anlage, die wächst, sich abschwächt und sich manchmal verliert.

Diderot: Wenn also ein fühlendes Wesen, das diese Gedächtnisanlage besitzt, die Eindrücke, die es erhält, ver-

Hören Sie auf sich, und Sie werden Mitleid mit sich selbst haben, Sie werden fühlen, Sie sind im Begriff, nur um eine einfache Voraussetzung, die alles erklärt, nicht annehmen zu müssen, nämlich die Empfindung als allgemeine Eigenschaft der Materie oder Produkt ihrer organischen Gestalt, auf den gesunden Menschenverstand zu verzichten und sich in einen Abgrund von Geheimnis, Widerspruch und Sinnlosigkeit zu stürzen.

D'Alembert: Eine Voraussetzung! Das könnte Ihnen so passen. Wenn es aber nun eine ihrem Wesen nach mit der Materie unvereinbare Eigenschaft wäre?

Diderot: Und woher wissen Sie, daß die Empfindung ihrem Wesen nach unvereinbar ist mit der Materie? Sie, der Sie das Wesen keiner einzigen Sache kennen, weder der Materie noch der Empfindung? Wissen Sie mehr von der Natur der Bewegung, ihrer Existenz im Körper und ihrer Übertragung von einem Körper auf den anderen?

D'Alembert: Ohne das Wesen der Empfindung oder das der Materie zu erkennen, sehe ich, daß die Empfindung eine einfache Eigenschaft ist: einheitlich, unteilbar und unvereinbar mit einem teilbaren Gegenstand oder Träger.

Diderot: Das ist ja metaphysisch-theologischer Galimathias. Sehen Sie denn nicht, daß alle Eigenschaften, alle Empfindungsformen, mit denen die Materie ausgestattet ist, ihrem Wesen nach unteilbar sind. Sie sind darum nicht mehr oder weniger unerforschlich. Es gibt zwar die Hälfte eines runden Gegenstandes, aber nicht die Hälfte der Rundheit. Es gibt zwar mehr oder weniger Bewegung, aber Bewegung ist Bewegung. Es gibt weder eine Hälfte, noch ein Drittel, noch ein Viertel eines Kopfes, eines Fingers, ebensowenig wie die Hälfte, das Drittel, das Viertel eines Gedankens. Wenn es im Universum nicht zwei Moleküle, im Molekül nicht zwei Punkte gibt, die sich gleichen, dann müssen Sie zugeben, daß schon das Atom mit einer bestimmten Eigenschaft begabt und unteilbar ist. Geben Sie zu, daß die Teilung unvereinbar ist mit dem Wesen der Formen; denn die würde sie zerstören. Seien Sie Physiker und geben Sie die Wirkung zu, wenn Sie das Produkt sehen, selbst wenn Sie die Verbindung zwischen Ursache und Wirkung nicht erklären können! Seien Sie logisch und setzen Sie nicht für eine Ursache, die vorhanden ist und alles erklärt, eine andere Ursache, die man nicht begreifen und deren Verbindung mit der Wirkung man noch weniger einsehen kann, die aber eine Unmenge Schwierigkeiten erzeugt und nicht eine einzige löst.

D'Alembert: Wenn ich aber von dieser Ursache abgehe?

Diderot: Es gibt nur *eine* Substanz im Universum, im Menschen, im Tier. Die Vogelpfeife besteht aus Holz, der Mensch aus Fleisch. Der Kanarienvogel besteht aus Fleisch, der Musiker aus einem etwas anders zusammengesetzten Fleisch, aber beide haben den gleichen Ursprung, die gleiche Entwicklung, die gleichen Funktionen und den gleichen Zweck.

D'Alembert: Und wie entsteht die Übereinstimmung der Töne zwischen Ihren beiden Klavieren?

Diderot: Wenn ein Tier ein fühlendes Instrument ist und absolut einem anderen gleicht, begabt ist mit dem gleichen inneren Bau, bespannt mit den gleichen Saiten, in gleicher Weise berührt wird durch Freude, Schmerz, Hunger, Durst, Kolik, Bewunderung, Schrecken, dann ist es unmöglich, daß es am Pol andere Töne als am Äquator von sich gibt. So finden Sie auch die Ausrufe in allen lebenden und toten Sprachen fast gleich. Man muß aus dem Bedürfnis und den zunächst liegenden Voraussetzungen den Ursprung der Sprache ableiten[1]. Das empfindsame Instrument oder Tier hatte erfahren,

1 in ihren ursprünglichen konventionellen Lauten.

daß es eine bestimmte Wirkung außerhalb seiner selbst erzielte, wenn es einen bestimmten Ton von sich gab, daß sich andere gleichartig fühlende Instrumente, andere gleichartige Tiere näherten, entfernten, Fragen stellten, Angebote machten, angriffen, streichelten, und diese Wirkungen haben sich in seinem Gedächtnis und in dem der anderen mit der Bildung jener Laute verbunden. Sie müssen feststellen, daß es im Verkehr der Menschen untereinander nur Geräusche und Handlungen gibt. Um meinem System allen Nachdruck zu geben, stellen Sie noch fest, daß es derselben unüberwindlichen Schwierigkeit unterliegt, die Berkeley gegen die Existenz der Körper aufgestellt hat. Es hat einen Augenblick des Wahnes gegeben, in dem das fühlende Klavier glaubte, das einzige Klavier auf der Welt zu sein und daß alle Harmonie des Universums in ihm selbst sei.

D'Alembert: Darüber ließe sich verschiedenes sagen.

Diderot: Das ist wahr.

D'Alembert: Zum Beispiel ist nach Ihrem System nicht recht einzusehen, wie wir Syllogismen bilden oder Schlußfolgerungen ziehen.

Diderot: Weil wir gar keine ziehen, die zieht alle die Natur. Wir stellen nur untereinander verbundene Erscheinungen fest, deren Verkettung entweder notwendig oder zufällig ist, Phänomene, die uns durch die Erfahrung bekannt werden: in der Mathematik sind sie notwendig, in der Physik und den übrigen Wissenschaften zwingend, zufällig in der Moral, der Politik und anderen auf Vermutung gegründeten Wissenschaften.

D'Alembert: Ist die Verkettung der Erscheinungen in einem Fall weniger notwendig als im andern?

Diderot: Nein. Aber die Ursache unterliegt so vielen besonderen Zufälligkeiten, die sich unserer Kenntnis entziehen, daß wir nicht unfehlbar die Wirkung voraussagen können, die folgen wird. Die Sicherheit, daß ein heftiger Mensch sich über eine Beleidigung erzürnt, ist nicht die gleiche für uns wie die, daß ein Körper, der einen kleineren berührt, diesen in Bewegung setzt.

D'Alembert: Und die Analogie?

Diderot: Die Analogie ist in den schwierigsten Fällen nur ein Dreisatz, der von dem empfindenden Instrument aufgestellt wird. Wenn auf eine bestimmte, in der Natur bekannte Erscheinung eine andere bestimmte, ebenfalls in der Natur bekannte Erscheinung folgt, welches wird die vierte aus der dritten folgende Erscheinung sein, die entweder in der Natur gegeben sind oder nach dem Muster der Natur erdacht werden? Wenn die Lanze eines normalen Kriegers zehn Fuß lang ist, wie lang ist die des Ajax? Wenn ich einen vier Pfund schweren Stein schleudern kann, muß Diomed einen viertel Felsen geworfen haben. Die Schritte der Götter und die Sprünge ihrer Rosse stehen in gleichem Verhältnis zu denen der Menschen und ihrer Pferde wie die Vorstellung von der Größe der Götter und ihrer Tiere zu der des Menschen. Es ist eine vierte harmonische und proportionale Saite zu drei anderen, deren Klang das Tier erwartet, da er sich immer in ihm selbst erzeugt, aber nicht immer in der Natur. Dem Dichter macht das nichts aus, er ist darum nicht weniger wahr. Für den Philosophen ist es etwas anderes. Er muß dann die Natur fragen, die ihm oft eine gänzlich von seiner angenommenen verschiedene Erscheinung gibt. Dann erkennt er, daß ihn die Analogie getäuscht hat.

D'Alembert: Leb wohl, mein Freund! Guten Abend und gute Nacht!

Diderot: Sie scherzen. Aber Sie werden in Ihren Kissen von dieser Unterhaltung träumen. Wenn sie da keine feste Gestalt annimmt, um so schlimmer für Sie; denn Sie werden dann noch viel lächerlichere Hypothesen annehmen müssen.

D'Alembert: Sie irren sich, ich werde mich als Skeptiker ins Bett legen und als Skeptiker wieder aufstehen.

Diderot: Skeptiker! Wie kann man Skeptiker sein!

D'Alembert: Das wird ja immer schöner! Jetzt werden Sie wohl noch behaupten, daß ich kein Skeptiker bin! Schließlich muß ich das am besten wissen.

Diderot: Warten Sie einen Augenblick!

D'Alembert: Beeilen Sie sich, ich möchte schlafen.

Diderot: Ich werde kurz sein. Glauben Sie, daß es eine einzige Frage gibt, über die ein Mensch im Laufe einer Diskussion mit voller Überzeugung in gleich strenger Weise das Für und das Wider vertreten kann?

D'Alembert: Nein, dann wäre er wie Buridans Esel.

Diderot: In diesem Falle gibt es also keinen Skeptiker; denn außer den mathematischen Fragen, in denen es keinerlei Unsicherheit gibt, finden wir für alle anderen ein Für und Wider. Die Waage steht also niemals ein, und sie muß sich notwendig nach der Seite neigen, auf der wir die größte Wahrscheinlichkeit zu finden glauben.

D'Alembert: Aber ich sehe am Morgen die Wahrscheinlichkeit rechts und nachmittags links.

Diderot: Das heißt, daß Sie morgens dogmatisch dafür und nachmittags dogmatisch dagegen sind.

D'Alembert: Und abends, wenn ich mir die kurze Dauer meiner Ansichten überlege, glaube ich gar nichts mehr, weder das vom Morgen noch das vom Nachmittag.

Diderot: Das heißt, Sie erinnern sich nicht mehr des Übergewichts der beiden Meinungen, zwischen denen Sie geschwankt haben. Das Übergewicht erscheint Ihnen zu gering, um darauf eine feste Überzeugung zu gründen, und Sie ziehen es vor, sich nicht mehr um derart problematische Dinge zu kümmern, die Diskussion darüber anderen zu überlassen und nicht mehr darüber zu streiten.

D'Alembert: Das ist möglich.

Diderot: Aber wenn Sie jemand beiseite nähme und Sie freundschaftlich ausfragte, Ihnen gewissermaßen die Gewissensfrage stellte, welche von den beiden Meinungen die ist, bei der Sie die wenigsten Schwierigkeiten finden, wären Sie ehrlich um eine Antwort verlegen, würden Sie Buridans Esel spielen?

D'Alembert: Ich glaube nicht.

Diderot: Sehen Sie, mein Freund, wenn Sie genau darüber nachdenken, werden Sie finden, daß unsere wahre Meinung und unser echtes Gefühl im ganzen nicht das ist, worin wir niemals geschwankt haben, sondern das, wozu wir immer gewohnheitsmäßig zurückgekehrt sind.

D'Alembert: Ich glaube, Sie haben recht.

Diderot: Ich auch. Guten Abend, mein Freund! Und denke daran, daß du Staub bist und wieder zu Staub wirst.

D'Alembert: Das ist traurig.

Diderot: Und notwendig. Geben Sie dem Menschen, ich will nicht sagen, die Unsterblichkeit, aber nur die doppelte Lebensdauer, und Sie werden sehen, was passiert.

D'Alembert: Was soll denn passieren? Was geht mich das an? Mag geschehen, was will, ich will schlafen.

D'ALEMBERTS TRAUM

Sprecher: D'Alembert, Fräulein von l'Espinasse, der Arzt Bordeu

Bordeu: Nun, was gibt's Neues? Ist er krank?

L'Espinasse: Ich fürchte. Er hat eine sehr unruhige Nacht hinter sich.

Bordeu: Ist er wach?

L'Espinasse: Noch nicht.

Bordeu (nähert sich dem Bett d'Alemberts, fühlt ihm den Puls und prüft die Haut): Es wird nichts weiter sein.

L'Espinasse: Denken Sie?

Bordeu: Ich bin überzeugt. Der Puls ist gut... etwas schwach... die Haut feucht... der Atem leicht.

L'Espinasse: Kann man nichts für ihn tun?

Bordeu: Nein.

L'Espinasse: Um so besser. Er haßt Medizinen.

Bordeu: Ich auch. Was hat er zu Abend gegessen?

L'Espinasse: Er wünschte nichts. Ich weiß nicht, wo er den Abend verbracht hat, aber er kam ganz in Gedanken versunken zurück.

Bordeu: Es wird ein kleiner Fieberanfall gewesen sein ohne irgendwelche Folgen.

L'Espinasse: Er kam zurück, zog seinen Schlafrock an, setzte die Nachtmütze auf, warf sich in seinen Sessel und schlief sofort ein.

Bordeu: Schlaf ist überall gut, aber er hätte besser in seinem Bett gelegen.

L'Espinasse: Er wurde böse auf Antoine, als der es ihm sagte. Wir mußten eine halbe Stunde auf ihn einreden, um ihn zu Bett zu bringen.

Bordeu: Das geschieht mir alle Tage, obgleich ich ganz gesund bin.

L'Espinasse: Als er sich niedergelegt hatte, fing er an, statt wie gewöhnlich zu ruhen – denn er schläft ruhig wie ein Kind –, sich zu drehen und herumzuwälzen, mit den Armen herumzufuchteln, die Decken wegzuwerfen und laut zu rufen.

Bordeu: Und was sagte er? Redete er von Geometrie?

L'Espinasse: Nein, es klang ganz wie Fieber. Am Anfang war es ein Durcheinander von klingenden Saiten und empfindenden Fasern. Das erschien mir so verrückt, daß ich mich entschloß, ihn die ganze Nacht nicht zu verlassen. Und da ich nicht wußte, was ich sonst tun sollte, stellte ich einen Tisch an das Fußende seines Bettes und begann, alles aufzuschreiben, was ich von seinen Träumen erfassen konnte.

Bordeu: Ein guter Gedanke! Er paßt zu Ihnen. Kann ich es sehen?

L'Espinasse: Gern. Aber ich will sterben, wenn Sie irgend etwas davon verstehen.

Bordeu: Möglich.

L'Espinasse: Sind Sie bereit, Doktor?

Bordeu: Ja.

L'Espinasse: Also hören Sie: ›Ein lebender Punkt... nein,

ich irre mich, zuerst nichts, dann ein lebender Punkt ... diesem lebenden Punkt verbindet sich ein zweiter und dann noch einer. Durch diese allmählichen Verbindungen entsteht ein einheitliches Wesen; denn ich bin eins, eine Einheit, daran ist nicht zu zweifeln ... (Als er das sagte, befühlte er sich überall.) Aber wie ist diese Einheit zustande gekommen ...‹ (›Höre mein Lieber‹, sagte ich zu ihm, ›was geht es dich an? Schlafe!‹ ... Er schwieg. Nach einem Augenblick fing er wieder an, als spräche er mit jemandem.) ›Hören Sie, Philosoph[1]! Ich sehe zwar ein Aggregat, ein Gewebe kleiner fühlender Wesen, aber ein Tier! ... ein ganzes, ein einheitliches System, das das Bewußtsein seiner Einheit hat?! Das sehe ich nicht, nein, das sehe ich nicht ...‹ Doktor, verstehen Sie etwas davon?

Bordeu: Wundervoll.

L'Espinasse: Da können Sie von Glück sagen ... ›Meine Schwierigkeit kommt vielleicht von einer falschen Grundidee.‹

Bordeu: Sprechen Sie jetzt in Ihrem Namen?

L'Espinasse: Nein, es ist der Träumer. Ich fahre fort: ... er fügte hinzu, indem er sich selbst anredete: ›Mein Freund d'Alembert, paß auf, du nimmst nur Angrenzung an, wo es sich um Verkettung, um Kontinuität handelt ... Ja, er ist durchtrieben genug, mir das zu sagen ... Und die Art dieser Kontinuität setzt ihn nicht in Verlegenheit ... wie ein Tropfen Quecksilber mit einem anderen zusammenfließt, ebenso fließt ein fühlendes, lebendiges Molekül mit einem anderen fühlenden und lebenden Molekül zusammen ... Ursprünglich waren es zwei Tropfen, nach der Berührung ist nur noch einer da. Vor der Assimilation waren es zwei Moleküle, nach der Assimilation ist es nur noch eins ... Die Empfindung verschmilzt zur Einheit in der einheitlichen Masse ... Wirklich,

1 Diderot

warum eigentlich nicht?... Ich kann vom Gedanken her an der tierischen Faser so viel Teile unterscheiden, wie ich will, die Faser bleibt doch ein zusammenhängendes Ganzes... eins... ja, eins... Die Berührung zweier gleichartiger Moleküle, vollständig gleichartig, schafft Kontinuität... das ist der Fall bei der Vereinigung, der Kohäsion, der Verbindung, der vollständigsten Identität, die man sich vorstellen kann... ja, Philosoph, wenn die Moleküle elementar und einfach sind. Aber wenn sie selbst Aggregate, wenn sie zusammengesetzt sind?... Die Vereinigung wird dann ebenso stattfinden und daraus folgend die Identität, die Kontinuität... und dann die gewöhnliche Aktion und Reaktion... es ist selbstverständlich, daß der Zusammenhang zweier lebender Moleküle etwas anderes ist als das Zusammentreffen zweier träger Massen... aber weiter, weiter! Man könnte uns vielleicht darüber noch spitzfindige Einwürfe machen, aber das kümmert mich nicht. Ich schließe niemals ab... also gehen wir weiter. Ein sehr reiner Goldfaden, ich erinnere mich, das ist ein Vergleich, den er[1] brachte, ein einheitliches Netz, zwischen dessen Molekülen sich andere einflechten und vielleicht ebenfalls ein einheitliches Netz bilden, ein Gewebe aus empfindender Materie, ein sich Angleichen durch die Berührung von aktiver Empfindung hier und latenter Empfindung dort, die sich übertragen wie die Bewegung, ohne dabei in Rechnung zu setzen, wie er sehr schön gesagt hat, daß ein Unterschied bestehen muß zwischen der Berührung zweier empfindender Moleküle und der Berührung zweier, die das nicht sind. Und welcher Unterschied könnte das sein?... Eine gewöhnliche Aktion und Reaktion... diese Aktion und Reaktion hätte einen besonderen, einen eigenen Charakter... alles wirkt also darauf hin, eine Einheit zu schaffen, die in ihrer Besonderheit nur beim Tier besteht... Wenn

1 Diderot

das nicht die Wahrheit ist, dann ist es ihr doch sehr ähnlich...‹ Sie lachen, Doktor! Finden Sie einen Sinn in all dem?

Bordeu: Sehr viel.

L'Espinasse: Er ist also nicht verrückt.

Bordeu: Keineswegs.

L'Espinasse: Nach diesem Vorspiel rief er plötzlich: ›Fräulein von l'Espinasse, Fräulein von l'Espinasse! – Was wünschen Sie? – Haben Sie schon einmal Bienen aus ihrem Stock schwärmen sehen?... Die Welt oder die Gesamtmasse der Materie, das ist der Stock... Haben Sie gesehen, wie sie am Ende eines Zweiges eine lange Traube kleiner beflügelter Tierchen bildeten, wobei sie mit ihren Füßchen ineinanderhingen?... Diese Traube ist ein Wesen, ein Individuum, irgendein Tier... Diese Trauben müßten sich jedoch alle ähneln... ja, vorausgesetzt, daß es eine einzige, gleichartige Materie gibt... Haben Sie so etwas gesehen? – Ja, ich habe es gesehen. – Sie haben es also gesehen. – Ja, doch, mein Freund, ich sage es Ihnen ja. – Wenn eine der Bienen es sich einfallen läßt, auf irgendeine Weise die Biene zu kneifen, an der sie hängt, was glauben Sie, was dann geschieht? Sagen Sie! – Ich weiß nicht. – Sagen Sie es schon... Sie wissen es also nicht! Aber der Philosoph weiß es. Wenn Sie ihn jemals sehen werden, und Sie werden ihn sehen oder auch nicht; denn er hat es mir versprochen: dann wird er Ihnen sagen, daß diese Biene die nächste kneift, daß in der ganzen Traube ebenso viele Empfindungen entstehen wie Tierchen da sind. Das Ganze wird sich bewegen, sich rühren, seine Lage und Form ändern, es wird ein Geräusch entstehen, kleine Schreie, und wer nie gesehen hat, wie sich eine solche Traube bildet, wird versucht sein, sie für ein Tier mit fünf- oder sechshundert Köpfen und tausend oder zwölfhundert Flügeln zu halten...‹ Nun, Doktor?

Bordeu: Wissen Sie, daß dieser Traum sehr schön ist? Und daß Sie gut daran getan haben, ihn aufzuschreiben?

L'Espinasse: Träumen Sie denn auch?

Bordeu: So wenig, daß ich mich verpflichten könnte, Ihnen die Fortsetzung zu sagen.

L'Espinasse: Das lassen Sie lieber!

Bordeu: Ich soll es bleiben lassen?

L'Espinasse: Ja.

Bordeu: Und wenn ich es trotzdem tue?

L'Espinasse: Wenn Sie es trotzdem tun, dann verspreche ich Ihnen... ich verspreche Ihnen, Sie für den größten Narren der Welt zu halten.

Bordeu: Sehen Sie auf Ihr Papier und hören Sie zu! Wer die Traube für ein Tier hielte, täuscht sich. Aber ich nehme an, er hat noch weiter mit Ihnen gesprochen. Wollen Sie, daß er vernünftiger urteilt? Wollen Sie, daß sich die Bienentraube in ein einziges Tier verwandelt? Dann erweichen Sie die Füßchen, mit denen sie sich aneinander festhalten, dann wird aus dem äußeren Zusammenhang eine Kontinuität, eine innere Verbindung. Zwischen dem neuen Zustand der Traube und dem früheren besteht zweifellos ein deutlicher Unterschied. Und was ist das für ein Unterschied, wenn nicht der, daß es jetzt ein Ganzes ist, ein einheitliches Tier, während es vorher nur eine Anhäufung von Tieren war?... Alle unsere Organe...

L'Espinasse: Alle unsere Organe!

Bordeu: Wer als Arzt gearbeitet und einige Beobachtungen gemacht hat...

L'Espinasse: Und weiter?

Bordeu: Weiter? Für den sind sie nur unterschiedliche Tiere, die das Gesetz der Kontinuität verbindet und daraus eine Einheit, eine allgemeine Identität schafft.

L'Espinasse: Ich bin vollkommen durcheinander. Das hat er

der Wassertropfen, den ich mit einer Nadelspitze aufgefangen habe, im Vergleich zu dem unendlichen Raum, der mich umgibt. Eine unendliche Folge von Aufgußtierchen in dem anderen Atom, das wir Erde nennen. Wer kennt die Tierrassen, die uns vorangegangen sind? Wer weiß, welche Tierrassen uns folgen werden? Alles verändert sich, alles geht vorüber – nur das Ganze bleibt. Die Welt beginnt und endet dauernd – sie ist jeden Augenblick an ihrem Anfang und an ihrem Ende – es hat nie eine andere gegeben, und es wird nie eine andere geben.

In diesem ungeheuren Meer von Materie gleicht kein Molekül dem andern, kein Molekül bleibt sich selbst gleich auch nur einen Augenblick lang: Rerum novus nascitur ordo[1] – das ist ihr ewiger Wahlspruch...‹ Dann fügte er mit einem Seufzer hinzu: ›O Eitelkeit unseres Denkens! Armseliger Ruhm unserer Arbeiten! O Elend! Wie klein sind unsere Gesichtspunkte! Es gibt nichts Sicheres außer trinken, essen, leben, lieben und schlafen... Fräulein von l'Espinasse, wo sind Sie? – Hier.‹ – Da bekam sein Gesicht wieder Farbe. Ich wollte seinen Puls fühlen, aber ich weiß nicht, wo er seine Hand versteckt hatte. Er schien in einem Krampf zu liegen, sein Mund war halb geöffnet, der Atem ging rasch – er stieß einen tiefen Seufzer aus, dann einen schwächeren, noch tieferen – dann drehte er den Kopf auf dem Kissen zur Seite und schlief ein. Ich betrachtete ihn aufmerksam – ich war sehr bewegt, ohne zu wissen, warum, mein Herz klopfte, und nicht aus Angst. Nach kurzer Zeit sah ich ein leichtes Lächeln über seine Lippen irren; er flüsterte: ›Auf einem Planeten, wo sich die Menschen nach Art der Fische vermehren, wo der männliche Laich auf den des Weibchens gedrückt wird... dort würde ich es weniger bedauern... nichts von dem, das

1 Der Dinge neue Ordnung wird geboren.

nützlich werden kann, darf verlorengehen. Wenn man das auffangen könnte, ist ein Fläschchen füllen und am frühen Morgen an Needham schicken...‹ Doktor, und das nennen Sie nicht Verrücktheit?

Bordeu: Daß er's vor Ihnen sagt, gewiß!

L'Espinasse: Vor mir, ohne mich, das ist doch alles eins – Sie wissen ja nicht, was Sie reden. Ich hatte gehofft, daß der Rest der Nacht ruhig sein würde.

Bordeu: Gewöhnlich hat es auch diese Wirkung.

L'Espinasse: Keineswegs, gegen zwei Uhr morgens ist er auf seinen Wassertropfen zurückgekommen, den er einen Mi...kro...

Bordeu: Mikrokosmos.

L'Espinasse: Ja, das ist sein Wort. Er bewunderte den Scharfsinn der antiken Philosophen. Er sagte oder ließ seinen Philosophen sagen (ich weiß nicht mehr, welchen von beiden): ›Epikur erklärte, daß die Erde die Keime von allem, was ist, enthalte und daß die Spezies Tier ein Produkt der Gärung sei; wenn er behauptet hätte, damit im Kleinen ein Bild von dem zu geben, was am Anfang der Zeiten im Großen geschehen ist, was hätte man ihm da wohl geantwortet?!... Und ihr habt das Bild vor euren Augen und lernt nichts daraus... Wer weiß denn, ob die Gärung und ihre Produkte erschöpft sind?! Wer weiß, an welchem Augenblick der Folge von Tierartengenerationen wir angekommen sind? Wer weiß, ob der nur vier Fuß große deformierte Zweifüßer, den man in der Gegend des Nordpols noch Mensch nennt und der diesen Namen rasch einbüßen würde, wenn er sich noch ein wenig weiter verbildete, wer weiß, ob der nicht das Abbild einer verschwindenden Art ist? Wer weiß, ob es sich nicht mit allen Tierarten so verhält? Wer weiß, ob nicht alles zu einem gefühl- und reglosen Sediment hinstrebt? Wer weiß, wie lange diese Reglosigkeit dauern würde? Wer weiß, welche neue Art einst aus einer so großen Anhäufung fühlender und lebender Punkte entstehen kann? Warum nicht ein einziges Tier? Was war der Elefant bei seinem Ursprung? Vielleicht das ungeheure Tier, als das er uns jetzt erscheint, vielleicht ein Atom; denn beides ist gleich möglich. Sie erfordern beide nur die Bewegung und die Eigenschaften der Materie... Der Elefant, diese ungeheure organische Masse, das plötzliche Produkt der Gärung! Warum nicht? Die Verwandtschaft dieses großen Vierfüßers mit seiner Gebärmutter ist geringer als die des Wurms mit dem Mehlstäubchen, das ihn hervorgebracht hat. – Aber der Wurm ist ein Wurm... das heißt, da seine Kleinheit uns seine innere Organisation nicht erkennen läßt, verliert er das Wunderbare. Das Wunder, das ist das Leben selbst, die Empfindung, und das Wunder ist nur ein einziges in allem... Nachdem ich die unbewegliche Materie in den Zustand der Empfindung übergehen sah, kann mich nichts mehr in Erstaunen setzen... Kein Vergleich zwischen einer winzigen Zahl in Gärung übergegangener Elemente in meiner hohlen Hand und dem ungeheuren Reservoir verschiedener Elemente, verstreut in den Eingeweiden, der Oberfläche der Erde, im Busen des Meeres, in den Wogen der Luft... Dennoch, da die Ursachen geblieben sind, warum haben die Wirkungen aufgehört? Warum sehen wir den Stier nicht mehr die Erde mit seinen Hörnern durchstoßen, die Füße gegen den Boden stemmen und sich anstrengen, um seinen schweren Körper zu befreien?... Laßt die Rassen der noch lebenden Tiere vergehen, laßt das große unbewegliche Sediment ein paar Millionen Jahrhunderte wirken. Vielleicht braucht es zehnmal mehr Zeit, die Arten zu erneuern, als ihnen zu ihrer Dauer gegeben ist. Wartet und übereilt euch nicht, das Urteil über die große Arbeit der Natur zu sprechen. Ihr habt zwei große Phänomene: den Übergang vom Zustand der Trägheit in den der Empfindung, und die plötzliche Entstehung der

Arten; laßt euch daran genügen: zieht daraus die richtigen Folgerungen und hütet euch, in einer Ordnung der Dinge, wo es weder groß noch klein, noch Dauer, noch absolutes Vergehen gibt, vor dem Sophismus des Vergänglichen...‹

Doktor, was ist der Sophismus des Vergänglichen?

Bordeu: Es ist der eines vergänglichen Wesens, das an die Unsterblichkeit der Dinge glaubt.

L'Espinasse: Wie die Rose von Fontenelle, die sagte, man habe seit Rosengedenken noch keinen Gärtner sterben sehen[1].

Bordeu: Genau so! Das ist leicht und tief zugleich.

L'Espinasse: Warum drücken sich eure Philosophen nicht mit derselben Anmut aus wie dieser? Wir würden sie verstehen.

Bordeu: Offen gestanden, ich weiß nicht, ob dieser frivole Ton zu den ernsten Fragen paßt.

L'Espinasse: Was nennen Sie eine ernste Frage?

Bordeu: Nun, eben die allgemeine Empfindung, die Bildung des empfindenden Wesens, seine Einheit, den Ursprung der Tiere, ihre Lebensdauer und alle Fragen, die damit zusammenhängen.

L'Espinasse: Ich nenne das Dummheiten, von denen man im Schlaf mal träumen darf, mit denen sich aber ein vernünftiger Mann, wenn er wach ist, niemals beschäftigen wird.

Bordeu: Und warum das, wenn ich bitten darf?

L'Espinasse: Weil die einen so klar sind, daß es unnötig ist, sich mit ihnen abzugeben, die anderen so dunkel, daß man in ihnen überhaupt nicht weiterkommt, und alle miteinander absolut unnötig.

Bordeu: Glauben Sie, daß es gleichgültig ist, ob man einen höchsten Geist leugnet oder voraussetzt?

1 Ein typisches Rokokogleichnis, in dem die tiefe skeptische Erkenntnis in einem anmutig-leichten Bilde erscheint.

L'Espinasse: Nein.

Bordeu: Glauben Sie, daß man den höchsten Geist voraussetzen kann, ohne zu wissen, woran man ist mit der Ewigkeit der Materie und ihrer Eigenschaften, der Unterscheidung der beiden Substanzen[1], der Natur des Menschen und der Fortpflanzung der Tiere?

L'Espinasse: Nein.

Bordeu: Diese Fragen sind also gar nicht so müßig, wie Sie behaupteten.

L'Espinasse: Ja, aber was geht mich ihre Wichtigkeit an, wenn ich sie nicht aufklären kann?

Bordeu: Wie wollen Sie das können, wenn Sie sich nicht mit ihnen beschäftigen? Darf ich Sie im übrigen fragen, welche Sie für so klar halten, daß ihre Untersuchung Ihnen überflüssig erscheint?

L'Espinasse: Die über meine Einheit, mein Ich zum Beispiel. Zum Teufel, mir scheint, es braucht nicht so viel Geschwätz, um zu wissen, daß ich ich bin, daß ich immer ich gewesen bin und niemals etwas anderes sein werde.

Bordeu: Die Tatsache ist zweifellos klar, aber ihr Grund ist es keineswegs, vor allem nicht nach der Hypothese derer, die nur *eine* Substanz annehmen und die die Entstehung des Menschen oder des Tieres im allgemeinen aus der allmählichen Angliederung empfindsamer Moleküle erklären. Jedes empfindende Molekül hatte sein Ich vor der Verbindung mit den anderen, aber wie hat es das verloren und wie ist aus den sämtlichen verlorenen Ichs das Bewußtsein eines einheitlichen Ganzen entstanden?

L'Espinasse: Mir scheint, das bloße Zusammenwachsen genügt. Ich will Ihnen eine hundertmal gemachte Erfahrung erzählen ... aber warten Sie ... ich muß erst sehen, was hinter

[1] Geist und Materie.

dem Vorhang los ist... er schläft... Wenn ich meine Hand auf meine Hüfte lege, fühle ich zuerst ganz genau, daß meine Hand nicht meine Hüfte ist, aber nach kurzer Zeit, wenn die Wärme in beiden gleich ist, unterscheide ich sie nicht mehr; beide scheinen ineinander überzugehen und bilden nur noch ein Einziges.

Bordeu: Ja, bis man Sie in das eine oder andere sticht, dann ist die Unterscheidung sofort wieder da. Es ist also etwas in Ihnen, das weiß, ob es Ihre Hand oder Ihre Hüfte ist, die gestochen wurde, und dieses Etwas ist weder Ihr Fuß, noch selbst Ihre gestochene Hand, die leidet; sondern etwas anderes in Ihnen weiß es und leidet dabei nicht.

L'Espinasse: Aber ich denke, das ist mein Kopf.

Bordeu: Ihr ganzer Kopf?

L'Espinasse: Nein, Doktor, warten Sie, ich will versuchen, die Sache durch einen Vergleich zu erklären. Vergleiche sind fast die einzigen Beweise der Frauen und Dichter. Stellen Sie sich eine Spinne vor...

D'Alembert: Wer ist da?... Sind Sie es, Fräulein von l'Espinasse?

L'Espinasse: Still, still... (Fräulein von l'Espinasse und der Doktor verhalten sich eine Zeitlang ganz ruhig, dann flüstert Fräulein von l'Espinasse:) Ich glaube, er ist wieder eingeschlafen.

Bordeu: Nein, mir scheint, ich höre etwas.

L'Espinasse: Sie haben recht. Sollte er weiter träumen?

Bordeu: Wir wollen hören!

D'Alembert: Warum bin ich so? Zweifellos, weil ich so werden mußte... Hier ja, aber woanders? Am Nordpol? Am Äquator, auf dem Saturn?... Wenn die Entfernung von einigen tausend Meilen meine Spezies verändert, was wird da erst die Entfernung von einigen tausend Erddurchmessern an Veränderungen hervorbringen?... Und wenn alles nur ein allgemeiner Fluß ist, wie mir's das Universum überall zeigt, was können hier und anderswo Dauer und Wechsel einiger Millionen Jahrhunderte nicht alles hervorbringen? Wer weiß, was das denkende und empfindende Wesen auf dem Saturn ist? ... Aber gibt es auf dem Saturn überhaupt Empfindung und Denken? ... Warum nicht? ... Ob das empfindende und denkende Wesen auf dem Saturn mehr Sinne hat als ich? ... Wenn ja, was für ein unglückliches Wesen der Saturnbewohner doch ist! ... Je mehr Sinne, um so mehr Bedürfnisse.

Bordeu: Er hat recht. Die Organe schaffen die Bedürfnisse, und umgekehrt, die Bedürfnisse schaffen die Organe.

L'Espinasse: Doktor, fiebern Sie auch?

Bordeu: Warum nicht? Ich habe gesehen, wie zwei Stümpfe schließlich zwei Arme wurden.

L'Espinasse: Sie lügen.

Bordeu: Das stimmt, aber statt der zwei fehlenden Arme habe ich gesehen, wie zwei Schulterblätter länger wurden, sich in eine Art Zangen verwandelten und Stümpfe wurden.

L'Espinasse: Wahnsinn.

Bordeu: Das ist eine Tatsache. Stellen Sie sich eine lange Folge von armlosen Generationen vor, die alle sich mühen, zu greifen, und Sie werden sehen, wie sich die Schaufeln der Schultern nach beiden Seiten hin verlängern, sich mehr und mehr ausbreiten, auf dem Rücken kreuzen und wieder nach vorn wachsen, vielleicht sich sogar in Finger teilen an den Enden und wieder Arme und Hände ausbilden. Die ursprüngliche Gestalt verändert oder vervollkommnet sich je nach der Notwendigkeit und den gewohnten Funktionen. Wir laufen und arbeiten so wenig und denken so viel, daß ich nicht daran zweifle, daß der Mensch eines Tages nur noch Kopf sein wird.

L'Espinasse: Ein Kopf, ein Kopf! das ist sehr wenig, – ich hoffe, daß die zügellose Galanterie... Sie erwecken lächerliche Gedanken in mir.

Bordeu: Still!

D'Alembert: Ich bin also so, weil ich so werden mußte. Ändert das Ganze, und ich werde notwendig auch mit verändert. Dabei ändert sich das Ganze dauernd... Der Mensch ist nur eine alltägliche Wirkung, die Mißgeburt eine seltene. Beide sind gleich natürlich, gleich notwendig, beide gehören zur universalen allgemeinen Ordnung der Dinge... Und was ist Wunderbares dabei?... Alle Wesen kreisen ineinander, entwickeln sich von einem zum anderen, folglich auch die Arten... alles ist ein dauernder Strom... Jedes Tier ist mehr oder weniger Mensch, jedes Mineral ist mehr oder weniger Pflanze, jede Pflanze mehr oder weniger Tier. Es gibt keine scharfe Abgrenzung in der Natur... Das Band des Père Castel... Ja, Père Castel, Ihr Band ist nichts anderes. Jedes Ding ist mehr oder weniger irgend etwas: mehr oder weniger Erde, mehr oder weniger Wasser, Luft, Feuer – es gehört mehr oder weniger diesem und jenem Reiche an... nichts ist also seinem Wesen nach nur das eine oder das andere... Nein bestimmt nicht, denn es gibt keine Eigenschaft, die irgendeinem Wesen gänzlich fehlt... und nur das mehr oder weniger starke Hervortreten dieser Eigenschaft vor anderen veranlaßt uns, sie einem bestimmten Wesen ausschließlich zuzusprechen... Und ihr redet von Individuen, ihr armseligen Philosophen! laßt eure Individuen! Antwortet mir! Gibt es in der Natur ein einziges Atom, das absolut genau einem anderen gleicht?... Nein... Müßt ihr nicht zugeben, daß alles zusammenhängt in der Natur, und daß in dieser Kette unmöglich ein Loch entstehen kann? Was wollt ihr also sagen mit euren Individuen? Es gibt keine, nein, es gibt keine!... Es gibt nur ein einziges großes Individuum, das ist das Ganze! In diesem Ganzen gibt es wie in einer Maschine, wie in irgendeinem

Tier einen Teil, den ihr so oder so nennt – aber wenn ihr diesem Teil den Namen Individuum gebt, dann wendet ihr einen ebenso falschen Begriff an, wie wenn ihr bei einem Vogel einem Flügel oder einer Flügelfeder den Namen Individuum geben wolltet... Ihr redet von Wesenheiten, Substanzen! Laßt das! Seht die Materie als Ganzes, und wenn euch dazu die Phantasie fehlt, seht euren ersten Ursprung und euer letztes Ende... O Archytas! der du den Erdball gemessen hast, was bist du? ein wenig Asche!... Ein Wesen, was ist es?... Die Summe einer bestimmten Anzahl Bestrebungen... Kann ich etwas anderes sein als ein Streben? Nein, ich gehe auf ein Ziel zu... Und die Arten?... Die Arten sind nur das Streben nach einem gemeinsamen, ihnen eigenen Ziel... Und das Leben?... Das Leben ist eine Folge von Aktionen und Reaktionen... Solange ich lebe, reagiere ich als einheitliche Masse, als toter Körper reagiere ich in Molekülen... Ich sterbe also gar nicht?... Nein, in diesem Sinne sterbe ich gewiß nicht, so wenig wie irgendein anderes Wesen... Geboren werden, leben und vergehen, das ist Form verändern... Was bedeutet die eine oder andere Form?... Jede Form hat die eigenen Freuden und Leiden. Vom Elefanten bis zum Floh... Vom Floh bis zum empfindenden lebendigen Molekül, dem Ursprung von allem, gibt es keinen Punkt in der Natur, der nicht leidet und genießt.

L'Espinasse: Er sagt nichts mehr.

Bordeu: Nein, er hat einen ganz schönen Exkurs gemacht. Das ist sehr hohe Philosophie, im Augenblick ist sie nur erst ein System. Ich glaube aber, je mehr Fortschritte die menschliche Wissenschaft und Erkenntnis macht, um so mehr wird sie sich bewahrheiten.

L'Espinasse: Und wir? Wo waren wir stehengeblieben?

Bordeu: Ich weiß wahrhaftig nicht mehr. Er hat mir mit seiner Rede so viel Erscheinungen ins Gedächtnis gerufen!

L'Espinasse: Warten Sie! Ich war bei der Spinne...

Bordeu: Ja ja.

L'Espinasse: Doktor, kommen Sie näher! Stellen Sie sich eine Spinne in der Mitte ihres Netzes vor! Zerreißen Sie einen Faden, und Sie werden die Spinne eiligst herbeilaufen sehen. Nun, wenn diese Fäden, die die Spinne aus ihrem Körper herausspinnt und, wenn sie will, dahin zurückholt, ein empfindender Teil ihrer selbst wären?...

Bordeu: Ich verstehe Sie. Sie stellen sich in irgendeinem Winkel Ihres Kopfes, zum Beispiel in dem, den man Hirnhaut nennt, einen oder mehrere Punkte vor, wohin alle Empfindungen geleitet werden, die auf der ganzen Länge der Fäden ausgelöst werden.

L'Espinasse: So ist es.

Bordeu: Ihr Gedanke ist unbedingt richtig, aber sehen Sie nicht, daß es fast der gleiche ist wie eine gewisse Bienentraube?

L'Espinasse: Ach, das ist wahr – ich habe Prosa gemacht, ohne es zu ahnen[1].

Bordeu: Und eine ausgezeichnete Prosa, wie Sie gleich sehen werden. Wer den Menschen nur in der Form kennt, wie er zur Welt kommt, hat nicht die geringste Idee davon. Sein Kopf, seine Füße, seine Hände, all seine Glieder, alle seine Eingeweide, seine Organe, seine Nase, Augen, Ohren, sein Herz, seine Lunge, Därme, Muskeln, Knochen, Nerven, seine Häutchen sind nur die grobe Entwicklung eines Gewebes, das sich bildet, wächst, ausbreitet und eine Unmenge unsichtbarer Fäden auswirft.

1 Anspielung auf eine Szene aus Molières »Bürger als Edelmann«, in der sich der reich gewordene Bürger erklären läßt, daß nicht nur die Poesie, sondern auch die Prosa eine Kunst ist und daß er, ohne es zu ahnen, diese Kunst der Prosa schon seit seiner Kindheit beherrscht habe.

L'Espinasse: Da ist mein Netz, und der Ausgangspunkt für alle diese Fäden ist meine Spinne.

Bordeu: Wundervoll.

L'Espinasse: Wo sind die Fäden? Wo sitzt die Spinne?

Bordeu: Die Fäden sind überall; es gibt keinen Punkt auf der Oberfläche Ihres Körpers, zu dem sie nicht hinreichen. Und die Spinne sitzt in einem Teil Ihres Gehirns, den ich Ihnen bereits genannt habe, der Hirnhaut, an die man fast nicht rühren kann, ohne die ganze Maschine zu betäuben.

L'Espinasse: Aber wenn ein Atom einen Faden des Spinnennetzes erzittern läßt, dann wird die Spinne aufmerksam, unruhig, flüchtet oder eilt herbei. In ihrem Mittelpunkt wird sie von allem unterrichtet, was sich an irgendeiner Stelle der ungeheuren Wohnung abspielt, die sie tapeziert hat. Warum weiß ich nicht, was sich in der meinen abspielt, oder der Welt, wenn ich doch ein Knäuel aus empfindenden Spitzen bin, auf alles drücke und von allem gedrückt werde?

Bordeu: Weil die Eindrücke schwächer werden im Verhältnis ihrer Entfernung, aus der sie auf uns wirken.

L'Espinasse: Wenn man ganz leicht an das Ende eines langen Balkens schlägt, so höre ich den Schlag, wenn ich mein Ohr ans andere Ende lege. Wenn der Balken mit dem einen Ende die Erde, mit dem anderen den Sirius berührte, hätte es ganz die gleiche Wirkung. Wenn alles zusammenhängt, sich unmittelbar berührt, das heißt: wenn der Balken tatsächlich existiert, dann verstehe ich nicht, warum ich nicht höre, was in dem ungeheuren mich umgebenden Raum geschieht, vor allem wenn ich hinhöre.

Bordeu: Und wer sagt Ihnen, daß Sie es nicht doch mehr oder weniger hören? Aber es kommt von so weit her, der Schall-Eindruck ist so schwach, so oft auf seinem Weg bis zu Ihnen durchkreuzt worden, Sie sind von so lauten und verschiedenen Geräuschen umgeben und betäubt; das liegt daran, daß zwischen Ihnen und dem Saturn[1] lauter Körper sind, die sich berühren, es müßte aber Kontinuität, wirklicher Zusammenhang herrschen.

L'Espinasse: Schade.

Bordeu: Das ist wahr; denn dann wären Sie Gott. Auf Grund Ihrer Identität mit allen Wesen der Natur wüßten Sie alles, was geschieht; auf Grund Ihres Gedächtnisses wüßten Sie alles, was geschehen ist.

L'Espinasse: Und was geschehen wird.

Bordeu: Sie würden über die Zukunft wahrscheinliche Vermutungen anstellen, die aber dem Irrtum unterworfen sein könnten. Das wäre genau so, als ob Sie zu erraten suchten, was in Ihrem Innern, am äußersten Ende Ihres Fußes oder Ihrer Hand geschehen wird.

L'Espinasse: Und wer sagt Ihnen, daß die Welt nicht auch ihre Hirnhaut hat, oder daß nicht in irgendeiner verborgenen Ecke des unendlichen Raumes eine große oder kleine Spinne sitzt, deren Netze sich über alles breiten.

Bordeu: Niemand; und noch weniger, ob sie nicht gewesen ist oder sein wird.

L'Espinasse: Wie soll diese Art Gott...

Bordeu: Die einzige vorstellbare...

L'Espinasse: ... gewesen sein oder werden und vergehen?

Bordeu: Richtig, aber da er Materie im Universum wäre, ein Teil des Universums, seinen Veränderungen unterworfen, so würde er altern, sterben.

L'Espinasse: Da kommt mir eine andere Narrheit in den Sinn.

Bordeu: Ich erlasse Ihnen, sie zu erzählen, ich weiß sie auch so.

1 Uranus, erst 1781 entdeckt, und Neptun, erst seit 1823 vermutet, waren Diderot noch unbekannt.

L'Espinasse: Na bitte, welche?

Bordeu: Sie sehen den Geist mit sehr kraftvollen[1] Materieteilen verbunden und damit die Möglichkeit zu allen erdenklichen Wundern. Das haben andere auch schon gedacht.

L'Espinasse: Sie haben es erraten. Ich schätze Sie darum jedoch nicht höher. Sie müssen eine erstaunliche Neigung zur Narrheit haben.

Bordeu: Das gebe ich zu. Aber was ist an diesem Gedanken Schreckliches? Es käme dabei eine Epidemie guter und böser Geister heraus; die unveränderlichen Gesetze der Natur würden von ganz natürlichen Kräften durchbrochen; unsere allgemeine Physik würde dadurch schwieriger, aber es gäbe keine Wunder mehr.

L'Espinasse: Wahrhaftig, man muß doch sehr vorsichtig sein mit dem, was man behauptet und was man leugnet.

Bordeu: Gehen Sie, wer Ihnen eine derartige Erscheinung erzählen würde, müßte als großer Lügner wirken. Aber lassen wir all diese Phantasiewesen mitsamt Ihrer Spinne und ihren unendlichen Netzen: kommen wir zurück zu dem Ihren und seiner Entstehung.

L'Espinasse: Einverstanden.

D'Alembert: Fräulein von l'Espinasse, es ist jemand bei Ihnen: mit wem sprechen Sie?

L'Espinasse: Es ist der Doktor.

D'Alembert: Guten Tag, Doktor! Was tun Sie hier so früh am Tage?

Bordeu: Sie werden's erfahren: schlafen Sie!

D'Alembert: Wirklich, ich hab's nötig. Ich glaube, ich habe noch keine so aufgeregte Nacht verbracht. Sie gehen nicht fort, bevor ich aufgestanden bin?!

Bordeu: Nein. Ich wette, Fräulein von l'Espinasse: Sie

1 energie-geladenen.

haben gedacht, da Sie als Zwölfjährige eine kleine, halb so große Frau waren, als Vierjährige eine nochmals um die Hälfte kleinere Frau, als Fötus eine kleine Frau, in der Gebärmutter Ihrer Mutter ein winziges Frauchen, daß Sie also immer eine Frau mit denselben Formen waren, die Sie heute haben, daß nur das Wachsen den ganzen Unterschied ausmacht zwischen Ihnen bei Ihrem Ursprung und Ihrer heutigen Gestalt.

L'Espinasse: Das gebe ich zu.

Bordeu: Dennoch ist nichts falscher als diese Idee. Zuerst waren Sie gar nichts. Zu Anfang waren Sie ein winziger, kaum wahrnehmbarer Punkt aus noch winzigeren Molekülen zusammengesetzt, die verstreut in Blut und Lymphe Ihres Vaters und Ihrer Mutter herumgeschwommen waren. Dieser Punkt wurde ein lockerer Faden, dann ein ganzes Bündel Fäden. Bis dahin keine Spur von der angenehmen Gestalt, die Sie haben: Ihre Augen, diese schönen Augen, sahen Augen nicht ähnlicher als die Spitze eines Anemonensamens einer Anemone gleicht. Jedes einzelne Fädchen des Bündels verwandelte sich nun allein durch die Nahrung und seinen Bau in das Gewebe eines bestimmten Organs: abgesehen von den Organen selbst, in die sich die Fäserchen des Bündels umgestalteten, die sie gleichsam hervorbringen. Das Bündel ist einfach ein empfindendes Ganzes; wenn es diese Form behielte, wäre es empfänglich für alle Eindrücke der reinen Empfindung, wie Kälte, Hitze, Süße, Härte. Diese aufeinander folgenden, unter sich verschiedenen und in ihrer Intensität unterschiedlichen Empfindungen würden vielleicht das Gedächtnis, das Selbstbewußtsein, eine sehr beschränkte Vernunft hervorbringen. Aber diese unkomplizierte, einfache Empfindung, dieses Fühlen, zerlegt sich durch die aus den Fäserchen hervorgegangenen Organe – ein Fäserchen bildet das Ohr und schafft eine Art Fühlen, das wir Geräusch oder Laut nennen; ein anderes bildet den Gaumen und läßt ein zweites Fühlen entstehen, das wir Geschmack nennen; ein drittes bildet die Nase und erzeugt eine Art Fühlen, das wir Geruch nennen; ein viertes bildet das Auge und erzeugt eine vierte Art Fühlen, die wir Farbe nennen.

L'Espinasse: Aber wenn ich Sie recht verstanden habe, so sind diejenigen, die einen sechsten Sinn leugnen, einen richtigen Zwitter, ganz unbesonnen. Wer sagt Ihnen, daß die Natur nicht ein Bündel mit einem besonderen Fäserchen bilden kann, das ein Organ hervorbringt, das uns bisher noch unbekannt ist.

Bordeu: Oder aus den beiden Fäserchen, die die beiden Geschlechter charakterisieren? Sie haben recht, es ist ein Vergnügen, sich mit Ihnen zu unterhalten: Sie begreifen nicht nur, was man Ihnen sagt, Sie ziehen daraus noch Folgerungen, deren Richtigkeit mich in Erstaunen setzt.

L'Espinasse: Doktor, Sie wollen mir bloß Mut machen.

Bordeu: Nein, wahrhaftig, ich sage, was ich denke.

L'Espinasse: Ich sehe sehr wohl die Verwendung *einiger* Fäserchen des Bündels, aber was wird aus den übrigen?

Bordeu: Glauben Sie, daß eine andere als Sie an diese Frage gedacht hätte?

L'Espinasse: Aber sicher!

Bordeu: Sie sind wenigstens nicht eitel! Die übrigen Fäserchen bilden ebenso viele andere Arten von Fühlinstrumenten, wie es verschiedene Organe und Teile des Körpers gibt.

L'Espinasse: Wie heißen sie? Ich habe nie von ihnen gehört.

Bordeu: Sie haben keinen Namen.

L'Espinasse: Und warum?

Bordeu: Weil kein so großer Unterschied zwischen den durch die übrigen Organe ausgelösten Empfindungen besteht.

L'Espinasse: Sie denken also ganz ernsthaft, daß der Fuß, die

Hand, die Hüften, der Leib, der Magen, die Brust, die Lunge, das Herz jedes seine eigenen besonderen Empfindungen hat?

Bordeu: Das denke ich. Wenn ich es wagte, würde ich Sie fragen, ob unter den Empfindungen, über die man nicht spricht...

L'Espinasse: Ich verstehe Sie. Nein. Die sind einzig in ihrer Art, und das ist schade. Aber welchen Grund haben Sie für diese Vielzahl von Empfindungen, die allgemein mehr schmerzlich als angenehm sind, mit denen Sie uns zu bedenken belieben?

Bordeu: Der Grund? Einfach die Tatsache, daß wir sie zum großen Teil selbst wahrnehmen. Wenn diese unendliche Vielfalt der Empfindungen nicht wäre, wüßten wir zwar, daß wir Freude oder Schmerz empfinden, aber wir wüßten nicht wo. Wir brauchten immer den Gesichtssinn dazu. Es wäre nicht mehr eine Angelegenheit der Empfindung, sondern der Erfahrung und Beobachtung.

L'Espinasse: Wenn ich sagte, mir tut der Finger weh, dann müßte ich, wenn jemand mich fragte, warum ich behaupte, daß mir gerade der Finger weh tut, antworten, nicht daß ich es fühle, sondern daß ich Schmerz empfinde und sehe, daß mein Finger krank ist.

Bordeu: Richtig. Lassen Sie sich küssen.

L'Espinasse: Sehr gern.

D'Alembert: Doktor, Sie küssen Fräulein von l'Espinasse, das ist recht!

Bordeu: Ich habe viel darüber nachgedacht, und es schien mir, als genüge die Richtung und die Stelle der Erschütterung nicht als Bestimmung für das plötzliche Urteil an der Wurzel des Bündels.

L'Espinasse: Ich weiß nicht.

Bordeu: Ihr Zweifel gefällt mir. Es ist so allgemein üblich, natürliche Eigenschaften für erworbene Gewohnheiten zu halten, die fast ebenso alt sind wie wir selber.

L'Espinasse: Und umgekehrt.

Bordeu: Wie dem auch sei, Sie sehen aber: wenn es sich darum handelt, die erste Entwicklung des Tieres zu untersuchen, dann hieße es zu spät beginnen, wenn wir bei den Überlegungen über das fertige Tier stehenbleiben wollten; man muß zu seinen ersten Ursprüngen zurückgehen und von unserer augenblicklichen körperlichen Gestalt absehen und auf einen Moment zurückgreifen, da Sie noch eine weiche, faserige, unförmige, wurmförmige, mehr einer Pflanzenknolle oder -wurzel als einem Tier ähnelnde Substanz waren.

L'Espinasse: Wenn es üblich wäre, ganz nackt durch die Straßen zu gehen, so wäre ich weder die erste noch die letzte, die sich dieser Gewohnheit anschließen würde. Machen Sie also mit mir, was Sie wollen, vorausgesetzt, daß ich dabei lerne. Sie haben mir gesagt, jedes Fäserchen des Bündels bilde ein bestimmtes, besonderes Organ; welche Beweise haben Sie dafür?

Bordeu: Tun Sie in Gedanken das, was die Natur manchmal tut: verstümmeln Sie eins von den Fäserchen des Bündels, zum Beispiel das Fäserchen, das die Augen bilden soll – was glauben Sie, was geschieht?

L'Espinasse: Daß das Tier vielleicht keine Augen hat.

Bordeu: Oder nur eins in der Mitte der Stirn.

L'Espinasse: Dann wäre es ein Zyklop.

Bordeu: Ein Zyklop.

L'Espinasse: Der Zyklop brauchte also durchaus kein Fabelwesen zu sein?

Bordeu: So wenig, daß ich Ihnen einen zeigen kann, wenn Sie wollen.

L'Espinasse: Und wer kennt die Ursache dieser Abart?

Bordeu: Der die Mißgeburt seziert und nur *eine* Netzhaut gefunden hat. Tun Sie in Gedanken, was die Natur manchmal tut: vernichten Sie ein weiteres Fäserchen des Bündels, das Fäserchen, das die Nase bilden wird; das Tier wird keine Nase haben, und so weiter für Ohren, Hände, Füße.

L'Espinasse: Aber mir scheint: eine so komplizierte Maschine wie das Tier, eine Maschine, die aus einem Punkt hervorgeht, aus einer bewegten Flüssigkeit, vielleicht aus zwei zufällig vermischten Flüssigkeiten, denn man weiß in dem Augenblick ja nicht, was man tut: eine Maschine, die zu ihrer vollendeten Gestalt über eine unendliche Reihe aufeinanderfolgender Entwicklungsstadien kommt, eine Maschine, deren normale oder anormale Gestalt von einem Bündel winziger, dünner und beweglicher Fäserchen abhängt, eine Art Strähne, von der kein einziger Faden zerrissen, verzerrt, an andere Stelle gezogen, verloren werden darf ohne schlimme Folgen für das Ganze – eine solche Maschine müsse sich noch viel öfter verfitzen und verwirren bei ihrer Entstehung als die Fäden auf meiner Spule.

Bordeu: Darum leidet sie ja auch viel mehr darunter, als man denkt. Es wird viel zu wenig seziert, die Ideen über ihre innere Gestalt sind sehr von der Wirklichkeit verschieden.

L'Espinasse: Gibt es bedeutende Beispiele eigenartiger Mißbildungen außer Buckligen und Hinkenden, deren unglücklichen Zustand man ja auf irgendeinen erblichen Fehler zurückführen kann?

Bordeu: Es gibt unzählige; erst kürzlich starb in der Pariser Charité an den Folgen einer Lungenentzündung ein fünfundzwanzigjähriger Zimmermann, Jean-Baptiste Macé, geboren in Troye: er hatte die inneren Organe der Brust und des Bauches vertauscht, das Herz rechts – so wie Sie es links haben, die Leber links, Magen, Milz, Pankreasdrüse am rechten Hypochondrium[1], die Leberpfortader links, wie sie sonst rechts ist; die gleiche Umstellung auf der ganzen Länge der Därme – die Nieren lagen gegeneinander gelehnt an den Lendenwirbeln und sahen aus wie ein Hufeisen. Und dann rede man uns noch von Teleologie, von der Zweckmäßigkeit alles Erschaffenen!

L'Espinasse: Das ist merkwürdig!

Bordeu: Wenn Jean-Baptiste Macé verheiratet war und Kinder gehabt hätte –

L'Espinasse: Nun, Doktor, diese Kinder...

Bordeu: Würden die gewöhnliche Gestalt haben, aber bei irgendeinem von ihren Nachfahren, vielleicht nach hundert Jahren – denn diese Unregelmäßigkeiten sind Sprünge –, träte die merkwürdige Mißbildung des Ahnen wieder auf.

L'Espinasse: Und woher kommen diese Sprünge?

Bordeu: Wer weiß? Um ein Kind hervorzubringen, gehören zwei dazu. Vielleicht korrigiert eine der wirkenden Kräfte die Fehler der anderen, und das verbildete Gewebe tritt erst wieder auf, wenn der Nachkomme der Mißgeburt das Übergewicht hat und der Bildung des Gewebes das Gesetz gibt. Das Faserbündel stellt den ursprünglichen und ersten Unterschied zwischen den Tierarten dar. Die Verschiedenheiten des Bündels einer Art bringen die verschiedenen Mißgestaltungen dieser Art hervor.

(Nach langem Schweigen löste sich Fräulein von l'Espinasse aus ihrer Träumerei und zog den Doktor mit einer Frage aus der seinen.)

L'Espinasse: Mir kommt ein toller Gedanke.

Bordeu: Welcher?

L'Espinasse: Der Mann ist vielleicht nur die Mißgeburt der Frau, oder die Frau die Mißgeburt des Mannes.

1 Teil der Oberbauchgegend.

Bordeu: Dieser Gedanke wäre Ihnen noch viel früher gekommen, wenn Sie gewußt hätten, daß die Frau alle Organe des Mannes hat; der einzige Unterschied ist, daß einmal der Sack außen hängt, beim anderen nach innen gestülpt ist; ein weiblicher Fötus sieht einem männlichen zum Verwechseln ähnlich; der Teil, der die Täuschung hervorruft, bildet sich zurück in dem Maße, in dem sich der innere Sack erweitert – er verwischt sich aber niemals so weit, daß er seine ursprüngliche Form ganz verliert; er erhält sich diese Form im kleinen, er ist der gleichen Bewegungen fähig, ist gleichfalls die Ursache der Wollust, er hat seine Eichel, seine Vorhaut und an seiner Spitze ist ein Punkt, der die Mündung eines geschlossenen Urinkanals gewesen sein könnte; – beim Manne wiederum ist vom After bis zum Hodensack – dieser Teil heißt Damm – und vom Hodensack bis zum äußersten Ende des Gliedes eine Naht, die eine Fruchtklappe zusammenzuheften scheint; Frauen mit starkem Kitzler haben Bartwuchs, die Eunuchen dagegen keinen, während ihre Schenkel stärker, ihre Hüften breiter, ihre Knie runder werden – kurz, sie scheinen, indem sie das Wesentliche des einen Geschlechts verlieren, die charakteristische Gestalt des anderen anzunehmen. Die Araber, die sich durch das dauernde Reiten kastrieren, verlieren den Bartwuchs, bekommen eine hohe, scharfe Stimme, ziehen sich an wie die Frauen, setzen sich im Wagen zwischen sie, kauern sich nieder zum Wasserlassen und nehmen sichtlich weibliche Sitten und Gebräuche an... Aber da sind wir weit von unserem Gegenstand abgekommen. Gehen wir zurück zu unserem empfindenden lebendigen Faserbündel.

D'Alembert: Ich glaube, Sie erzählen Fräulein von l'Espinasse unanständiges Zeug.

Bordeu: Wenn man von Wissenschaft spricht, muß man die Fachausdrücke gebrauchen.

D'Alembert: Sie haben recht. Sie verlieren ja in dem Augenblick auch den ganzen Schwarm von Hintergedanken, der sie unanständig machen könnte. Fahren Sie fort, Doktor.

L'Espinasse: Ja, ja, seien Sie still und mischen Sie sich nicht in unsere Angelegenheiten!

Bordeu: Sehen Sie: bei der Frage nach den Empfindungen im allgemeinen, die nur eine Art unterschiedlicher Tastsinn sind, muß man die verschiedenen späteren Formen, die das Gewebe annimmt, beiseite lassen und sich allein an das Gewebe selbst halten.

L'Espinasse: Jeder Faden des Gewebes kann an seiner ganzen Länge verletzt und gekitzelt werden. Schmerz und Lust ist hier oder da, an einer Stelle oder einer anderen von irgendeinem der langen Beine meiner Spinne – sie sehen, ich komme immer wieder auf meine Spinne zurück – die Spinne ist also das gemeinsame Zentrum all dieser Beinchen, sie bringt mit dieser oder jener Stelle das Schmerz- oder Lustgefühl in Verbindung, ohne selbst zu empfinden.

Bordeu: Und nur die dauernde, unveränderliche Verbindung aller Eindrücke zu diesem gemeinsamen Ursprung hin macht die Einheit des Lebewesens aus.

L'Espinasse: Und die Erinnerung an die aufeinanderfolgenden Eindrücke ergibt die Geschichte seines Lebens und seiner Persönlichkeit.

Bordeu: Und Erinnerungen und Vergleiche, die notwendig aus all den Eindrücken folgen, machen das Denken und die Vernunft aus.

L'Espinasse: Und wo geschieht das Vergleichen?

Bordeu: Im Zentrum, gleichsam an der Wurzel des Gewebes.

L'Espinasse: Und das Gewebe?

Bordeu: Hat an seiner Wurzel keinerlei eigenen Sinn: es sieht, hört, leidet nicht. Es wird hervorgebracht, ernährt; es entsteht aus einer weichen, fühllosen, trägen Substanz, die ihm gleichsam als Grundlage dient, auf der es ruht, hört, urteilt und folgert.

L'Espinasse: Es leidet nicht?

Bordeu: Nein, der geringste Druck an dieser Stelle betäubt die Aufnahmefähigkeit, und das Tier fällt in einen todesähnlichen Zustand. Wenn der Druck aufhört, kommt es zu seinen ursprünglichen Funktionen zurück, das Tier wird wieder lebendig.

L'Espinasse: Woher wissen Sie das? Hat man je einen Menschen nach Belieben sterben und wieder lebendig werden lassen?

Bordeu: Ja.

L'Espinasse: Wieso?

Bordeu: Ich will es Ihnen sagen: es ist eine merkwürdige Sache. La Peyronie, den Sie vielleicht gekannt haben, wurde einmal zu einem Kranken gerufen, der einen harten Schlag auf den Kopf bekommen hatte. Der Kranke fühlte darin ein Hämmern. Der Chirurg zweifelte nicht, daß sich im Gehirn ein Abszeß gebildet hatte, und war überzeugt, daß keine Zeit zu verlieren sei. Er rasierte den Kranken und öffnete seinen Schädel. Die Spitze des Instruments trifft genau auf die Mitte des Abszesses. Der war voll Eiter, er entleert und reinigt ihn mit Hilfe einer Spritze. Als er die Injektion in den Abszeß macht, schließt der Kranke die Augen, seine Glieder liegen reglos, ohne alle Bewegung, ohne das geringste Lebenszeichen – als er die Injektion wieder zurücksaugt und die Wurzel des Bündels von der Last und dem Druck der injizierten Flüssigkeit befreit, öffnet der Kranke wieder die Augen, bewegt sich, spricht, fühlt, wird wieder lebendig.

L'Espinasse: Das ist merkwürdig; und wurde der Kranke wieder gesund?

Bordeu: Er wurde gesund, und als er gesund war, überlegte er, dachte nach, zeigte denselben Geist, denselben gesunden

Menschenverstand, denselben Scharfsinn mit einer ganzen Masse weniger Gehirn als vorher.

L'Espinasse: Dieser Richter ist ein recht eigentümliches Wesen.

Bordeu: Er täuscht sich manchmal selbst; er unterliegt manchmal Gewohnheitsurteilen: man fühlt Schmerz in einem Glied, das man nicht mehr hat. Man kann ihn auch täuschen, wenn man will: kreuzen Sie zum Beispiel zwei Ihrer Finger übereinander und berühren Sie eine kleine Kugel – er wird behaupten, es seien zwei Kugeln.

L'Espinasse: Er ist eben wie alle Richter dieser Welt, er braucht Erfahrung, wenn er nicht die Empfindung des Eises für die des Feuers halten soll.

Bordeu: Er tut noch ganz anderes: er gibt dem Einzelwesen ein fast unendliches Volumen oder zieht es zu einem Punkt zusammen.

L'Espinasse: Ich verstehe Sie nicht.

Bordeu: Was umschreibt Ihre tatsächliche Ausdehnung, die wirkliche Sphäre Ihrer Empfindung?

L'Espinasse: Mein Gesicht und mein Tastsinn.

Bordeu: Am Tage! Aber nachts, im Dunkeln, wenn Sie an irgend etwas Abstraktes denken, selbst am Tage, wenn Ihr Geist beschäftigt ist?

L'Espinasse: Nichts. Ich existiere nur in einem Punkt, ich höre fast auf, Materie zu sein, ich fühle nur mein Denken – es gibt für mich weder Ort, noch Bewegung, noch Körper, noch Entfernung, noch Raum: das Universum ist für mich verschwunden, und ich bin ihm ein Nichts.

Bordeu: Das ist der höchste Grad der Konzentration Ihrer Existenz, aber seine ideale Ausweitung kann ohne Grenzen sein. Wenn die wirkliche Grenze Ihrer Empfindung überschritten ist, entweder indem Sie sich sich selbst nähern, auf sich ganz konzentrieren oder indem Sie sich nach außen ausbreiten, dann weiß man nicht mehr, was alles daraus werden kann.

L'Espinasse: Doktor, Sie haben recht. Im Traum kam mir's schon manchmal so vor...

Bordeu: ... und den Kranken bei einem Gichtanfall...

L'Espinasse: ... daß ich ungeheuer groß würde.

Bordeu: ... daß Ihr Fuß Ihren Betthimmel berührte.

L'Espinasse: ... daß sich meine Arme und Beine unendlich verlängerten, mein übriger Körper eine entsprechende Größe annahm, daß der Enzeladus der Fabel nur ein Zwerg dagegen wäre, daß Ovids Amphitrite, deren lange Arme einen ungeheuren Gürtel um die Erde bildeten, nur eine Zwergin im Vergleich mit mir war, und daß ich den Himmel erstieg und beide Erdhälften umfaßte.

Bordeu: Sehr gut. Und ich habe eine Frau gekannt, in der sich die Erscheinung in gegenteiliger Richtung auswirkte.

L'Espinasse: Wie, sie verkleinerte sich nach und nach und kroch in sich selbst?

Bordeu: In dem Maße, daß sie sich wie eine Nadel fühlte: sie sah, hörte, dachte, urteilte; sie hatte eine entsetzliche Angst, sich zu verlieren, sie zitterte bei der Annäherung der kleinsten Gegenstände, sie wagte sich nicht vom Platz zu rühren.

L'Espinasse: Das ist ein merkwürdiger Traum, sehr unangenehm und peinlich.

Bordeu: Sie träumte nicht, es war eine Folge der Wechseljahre.

L'Espinasse: Und blieb sie lange unter der Vorstellung dieser winzigen, unsichtbaren Form einer kleinen Frau?

Bordeu: Ein, zwei Stunden, nach denen sie allmählich zu ihrem normalen Volumen zurückkehrte.

L'Espinasse: Und der Grund für diese merkwürdigen Eindrücke?

Bordeu: Im normalen, ruhigen Zustand haben die Fäden eine bestimmte Spannung, einen Ton, eine gewohnte Energie, die die tatsächliche oder eingebildete Ausdehnung des Körpers umfaßt. Ich sage tatsächlich oder eingebildet; denn diese Spannung, dieser Ton, diese Energie ist variabel, unser Körper hat nicht immer das gleiche Volumen.

L'Espinasse: So halten wir uns im Physischen genau wie im Moralischen für größer als wir sind?

Bordeu: Die Kälte verkleinert uns, die Wärme dehnt uns aus, und jeder Mensch kann sich sein Leben lang für größer oder kleiner halten, als er ist. Wenn die Masse des Bündels in einen hohen Erregungszustand kommt, wenn sich die Fäserchen sträuben, die unendliche Menge ihrer äußersten Enden über ihre gewohnte Grenze hinausgeht, dann werden Kopf, Füße, die übrigen Glieder, alle Punkte der Körperoberfläche in ganz weite Entfernung gerückt, der Mensch fühlt sich ungeheuer groß. Die gegenteilige Erscheinung tritt ein, wenn die Enden der Fäden fühllos, apathisch, träge werden und sich das immer weiter nach der Wurzel des Bündels hin fortsetzt.

L'Espinasse: Ich kann mir denken, daß diese Ausdehnung gar nicht meßbar ist, und begreife auch, daß die Fühllosigkeit, Apathie, Trägheit der äußersten Enden der Fäden, diese Betäubung, nachdem sie ein gewisses Maß erreicht hat, zum Stillstand kommen kann …

Bordeu: Wie es La Condamine geschehen ist: dann hat der Mensch das Gefühl, Bälle unter den Füßen zu haben.

L'Espinasse: Er existiert über die Grenzen seiner Empfindung hinaus, und wenn er von allen Seiten von dieser Apathie umgeben wäre, so würde er uns das Bild eines kleinen Menschen geben, der in einem normal-großen, toten Menschen lebt.

Bordeu: Daraus müssen Sie schließen, daß das Lebewesen,

das ursprünglich nur ein Punkt war, noch nicht weiß, ob es wirklich mehr geworden ist. Aber kommen wir zurück!

L'Espinasse: Worauf?

Bordeu: Auf die Schädelöffnung von La Peyronie... Da ist genau das, wonach Sie mich fragten: das Beispiel eines Menschen, der abwechselnd lebte und starb... Aber es gibt noch bessere Beispiele.

L'Espinasse: Was kann das sein?

Bordeu: Die in Wirklichkeit umgesetzte Fabel von Kastor und Pollux. Zwei Kinder, bei denen das Leben des einen durch den Tod des anderen abgelöst wurde, und das Leben des zweiten durch den Tod des ersten.

L'Espinasse: Das ist eine schöne Geschichte. Und dauerte es lange?

Bordeu. Die Lebensdauer war zwei Tage, die sie miteinander teilten in verschiedenen Wiederholungen, so daß jedes für sich einen Tag lebte und einen Tag tot war.

L'Espinasse: Ich fürchte, Doktor, Sie mißbrauchen meine Leichtgläubigkeit ein wenig. Hüten Sie sich: wenn Sie mich einmal belügen, glaube ich Ihnen gar nichts mehr.

Bordeu: Lesen Sie manchmal die ›Gazette de France‹?

L'Espinasse: Nie, obgleich es das Meisterwerk von zwei geistreichen Männern ist.

Bordeu: Leihen Sie sich das Blatt vom vierten September dieses Jahres, da werden Sie sehen, daß in Rabastens, im Kirchensprengel von Alby, zwei Mädchen Rücken an Rücken geboren wurden – ihre unteren Lendenwirbel waren zusammengewachsen, sowie ihr Steiß und Unterleib. Man konnte das eine nicht aufrecht halten, ohne daß das andere mit dem Kopf nach unten hing. Wenn sie lagen, sahen sie sich an, ihre Schenkel waren zwischen ihre Leiber gebeugt und die Beine nach oben gerichtet. Auf der Mitte der Kreislinie, an der ihre Unterleiber zusammengewachsen waren, konnte man ihr

Geschlecht feststellen, und zwischen dem rechten Schenkel der einen, der dem linken ihrer Schwester entsprach, befand sich in einer Höhlung ein kleiner After, durch den das Kindspech abfloß.

L'Espinasse: Eine merkwürdige Mißgeburt!

Bordeu: Man flößte ihnen mit einem Löffel Milch ein. Sie lebten zwölf Stunden, wie ich Ihnen sagte, wobei jedesmal die eine erstarrte, wenn die andere aus diesem Zustand erwachte, die eine tot war, wenn die andere lebte. Die erste Starre der einen und das Leben der anderen dauerte vier Stunden – die folgenden Erstarrungen und jeweilige Rückkehr zum Leben waren kürzer. Sie starben im gleichen Augenblick. Man stellte auch fest, daß ihre Nabel genau abwechselnd heraustraten und zurückgingen – er ging bei der Erstarrenden zurück und trat jeweils bei der Lebendigen heraus.

L'Espinasse: Und was sagen Sie zu diesem abwechselnden Leben und Erstarren?

Bordeu: Vielleicht nichts eben Wertvolles. Aber da man nun einmal alles durch die Brille des eigenen Systems sieht und ich keine Ausnahme von der Regel darstellen will, so sage ich – es ist dasselbe Phänomen wie bei der Schädeloperation von La Peyronie, verdoppelt auf zwei zusammengewachsene Wesen: die Netze[1] der beiden Kinder waren so eng verbunden, daß sie aufeinander einwirkten; wenn die Wurzel des einen vorherrschte, zog sie das Netz des anderen nach, und dieses andere Kind verlor die Lebenskraft augenblicklich; das Umgekehrte trat ein, wenn das Netz dieses Kindes vorherrschte. Bei der Schädeloperation von La Peyronie wurde der Druck von oben nach unten ausgeübt mit Hilfe der Last der Flüssigkeit. Bei den Zwillingen von Rabastens wirkte er von unten nach oben durch den Zug einer gewissen Anzahl

1 »Netz« bedeutet die äußeren Partien, »Wurzel« das Zentrum.

Fäden des Netzes: diese Annahme wird noch gestützt durch das abwechselnde Hervor- und Zurücktreten des Nabels, der, wie gesagt, bei der zum Leben Erwachenden hervortrat, bei der Sterbenden zurückging.

L'Espinasse: Das sind also zwei verbundene Seelen.

Bordeu: Ein Lebewesen mit zwei Sinneszentren und zwei Bewußtseinen.

L'Espinasse: Das aber jeweils nur eins zu gebrauchen vermag, – aber wer weiß, was geschehen wäre, wenn das Wesen am Leben geblieben wäre?

Bordeu: Welche Art von Verbindung hätte die Erfahrung, die stärkste aller Gewohnheiten, die man sich vorstellen kann, jeden Augenblick im Leben zwischen den beiden Gehirnen hergestellt?

L'Espinasse: Doppelte Sinne, ein doppeltes Gedächtnis, eine doppelte Vorstellung, doppelte Anwendung – während die eine Hälfte des Wesens beobachtet, liest, überlegt, ruht die andere aus: diese Hälfte übernimmt dann die gleichen Funktionen, wenn die andere müde ist – das Doppelleben eines Doppelwesens.

Bordeu: Möglich, da die Natur mit der Zeit alles hervorbringt, was möglich ist, würde sie irgendeine merkwürdige Zusammensetzung schaffen.

L'Espinasse: Wie arm sind wir im Vergleich zu einem solchen Wesen!

Bordeu: Und warum? Es ist schon so viel Unsicherheit, Widerspruch, Unsinn in einem einfachen Verstand, daß ich nicht weiß, was erst bei einem doppelten Verstand herauskommen würde... Aber es ist ein halb elf – ich höre einen Kranken aus dem Vorort bis hierher nach mir rufen.

L'Espinasse: Besteht große Gefahr für ihn, wenn Sie ihn nicht besuchen?

Bordeu: Weniger vielleicht, als wenn ich ihn besuche. Wenn die Natur nicht ohne mich hilft, dann werden wir allerhand Mühe haben, es gemeinsam zu tun – und bestimmt kann ich es nicht ohne sie machen.

L'Espinasse: Dann bleiben Sie doch.

D'Alembert: Doktor, noch ein Wort, dann schicke ich Sie zu Ihrem Patienten. Wieso bin ich durch alle Veränderungen, die ich im Laufe meines Lebens erlitten habe – vielleicht besitze ich im Augenblick nicht eins von den Molekülen mehr, die ich bei meiner Geburt hatte –, für die anderen und für mich ich selbst geblieben?

Bordeu: Das haben Sie uns im Traum gesagt.

D'Alembert: Hab' ich geträumt?

L'Espinasse: Die ganze Nacht. Und das sah dermaßen nach Fieber aus, daß ich heute morgen nach dem Doktor geschickt habe.

D'Alembert: Und das, weil die Spinnenbeine sich von allein bewegten und die Spinne wachhielten und das Wesen zum Reden brachten. Und was sagte das Wesen?

Bordeu: Daß es auf Grund seines Gedächtnisses für sich selbst und die anderen eins sei – und ich möchte hinzufügen, wegen der Langsamkeit der Veränderungen. Wenn Sie in *einem* Augenblick von der Jugend zur greisenhaften Gebrechlichkeit übergegangen wären, so wären Sie in diese Welt hineingeworfen worden wie bei Ihrer Geburt. Sie wären weder für sich noch für die anderen Sie selbst gewesen, so wenig wie jene für Sie. Alle Verbindungen wären zerstört, die ganze Geschichte Ihres Lebens für mich und meines Lebens für Sie wäre durcheinandergeraten. Wie hätten Sie wissen können, daß der über seinen Stock gebeugte Mann mit seinen erloschenen Augen, der sich kaum noch weiterschleppen kann und innerlich sich selbst noch unähnlicher ist als äußerlich, derselbe ist, der gestern so leicht einherging, ziemlich schwere Lasten trug, sich den tiefsten Gedanken, den angenehmsten und heftigsten Übungen hingeben konnte? Sie hätten Ihre eigenen Werke nicht mehr verstanden, hätten sich selbst nicht wiedererkannt, niemanden wiedererkannt, niemand hätte Sie wiedererkannt – das ganze Welttheater wäre für Sie verändert. Bedenken Sie: der Unterschied zwischen Ihnen bei der Geburt und in Ihrer Jugend war geringer als er zwischen Ihnen als junger Mann und als plötzlich gebrechlich gewordener Greis wäre. Bedenken Sie: obgleich Ihre Geburt durch eine ununterbrochene Reihe von Empfindungen mit Ihrer Jugend verbunden ist, sind die ersten drei Jahre nach Ihrer Geburt niemals für Sie – für Ihr Bewußtsein – Geschichte Ihres Lebens. Was wäre also für Sie Ihre Jugend, wenn Sie durch nichts mit der Zeit Ihrer Gebrechlichkeit verbunden wäre? D'Alembert als Greis hätte nicht die geringste Erinnerung an d'Alembert, den Jüngling.

L'Espinasse: In der Bienentraube hätte nicht eine einzige Biene Zeit, den Geist des Ganzen anzunehmen.

D'Alembert: Was sagen Sie da?

L'Espinasse: Ich sage, daß der Klostergeist sich erhält, weil sich das Kloster nach und nach regeneriert, weil jeder neu eintretende Mönch hundert alte vorfindet, die ihn daran gewöhnen, so zu denken und zu fühlen wie sie. Eine Biene geht, an ihre Stellte tritt in der Traube eine andere, die rasch auf das Laufende kommt.

D'Alembert: Hören Sie auf! Sie faseln mit Ihren Mönchen, Bienen, Ihrer Traube und Ihrem Kloster.

Bordeu: Nicht so sehr, wie Sie denken. Wenn das Lebewesen auch nur *ein* Bewußtsein hat, so hat es unendlich viele Willen – jedes Organ hat seinen eigenen.

D'Alembert: Wie sagen Sie?

Bordeu: Ich sage: Ihr Magen will Nahrung, die der Gaumen vielleicht nicht mag – und der Unterschied zwischen Gaumen und Magen ist das ganze Tier – das Tier weiß, sein Magen und

Gaumen wollen, ohne zu wissen; das heißt: Magen und Gaumen sind sich fast ebenso ähnlich wie Mensch und Tier. Die Bienen verlieren ihr Bewußtsein und behalten ihren Willen oder ihre Begierden. Das Fäserchen ist ein einfaches, der Mensch ein zusammengesetztes Lebewesen – aber heben wir uns dieses Thema für ein andermal auf. Es genügt ein wesentlich geringeres Ereignis als plötzliche Gebrechlichkeit, um einem Menschen sein Selbstbewußtsein zu nehmen. Ein Sterbender erhält in tiefster Frömmigkeit die Sterbesakramente; er beichtet seine Fehler, bittet seine Frau um Verzeihung, küßt seine Kinder, ruft seine Freunde, spricht mit seinem Arzt; befiehlt seinen Dienstboten, diktiert seinen letzten Willen, bringt seine Angelegenheiten in Ordnung – und das alles bei völlig gesunder Urteilskraft und unbedingter Geistesgegenwart. Er wird gesund, die Krankheit heilt langsam, und er hat nicht die geringste Erinnerung an das, was er während seiner Krankheit gesagt oder getan hat. Die Zeit, manchmal kann sie ziemlich lang sein, ist vollkommen aus seinem Leben verschwunden. Es gibt sogar Beispiele, daß Menschen ihre Unterhaltung oder Handlung dort wieder aufgenommen haben, wo sie durch den Anfall unterbrochen wurde.

D'Alembert: Ich erinnere mich, wie bei einem öffentlichen Unterricht einmal ein von seinem Wissen aufgeblasener Pedant von Gymnasiallehrer, wie man zu sagen pflegt, in den Sack gesteckt wurde von einem Kapuziner, den er beleidigt hatte. Er in den Sack gesteckt – und von wem? von einem Kapuziner! Bei welcher Frage? Über die Durchschnittsweisheit, über die er sein Leben lang nachgedacht hat. Und bei welcher Gelegenheit? vor einer zahlreichen Versammlung! vor seinen Schülern! Seine Ehre war verloren. Sein Kopf quält sich so mit diesem Gedanken, daß er in Lethargie verfällt, wobei er alle Kenntnisse verliert, die er sich erworben hatte.

L'Espinasse: Das war doch ein Glück.

D'Alembert: Da haben Sie wahrlich recht. Der gesunde Menschenverstand war ihm geblieben, aber er hatte alles vergessen. Man lehrte ihn wieder sprechen und lesen – und er starb, als er anfing, recht ordentlich zu buchstabieren. Dieser Mann war kein Dummkopf – man gestand ihm sogar eine gewisse Beredsamkeit zu.

L'Espinasse: Da der Doktor Ihre Geschichte angehört hat, muß er auch noch meine hören: Ein junger Mann von 18–20 Jahren, dessen Namen ich vergessen habe...

Bordeu: Das ist Herr von Schullemberg aus Winterthur – er war erst fünfzehn bis sechzehn Jahre alt.

L'Espinasse: Der junge Mann fiel so unglücklich, daß er sich eine heftige Gehirnerschütterung zuzog.

Bordeu: Was nennen Sie eine heftige Erschütterung? Er fiel von einer Scheune, er brach sich den Schädel und lag sechs Wochen ohne Besinnung.

L'Espinasse: Wie dem auch sei, wissen Sie, was die Folgen des Unfalls waren? Die gleichen wie bei Ihrem Pedanten: er vergaß alles, was er wußte, wurde in die früheste Kindheit zurückgeworfen, lebte eine zweite Kindheit, die andauerte. Er war ängstlich und verzagt, spielte mit Kinderspielzeug. Wenn er etwas Dummes getan hatte und ausgezankt wurde, versteckte er sich in einer Ecke; er fragte, wenn er ein kleines oder großes Geschäft verrichten wollte. Man brachte ihm Lesen und Schreiben bei – aber ich vergaß, Ihnen zu sagen, daß man ihn sogar das Laufen lehren mußte. Er wurde wieder Mann, und ein durchaus geschickter Mann – er hat ein Werk über Naturgeschichte hinterlassen.

Bordeu: Es sind Stiche, die Bilder zu dem Zulyerschen Werk über Insekten nach dem Linnéschen System. Ich kenne die Geschichte, sie ist im Kanton Zürich in der Schweiz geschehen – es gibt noch viele derartige Beispiele. Verschiebt die Wurzel des Bündels, und Ihr verändert das Lebewesen – es scheint vollständig darin zu sein, indem sie bald die Verzweigungen beherrscht, bald von ihnen beherrscht wird.

L'Espinasse: Das Lebewesen steht unter Diktatur oder unter Anarchie.

Bordeu: Unter Diktatur, das ist sehr gut gesagt. Die Wurzel des Bündels befiehlt, und alles übrige gehorcht. Das Lebewesen ist Herr seiner selbst, mentis compos[1].

L'Espinasse: Und in Anarchie, wenn alle Fäden des Netzes sich gegen ihren Herrn erheben und keine höchste Gewalt mehr da ist.

Bordeu: Ausgezeichnet. In großen Anfällen von Leidenschaft, im Fieber, bei drohenden Gefahren, wenn der Herr alle Kräfte seiner Untertanen an eine Stelle wirft, zeigt das schwächste Lebewesen unglaubliche Kräfte.

L'Espinasse: Bei den Vapeurs, dieser uns Frauen so sehr eigenen Anarchie.

Bordeu: Das ist das Bild einer schwachen Verwaltung, wo jeder einzelne die Autorität des Herrn für sich in Anspruch nimmt. Ich weiß nur ein Mittel, sie zu heilen: es ist schwierig, aber sicher – daß nämlich die Wurzel des empfindenden Netzes, der Teil, der das eigentliche Ich darstellt, einen starken Antrieb erhält, seine Autorität wiederzuerlangen.

L'Espinasse: Und was geschieht dann?

Bordeu: Was geschieht? Entweder er gewinnt sie tatsächlich wieder, oder das Lebewesen stirbt. Wenn ich Zeit hätte, würde ich Ihnen dazu zwei interessante Fälle erzählen.

L'Espinasse: Aber Doktor, Ihre Besuchszeit ist längst vorüber – Ihr Patient erwartet Sie nicht mehr.

Bordeu: Hierher darf man nur kommen, wenn man nichts zu tun hat; denn man kommt nicht wieder fort.

1 seines Verstandes mächtig.

L'Espinasse: Ihr Ärger ist durchaus ehrlich und berechtigt – aber Ihre Geschichten?

Bordeu: Für heute müssen Sie sich mit dieser begnügen: eine Frau fiel infolge eines Kindbetts in einen erschreckenden Zustand von Hysterie, in Wein- und Lachkrämpfe, Erstikkungsanfälle, Konvulsionen, Anschwellen des Halses, düsteres Schweigen, laute Schreie, das Schlimmste, was man sich vorstellen kann: das ging einige Jahre so. Sie liebte leidenschaftlich, und es schien ihr, als werde ihr Liebhaber ihrer Krankheit überdrüssig und finge an, sich von ihr zu lösen. Da beschloß sie, gesund zu werden oder zu sterben. In ihr entstand ein Kampf, bei dem manchmal der Herr, manchmal die Untertanen siegten. Wenn die Aktion der Fasern des Gewebes ebenso stark war wie die Reaktion seines Zentrums, dann fiel sie um wie tot; man trug sie auf ihr Bett, und sie lag da stundenlang ohne Bewegung und fast ohne Leben; manchmal wieder kam sie mit einer tiefen allgemeinen Müdigkeit, einer Ohnmacht, einem Auslöschen davon, das endgültig zu sein schien. Sechs Monate lebte sie in diesem Kampfzustand. Der Aufruhr begann immer in den Geweben, sie fühlte ihn jedesmal kommen. Bei den ersten Anzeichen erhob sie sich, lief, gab sich den heftigsten Übungen hin: sie rannte die Treppen hinauf und herunter, sägte Holz, grub Erde um. Das Organ ihres Willens, das Zentrum des Bündels, stemmte sich, sie sagte sich: siegen oder sterben. Nach einer Unmenge von Siegen und Niederlagen blieb der Herr Meister, die Untertanen wurden so unterwürfig, daß diese Frau, trotz schwerer häuslicher Sorgen und verschiedener Krankheiten, nie wieder hysterische Anfälle bekam.

L'Espinasse: Das ist tapfer, aber ich glaube, das hätte ich auch getan.

Bordeu: Weil Sie aufrichtig lieben würden, wenn Sie liebten, und weil Sie energisch sind.

L'Espinasse: Ich verstehe. Man ist energisch, wenn auf Grund von Erziehung, Gewohnheit oder Veranlagung das Zentrum des Bündels die Fäden beherrscht, schwach dagegen, wenn es von ihnen beherrscht wird.

Bordeu: Man kann noch ganz andere Folgerungen daraus ziehen.

L'Espinasse: Erst Ihre zweite Geschichte, dann können Sie die Folgerungen ziehen.

Bordeu: Eine junge Frau hatte einige Seitensprünge gemacht. Sie entschloß sich eines schönen Tages, dem Vergnügen ihre Tür zu versperren. Da saß sie nun allein, traurig und voll hysterischer Launen. Sie ließ mich rufen. Ich riet ihr, sich als Bäuerin zu kleiden und den ganzen Tag umzugraben, auf Stroh zu schlafen und trocken Brot zu essen. Diese Lebensweise gefiel ihr nicht. Dann reisen Sie, sagte ich ihr. Sie durchreiste Europa und fand ihre Gesundheit auf dem langen Wege wieder.

L'Espinasse: Das brauchten Sie ja nun nicht gerade zu sagen – immerhin, kommen wir zu unseren Folgerungen!

Bordeu: Da kommen wir nie zu Ende.

L'Espinasse: Desto besser. Reden Sie nur!

Bordeu: Ich habe nicht den Mut dazu.

L'Espinasse: Und warum?

Bordeu: Weil wir auf diese Weise alles berühren und nirgends in die Tiefe gehen.

L'Espinasse: Was tut das? Wir arbeiten doch nicht wissenschaftlich, wir unterhalten uns doch nur.

Bordeu: Nun denn: wenn das Zentrum des Bündels alle Kräfte an sich reißt, wenn sich das System gewissermaßen rückwärts bewegt, wie es, glaube ich, geschieht, wenn der Mensch tief nachdenkt, meditiert, im Fanatiker, wenn er den Himmel offen sieht, im Wilden, wenn er in den Flammen singt, in der Ekstase, im gewollten oder ungewollten Wahnsinn...

L'Espinasse: Nun?

Bordeu: Nun, dann macht sich das Lebewesen undurchdringlich, es existiert nur noch in einem Punkt. Ich habe den Priester von Calamas nicht gesehen, von dem der heilige Augustinus spricht, der so weit ging, die glühenden Kohlen nicht mehr zu fühlen; ich habe die Wilden bei der Folterung nicht gesehen, die ihren Feinden zulächeln, sie herausfordern und ihnen noch ausgesuchtere Qualen vorschlagen als sie erdulden; ich habe die Gladiatoren im Zirkus nicht gesehen, die sich beim Sterben an die Anmut und die edlen in der Gymnastik gelernten Bewegungen erinnerten; aber ich glaube an alle diese Tatsachen, weil ich mit eigenen Augen eine viel größere Anstrengung gesehen habe.

L'Espinasse: Doktor, erzählen Sie. Ich bin wie ein Kind: ich liebe das Wunderbare – und wenn es gar dem Menschengeschlecht zur Ehre gereicht, dann setze ich selten seine Wahrheit in Zweifel.

Bordeu: In Langres, einer kleinen Stadt in der Champagne, lebte ein guter Priester le oder de Moni. Er war fest überzeugt, ganz erfüllt von der Wahrheit der Religion. Er bekam Nierensteine, man mußte ihn schneiden. An einem bestimmten Tage gingen der Chirurg, seine Gehilfen und ich zu ihm. Er empfing uns mit heiterer Miene, entkleidete sich, legte sich; man will ihn binden: er verweigert es – ›Legen Sie mich nur, wie Sie es brauchen‹, sagte er. Er wird so gelegt. Da verlangt er ein großes Kruzifix, das am Fußende seines Bettes stand. Man gibt es ihm, er preßt es in seine Arme und drückt seine Lippen darauf. Wir operieren, er liegt unbeweglich, keine Träne, kein Seufzer entweicht ihm – er ist von dem Stein befreit, ehe er sich's versieht.

L'Espinasse: Das ist schön. Zweifeln Sie danach noch, daß

einer, dem die Brustknochen mit Steinen zerschlagen wurden, den Himmel offen sah[1]?

Bordeu: Wissen Sie, was Ohrenschmerzen sind?

L'Espinasse: Nein.

Bordeu: Desto besser für Sie. Es ist der grausamste aller Schmerzen.

L'Espinasse: Schlimmer als Zahnschmerzen, die ich unglücklicherweise kenne?

Bordeu: Gar nicht zu vergleichen. Ein Ihnen befreundeter Philosoph wurde schon vierzehn Tage lang davon geplagt, als er eines Morgens zu seiner Frau sagte: Ich habe nicht mehr den Mut, es den ganzen Tag auszuhalten... Er dachte nun, das einzige Mittel sei, künstlich den Schmerz zu belügen. Allmählich vertiefte er sich so sehr in metaphysische oder geometrische Probleme, daß er sein Ohr vergaß. Man reichte ihm sein Essen, er aß, ohne es zu bemerken, so erreichte er die Stunde des Zubettgehens, ohne Schmerzen gespürt zu haben. Der Schmerz packte ihn erst wieder, als sich die Spannung seines Geistes löste, aber dann mit unglaublicher Gewalt, sei es, daß die Müdigkeit ihn verstärkte, sei es, daß die Schwäche ihn noch unerträglicher machte.

L'Espinasse: Wenn man aus dem Zustand absoluter geistiger Konzentration wieder zu sich kommt, muß man tatsächlich vor Müdigkeit fast umfallen – das passiert dem Manne da manchmal.

Bordeu: Das ist gefährlich, er soll sich hüten!

L'Espinasse: Ich predige es ihm dauernd, aber er achtet nicht darauf.

Bordeu: Er ist nicht mehr Herr darüber, sondern das Leben, er wird daran zugrunde gehn.

L'Espinasse: Dieses Urteil macht mir Angst.

1 Stephanus, der erste Märtyrer (Apostelgesch. 6 und 7).

Bordeu: Was beweist diese Erschöpfung, diese Müdigkeit? Daß die Fasern des Gewebes nicht müßig gewesen sind und daß in dem ganzen System eine heftige Spannung auf *einen* Punkt hin geherrscht hat.

L'Espinasse: Wenn diese heftige Spannung oder Richtung andauert, wenn sie Gewohnheit wird?

Bordeu: Wird es ein Tick im Zentrum des Bündels, das Wesen ist verrückt und fast unheilbar verrückt.

L'Espinasse: Und warum?

Bordeu: Weil es mit dem Tick des Zentrums nicht so ist wie bei dem Tick eines Fäserchens. Der Kopf kann den Füßen befehlen, aber der Fuß nicht dem Kopf, das Zentrum einem Fäserchen, aber nicht das Fäserchen dem Zentrum.

L'Espinasse: Und der Unterschied, bitte? Wahrhaftig, warum denke ich nicht überall? Diese Frage hätte mir früher kommen müssen.

Bordeu: Weil das Bewußtsein nur an *einer* Stelle ist.

L'Espinasse: Das ist leicht gesagt.

Bordeu: Weil es nur an *einer* Stelle sein kann, im gemeinsamen Zentrum aller Empfindungen, dort, wo das Gedächtnis ist, wo Vergleiche angestellt werden. Jedes Fäserchen ist nur einer bestimmten Zahl von aufeinanderfolgenden, isolierten Eindrücken und Empfindungen ohne Gedächtnis fähig. Das Zentrum dagegen vermag sie alle zu registrieren, es ist gleichsam die Sammelstelle, es behält die Erinnerung oder einen dauernden Eindruck davon, und das Lebewesen ist vom ersten Augenblick seiner Entwicklung gewöhnt, sein Ich darauf zu beziehen, sich ganz und gar darauf zu richten, darin zu existieren.

L'Espinasse: Und wenn mein Finger Gedächtnis haben könnte? . . .

Bordeu: Dann würde Ihr Finger denken.

L'Espinasse: Was ist eigentlich Gedächtnis?

Bordeu: Die Fähigkeit des Zentrums, der spezifische Sinn der Wurzel, wie das Sehen die Eigenschaft des Auges ist. Und es ist nicht erstaunlicher, daß das Gedächtnis nicht im Auge sitzt, als die Tatsache, daß das Sehen nicht im Ohr seinen Sitz hat.

L'Espinasse: Doktor, Sie umgehen meine Fragen, statt sie zu beantworten.

Bordeu: Ich umgehe nichts, ich sage Ihnen, was ich weiß, und ich wüßte mehr, wenn mir das Zentrum der Gewebe ebenso bekannt wäre wie die Fäden, wenn es ebenso leicht zu beobachten wäre wie diese. Aber wenn ich auch wenig sagen kann über die besonderen Erscheinungen, so weiß ich doch Bescheid über die allgemeinen.

L'Espinasse: Und welches sind die allgemeinen Erscheinungen?

Bordeu: Vernunft, Urteilskraft, Phantasie, Wahnsinn, Schwachsinn, Grausamkeit, Instinkt.

L'Espinasse: Ich verstehe. All diese Eigenschaften sind nur die Folgen der ursprünglichen oder durch die Gewohnheit hergestellten Verbindungen der Wurzel des Bündels mit seinen Verzweigungen.

Bordeu: Wundervoll. Ist das Zentrum oder der Stamm zu kräftig im Verhältnis zu den Zweigen? Dann haben wir die Dichter, Künstler, Menschen mit starker Phantasie, die Ängstlichen, die Enthusiasten, die Verrückten. Zu schwach? Dann jene, die wir wilde Bestien nennen. Das ganze System schlaff, weich, energielos? Dann die Schwachsinnigen. Das ganze System energisch, gut aufeinander abgestimmt, geordnet? Dann die guten Denker, die Philosophen, die Weisen.

L'Espinasse: Und je nach dem Zweig, der vorherrscht, unterscheiden sich die Instinkte bei den Tieren, der Geist bei den Menschen – der Hund hat den Geruchssinn, der Fisch das Gehör, der Adler das Auge; d'Alembert ist Mathematiker,

Vaucanson Maschinenbauer, Grétry Musiker, Voltaire Dichter; all das sind nur verschiedene Wirkungen der Tatsache, daß *ein* Faden in ihnen stärker ist als irgendein anderer und der gleiche Faden bei den anderen der Gattung.

Bordeu: Und die Gewohnheiten spielen eine große Rolle: ein Greis liebt immer noch die Frauen, Voltaire schreibt noch Tragödien.

(An dieser Stelle beginnt der Doktor zu träumen, Fräulein von l'Espinasse sagt zu ihm:) Doktor, Sie träumen?

Bordeu: Das stimmt.

L'Espinasse: Und was träumen Sie?

Bordeu: Von Voltaire.

L'Espinasse: Nun?

Bordeu: Ich denke darüber nach, wie die großen Männer entstehen.

L'Espinasse: Und wie entstehen sie?

Bordeu: Wie die Empfindung...

L'Espinasse: Die Empfindung?

Bordeu: ... oder die außerordentliche Beweglichkeit gewisser Fäden des Gewebes die Haupteigenschaft der Durchschnittswesen ist.

L'Espinasse: Doktor, Sie lästern!

Bordeu: Das hab' ich erwartet. Aber was ist ein empfindendes Wesen? Ein Wesen, das gänzlich von seinem Zwerchfell abhängig ist. Wenn ein rührendes Wort sein Ohr, ein seltener Anblick sein Auge trifft, sofort erhebt sich innerlich ein Sturm, alle Fäden des Bündels sind in Aufregung, Schauder überläuft, Schrecken erfaßt ihn, die Tränen rinnen, Seufzer verhauchen, die Stimme bricht, die Wurzel des Gewebes weiß nicht, wie ihr geschieht – aus ist's mit dem kalten Blut, der Urteilskraft, dem Instinkt, kein Ausweg mehr.

L'Espinasse: Ich erkenne mich wieder.

Bordeu: Der große Mann, der unglücklicherweise mit dieser

Naturveranlagung geboren ist, wird sich dauernd bemühen, sie abzuschwächen, zu beherrschen, Herr über seine Bewegungen zu werden und die Herrschaft bei dem Zentrum des Bündels zu lassen. Dann hat er sich in der Gewalt mitten in den größten Gefahren, er urteilt kalt, aber gesund. Nichts, was seinen Absichten nutzt, seinem Ziel günstig ist, wird er außer acht lassen. Er wird sich nicht leicht verblüffen lassen: mit fünfundvierzig Jahren wird er ein großer König, großer Minister, großer Politiker, großer Künstler, vor allem ein großer Schauspieler, großer Philosoph, großer Dichter, großer Musiker, großer Arzt sein – er beherrscht sich selbst und alles, was ihn umgibt. Er fürchtet auch den Tod nicht, eine Angst, die, wie der Stoiker großartig sagt, den Starken umklammert, um den Schwachen überall dahin zu führen, wohin sie will; er wird die Umklammerung zerreißen und sich zugleich von allen Gewalten der Welt befreien. Die Empfindsamen und die Verrückten sind auf der Bühne, er sitzt im Parkett, er ist der Weise.

L'Espinasse: Der Himmel soll mich vor diesem Weisen bewahren!

Bordeu: Weil Sie sich nicht bemüht haben, ihm ähnlich zu werden. Sie empfinden abwechselnd heftige Leiden und Freuden, verbringen Ihr Leben mit Lachen und Weinen und werden nie mehr als ein Kind sein.

L'Espinasse: Damit finde ich mich ab.

Bordeu: Und Sie hoffen dabei glücklicher zu sein?

L'Espinasse: Ich weiß nicht.

Bordeu: Die so gepriesene Eigenschaft führt zu nichts Großem und zeigt sich entweder stark mit Schmerzen oder schwach mit Langerweile: entweder man gähnt oder ist berauscht. Wenn Sie sich übermäßig dem Genuß einer köstlichen Musik hingeben, sich von dem Reiz einer pathetischen Szene hinreißen lassen, dann zieht sich Ihr Zwerchfell zusammen, der Genuß ist vorüber – und was bleibt, ist eine Beklemmung, die den ganzen Abend anhält.

L'Espinasse: Aber wenn ich nur unter dieser Bedingung die herrliche Musik und das rührende Drama genießen kann?

Bordeu: Irrtum. Ich kann auch genießen, bewundern, aber ich leide nie, es sei denn an Koliken. Ich habe den reinen Genuß: mein Tadel ist darum viel strenger, mein Lob viel schmeichelhafter und überlegter. Gibt es eine schlechte Tragödie für eine so leicht erregbare Seele wie die Ihre? Wie oft sind Sie errötet beim Lesen über die Begeisterung, die Sie bei der Aufführung empfunden haben, und umgekehrt.

L'Espinasse: Das ist vorgekommen.

Bordeu: Es kommt also nicht einem empfindsamen Wesen wie Ihnen, sondern dem ruhigen, kühlen wie mir zu, zu entscheiden: das ist wahr, das ist gut, das ist schön... Stärken wir also das Zentrum des Gewebes, das ist das Beste, was wir tun können. Wissen Sie, daß das Leben davon abhängt?

L'Espinasse: Das Leben! Doktor, das ist ernst!

Bordeu: Ja, das Leben. Es gibt niemanden, der seiner nicht manchmal überdrüssig ist. Ein einziges Ereignis genügt, um dieses Gefühl vom Willen unabhängig und zur Gewohnheit werden zu lassen: dann bringen die Fäden trotz Zerstreuungen, den verschiedenartigsten Vergnügungen, den Ratschlägen der Freunde, den eignen Anstrengungen hartnäckig dem Zentrum des Bündels verderbliche Stöße bei; der Unglückliche mag sich noch so sehr sträuben, der Anblick des Universums wird düster für ihn, er geht mit einem ganzen Zug schwarzer Gedanken, die ihn nie verlassen, und schließlich macht er sich von sich selbst frei.

L'Espinasse: Doktor, Sie machen mir Angst.

D'Alembert (tritt aus dem Alkoven in Schlafrock und Nachtmütze): Und was haben Sie über den Schlaf zu sagen, Doktor? Das ist doch eine schöne Sache.

Bordeu: Der Schlaf: dieser Zustand, in dem sich aus Müdigkeit oder Gewohnheit das ganze Gewebe entspannt und unbeweglich bleibt oder wie bei der Krankheit sich jeder Faden des Gewebes erregt, bewegt und dem gemeinsamen Zentrum eine Menge oft disparater, unzusammenhängender, verworrener Empfindungen zuträgt, manchmal auch so zusammenhängende, folgerichtige, geordnete, daß der Mensch im Wachen nicht mehr Vernunft, Beredsamkeit und Phantasie entwickeln könnte, manchmal wieder so heftig, so lebhaft, daß man beim Aufwachen nicht mehr weiß, was wirklich und was geträumt war...

L'Espinasse: Nun also, der Schlaf?

Bordeu: ... ist ein Zustand des Lebewesens, bei dem es keine Gesamtheit mehr gibt: alle Übereinstimmung, alle Unterordnung ist aufgehoben. Der Herr ist der Willkür seiner Vasallen und der zügellosen Energie seiner eignen Aktivität ausgeliefert. Bewegt sich der optische Faden, dann sieht das Zentrum; es hört, wenn der Gehörfaden das herausfordert. Nur Aktion und Reaktion bleiben bestehen als Folge der zentralen Eigenschaft, des Gesetzes der Kontinuität und der Gewohnheit. Wenn die Aktion bei dem Wollustfaden, den die Natur für den Genuß der Liebe und die Fortpflanzung bestimmt hat, beginnt, so wird das Bild des geliebten Gegenstandes die Reaktion im Zentrum des Bündels sein. Wenn dieses Bild dagegen zuerst im Zentrum des Bündels erweckt wird, dann wird die Spannung des Wollustfadens, Aufwallung und Ausfluß des Samens die Folge der Reaktion sein.

D'Alembert: So gibt es ansteigende und absteigende Träume. Ich hatte einen diese Nacht, aber welchen Weg er gegangen ist, weiß ich nicht.

Bordeu: Beim Wachen gehorcht das Gewebe den Eindrücken des äußeren Objekts. Im Schlaf fließt alles, was in ihm vorgeht, aus der Bewegung seiner eignen Empfindung. Es gibt keine Zerstreuung im Traum, daher seine Lebhaftigkeit: er ist fast immer die Folge einer krankhaften Erregung, ein vorübergehender Krankheitsanfall. Das Zentrum des Gewebes ist dabei auf eine Unmenge von Arten abwechselnd aktiv und passiv: daher seine Unordnung. Die Vorstellungen sind manchmal ebenso verbunden, ebenso klar unterschieden wie bei dem die äußere Natur aufnehmenden Lebewesen. Es ist nur das wiedererregte Bild dieses Schauspiels: daher seine Wahrheit, daher die Unmöglichkeit, den Traum vom wachen Zustand zu unterscheiden: keinerlei Wahrscheinlichkeit, die mehr für den einen als für den anderen spricht, keine Möglichkeit, den Irrtum zu erkennen, als die Erfahrung.

L'Espinasse: Und kann man die Erfahrung immer realisieren?

Bordeu: Nein.

L'Espinasse: Wenn mir der Traum das Bild eines Freundes zeigt, den ich verloren habe, und es mir so wahr zeigt, als ob der Freund lebte, wenn er mit mir spricht und ich ihn höre, wenn ich ihn berühre und er mir den Eindruck seiner festen Hand vermittelt, wenn beim Erwachen meine Seele voll Liebe und Schmerz ist und meine Augen feucht von Tränen, wenn meine Arme noch dahin gestreckt sind, wo er mir erschienen ist, wer will mir beweisen, daß ich ihn nicht wirklich gesehen, gehört, berührt habe?

Bordeu: Seine Abwesenheit. Aber wenn es unmöglich ist, das Wachen vom Schlaf zu unterscheiden, wer kann seine Dauer abschätzen? Wenn er ruhig verläuft, so ist es ein Zeitraum, der zwischen dem Augenblick des Einschlafens und dem des Aufwachens völlig ausgelöscht ist: bewegt, scheint er manchmal Jahre zu dauern. Im ersten Falle wenigstens ruht das Bewußtsein des Ich vollkommen. Können Sie mir einen Traum sagen, den noch niemand geträumt hat und den man auch nicht träumen kann?

D'Alembert: Aber seine Erzählung übertreibt, läßt Umstände aus, fügt andere hinzu, entstellt oder verschönert die Realität, und die umliegenden Empfindungsinstrumente empfangen die Eindrücke, die genau dem klingenden Instrument entsprechen, aber nicht der Sache, die geschehen ist.

L'Espinasse: Das stimmt, die Erzählung ist historisch oder poetisch.

D'Alembert: Aber wie dringt diese Poesie oder die Lüge in die Erzählung?

Bordeu: Weil sich die Ideen gegenseitig wecken, und sie wecken sich, weil sie immer verbunden gewesen sind. Wenn Sie sich die Freiheit genommen haben, das Lebewesen mit einem Klavier zu vergleichen, dann werden Sie mir wohl gestatten, die Erzählung des Dichters mit einem Gesang zu vergleichen.

D'Alembert: Das ist richtig.

Bordeu: Jedem Gesang liegt eine Tonart zugrunde. Die Tonleiter hat Intervalle; jede Saite hat ihre harmonischen Töne, und diese wieder haben ihre Saite. So dringen vorübergehende Modulationen in die Melodie, der Gesang wird reicher und weiter. Die Tatsache ist ein gegebenes Motiv, das jeder Musiker anders und auf seine Weise fühlt.

L'Espinasse: Warum die Frage verwirren durch diesen bildlichen Stil? Ich würde sagen: weil jeder seine eignen Augen hat, sieht und erzählt jeder auf seine Weise. Ich würde sagen: jede Idee erweckt andere, und je nach der Art unseres Kopfes und unseres Charakters halten wir uns entweder streng an die Ideen, die die Tatsache selbst wiedergeben, oder wir fügen erweckte Ideen hinzu; ich würde sagen, daß außer diesen Ideen noch die Auswahl da ist; ich würde sagen... daß diese eine Frage schon, wenn sie gründlich behandelt würde, ein Buch liefern müßte.

D'Alembert: Sie haben recht. Das hindert mich aber nicht, den Doktor zu fragen, ob er überzeugt ist, daß eine Form, die nichts Realem ähnelt, nie in der Phantasie entstehen und nie in der Erzählung auftauchen könnte.

Bordeu: Das glaube ich. Das ganze wilde Fieber der Phantasie ist nichts anderes als das Talent der Scharlatane, die aus mehreren zerstückelten Tieren ein seltsames, in der Natur nie gesehenes zusammensetzen.

D'Alembert: Und die Abstraktionen?

Bordeu: Es gibt keine. Es gibt nur ein gewohnheitsmäßiges Abbrechen mitten im Satz, Auslassungen, die einen Satz verallgemeinern und die Sprache rascher und bequemer machen. Die Zeichen der Sprache sind es, die die abstrakten Wissenschaften ins Leben gerufen haben. Eine gemeinsame Eigenschaft verschiedener Handlungen hat Worte wie Tugend oder Laster entstehen lassen. Eine verschiedenen Wesen gemeinsame Eigenschaft hat Worte wie Häßlichkeit oder Schönheit entstehen lassen. Man hat gesagt: ein Mensch, ein Pferd, zwei Lebewesen: dann hat man gesagt: eins, zwei, drei, und die ganze Wissenschaft der Zahlen ist entstanden. Es gibt keinen Begriff eines ursprünglich abstrakten Wortes. Man hat bei allen Körpern drei Dimensionen: Länge, Breite und Tiefe, festgestellt, man hat sich mit all diesen Dimensionen beschäftigt, und daher die mathematischen Wissenschaften. Jede Abstraktion ist nur das leere Zeichen einer Idee. Man hat die Idee daraus entfernt, indem man das Zeichen vom physischen Gegenstand getrennt hat, und nur wenn man das Zeichen wieder mit dem körperlichen Gegenstand verbindet, wird die Wissenschaft eine Wissenschaft von Ideen; daher die Notwendigkeit, in der Unterhaltung und in Büchern so oft auf Beispiele zurückzugreifen. Wenn Sie nach einer langen Zusammenstellung von Zeichen ein Beispiel verlangen, dann fordern Sie von dem

Sprecher nichts anderes, als daß er dem andauernden Geräusch seiner Worte Körper, Form, Realität, Idee verleiht, indem er ihnen seine erprobten Empfindungen hinzufügt.

D'Alembert: Ist Ihnen das klar, Fräulein von l'Espinasse?

L'Espinasse: Nicht so ganz, aber der Doktor wird es noch erklären.

Bordeu: Das sagen Sie so. Nicht, daß an dem von mir Gesagten nicht einiges richtigzustellen und viel hinzuzufügen wäre; aber es ist halb zwölf Uhr, zu Mittag habe ich eine Konsultation im Marais.

D'Alembert: Eine raschere und bequemere Sprache! Doktor, versteht man sich denn? wird man verstanden?

Bordeu: Fast alle Unterhaltungen sind Rechnungen... Ich weiß nicht mehr, wo ich meinen Stock habe... Man hat dabei keine Idee wirklich gegenwärtig... und meinen Hut... Und schon allein durch die Tatsache, daß kein Mensch absolut einem anderen gleicht, verstehen wir niemals ganz genau, werden nie ganz genau verstanden; es gibt in allem ein weniger und mehr: unser Gespräch ist immer diesseits oder jenseits der Empfindung. Man beobachtet eine große Vielfalt in den Urteilen, tausendmal bemerkt man sie aber nicht, und glücklicherweise kann man es nicht bemerken... Auf Wiedersehen, leben Sie wohl!

L'Espinasse: Ein Wort noch! Bitte!

Bordeu: Reden Sie schnell!

L'Espinasse: Erinnern Sie sich noch an die Sprünge, von denen Sie mir sprachen?

Bordeu: Ja.

L'Espinasse: Glauben Sie, daß die Dummen und die Klugen solche Sprünge in ihren Geschlechtern machen?

Bordeu: Warum nicht?

L'Espinasse: Um so besser für unsere Nachkommen, vielleicht kommt einmal ein Heinrich IV. wieder.

Bordeu: Vielleicht ist er schon wiedergekommen.

L'Espinasse: Doktor, Sie sollten zum Essen zurück sein.

Bordeu: Ich will tun, was ich kann, ich verspreche nichts, Sie werden mich aufnehmen, wenn ich komme.

L'Espinasse: Wir erwarten Sie bis zwei Uhr.

Bordeu: Einverstanden.